现代教育技术应用教程

边琦 主编
张利桃 李娜 徐继红 郭伟 菊花 副主编

清华大学出版社
北京

内 容 简 介

随着教育信息化的快速发展和新时代对教师的要求越来越高,教育技术能力已经成为教师必须具备的基本能力之一,是师范生培养和在职教师继续教育的必修内容。本书以《教育信息化 2.0 行动计划》(教技〔2018〕6 号)和教师教育专业认证为背景,紧跟教育信息化发展,教与学的新理论、新技术和新环境的变化,为教师职前职后教育技术能力的培养与提升而编写。

全书共分 9 章,主要包括 5 部分内容:教育技术基本理论,教育技术应用环境,多模式的教学设计,学习资源的开发,教育技术的新发展。本书重新梳理了教育技术知识体系,强调教育技术的发展与信息技术息息相关,新技术为教育教学带来更多的策略选择。本书重基础、强应用、顾发展,深入浅出,突出学习者教育技术的系统观的培养,从而为适应不断发展的教育技术奠定基础。

本书既可作为师范院校师范生教师教育课程和教育硕士公共课教材,也可作为其他各类学校教师的参考书,同时对从事教育技术的工作者也具有较好的参考作用。

本书封面贴有清华大学出版社防伪标签,无标签者不得销售。
版权所有,侵权必究。举报: 010-62782989,beiqinquan@tup.tsinghua.edu.cn。

图书在版编目(CIP)数据

现代教育技术应用教程/边琦主编. —北京: 清华大学出版社,2020.9(2025.2重印)
ISBN 978-7-302-56197-2

Ⅰ. ①现… Ⅱ. ①边… Ⅲ. ①教育技术学—教材 Ⅳ. ①G40-057

中国版本图书馆 CIP 数据核字(2020)第 143453 号

责任编辑:孟毅新
封面设计:傅瑞学
责任校对:刘　静
责任印制:丛怀宇

出版发行:清华大学出版社
　　　　网　　址:https://www.tup.com.cn,https://www.wqxuetang.com
　　　　地　　址:北京清华大学学研大厦 A 座　　　邮　　编:100084
　　　　社 总 机:010-83470000　　　　　　　　　邮　　购:010-62786544
　　　　投稿与读者服务:010-62776969,c-service@tup.tsinghua.edu.cn
　　　　质量反馈:010-62772015,zhiliang@tup.tsinghua.edu.cn
　　　　课件下载:https://www.tup.com.cn,010-83470410
印 装 者:北京鑫海金澳胶印有限公司
经　　销:全国新华书店
开　　本:185mm×260mm　　　印　张:20　　　字　数:483 千字
版　　次:2020 年 9 月第 1 版　　　　　　　　印　次:2025 年 2 月第 8 次印刷
定　　价:56.00 元

产品编号:082773-01

前言

我们已经跨入21世纪20年代,信息技术的迅速发展使社会发生了翻天覆地的变化,信息技术的发展渗透到社会每个角落,对政治、经济、就业方式都产生了极大的影响和变革,为教育改革创造了新条件,提供了新环境,教育的理论、目的、方式、对象等都发生了深刻的变革。

党的十九大报告提出,要坚定实施科教兴国战略、人才强国战略等一系列重大战略。报告把教育事业放在优先位置。为深入贯彻落实党的十九大精神,加快教育现代化和教育强国建设,推进新时代教育信息化发展,结合国家"互联网+"、大数据、新一代人工智能等重大战略的任务安排,教育部颁布《教育信息化2.0行动计划》(教技〔2018〕6号)。

《教育信息化2.0行动计划》要实现"三全两高一大"的发展目标,即教学应用覆盖全体教师、学习应用覆盖全体适龄学生、数字校园建设覆盖全体学校,提高信息化应用水平、提高师生信息素养,建设一个"互联网+教育"大平台,推动从教育专用资源向教育大资源转变、从提升师生信息技术应用能力向全面提升其信息素养转变、从融合应用向创新发展转变,努力构建"互联网+"条件下的人才培养新模式、发展基于互联网的教育服务新模式、探索信息时代教育治理新模式。

教育技术能力已经成为教师必须具备的基本能力之一,《教育信息化2.0行动计划》的颁布对教育技术的发展提出了更高的要求。紧跟时代发展,培养师范生和教师的教育技术能力,就是为实现教师的信息素养的提升、转变和发展,加快教育现代化的需要,这也正是"行动计划"的发展目标核心。同时,"行动计划"展示出教育信息化发展也要求教育技术不断革新。正是在这样的背景下我们开始进行《现代教育技术应用教程》的教材更新工作,这次编写也是对"现代教育技术"公共课多年教学改革的探索和实践工作的阶段性总结。本书也是内蒙古自治区现代教育技术在线开放课程建设项目的成果之一,为教师职前职后教育技术能力的培养与提升进行"线上+线下"混合式教学服务。

全书共分9章,主要包括5部分内容:教育技术基本理论,教育技术应用环境,多模式的教学设计,学习资源的开发,教育技术的新发展。本书重新梳理了教育技术知识体系,强调教育技术的发展与信息技术息息相关,新技术为教育教学带来更多的策略选择。本书突出了以下三个方面的特点。

(1) 力求理论联系实际,选用一些简明的应用实例作为引导,以此为背景介绍现代教育技术的相关理论与技术,以利于促进学习者的感悟与理解。

(2) 重基础、强应用、顾发展,深入浅出,关注学习者教育技术的系统观的培养,从而为适应不断发展的教育技术奠定基础。

(3) 强调工具软件的实效性,充分考虑师范生和教师的教学环境中的教育技术应用,选择的教学环境和工具软件更具有普适性、易获取和易操作性，强调应用技术的基础和共性，以培养学习者的信息素养能力为目标。希望学习者能够举一反三、触类旁通。

本书的编写是内蒙古师范大学教育技术学专业教师团队集体协作的成果，是在李龙教授、田振清教授等教师的工作基础上，又一次的更新与延续。同时也得到徐宝芳教授的指导和内蒙古师范大学教务处的大力支持，在此一并表示感谢！

本书由边琦教授主编，负责教材编写指导思想的确定、总体结构的设计和全书统稿审定工作。张利桃副教授对全书的知识结构、思维导图和案例部分作了大量的撰写和修改工作。张利桃副教授和李娜副教授参与了全书的审定工作，徐继红副教授、郭伟老师和菊花副教授对部分章节提出了修改意见。本书的编写大纲由编者共同讨论确定，第1章、第2章2.1、2.2和2.3节及第9章由边琦编写；第3章由李娜编写；第4章由郭伟编写；第2章2.4和2.5节、第5章、第8章8.2和8.3节由张利桃编写，第6章和第7章由徐继红编写，第8章8.1节由菊花编写。

另外，内蒙古师范大学的郑珠副教授、张宏丽副教授对本书提出了许多建议；内蒙古师范大学李嘉峪、唐山幼儿师范高等专科学校杨扬参与了本书部分章节前期的撰写工作。本校研究生王硕、程璐、格日勒等同学参与本书的思维导图、文字校对、文稿整理和图表修订等工作；郝思晨、朱柏通、张季参与本书配套视频教材制作；还有部分研究生参与了案例修改，这里不再一一列出，一并致谢！

在这里对希沃、现代中庆、科大讯飞和八爪鱼等企业提供的支持表示感谢。

本书参考、引用了国内外诸多专家、学者的文献论著，受益匪浅。其中主要来源已在参考文献中列出，如有疏漏，恳请谅解。在此谨向文献资料、论著的作者们表示诚挚的谢意。

教育信息化发展带来的解决方案风起云涌，孰是孰非只能让时间证明，但教育技术对教育的影响的脚步却不可能被阻挡，让我们共同努力，为教育现代化发展助力！由于编者能力有限，书中难免存在一些不足之处，恳请各位同人和读者就本书中的有关内容提出批评和建议。

编　者
2020年2月

目 录

第 1 章 现代教育技术概述 ·· 1

1.1 什么是教育技术 ··· 1
    1.1.1 AECT 的定义 ·· 1
    1.1.2 国内的教育技术定义 ·· 3
1.2 教育技术的发展历程 ··· 3
    1.2.1 国外教育技术的产生和发展 ·· 3
    1.2.2 我国教育技术的发展历程 ··· 4
1.3 信息技术对教育的影响 ·· 5
    1.3.1 教育发展历程上的四次革命 ·· 6
    1.3.2 信息技术促进教育的变革 ··· 6
    1.3.3 现代教育技术 ·· 8
    1.3.4 教师的教育技术能力 ·· 8
1.4 戴尔经验之塔理论与教学媒体选择 ·· 10
    1.4.1 戴尔的经验之塔理论 ·· 10
    1.4.2 教学媒体选择的原则 ·· 12
1.5 现代教育技术理论基础 ··· 13
    1.5.1 学习理论 ··· 14
    1.5.2 教学理论 ··· 19
思考与讨论 ··· 24
实践任务 ··· 24

第 2 章 现代教育技术应用环境 ·· 25

2.1 交互式教学系统 ··· 25
    2.1.1 交互式教学系统的概念 ·· 25
    2.1.2 交互式教学系统的组成 ·· 26
    2.1.3 交互式教学系统的软件功能 ··· 27
2.2 录播系统 ··· 37
    2.2.1 录播系统的功能 ··· 37

   2.2.2　录播系统的构成 ……………………………………………………… 38
   2.2.3　典型录播系统简介 ……………………………………………………… 39
  2.3　智慧教室 ………………………………………………………………………… 43
   2.3.1　智慧教室概述 …………………………………………………………… 43
   2.3.2　智慧教室的 iSMART 模型 ……………………………………………… 45
   2.3.3　智慧课堂 ………………………………………………………………… 47
  2.4　创新教育支撑环境 ……………………………………………………………… 48
   2.4.1　基本概念 ………………………………………………………………… 48
   2.4.2　支撑环境简介 …………………………………………………………… 49
   2.4.3　VR/AR 技术支持下的创新教育环境 …………………………………… 51
  2.5　虚拟演播室 ……………………………………………………………………… 55
   2.5.1　虚拟演播室简介 ………………………………………………………… 55
   2.5.2　系统基本构成 …………………………………………………………… 56
   2.5.3　虚拟演播系统软件 ……………………………………………………… 56
 思考与讨论 …………………………………………………………………………… 57
 实践任务 ……………………………………………………………………………… 57

第 3 章　信息化教学设计 …………………………………………………………… 58

  3.1　教学设计概述 …………………………………………………………………… 58
   3.1.1　教学设计的内涵 ………………………………………………………… 58
   3.1.2　教学设计的层次 ………………………………………………………… 59
   3.1.3　教学过程设计的操作程序 ……………………………………………… 61
  3.2　信息化教学设计概述 …………………………………………………………… 62
   3.2.1　信息化教学设计的内涵 ………………………………………………… 62
   3.2.2　信息化教学设计与传统教学设计的比较 ……………………………… 62
   3.2.3　信息化教学设计的原则 ………………………………………………… 63
   3.2.4　信息化教学设计的基本模式 …………………………………………… 64
  3.3　信息化教学设计的前端分析 …………………………………………………… 66
   3.3.1　学习需求分析 …………………………………………………………… 66
   3.3.2　教学内容分析 …………………………………………………………… 67
   3.3.3　学习者特征分析 ………………………………………………………… 74
   3.3.4　阐明学习目标 …………………………………………………………… 75
 思考与讨论 …………………………………………………………………………… 79
 实践任务 ……………………………………………………………………………… 79

第 4 章　以教为主的教学 …………………………………………………………… 80

  4.1　教学过程设计的操作步骤 ……………………………………………………… 80
  4.2　教学策略 ………………………………………………………………………… 82
   4.2.1　教学策略的分类 ………………………………………………………… 82

    4.2.2　教学组织策略 …………………………………………………… 82
    4.2.3　传递策略 ………………………………………………………… 89
    4.2.4　管理策略 ………………………………………………………… 102
  4.3　教学媒体 ………………………………………………………………… 105
    4.3.1　教学媒体概述 …………………………………………………… 105
    4.3.2　教学媒体的选择与使用 ………………………………………… 109
  4.4　课堂教学设计 …………………………………………………………… 111
    4.4.1　教学结构的演变 ………………………………………………… 111
    4.4.2　课堂教学结构 …………………………………………………… 111
  4.5　课堂教学评价工具的设计 ……………………………………………… 123
    4.5.1　形成性评价概述 ………………………………………………… 123
    4.5.2　形成性评价设计 ………………………………………………… 124
    4.5.3　形成性评价的实施 ……………………………………………… 127
 思考与讨论 …………………………………………………………………… 127
 实践任务 ……………………………………………………………………… 127

第 5 章　以学为主的教学 ………………………………………………………… 128
  5.1　教学过程设计的操作步骤 ……………………………………………… 128
  5.2　自主学习活动主题的确定 ……………………………………………… 130
    5.2.1　问题的分类 ……………………………………………………… 130
    5.2.2　问题的提出 ……………………………………………………… 131
  5.3　自主学习模式 …………………………………………………………… 132
    5.3.1　基于问题的学习模式 …………………………………………… 132
    5.3.2　基于主题的学习模式 …………………………………………… 135
    5.3.3　基于项目的学习模式 …………………………………………… 135
    5.3.4　基于案例的学习模式 …………………………………………… 136
  5.4　学习者个体的学习策略 ………………………………………………… 138
    5.4.1　学习策略的特点 ………………………………………………… 138
    5.4.2　学习策略的分类 ………………………………………………… 138
  5.5　自主学习评价 …………………………………………………………… 139
    5.5.1　学习过程评价工具范例 ………………………………………… 139
    5.5.2　学习成果评价工具范例 ………………………………………… 149
    5.5.3　档案袋评价工具范例 …………………………………………… 152
 思考与讨论 …………………………………………………………………… 156
 实践任务 ……………………………………………………………………… 156

第 6 章　混合学习 ………………………………………………………………… 157
  6.1　混合学习概述 …………………………………………………………… 157
    6.1.1　混合学习的概念 ………………………………………………… 157

6.1.2　混合学习理论的特征 ………………………………………………………… 158
　　　6.1.3　混合学习的意义 ……………………………………………………………… 158
　　　6.1.4　混合学习模式 ………………………………………………………………… 159
　　　6.1.5　混合学习的应用 ……………………………………………………………… 161
　6.2　混合学习的教学过程设计 ……………………………………………………………… 161
　　　6.2.1　课程设计 ……………………………………………………………………… 161
　　　6.2.2　教学过程模型 ………………………………………………………………… 163
　　　6.2.3　活动设计 ……………………………………………………………………… 164
　思考与讨论 ………………………………………………………………………………… 165
　实践任务 …………………………………………………………………………………… 166

第 7 章　翻转课堂和对分课堂 ………………………………………………………………… 167

　7.1　翻转课堂 ………………………………………………………………………………… 167
　　　7.1.1　翻转课堂概述 ………………………………………………………………… 167
　　　7.1.2　教学过程设计 ………………………………………………………………… 171
　7.2　对分课堂 ………………………………………………………………………………… 174
　　　7.2.1　对分课堂概述 ………………………………………………………………… 174
　　　7.2.2　对分课堂教学过程设计 ……………………………………………………… 176

第 8 章　数字化学习资源 ……………………………………………………………………… 178

　8.1　多媒体素材的获取与加工 ……………………………………………………………… 178
　　　8.1.1　多媒体素材 …………………………………………………………………… 178
　　　8.1.2　多媒体素材的获取方法 ……………………………………………………… 180
　　　8.1.3　多媒体素材的处理方法 ……………………………………………………… 182
　8.2　知识可视化工具 ………………………………………………………………………… 196
　　　8.2.1　概念图 ………………………………………………………………………… 196
　　　8.2.2　思维导图 ……………………………………………………………………… 200
　8.3　数字化学习资源的制作 ………………………………………………………………… 205
　　　8.3.1　PowerPoint 演示文稿的制作 ………………………………………………… 205
　　　8.3.2　Fousky 演示文稿的制作 ……………………………………………………… 219
　　　8.3.3　交互式电子白板制作 ………………………………………………………… 226
　　　8.3.4　微课的制作 …………………………………………………………………… 231
　　　8.3.5　HTML 5 教学资源制作 ……………………………………………………… 238
　思考与讨论 ………………………………………………………………………………… 245
　实践任务 …………………………………………………………………………………… 245

第 9 章　教育技术的新发展 …………………………………………………………………… 246

　9.1　互联网＋教育 …………………………………………………………………………… 246
　　　9.1.1　"互联网＋教育"的基本特点 ………………………………………………… 246

  9.1.2 "互联网+教育"的功能 ·· 247
  9.1.3 "互联网+教育"的应用 ·· 248
  9.1.4 "互联网+教育"的发展 ·· 250
 9.2 新的理念 ·· 251
  9.2.1 核心素养 ·· 251
  9.2.2 计算思维 ·· 253
  9.2.3 泛在学习 ·· 256
  9.2.4 智慧教育 ·· 257
 9.3 新的教学形式 ·· 259
  9.3.1 MOOC ··· 259
  9.3.2 SPOC ·· 260
  9.3.3 移动学习 ·· 262
 9.4 新技术 ··· 263
  9.4.1 VR 技术 ·· 263
  9.4.2 AR 技术 ·· 264
  9.4.3 MR 技术 ·· 265
  9.4.4 3D 打印技术 ··· 266
  9.4.5 人工智能 ·· 267
  9.4.6 其他相关技术 ·· 269
 思考与讨论 ··· 270
 实践任务 ·· 270

参考文献 ··· 271

附录 A 智慧课堂教学典型案例 ··· 273

附录 B VR 课堂教学典型案例 ·· 278

附录 C 以教为主的教学课件设计典型案例 ··································· 283

附录 D 以学为主的教学课件设计典型案例 ··································· 291

附录 E 翻转课堂教学设计典型案例 ·· 297

附录 F 现代教育技术名词术语中英文对照表 ································· 309

第 1 章

现代教育技术概述

任何一个学科都有自身的核心概念,这对于建立整个学科的理论体系和框架具有重要的意义。深入理解教育技术的内涵,深刻体会现代教育技术对教育的影响,了解当代教师应该具备的教育技术能力,合理运用学习和教学理论来指导教育技术的应用,是对当代教师的基本要求。

1.1 什么是教育技术

随着教育技术理论与应用的不断发展,不论是在教师的教学中,还是在学生的学习中,教育技术都发挥着巨大的作用。问题是在教学中运用了计算机或网络技术就标志着已经掌握了教育技术吗?英特尔公司前 CEO 克瑞格·贝瑞特博士说:"如果教师不了解如何更加有效地运用技术,所有与教育有关的技术都将没有任何实际意义。"这句话也充分说明,计算机等科学技术并没有什么神奇的魔法,能有效地利用这些技术的教师才是魔术师。因此,正确理解教育技术的定义就显得非常重要。

1.1.1 AECT 的定义

AECT(association for educational communications and technology,教育传播与技术协会)是国际教育技术学领域很有影响力的学术团体之一。该协会长期致力于教育技术学的基本理论研究,先后五次对教育技术的概念进行了界定,时间较近、影响力较大的定义分别是在 1994 年和 2005 年提出的,对我国教育技术的进一步发展具有重要的指导意义。

1. 1994 年的定义

AECT 1994 年对教育技术下的定义是:"教育技术是为了促进学习,对有关的过程和资源进行设计、开发、利用、管理和评价的理论与实践。"该定义有以下内涵。

(1) 一个目标。目标是为了促进学习,强调学习的结果,阐明学习是目的,而教是促进学的一种手段。

(2) 两大对象。两大对象是与学习有关的学习过程和学习资源。学习过程是为达到特定结果的一系列操作或活动,研究人类学习新知识、掌握新技能的认知过程;学习资源是指支持学习的资源,探讨人类创建最优学习环境与条件的各种途径。

(3) 五大范畴。设计、开发、利用、管理和评价是教育技术的五个基本领域,每个领域都有其独特的功能和范围,如图 1-1 所示,这五大范畴基本上可以涵盖教育技术的主要实践领域。从另一方面说，这五大范畴也可以视为教育技术工作的主要方法。

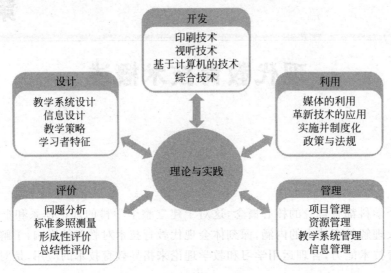

图 1-1　AECT 1994 年定义的教育技术五大研究范畴

（4）两种性质。教育技术既是一个实践领域，又是一个理论领域。作为实践领域的教育技术就是通常所说的"电教"；作为理论领域的教育技术就是"教育技术学"，是教育技术的理论体系。

（5）该定义强调理论与实践并重。从定义中可发现教育技术的核心方法是系统方法，与学习相关的过程是教育技术研究与实践的重要对象，学习资源是改善与优化学习过程的重要条件。

2. 2005 年的定义

AECT 2005 年对教育技术下的定义是："教育技术是通过创设、使用、管理合适的技术性的过程和资源，以促进学习和改善绩效的研究与符合道德规范的实践。"这个定义有以下内涵。

（1）明确概念名称是"教育技术"（educational technology）。

（2）教育技术有两大领域："研究"（study）和"符合道德规范的实践"（ethical practice）。

（3）教育技术有双重目的："促进学习"（facilitating learning）和"改善绩效"（improving performance）。由此可看出，随着教育事业的发展，教育技术的目的已从"为了学习"（for Learning），扩展到进一步"促进学习"而不是控制或强迫学习（facilitating rather than controlling or causing learning），并进一步扩展到学习之外的"绩效"的改善方面，扩展到对学校教育与企事业人员培训的双重考虑，扩展到教学效果、企业效益与教育投入（成本）等多种因素的整体评价。

（4）教育技术有三大范畴："创设"（creating）、"使用"（using）、"管理"（managing）。

（5）教育技术有两大对象："过程"和"资源"。界定中对"过程"和"资源"增加"适当的、技术性的"的限定，这与 1994 年定义中的"学习过程"与"学习资源"是有一定区别的。

（6）教育技术的主要特征在于其技术性。表现为教育技术研究的重点是适当的技术性过程与技术性资源；表现为技术实践的"符合道德规范性""技术工具与方法运用的先进性"

"技术使用效果的高绩效性"。

1.1.2 国内的教育技术定义

教育技术在中国,起初是以"电化教育"这一名称出现的,20世纪末更名为"教育技术"。国内的教育技术定义主要有以下几个。

(1) 萧树滋1983年的定义。电化教育,简单地说,就是指利用现代化的声、光、电设备进行教育、教学活动。

(2) 南国农、李运林1998年的定义。电化教育,就是在现代教育思想、理论的指导下,主要运用现代教育技术进行教育活动,以实现教育过程的最优化。

(3)《教育大辞典》中的定义。教育技术是人类在教育活动中所采用的一切技术手段和方法的总和,包括物化形态的技术和智能形态的技术两大类。

1.2 教育技术的发展历程

现代教育技术伴随着教育技术的发展而出现,其在国内外的发展与媒体发展、科学技术的发展、教与学理论的发展等密不可分又相互促进。

1.2.1 国外教育技术的产生和发展

教育技术是以视听教育为基础,充分利用最新科技成果和汲取科学方法论的精华而形成、发展起来的。教育技术的发展离不开现代教学媒体的发展。从时间脉络的角度来看,教育技术的发展大致可分为5个阶段。

1. 萌芽阶段(19世纪末)

19世纪90年代,幻灯在教学中的应用为学生提供了生动的视觉形象,使学生获得了"百闻不如一见"的感受,教学也因此获得了不同于以往的巨大效果。这一时期,一些学校博物馆通过销售便携式的博物馆展品、立体照片、幻灯片、胶卷、学习图片及其他教学材料充当视觉教学中心管理机构。教育技术借助工业革命的馈赠,开始走上迅速发展的道路。在此过程中,技术的发展和对自身理论局限的突破,成为教育技术发展的主要动力。

2. 起步阶段(20世纪初至20年代)

20世纪初至20年代,许多媒体形式如地图、动画片、幻灯、立体画、无声电影、无线电广播等都走进了教育领域,其中以无声电影和无线电广播最为耀眼。众多视觉媒体介入教育领域,使得"视觉教育"一词在教育界广泛使用,吸引了越来越多的教育工作者参与对新媒体的研究。1923年,美国成立了全美教育协会"视觉教育部"(department of visual instruction),并出现了教学设计的萌芽思想,美国教育学家杜威(John Dewey)于1900年提出应建立一门"桥梁科学",以便将学习理论与教学实践连接起来,目的是建立一套系统的与教学活动有关的理论知识体系,以实现教学的优化设计。但由于当时条件的限制,教学设计还仅仅是萌芽状态,并未形成系统的理论体系。这一时期,教育技术作为一种教育实践活动,主要是指"视觉教育"和"听觉教育",它始终关注媒体的使用及对新媒体的开发利用,因而形成了教育技术的"物理学观"和"设备观"。

3. 迅速发展阶段(20世纪30年代至60年代)

第二次世界大战的爆发,使社会对教育的需要陡增,特别是在军队教育和训练方面。这期间将现代技术运用于教育的做法极大地体现了教育技术的价值,也极大地刺激了教育技术的发展。

第二次世界大战以后,随着媒体技术的不断发展和社会对教育质量的要求越来越高以及人们对教育技术的热情,出现了新的理论,如戴尔的经验之塔、行为主义心理学、程序教学、传播理论等被引入教育技术领域,使得教育技术不再是单纯的媒体技术和物化形态的技术,教育技术观念从静止的媒体论走向动态的过程论、系统论。这一时期,人们开始致力于教育技术这门学科的研究,对于教育技术的发展具有积极意义。

4. 系统化的发展阶段(20世纪60年代至80年代)

20世纪60年代至80年代,闭路电视系统在学校教育中开始得到广泛应用。同时,语言实验室也风靡全球。自从1946年第一台数字电子计算机问世以来,许多专家就开始了对计算机在教育领域应用的探索。个人计算机的诞生为教育技术的又一次飞跃奠定了物质基础,计算机辅助教育成为教育技术中最为重要的领域之一,为个性化学习翻开了崭新的一页。

5. 网络化的发展阶段——现代教育技术(20世纪90年代至今)

进入20世纪90年代后,由于现代科学技术的飞速发展,人类知识总量迅猛增长,知识更新的时间和知识老化的周期日益缩短,因此只有大力推行现代教育技术,才有可能使学习者在较短的时间内学到更多的知识。计算机多媒体技术和网络技术的产生与发展,知识工程、深度学习、云计算、大数据和人工智能等新技术层出不穷,给现代教育技术提供了又一次飞跃的契机,使教育的全民化、终身化、多样化、自主化、国际化成为可能。

1.2.2 我国教育技术的发展历程

我国的教育技术源于欧美的视听教育。20世纪30年代在我国出现"电化教育",是中国造;"教育技术"20世纪是80年代从美国传入的,是美国造。20世纪90年代以前,我国一直把教育技术称作"电化教育"。尽管我国教育技术的本质特征同世界上所有国家的教育技术是一样的,但是经过几十年的理论研究和实践探索,在概念界定、理论框架、学科建设、组织机构等方面都具有明显的中国特色。20世纪90年代以后,我国和国外教育技术同行的交流开始增多,积极借鉴、吸纳了许多国外教育技术的理论和方法,不仅在名称上逐步改用"教育技术",研究的内容、方法和实践的领域也在逐步扩展,所以在一般情况下把它们看成是同义的,可以互换,可以通用。

1. 萌芽阶段(20世纪20年代至40年代)

我国的电化教育于20世纪20年代诞生,20世纪30年代进入课堂,正式起步。其发源地和早期主要活动地是上海和江苏。先进入社会教育领域,后进入学校教育领域。由于还处于萌芽起步阶段,因此必处于试验阶段,几乎不可能获得重大教育效益。更何况由于当时我国正处在内忧外患的特殊历史时期,因此我国最初的电化教育发展仅仅是短暂的一个段落。

2. 奠基阶段(新中国成立至20世纪60年代中期)

新中国成立之后,我国电化教育进入初期发展阶段。其主要表现是:1949年11月在文化部科技普及局成立电化教育处,负责领导全国的教育技术工作。1955年,北京市、天津市分别创办了自己的广播函授学校。1958年前后,中国掀起了教育改革运动,推动了高等学校和中小学电化教育活动的开展,北京市、沈阳市等相继成立了电化教育馆,由教师、技术人员、工人构成的电教专业队伍也大量出现。1960年起,上海、北京、沈阳、哈尔滨、广州等地相继开办电视大学。

在政府关怀、学校重视的情况下,20世纪50年代至60年代中期,我国教育技术的发展进入活跃期,取得了不菲的成绩并形成了规模效应,培养了一支由教师、技术人员组成的专业性教育技术队伍。60年代后期,由于政治运动的爆发,我国电教事业发展从此进入了停滞期。

3. 重新起步和快速发展阶段(20世纪70年代末至80年代)

20世纪70年代末至80年代,我国电化教育重新起步。1978年教育部决定设立电化教育局和中央电教馆,成为指导全国电教工作的中心。从1979年开始建立了各级电教机构,扩大了电教工作队伍,全国多所高等院校以及许多中小学都先后建立了电教中心与电教室。全国的电教从业人员达数十万人,形成了一支热心电教、积极探索的电教大军。

硬件建设方面,在20世纪80年代,普通电教教室、语言实验室、计算机室、闭路电视系统、卫星接收站等硬件设施的建设发展相当快。软件建设也极为迅速,各级各类学校制作了包括幻灯、投影、录音、电视、计算机课件等数以万计的各类电教教材。广播电视教育和卫星电视教育迅速发展。1979年,建立了全国广播电视大学,各省、自治区、直辖市都创办了广播电视大学。随着计算机教育的蓬勃兴起,数以百计的高等院校设置计算机专业并开设计算机课程,编制了一批课件和用于教学管理的软件。1981年,我国第一次拥有了自己的计算机辅助教学系统和辅助教学管理系统。

这段时期构建了一个以"七论"(本质论、功能论、发展论、媒体论、过程论、方法论、管理论)为内容的理论体系框架。初步实现了由小电教到大电教的观念转变,初步形成了以课堂播放教学法、远距离播放教学法、程序教学法、微型教学法、现代成绩考查法等为内容的电化教学方法体系。

这一阶段,我国电化教育发展是迅速的。无论是从组织机构、人员队伍,还是从学科建设、软硬件建设的发展速度和性质上看,这阶段电化教育发展速度之快都是我国历史上前所未有的。这一时期电化教育的迅速发展为我国现在的教育技术事业奠定了坚实的基础。

4. 深入发展阶段——现代教育技术(20世纪90年代至今)

进入20世纪90年代,我国的电化教育也进入了深入发展的阶段。20世纪90年代是信息技术得到巨大发展的时代,人们已经感受到了信息技术对教育的冲击。计算机技术、多媒体技术和网络技术等以锐不可当之势进入了社会、学校、家庭,教育技术的内容和形式也发生了深刻变化。在媒体技术方面,卫星广播技术、计算机网络技术应用于远距离教育,多媒体、人工智能技术应用于个别化交互学习,交互网络技术应用于协作学习,虚拟现实技术应用于仿真教学等。这一阶段,教育技术的理论、应用与实践发生极大的变化,进入快速发展阶段,不论是在硬件、软件、远程教育,还是在信息技术教育方面都取得了巨大的发展。这个时期的教育技术大家更习惯称之为现代教育技术。

1.3 信息技术对教育的影响

信息技术代表着当今生产力的发展方向,深刻影响着社会和经济结构的变化,教育也不例外。2010年7月,由中华人民共和国教育部颁布的《国家中长期教育改革和发展规划纲要(2010—2020年)》高瞻远瞩地提出:"信息技术对教育发展具有革命性影响,必须予以高度重视。"这里的"革命性影响",应该理解为颠覆性的变革,就像文字的出现虽然只改变了信息的记录方式,却颠覆了"口耳相传"式的知识传承模式;电影、电视的出现虽然只改变了信息的呈现方式,却颠覆了"咬文嚼字"式的知识理解一样,信息技术将全面渗透到教育的各环节,彻底变革现行教育。

1.3.1 教育发展历程上的四次革命

在教育的发展历程中,一般认为经历了四次革命:第一次教育革命,是以专职教师的出现为标志;第二次教育革命,是以文字体系的出现为标志;第三次教育革命,是以印刷术的出现为标志;第四次教育革命,则是以现代教育技术的形成与快速发展为标志。信息技术(如通信技术、同步卫星技术、电视技术、计算机技术等)和系统科学方法等现代科学技术的迅速发展及其在教育领域的渗透参与,引发和推动了教育理念、方式、结构的又一次重大变革。以多媒体计算机、网络技术以及普适计算为代表的信息技术与学科教学的结合,改变了传统的课堂学习范式,正在构建一种新型的学习范式——泛在学习,其具有典型的4A特征,即anybody(任何人)、anytime(任何时间)、anywhere(任何地方)、any content(任何内容),即任何人在任何时间、任何地点可以学习任何内容。

1.3.2 信息技术促进教育的变革

信息技术促进教育的变革体现在教育观念、教学环境、教学内容、教学方式、教学方法、教学模式、教育制度等七个方面。

1. 教育观念的变革

信息技术在教育中的应用出现许多新的复杂的教育现象,使传统的教育观念受到极大的冲击,新的教育观应运而生,具有以下代表性。

(1) 现代教学观。教师不仅要传授学生知识,而且要教会学生学习,即"授人以鱼不如授人以渔"。

(2) 现代师生观。学生不再被动地接受知识,而成为认知的主体、意义的主动建构者。教师也演变成了学生意义建构的指导者、帮助者、激励者和设计者,师生之间是平等的关系。

(3) 现代人才观。现代教育应该培养出智慧型、创造型人才,而不是传统教育的知识型、模仿型人才。

(4) 学习时空观。学习不再受时间限制、空间限制,学习者可以随时随地地学习,实时或非实时地学习。这些现代教育观对于提高全民素质、推动当前教育体制改革有着重要的指导作用。

2. 教学环境的变革

从黑板加粉笔的教学工具到幻灯、投影、计算机等现代教育媒体,现代教育媒体的兴起不仅丰富了知识的呈现形式,而且能从感官上调动学生的积极性。置身于今天的课堂,交互式电子白板、触控式一体机、电子书包的应用已经屡见不鲜,虚拟仿真技术、虚拟现实技术也极大地促进了学生对知识的理解,提高了学生自主学习的能力。

今天的学校正在发生变化,越来越多的师生将互联网作为其获取信息的主要来源,网络信息资源的开发与利用已经成为当今教学资源领域里的热点问题,网络通信技术实现了授课教师、点评专家和无数观摩者之间的异地同步视频交流、研讨,越来越多的学校正在进行智慧校园建设,以提高学校教学、管理和服务的效率。

3. 教学内容的变革

一方面,置身信息时代,人类的知识正在以前所未有的速度增长,其中一个十分重要的结果就是学校教育中要传授的知识和技能越来越多,每一个社会成员在其一生中需要学习的东西也越来越多,教育教学的内容也在大幅度地增长。另一方面,作为教学内容的知识和技能,在侧重点方面也发生了变化,学校不仅要注重知识的传授,更要注重培养学生的信息素养,关注收集信息的能力,积累信息环境下解决问题的方法。

4. 教学方式的变革

传统的班级教学,是实现大规模、高效率的工业化人才培养的需要,在个性化学习方向存在缺陷,已经不能适应新的教学内容与要求。由于信息技术的应用,特别是教育数据挖掘技术的发展,使学生的个性化学习成为可能。信息时代必然以学生为中心,所有教学资源必须围绕学生的学习来进行优化配置,教师的主要任务不再是传播知识,而是教会学生在信息之海的适应本领,帮助学生解决学习过程中的问题,使学生形成一套行之有效的学习方法,提升学生解决问题的能力。近些年,随着信息技术的不断革新,网络课程、MOOC、微课、翻转课堂等教学方式在教育领域运用发展,使传统课堂教学的变革成为必然。

5. 教学方法的变革

探索新的学习方式和教学方法,是教育研究亘古不变的话题。技术的迅速发展和普及,计算机网络、新媒体技术的应用延伸,使得地域差异造成的障碍被突破,远程教育使教育公平的理想成为现实。同时,多媒体交互式电子白板、触控一体机、录播教室、电子书包、数字课桌等应用,使有利于学生自主学习的教学方法迅速发展。有了技术、媒体、理念的支撑,教学方法便由传统的讲授法、演示法向案例教学法、问题驱动式教学法、讨论法等转变,突出体现了学生学习的主体地位。学习的主体地位,不断激发学生学习的主动性与积极性,培养其好学善思的思维。网络教学、个性化学习、合作学习、活动学习、研究性学习、自主性学习、分布式学习、同步教学、异步学习、非正式学习以及终身学习等新的学习形式已经出现在教育界,并逐渐被绝大多数教师所接受。

6. 教学模式的变革

信息技术从传统学校教育的诸要素入手,打破了旧的教学模式,要求建立一种全新的教学模式。这种教学模式在教学观念、课堂活动、教师角色、学习活动等方面与传统教学模式形成了鲜明的对比,如表1-1所示。

表1-1 传统教学模式与信息时代教学模式的对比

传统教学模式	信息时代教学模式
教师讲授为主	学生探究为主
说教式教学	交互式教学
分学科定时教学	真实的多学科交叉的问题解决式学习
集体化、无个性的个体学习行为	多样化、个性化的合作学习行为
教师作为知识的垄断和传播者	教师作为学习的帮助者和指导者
按年龄和成绩分班	异质分组
对分科知识与分离技能的评价	以行动为基础的综合评价

7. 教育制度的变革

知识的爆炸性增长意味着教育不再只是对在校的学生而言，教育不只是学校的任务，同时需要家庭、企业、社会的共同努力。泛在学习、社会化学习、终身学习将是新时代对我们每个公民的要求。在这种情况下，教育的内容、方式将会日益丰富、便捷，而一种新的、面向全体社会成员的教育体系和教育制度，将成为21世纪信息社会构架中的重要组成部分。

1.3.3　现代教育技术

前面提到，在教育技术发展到一定阶段时，出现了新的概念——现代教育技术。应该这样理解：现代教育技术是教育技术的一种发展形式，在发展过程中，很多专家、学者对现代教育技术给出了定义，基本都属于科学性描述定义。

现代教育技术可以理解为：应用现代教育理论和现代信息技术，通过对教与学过程和教与学资源的设计、开发、利用、管理和评价，以实现教育优化的理论与实践。其中，现代信息技术目前主要指计算机技术、数字音像技术、电子通信技术、网络技术、卫星广播技术、人工智能技术、虚拟现实技术以及多媒体技术等。

现代教育技术课程是为了促进学生学习，将教育技术基本理论与信息技术相融合，以提升教师的信息化教学能力的一门课程。现代教育理论以及现代科学方法——信息论、系统论、控制论等有关的内容，是把现代教育理论应用于教育实践的现代教学手段和方法。

"现代"主要体现在：更多地注重探讨与现代科技有关的课题；充分利用各种相关科技成果作为传播教育信息的媒体；吸收科学和系统的思维方法，使教育技术更具时代特色，更科学化、系统化。

现代教育技术的两个基本要素：①现代媒体技术，是教学中主要应用的现代技术手段，既包括硬件技术，也包括软件技术；②教学设计技术，是优化教学过程的系统方法，是一种被广泛应用的软技术。

在信息化社会中，教学各个环节的改革已经迫在眉睫，加强教师信息素养的培养已成为整个教育信息化的重要组成部分，以改进教学、提高教师教学能力，最终实现教育的变革。现代信息技术在支持以学为主的教学，支持学生的探究、交互和合作学习及过程性评价方面能够提供多方面的支持，能够为学生创设一种全新的学习环境，从而改变传统的教与学的方式，进而改变传统的教学模式，培养信息时代所需的创新人才。

1.3.4　教师的教育技术能力

根据我国中小学校信息技术实际条件的不同、师生信息技术应用情境的差异，对教师在教育教学和专业发展中应用信息技术提出了基本要求和发展性要求。2014年5月，教育部为构建教师队伍建设标准体系，全面提升中小学教师信息技术应用能力，促进信息技术与教育教学深度融合，印发《中小学教师信息技术应用能力标准（试行）》（教师厅〔2014〕3号），其基本内容如表1-2所示。文件中明确将中小学教师的信息技术应用能力定义为"中小学教师运用信息技术改进其工作效能、促进学生学习成效与能力发展，以及支持其自身持续发展的专业能力"。在该标准中，教师信息技术应用能力主要服务于两大目的——支持教师教学工作以及支持教师自身专业发展。

表 1-2 中,"应用信息技术优化课堂教学"的能力为基本要求,主要包括教师利用信息技术进行讲解、启发、示范、指导、评价等教学活动应具备的能力;"应用信息技术转变学习方式"的能力为发展性要求,主要针对教师在学生具备网络学习环境或相应设备的条件下,利用信息技术支持学生开展自主、合作、探究等学习活动所应具有的能力。本标准根据教师教育教学工作与专业发展主线,将信息技术应用能力区分为技术素养、计划与准备、组织与管理、评估与诊断、学习与发展五个维度。

表 1-2 中小学教师信息技术应用能力标准基本内容

维度	Ⅰ 应用信息技术优化课堂教学	Ⅱ 应用信息技术转变学习方式
技术素养	1. 理解信息技术对改进课堂教学的作用,具有主动运用信息技术优化课堂教学的意识	1. 了解信息时代对人才培养的新要求,具有主动探索和运用信息技术变革学生学习方式的意识
	2. 了解多媒体教学环境的类型与功能,熟练操作常用设备	2. 掌握互联网、移动设备及其他新技术的常用操作,了解其对教育教学的支持作用
	3. 了解与教学相关的通用软件及学科软件的功能及特点,并能熟练应用	3. 探索使用支持学生自主、合作、探究学习的网络教学平台等技术资源
	4. 通过多种途径获取数字教育资源,掌握加工、制作和管理数字教育资源的工具与方法	4. 利用技术手段整合多方资源,实现学校、家庭、社会相连接,拓展学生的学习空间
	5. 具备信息道德与信息安全意识,能够以身示范	5. 帮助学生树立信息道德与信息安全意识,培养学生良好的行为习惯
计划与准备	6. 依据课程标准、学习目标、学生特征和技术条件,选择适当的教学方法,找准运用信息技术解决教学问题的契合点	6. 依据课程标准、学习目标、学生特征和技术条件,选择适当的教学方法,确定运用信息技术培养学生综合能力的契合点
	7. 设计有效实现学习目标的信息化教学过程	7. 设计有助于学生进行自主、合作、探究学习的信息化教学过程与学习活动
	8. 根据教学需要,合理选择与使用技术资源	8. 合理选择与使用技术资源,为学生提供丰富的学习机会和个性化的学习体验
	9. 加工制作有效支持课堂教学的数字教育资源	9. 设计学习指导策略与方法,促进学生的合作、交流、探索、反思与创造
	10. 确保相关设备与技术资源在课堂教学环境中正常使用	10. 确保学生便捷、安全地访问网络和利用资源
	11. 预见信息技术应用过程中可能出现的问题,制订应对方案	11. 预见学生在信息化环境中进行自主、合作、探究学习可能遇到的问题,制订应对方案
组织与管理	12. 利用技术支持,改进教学方式,有效实施课堂教学	12. 利用技术支持,转变学习方式,有效开展学生自主、合作、探究学习
	13. 让每个学生平等地接触技术资源,激发学生的学习兴趣,保持学生的学习注意力	13. 让学生在集体、小组和个别学习中平等获得技术资源和参与学习活动的机会
	14. 在信息化教学过程中,观察和收集学生的课堂反馈,对教学行为进行有效调整	14. 有效使用技术工具收集学生学习反馈,对学习活动进行及时指导和适当干预
	15. 灵活处置课堂教学中因技术故障引发的意外状况	15. 灵活处置学生在信息化环境中开展学习活动发生的意外状况
	16. 鼓励学生参与教学过程,引导学生提升技术素养并发挥其技术优势	16. 支持学生积极探索使用新的技术资源,创造性地开展学习活动

续表

维度	Ⅰ 应用信息技术优化课堂教学	Ⅱ 应用信息技术转变学习方式
评估与诊断	17. 根据学习目标科学设计并实施信息化教学评价方案	17. 根据学习目标科学设计并实施信息化教学评价方案,并合理选取或加工利用评价工具
	18. 尝试利用技术工具收集学生学习过程信息,并能整理与分析,发现教学问题,提出针对性的改进措施	18. 综合利用技术手段进行学情分析,为促进学生的个性化学习提供依据
	19. 尝试利用技术工具开展测验、练习等工作,提高评价工作效率	19. 引导学生利用评价工具开展自评与互评,做好过程性和终结性评价
	20. 尝试建立学生学习电子档案,为学生综合素质评价提供支持	20. 利用技术手段持续收集学生学习过程及结果的关键信息,建立学生学习电子档案,为学生综合素质评价提供支持
学习与发展	21. 理解信息技术对教师专业发展的作用,具备主动运用信息技术促进自我反思与发展的意识	
	22. 利用教师网络研修社区,积极参与技术支持的专业发展活动,养成网络学习的习惯,不断提升教育教学能力	
	23. 利用信息技术与专家和同行建立并保持业务联系,依托学习共同体,促进自身专业成长	
	24. 掌握专业发展所需的技术手段和方法,提升信息技术环境下的自主学习能力	
	25. 有效参与信息技术支持下的校本研修,实现学用结合	

1.4 戴尔经验之塔理论与教学媒体选择

1.4.1 戴尔的经验之塔理论

教育技术的发展初期离不开视听技术的发展,而视听理论的发展也极大地影响了教育技术的发展。其中美国视听教育家戴尔(Edgar Dale)1946年出版了《视听教学法》一书,其中提出了"经验之塔"理论,对教育技术应用影响较为深远。"经验之塔"理论认为人的学习经验有的是以直接方式得来的,有的是以间接方式得来的,还有的以抽象方式获得。各种经验根据其抽象程度大致可分为三大类(抽象、观察、做)12个层次。改进后的经验之塔如图1-2所示。

1. 学习经验的划分

1)"做"的经验,包括3个层次

"做"的经验都含有"亲力亲为"的活动。在这三种学习方式中,学习者都不仅仅是活动的旁观者,更是活动的参与者,故称为做的经验。

(1)直接有目的的经验,指直接与真实事物接触而获取的经验,是通过对真实事物的直接感知(即看、听、尝、嗅、触、做)取得的最丰富的具体经验。

(2)设计的经验,指通过模型、标本等间接材料的学习获取的经验。模型、标本等是通过人工设计、仿造的事物,多与真实事物的大小和复杂程度有所不同,它是"真实的改编"。这种改编,可以使人们对真实事物更容易理解和领会。

(3)演戏的经验,指把一些事情编成戏剧,让学生在戏中扮演一个角色,使他们在尽可能接近真实的情境中去获得经验。通过演戏、表演,感受那些在正常情形下无法获得的感情上和观念上的体验。演戏与看戏不同,演戏可以使人们参与重复的经验,而看戏是获得观察

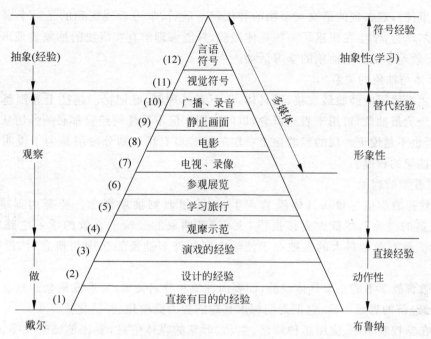

图 1-2　改进后的经验之塔

的经验。

2) 观察的经验，包括 7 个层次

(1) 观摩示范，看别人怎么做，通过这种方式可以知道一件事是怎么做成的。以后可以自己动手模仿着去做。

(2) 学习旅行，通过野外的学习旅行，看到真实事物和各种景象，获得感性经验。

(3) 参观展览，展览是供人们看的，学生通过观看展览获得经验。

(4) 电视、录像。

(5) 电影。屏幕上的事物是真实事物的替代，而不是它本身，通过看电视或看电影，可以获得一种替代的、间接的经验。

(6) 静止画面。

(7) 广播、录音。

它们可以分别提供视觉与听觉的经验，与电影、电视提供的视听经验相比，抽象层次要高一些。

3) 抽象的经验，包括两个层次

(1) 视觉符号，主要指表达一定含义图表、地图等抽象符号。它们已不能表达事物的实在形态，是一种抽象的代表，如地图上的曲线代表河流，线条代表铁路等。

(2) 言语符号，包括口头语言与书面语言（文字符号）两种，是事物抽象化了的代表或观念的符号。

2. 经验之塔理论对教学的指导意义

从经验之塔的层次排列可以看到，学习者开始是在实际经验中作为一名参与者，然后是作为一名真实事件的观察者，接着是作为一名间接事物的观察者（通过提供一些媒体信息来呈现这些事件),观察到的是真实事物的替代物。最后,学习者观察到的是一个事件的抽象符号。戴尔认为,学生在积累了一些具体经验,并能够理解真实事物的抽象表现形式的基础上,才能有效地参加更加抽象的学习活动。

1) 具体与抽象的关系

经验之塔底层的经验最直接、最具体,学习者易理解,好记忆。越往上升则越抽象。塔的顶层的经验最抽象,可用于表述概念,以便应用。但不是任何经验都必须经历从底层到顶层的阶梯,也不是说下一层的经验比上一层的经验更有用。划分阶层是为了说明各个经验的具体或抽象的程度。

2) 对教学的启示

(1) 教育教学应尽量从具体经验入手,逐步过渡到抽象概念。要努力提供"做的经验"和"观察的经验",尽量少直接提供"文字"等抽象的经验。有效的学习之路应该充满具体经验。教育教学最大的失败在于使学生记住许多抽象的法则与概念时,没有具体经验做支持。

(2) 教育教学不能止于具体经验,而要向抽象和普遍发展,要形成概念。概念可供推理之用,是最经济的思维工具,它把人们探求真理的智力简单化、经济化。

(3) 在学校教学中,应用各种鲜活、生动、形象的媒体信息,要比单纯的文字、语言等抽象信息容易被理解和掌握,可以使学习更为具体,从而导致更好的抽象。

(4) 位于塔中层的视听媒体信息,较语言、视觉符号更能为学生提供具体和易于理解的经验,并能冲破时空的限制,弥补学生直接经验的不足。

1.4.2 教学媒体选择的原则

教学媒体范围广泛,进行媒体选择时要依据教学目标、教学内容、教学对象、教学条件、媒体的特性等诸多因素进行综合考虑。概括起来,教学媒体的选择主要依据以下三条原则。

1. 最优决策原则

美国传播学家施拉姆经过研究,提出了决定媒体选择概率的公式。

$$媒体的选择概率(P) = \frac{媒体产生的功效(V)}{付出的代价(C)}$$

式中,代价(C)包括制作媒体所需的费用(如设备损耗、材料费用、人员开支等)及所需要付出的努力程度(如安装、准备所需时间、操作的准备程度、配套资料是否齐备,储存、维修条件等)。功效(V)是指媒体在完成教学目标中所起的作用大小。因此,选择媒体应尽可能地降低代价,提高媒体产生的功效。根据实践经验,应选择那些容易操作、价格较低而又效果较佳的媒体。简而言之,根据施拉姆的媒体选择概率的公式可以得出:媒体的选择必须遵循低成本、高效能的原则。

2. 有效信息原则

从戴尔经验之塔可以看出,各种教学媒体所提供的学习经验层次是不同的:有的属于具体的经验,有的属于替代的经验、间接的经验,有的则属于抽象的经验。因此,不同的教学内容应选择不同的媒体资源来表现,或者说,不同的教学媒体适合表现不同的教学内容。

3. 优化组合原则

各种教学媒体都有各自的优点,也有各自的局限性,没有一种可以适合所有教学情况的

"超级媒体"。各种教学媒体有机组合将会取得整体优化的教学效果。切记,媒体的组合要以取得最佳的教学效果为出发点,而不只是形式上的相加。在具体教学实践中,可考虑以下四种应用方式。

(1) 直观型媒体与抽象型媒体的组合应用。直观型媒体主要指各种教具、实物投影和影视片段,以及学生亲自参与的实验、实习、参观、访问等。这些有利于向学生提供具体的或半具体的学习材料,获得直接或间接的经验,有助于使认识由具体上升为抽象。抽象型媒体主要指文字教科书和有关文字读物,包括视觉符号和语言符号。它利于向学生提供高度抽象的经验,表达事物的本质属性及内在联系。以上两种类型的教学媒体在教学中组合起来运用,可以把直观的事物与抽象的事物有机结合起来,促进由个别到一般的认知进程。

(2) 图像型媒体与实物型媒体的组合应用。图像型媒体主要指幻灯片、实物投影、教学挂图等;实物型媒体主要指实物、标本、模型、实验和其他教具等。它们都属于直观型媒体,但又各有其特点和功能。这两种媒体的组合使表现的事物更加形象化、直观化。例如,照片、实物投影能够表现客观事物的形态,可见度好、清晰度高,画面的停留时间、放映速度可由教师灵活控制,便于教师指导学生观察和讲解,但与实物型媒体相比,其真实感、空间感、立体感较差。如果把两者恰当地组合起来运用,可扬长避短、相得益彰。

(3) 音响型媒体与图像型媒体的组合运用。音响型媒体主要指录音、电唱、播音等。音响型媒体具有声情并茂的特点。"声"指语言语调和音效,"情"指通过语言语调和音效表现出来的感情、情绪、气氛等。在学习中学生是通过"声"来理解、感受"情"的。图像型媒体具有形神兼备的特点。"形"指图形、形象,"神"指寓于图形、形象中的思想、知识和艺术境界等。在学习中学生是通过"形"来理解"神"的。图像型媒体能使学生眼见其形,但不闻其声。音响型媒体则相反,只使学生耳听其声,不能眼见其形。因此,根据教学需要把两者结合起来运用,不仅可以利用视觉和听觉两个通道,而且能够收到形声结合和情景交融的综合效果。

(4) 静态型和动态型媒体的组合运用。静态型媒体是指表现事物静止状态的媒体,如照片、实物投影中的静止画面,教学挂图和实物、标本、部分教学模型等。动态型媒体是指表现事物运动变化状态的媒体,如投影中的活动画面、二维动画、三维动画、影视片段等。前者善于表现事物的静态,便于学生观察和教师调控。后者善于表现事物的运动变化,便于学生了解事物发生、发展和变化的过程和状态。把两者组合应用,有利于学生通过静态观察和动态观察两个渠道获得对事物的准确而全面的认识,更好地完成某一学习任务。

总之,在班级授课形式的课堂教学过程中,根据教学目标和教学内容的需要,结合学生的认知特点,既要合理地选择和应用各种形式的信息技术支持的教学资源,也要考虑传统教学媒体的有效成分,使两者有机结合、各展所长、互为补充,构成教学信息传递与反馈调节的教学媒体群。通过传统媒体和现代媒体的科学组合来优化教学过程,使学生通过多种感官进行学习,让学生的思维活动处于积极的状态,促进其对知识的记忆与理解,提高迁移运用水平,从而提高学习质量和效率。

1.5 现代教育技术理论基础

现代教育技术是服务于教和学的,只有在一定的学习理论和教学理论的指导下,现代教育技术的应用才能达到最优的效果。

1.5.1 学习理论

人类的学习活动是一个极其复杂的系统,经历了由简单到复杂、由低级到高级的漫长发展过程。同样,人们对自身学习的认识也经历了一个由片面到全面、由现象到本质逐步深化的过程。学习理论正是为探究人类学习本质及其形成机制而形成的心理学理论,重点研究学习的性质、过程、动机以及方法和策略等。

对现代教育技术发展具有较大影响的学习理论包括：行为主义、认知主义、建构主义和人本主义等,这些在不同历史时期出现的各种学习理论流派,其主要差异表现在对学习本质的不同理解上。在回答学习是什么、人们是怎样学习的问题时,各个流派存在着差异。

1. 行为主义学习理论

行为主义学习理论诞生于20世纪初,其代表人物有华生、桑代克、斯金纳、班杜拉等。行为主义对学习的解释强调可观察的行为,认为行为的多次愉快或痛苦的后果改变了个体的行为或者个体模仿他人的行为。行为主义重视环境和经验的作用,强调学习中的各种要素及其相互作用。

1) 桑代克的联结主义理论

桑代克根据多次动物实验的研究提出了他的学习理论,主要由以下三个方面组成。

（1）学习是刺激—反应(stimulate-response,S-R)联结。学习是个体在刺激情境中表现反应时所产生的刺激—反应联结。个体所学到的就是一连串刺激—反应联结的组成。每个刺激—反应联结都是经历了先是错误的反应多于正确的反应,而后正确的反应逐渐多于错误的反应,最后全部为正确反应的过程。这种学习过程是渐进地"尝试与错误"直至最后成功的过程。

（2）相同要素论。桑代克认为,个体在某种刺激情境中学到的刺激—反应联结将有助于在其他类似情境中学习新的刺激—反应联结。这种现象称为训练迁移或学习迁移。桑代克认为学习迁移只有在前后两次所学材料(刺激情境)有共同元素时才会发生。

（3）学习的三大定律。桑代克在观察动物的试误学习过程中总结出了影响刺激—反应联结能否建立的三大规律,分别是准备律、练习律和效果律,见表1-3。

表1-3 学习的三大定律

定律	内涵
准备律	指学习者在学习开始时的准备定势。如果学习者有准备并且让他按照自己准备的活动去做,那么学习者就会产生一种满意感；如果学习者有准备而不让他按照自己准备的活动去做,那么学习者就会感到烦恼；如果学习者无准备而强制其从事某种活动,学习者就会产生厌恶感
练习律	练习律有两种形式：一个联结的应用会增强这个联结的力量；一个联结的失用(不练习)则会导致这一联结的减弱或遗忘。即练习次数越多,练习越紧密,那么联结力就越强；在一定时间范围内不练习,那么联结的力量就会减弱甚至消失
效果律	决定学习的最重要因素是机体的行为后果。凡是导致满意后果的行为会被加强,而带来烦恼的行为则会被削弱或淘汰。即某一刺激—反应联结的结果受到奖励或正强化,那么这种结果就会得到加强；如果联结结果受到惩罚,那么这种结果就会被削弱

2) 斯金纳的操作性条件作用理论

斯金纳是行为主义后期对学习心理学影响较大的心理学家。斯金纳继承和参照了华生、桑代克的研究和观点,建立了他独具特点的操作性条件反射学习理论。

斯金纳通过迷箱实验,认为学习实质上是一种反应概率上的变化,而强化是增强反应概率的手段。如果一个操作(自发反应)出现以后,有强化刺激尾随,则该操作的概率就增加;已经通过条件作用强化了的操作,如果出现后不再有强化刺激尾随,则该操作的概率就减弱,甚至消失。这就是操作性条件反射的基本过程。

操作性条件反射学习理论操作性条件作用的基本规律包括以下三个方面。

(1) 强化。强化也是一种操作。强化的作用在于改变同类反应在将来发生的概率,而强化物则是一些刺激物,它们的呈现或撤销能够增加反应发生的概率。强化有正强化(实施奖励)与负强化(撤销惩罚)之分。由机体自发做出某种反应,从而得到正强化物,则此类反应发生的概率便增加。这一现象表明了正强化在塑造行为中有重要作用。

在日常生活中,人们常在自觉或不自觉地运用奖励对他人的行为进行积极强化。例如,教师对上课守纪律的学习者进行表扬,家长对考试成绩好的孩子给予物质奖励等。

(2) 消退。由机体做出的以前曾被强化过的反应,如果在这一反应之后不再有强化物相伴,那么,此类反应在将来发生的概率便会降低,称为消退。在操作性条件作用中,无论是正强化的奖赏,还是负强化的逃避,其作用都在于增加某种反应在将来发生的概率,以达到塑造行为的目的。而消退则不然,消退是一种无强化的过程,其作用在于降低某种反应在将来发生的概率,以达到消除某种行为的目的。因此,消退是减少不良行为、消除坏习惯的有效方法。奖励的运用必须得当,否则便会强化不良行为。这一点在小学教育中尤为重要。

(3) 惩罚。当机体做出某种反应后,呈现出厌恶刺激,以消除或抑制此类反应的过程,称作惩罚。惩罚与负强化有所不同,负强化是通过厌恶刺激的排除来增加反应在将来发生的概率,而惩罚则是通过厌恶刺激的呈现来降低反应在将来发生的概率。但是,惩罚并不能使行为发生永久性的改变。它只能暂时抑制行为,而不能根除行为。因此,惩罚的运用必须慎重。惩罚一种不良行为,应与强化一种良好行为结合起来,方能取得预期的效果。

斯金纳强烈抨击传统的班级教学,指责它效率低下,质量不高。他根据操作性条件反射和积极强化的理论,对教学进行改革。他设计了一套教学机器和程序教学方案,提出程序教学思想。采用机器教学必须把教学内容编成程序输入机器,所以,机器教学也叫程序教学,但程序教学不一定要用机器。斯金纳的程序教学的主要原则有五条。

(1) 积极反应。斯金纳认为,传统的课堂教学是教师讲,学生听。学生充当消极的听众角色,没有机会普遍地、经常地做出积极反应。传统的教科书也不给学生提供对每一单元的信息做出积极反应的可能性。教学以问题形式向学生呈现知识,学生在学习过程中能通过写、说、运算、选择、比较等做出积极反应,从而提高学习效率。

(2) 小步子教学。斯金纳把程序教学的教材分成若干小的、有逻辑顺序的单元,编成程序。后一步的难度略高于前一步。分小步顺序学习是程序教学的重要原则之一。程序教学的基本过程是:显示问题(第一小步)→学生解答→对回答给予确认→进展到第二小步……如此循序渐进直至完成一个程序。由于知识是逐步呈现的,学生容易理解,因此在整个学习进程中学生能自始至终充满信心。

(3) 即时反馈。斯金纳认为,在教学过程中应对学生的每个反应立即做出反馈,对行为的即时强化是控制行为的最好方法,能使该行为牢固建立。对学生的反应做出的反馈越快,强化效果就越大。最常用的强化方式是即时知道结果和从一个框面进入下一个框面的活动。这种强化方式能有效地帮助学生提高学习信心。

（4）自定步调。每个班级的学生在学习程度上通常都有上、中、下之别。传统教学总是按统一进度进行，很难照顾到学生的个别差异，影响了学生的自由发展。程序教学以学生为中心，鼓励学生按最适宜于自己的速度学习并通过不断强化获得稳步前进的诱因。

（5）最低的错误率。教学机器有记录错误的装置。程序编制者可根据记录了解学生实际水平并修改程序，使之更适合学生的学习程度。又由于教材是按由浅入深、由已知到未知的顺序编制的，学生每次都可能做出正确反应，从而把错误率降到最低限度。斯金纳认为不应让学生在发生错误后再去避免错误，无错误的学习能激发学习积极性、增强记忆、提高效率。

斯金纳在操作性条件反射学习理论基础上提出的程序教学模式是利用计算机辅助教与学的基础，具有很强的指导性，是学习资源设计的一般过程与方法。

2．认知主义学习理论

认知主义学习理论与行为主义学习理论相对立，从 20 世纪 50 年代中期之后，布鲁纳、奥苏贝尔等一批认知心理学家的大量创造性的工作，使学习理论的研究自桑代克之后又进入了一个辉煌时期。他们认为学习就是面对当前的问题情境，在内心经过积极的组织，从而形成和发展认知结构的过程，强调刺激—反应之间的联系是以意识为中介的，强调认知过程的重要性。因此，认知主义在学习理论的研究中开始占据主导地位。认知主义的典型代表人物是布鲁纳、奥苏贝尔和加涅。

（1）布鲁纳的认知发现说。该学说指出，学习过程是一种积极的认知过程。布鲁纳认为，学习的实质在于主动地形成认知结构。学习任何一门学科，都有一连串的新知识，每个知识的学习都要经过获得、转化和评价这 3 个认知学习过程。布鲁纳曾经指出："学习一门学科，看来包含着 3 个差不多同时发生的过程。"同时他又强调："不论我们选教什么学科，务必使学生理解该学科的基本结构。"他非常重视人的主动性和已有经验的作用，重视学习的内在动机与发展学生的思维，提倡知识的发现学习。他说："发现不限于那种寻求人类尚未知晓的事物之行为。正确地说，发现包括用自己的头脑亲自获得知识的一切形式。"他认为发现学习具有以下一些优点：有利于激发学生的潜力；有利于加强学生的内在学习动机；有助于学生学会学习；有利于知识的保持与提取。

（2）奥苏贝尔的认知同化说。奥苏贝尔提出了独具特色的"有意义学习"理论，即认知同化说（又称认知—接受说）。他认为，新知识的学习必须以已有的认知结构为基础。学习新知识的过程，就是学习者积极主动地从自己已有的认知结构中，提取与新知识最有联系的旧知识，并且加以"固定"或者"归属"的一种动态的过程。过程的结果导致原有的认知结构不断地分化和整合。从而使学习者能够获得新知识或者清晰稳定的意识经验。原有的知识也在这个同化过程中发生了意义的变化，根据将要学习的新内容与学习者已经知道的相关内容之间的关系，奥苏贝尔把学习分为下位学习、上位学习和并列结合学习 3 类。根据学生进行学习的方式，把学生的学习分为接受学习和发现学习；根据学习过程的性质，又把学习分为机械学习与有意义的学习。

（3）加涅的累积学习说。加涅认为，学习过程是信息的接受和使用的过程。学习是主体和环境相互作用的结果，"个体先前的学习导致个体的智慧日益发展"。在教学上，他主张给学生最充分的指导，使学生能够沿着详细规定的学习程序，一步一步地、循序渐进地进行学习,知识学习可以看作"动机阶段(预期)→了解阶段(注意选择性和知觉)→获得阶段(编码储存通道)→保持阶段(记忆储备)→回忆阶段(检索)→概括阶段(迁移)→作业阶段(反应)→反馈阶段(强化)"这样的一条链条。

加涅的累积学习说的另一个重要思想是他关于学习的分类。加涅根据产生学习的情境,把学习分成8类,由低到高顺次排列成一个层级。

① 信号学习:经典条件反射,包括不随意反应。
② 刺激反应学习:操作条件反射。
③ 连锁学习:一系列刺激反应动作的联合。
④ 语言的联合:与第三类学习一样,只不过它是语言单位的连接。
⑤ 多重辨别学习:区分多种刺激的不同之处。
⑥ 概念学习:在对刺激进行分类时,对事物抽象特征的反应。
⑦ 原理学习:概念的联合。
⑧ 解决问题:在各种条件下应用原理达到最终目的。

根据学生的学习结果,把学习结果划分为5种。
① 言语信息:能够陈述用语言文字表达的知识。
② 智慧技能:运用符号办事的能力。
③ 认知策略:对内的控制以及调节自己的认知活动的特殊认知技能。
④ 动作技能:习得的、协调自身肌肉活动的能力。
⑤ 态度:习得的、决定个人行为选择的内部状态。

3. 建构主义学习理论

建构主义思想来源于认知加工学说以及维果茨基、皮亚杰和布鲁纳等人的思想。例如,皮亚杰和布鲁纳等人的认知观点解释了如何使客观的知识结构通过个体与之交互作用而内化为认知结构,维果茨基的"文化—历史"发展理论的广为流传,都是建构主义思想发展的重要基础。因此,了解上述理论是深刻理解建构主义必不可少的环节。

建构主义学习理论的基本内容可从学习的含义(什么是学习)与学习的方法(如何进行学习)这两个方面进行说明。

1) 学习的含义

建构主义认为,知识不是通过教师传授得到的,而是学习者在一定的情境即社会文化背景下,借助他人(教师和学习伙伴)的帮助,利用必要的学习资料,通过意义建构的方式而获得的。因此,建构主义学习理论认为"情境""协作""会话"和"意义建构"是学习环境中的四大要素。

(1) 情境。学习环境中的情境必须有利于学生对所学内容的意义建构。这就对教学设计提出了新的要求。也就是说,在建构主义学习环境下,教学设计不仅要考虑教学目标,还要考虑有利于学生建构意义的情境的创设,并把情境创设看作教学设计的重要内容。

(2) 协作。建构主义强调协作发生在学习过程的始终。协作对学习资料的收集与分析、假设的提出与验证、学习成果的评价直至意义的最终建构均有重要作用。

(3) 会话。会话是协作过程中不可缺少的环节,学习小组成员之间必须通过会话商讨如何完成规定的学习任务;此外,协作学习过程也是会话过程,在此过程中,每个学习者的思维成果(智慧)为整个学习群体所共享。因此会话是达到意义建构的重要手段之一。

（4）意义建构。这是整个学习过程的最终目标。意义是指事物的性质、规律以及事物之间的内在联系。在学习过程中帮助学生建构意义就是要帮助学生对当前学习内容所反映的事物的性质、规律以及该事物与其他事物之间的内在联系形成较深刻的理解。这种理解在大脑中的长期存储形式就是"图式"，也就是关于当前所学内容的认知结构。

由以上所述的"学习"的含义可知，学习的质量是学习者建构意义能力的函数，而不是学习者重现教师思维过程能力的函数。换句话说，获得知识的多少取决于学习者根据自身经验去建构有关知识的意义的能力，而不取决于学习者记忆和背诵教师讲授内容的能力。

2）学习的方法

建构主义提倡在教师指导下以学习者为中心进行学习。也就是说，既强调学习者的认知主体作用，又不忽视教师的指导作用，教师是意义建构的帮助者、促进者，而不是知识的传授者与灌输者。学生是信息加工的主体，是意义的主动建构者，而不是外部刺激的被动接受者和被灌输的对象。

学生要成为意义的主动建构者，就要在学习过程中从三个方面发挥主体作用：①要用探索法、发现法去建构知识的意义；②在建构意义的过程中要主动收集并分析有关的信息和资料，对所学习的问题要提出各种假设并努力加以验证；③要把当前学习内容所反映的事物尽量和自己已经知道的事物相联系，并对这种联系加以认真地思考。联系与思考是意义建构的关键。如果能把联系与思考的过程与协作学中的协商过程（交流、讨论的过程）结合起来，则学生建构意义的效率会更高、质量会更好。协商有自我协商与相互协商（也叫内部协商与社会协商）两种。自我协商是指自己和自己争辩什么是正确的；相互协商则指在学习小组内部之间相互讨论或辩论。

教师要成为学生建构意义的帮助者，就要在教学过程中做好三个方面的指导作用：①激发学生的学习兴趣，帮助学生形成学习动机；②通过创设符合教学内容要求的情境和提示新旧知识之间联系的线索，帮助学生建构当前所学知识的意义；③为了使意义建构更有效，教师应在尽可能的条件下组织协作学习（开展讨论与交流），并对协作学习过程进行引导，使之朝着有利于意义建构的方向发展。

教师在进行引导时可以采用一些有效的方法，例如：提出适当的问题以引起学生的思考和讨论；在讨论中设法把问题一步步引向深入以加深学生对所学内容的理解；启发诱导学生去发现规律；自己去纠正和补充错误的或片面的认识。适当的方法可以提升学生的有意义建构。

4. 人本主义学习理论

人本主义心理学是 20 世纪 50 年代到 60 年代在美国兴起的一种心理学思潮，以马斯洛的"情境教学过程论"和罗杰斯的"以学习者为中心的教学模式论"为代表。

人本主义学习理论的基本观点可以归纳为：强调人的价值，重视人的意识所具有的主观性、选择能力和意愿；学习是人的自我实现，是丰满人性的形成；学习者是学习的主体，必须受到尊重，任何正常的学习者都能自己教育自己；人际关系是有效学习的重要条件，它在学与教的活动中创造了"接受"气氛。

人本主义学习理论认为，每个人都有发展自己潜力的能力和动力。真正的学习经验能够使学习者发现自己的独特品质和作为一个人的特征，实现自我。它适合培养学习者完善的个性和人格；对个性强、性格孤僻的学习者的教育也有重要意义。

人本主义认为学习是对学生整个成长过程的解释,可以从中得到对教育有益的启示,主要包括以下几个方面。

(1) 贯彻"以学生为中心"的理念,努力建立新型、民主的师生关系。具体表现为:在情感上要尊重学生,信任学生;在教学上要给予学生一定的自主权,充分发挥学生的积极作用,体现学生的主体地位,让学生获得自主发展的、个性张扬的教育环境。

(2) 具有真诚的态度,从内心了解学生的反应,尤其是对那些学习有困难的特别需要帮助和鼓励的学生,要相信并且使学生相信每个人都有学习的潜力,帮助学生发现自己的潜力;要发现并赞赏每一位学生的独特之处,包括兴趣、爱好、专长等;注重每一位学生所取得的进步,即使是很微小的,也就是关注学生付出的努力。

(3) 重视价值、态度、情感等因素在学习中的作用,引导学生发现学习活动对他们本身的意义和对社会的价值,形成积极的态度和内部动机,进而使学生形成自我主动学习的意识;引导学生在学习过程中形成积极向上的自我概念、价值观和态度体系;引导学生逐步学会自我评价,从而使学生能够自己教育自己,最终成为能够充分发挥作用的人。

在过去很长一段时间,各个学派的心理学家都认为自己的理论抓住了学习的本质,可以解释一切学习现象。然而实践表明,人类的学习现象十分复杂,用某个学习理论来解释一切学习现象是不可能的。各种学习理论对学习的界定实际上是从不同的角度对学习进行研究的,它们都揭示了学习的性质和规律的某个方面,使我们对学习的本质和过程的认识更加全面和深刻。

1.5.2 教学理论

学习理论是教育学的一个重要分支,它是指描述或说明人和动物学习的性质、过程和影响学习的各种因素的学说。教学理论是"在某种意义上的约定俗成的通例,它阐明有关最有效地获得知识与技能的方法规则"。从规范性和处方性角度考虑,教学理论关心的是促进学习而不是描述学习。具体地说,教学理论主要研究"怎样教"的问题;学习理论主要是在描述和说明"学习是怎样发生的,以及学习开始后会发生一些什么情况"的问题。教学理论的形成经历了漫长的历史阶段,从教学经验总结,到教学思想成熟再到教学理论的形成。这一进程是人们对教学实践活动认识不断深化、不断丰富和不断系统的过程。

1. 布鲁纳的"结构—发现"教学理论

布鲁纳(Bruner)的"结构—发现"教学理论产生的主要背景是 1957 年苏联卫星上天,美国的教育改革受到影响。该理论提出以下四点。

(1) 掌握学科的基本结构,是教学过程的中心。懂得基本原理,可以使学科更容易理解。"基本"是指获得广泛新知的基础;"结构"是指基本概念、原理及它们之间的相互联系。学习有两种迁移:特殊迁移、原理和态度迁移。用简化的方式储存在记忆中,可使记忆具有"再生性"特征。

(2) 提倡早期学习。任何学科都可以用某种理智的方法,有效地教给处于任何发展阶段的任何学生。以困难为理由,把重要的教学往后推迟,往往浪费了学生的宝贵时间。

(3) 教学原理方面具有以下四个原则。

① 动机原则。满足社会需求愿望的外来动机作用短暂,而内在动机能起长效作用。学习的好奇心、胜任感、互助欲是学习的三种基本内动机。在实施方面要做好以下三点。第一,激活工作:设计"具有最合适的不确定性"的学习课题,因为模棱两可的情况最可能引起

学生的好奇心。第二,维持工作:探索活动被激发出来,就要维持,这取决于对教学过程的控制。要使学生相信,成功的可能要超过失败,要培养学习的自信心,和独立做出决定与行动的能力。第三,方向性工作:把注意力引向完成学习项目的主要方面。

② 结构原则。将知识组织起来的最理想方式是建立知识结构。知识结构的再现形式有三种。第一,表演式:一组动作;第二,肖像式:简化的图解、知识树、系统图;第三,象征性:符号。以上分别体现出结构的再现性、经济性与有效性。

③ 程序原则。学生学习知识所遇到的材料的序列,就是教学的序列。要处理好教材的内在联系和学生智慧发展两者的关系,以确定最有效的序列。决定学习序列的因素有学习速度(要考虑认知的紧张度)、抵制遗忘的作用、旧知识迁移到新情况的可能性、知识再现的形式、有利于经济和有效地掌握知识。

④ 反馈强化原则。没有反馈就没有教学。基本要求为:第一,时间及时,过早则增加记忆负担,过晚则无指导作用。第二,具有不在思维定式和焦虑状态的条件,先退出状态,方可进行矫正,否则矫正性信息无效。第三,处理方式,矫正不超出学习者的能力范围。

(4) 发现学习。其教学模式如下:第一,带着问题观察具体事实;第二,建立假设;第三,形成抽象概念,组织讨论和求证,以形成结论,提炼一般性原理或规律;第四,把原理应用到新的情境中,运用于实际,接受检验和评价的过程,也是运用知识,提高分析和解决问题能力的过程。

2. 布鲁姆的掌握教学理论

布鲁姆的掌握教学理论产生于20世纪60年代末期。掌握教学理论认为,教学目标就是通过教学使学生发生行为变化的期望。该理论将教学目标分成认知、情感、动作技能三大领域。

(1) 认知领域。具体内容如下。
- 知识:描述、认出、界定、说明、列举。
- 理解:转换、举例、摘要、归纳、重写。
- 运用:证明、解决、修改、发现、预测。
- 分析:判断、辨别、分解、指出、细化。
- 综合:设计、组织、筹划、创造、整合。
- 评价:比较、支持、批判、评论、鉴赏。

(2) 情感领域。具体内容为接受、反应、价值判断(态度、重视其价值性)、价值组织(人生观)、价值个性化(价值观内化、成为其个性的一部分)。

(3) 动作技能领域。具体内容如下。
- 知觉:感官刺激、线索选择。
- 准备状态:心理、身体、情绪。
- 引导的反应:模仿、尝试错误。
- 机械练习:由熟练而成为习惯。
- 复杂的反应:复杂的动作行为。
- 实际创作:新的行为方式及动作。

另外,布鲁姆的教学观的重要理论体现在"掌握学习"。它建立在"人人都能学习"这一信念的基础上。其核心观点可以归结为两点:① 任何一个学生只要有充分的学习时间,就能完成任何学习课题,并非只有能力强的人才有完成高级学习课题的潜力;②在现实中出现的学习达成度的差异,是由于该生所需要的学习时间与实际耗费的学习时间量的差异所致。

布鲁姆提出解决教学效果的三个主要变量:①认知的前提能力,即学生掌握的新的学习任务必需的基础知识的能力程度;②情感的前提特性,即学习者参与学习过程的动机作用的程度;③教学的质量,即教师教学适合学生的程度。布鲁姆认为这三个变量对学习达成度的影响作用分别占 50%、25%、25%。

布鲁姆从职能的角度把教学评价分为三大类:诊断性评价、形成性评价和总结性评价。其中关于形成性评价,从学生自身的角度看,布鲁姆则指出了如下四个职能。

(1) 调整学习活动。从形成测验的结果可以确认自己的目标达成状况,推断完全掌握该单元的主要目标所需的努力和时间,以调整自己的学习活动。

(2) 从外部确认学校成果的"强化"作用。部分达标的学生当受到外部的确认时,也会产生部分的"强化"作用。

(3) 诊断学习中的问题。通过形成性测验的结果确认自己的错误类型,可以发展最终目标之所以未能达到是由于哪些学习课题未能突破,哪些基础知识和能力未能掌握等,从而明确日后应主攻的薄弱环节。

(4) 获得矫正学习的"处方笺"。这同上述三点密切相关。根据布鲁姆学派的研究,这种形成性评价至少有三种水平。

① 教学进程中形成性评价,主要是通过观察学生的表情、态度和确认举手的状况,使用活动表、应答分析器等,在教学的进行过程中做出及时的反馈。

② 以单元为单位的形成性评价,就是对每个单元的达成目标实行形成性测验,在一个单元的教学过程中做出一次或数次反馈。

③ 以学期、学年为单位的形成性评价,即通过期中测验、期末测验来决定是否针对每个学生的学力缺陷进行补救性的矫正辅导。

3. 赞科夫的发展性教学理论

赞科夫的发展性教学理论的设想源于苏联心理学家维果茨基的发展论。他继承并发展了维果茨基的"最近发展区"学说,把智力发展扩大为一般发展,提出"一般发展"的心理学思想。赞科夫强调着眼于使学生"最理想的一般发展"下的教学与发展互相促进的模式,既反对把教学凌驾于发展之上,又反对把教学与发展等同起来。他认为教学是充分重视学生内因和外因的相互作用,以促进学生在一般发展上取得最好效果的一个完整的教学论体系。赞科夫提出了发展性教学理论的教学原则。

(1) 以高难度进行教学的原则。这是第一位的、决定性的"基本原则",其他原则都与此原则有内在联系。"难度"这一概念强调"障碍的克服"和"学生的努力",这一原则的特点在于"展开学生的精神力量,使这种力量有活动余地,并给予指导"。如果教材和教学方法使得学生面前没有出现应当克服的障碍,那么学生的发展就会萎缩无力。"高难度"并不意味着越难越好,困难的程度要控制在学生"最近发展区"的范围。教学的安排如果超过学生的理解能力,就会使他们"不由自主地走上机械记忆的道路",从而难以达到促进一般发展的目的。

(2) 以高速度进行教学的原则。高难度原则的贯彻在一定程度上依赖于高速前进的原则。这一原则对高难度原则而言是一个辅助原则,但有其独立性。它要求"不断地向前运动",反对多余的重复和烦琐的讲解以及机械的练习,以节约时间,加快进度。实验证明,各年级学生不仅可以学习本学年教学大纲内的内容,还可以多学一些下学年教学大纲内的内容。

(3) 理论知识起主导作用的原则。这一原则要求加强理论知识在教学活动中的重要作用。这个原则绝不是忽视学生获得知识和技巧的意义,而是要求学生在一般发展的基础上,尽可能深入地领会有关概念和规律性的知识。它也是根据科技发展条件下学生抽象思维能力已有提高这一事实提出的,同时,在人们的认识过程中,感性认识和理性认识本来就是有机地交织在一起的,经验和理论处在不断的相互作用中,因此不能只强调一面。

(4) 使学生理解学习过程的原则。这一原则强调让学生学会学习,掌握学习过程和方法。赞科夫指出,一般教学论中的自觉性原则和发展性教学论中的使学生理解学习过程的原则,就其掌握的对象而言有区别,前者把知识、技能、技巧作为掌握的对象,而后者把学习活动过程作为掌握的对象,即这一原则要求掌握知识之间的内在联系。例如,学习乘法表,传统的做法是让学生背诵乘法表,而实验教学则不仅要让学生会背,还要求了解这一部分教材编排的根据,教会学生总结学习的方法,使学生学会分析、比较、综合、归纳,了解所学知识之间的联系,知道产生错误与避免错误的心理机制等。这样做有利于发展学生的思维能力,提高他们学习的主动性与创造性,教会他们学习。

(5) 使班上所有的学生都得到一般发展原则。这一原则要求教师充分关心和重视每个学生,尤其是差生的一般发展。这一原则与一般教学论不同,强调差生比一般学生需要教师更多地"在他们的发展上系统地下功夫"。人们通常认为补课和大量练习是提高差生学业水平的有效手段。实际上,大量作业使得差生负担过重,不仅不能促进他们的发展,反而使他们更加落后。

赞科夫强调,发展性教学理论体系的每条原则都有自己的作用,同时又是互相联系、相辅相成的。贯彻上述教学原则主要是为了激发、增加和深化学生学习的内部诱因,而不是借助分数以及类似的外部手段对学生施加压力。发展性教学理论教学原则的另一特点是给个性以发挥作用的余地,也就是要求尊重学生个人的特点和愿望。

4. 巴班斯基的教学最优化理论

尤·康·巴班斯基(或简称巴氏)的教学过程最优化理论是20世纪下半叶在世界范围内产生广泛影响的教育理论之一,对推动现代教育技术改革起了积极作用,但其存在的问题和历史局限性也同样影响着现代教育改革的发展。

1) 提出最优化的概念

最优化是指以最小的代价(资源、时间等的投入)得到最令人满意的效益(产量、质量等的产出)。

在巴班斯基的最优化理论中,"最优的"一词具有特定的内涵,它不等于"理想的",也不等于"最好的"。"最优的"是指一所学校、一个班级在具体条件制约下所能取得的最大成果,也是指学生和教师在一定场合下所具有的全部可能性。最优化是相对一定条件而言的,在这些条件下是最优的,在另一些条件下未必是最优的。巴班斯基的最优化理论充分体现了辩证法的灵魂——对具体事物进行具体分析。

2) 教学最优化应考虑教学的组成成分

（1）在教学任务上，最优化要做到明确教学和发展的目标，了解学生的准备状态，把教学任务具体化。

（2）在教学内容上，最优化要做到分析教材中主要和本质的东西，确保学生能掌握这些教学内容。

（3）在教学方法上，最优化要求选择学生能有效掌握的内容和能完成教学任务的模式，针对不同的学习者，进行有区别的教学。

（4）在教学进度上，最优化要做到确定适当的教学步调、速度，既完成教学任务又节省时间。

（5）在分析教学效果上，最优化要做到对教学结果做科学的测评、分析、解释。

以上可以看到，要达到教学最优化的目的，就必须分析学生状况和教学任务，明确教学任务，明确教学内容，选择教学模式，拟定教学进度，对教学结果加以测定和分析。所以说，没有教学设计就不可能有教学的最优化，教学设计是教学迈向最优化理想境界必不可少的第一步。

3) 评价最优化的基本标准

（1）效果标准，即每个学生在教学、教育和发展三个方面都达到他在该时期内实际可能达到的水平（但不低于规定的及格水平）。这条标准包含三层意思：①要从学习成绩、品德修养、智能发展三个方面全面衡量效果；②评价效果要有客观标准，这就是国家规定的教学大纲等；③评价要依据具体条件和实际问题。

（2）时间标准，即学生和教师都遵守规定的课堂教学和家庭作业的时间定额。

把以上两条标准具体化，可以把教学过程最优化的评价标准规定为：在形成知识、技能和技巧的过程中，在形成某种个性特征、提高每个学生的教育和发展水平方面可能取得的最大成果；师生用最少的必要时间取得一定的成果；师生在一定时间内花费最少的精力取得一定的成果；为在一定时间内取得的成绩而消耗最少的物资和经费。

4) 巴班斯基提出的优选教学内容的七条标准

（1）教学内容的完整性。

（2）教学内容的科学价值和实践价值。

（3）突出主要的、本质的东西。

（4）教学内容必须符合各年级学生的可能性。

（5）教材安排必须符合规定给该教材的时数。

（6）考虑教学内容的国际水平。

（7）内容应符合当前教师的可能性和学校教学物资设备的可能性。

5) 教师在优选教学内容时的工作程序

（1）深入分析教科书内容，判断它能否完成特定课题的教学、教育和发展任务。

（2）从教学内容中划分出最主要的、最本质的东西。

（3）考虑学科之间的协调。

（4）按照分配给本课题的教学时数安排教学内容。

（5）保证区别对待差生和优生。

思考与讨论

1. AECT 1994 年教育技术的定义和 2005 年教育技术的定义有哪些方面的变化?
2. 通过对国内外教育技术发展历程的了解,思考并讨论教育技术对传统教学带来了哪些影响。
3. 信息技术促进教育的变革体现在哪几个方面?为什么?
4. 结合《中小学教师信息技术应用能力标准基本》,开展未来教师应具备的基本能力的讨论。
5. 通过戴尔经验之塔理论的学习,思考对教学媒体选择有什么样的启示。
6. 对比各种学习理论、教学理论的异同,结合你的学科,谈谈你对学习理论和教学理论的认识。

实践任务

1. 在 Word 中绘制经验之塔。你有没有更熟悉的软件可以更好地完成这个图?
2. 整理各种学习理论、教学理论的异同,利用 PowerPoint 软件中 SmartArt 工具,完成学习与教学理论的知识结构图。
3. 在因特网上查找哪些信息技术对教育教学带来了推动作用。

第 2 章

现代教育技术应用环境

随着教育技术的发展，教学环境在不断发生着变化，学校课堂教学环境的变化为教育教学带来了更多的选择。从支持单向传输的简易多媒体教室，到支持双向互动的交互式多媒体教学系统，再到可以实现远程实时互动的录播系统，教学环境对交互性和覆盖面的支持越来越强。智慧教育、STEAM 教育的推进掀起了学生能力培养的新高潮，学习环境对学习的支持更加全面、深入、有效。虚拟演播室的建设一方面对教学资源的制作提供了技术与环境支持，另一方面对校园数字节目的制作和学生创新实践能力的培养提供了强有力的支撑。

2.1 交互式教学系统

2.1.1 交互式教学系统的概念

多媒体教学是指利用多媒体计算机综合处理和控制符号、语言、文字、声音、图形、图像、影像等多种媒体信息，把多媒体的各个要素按教学要求有机组合起来并通过屏幕或投影仪显示出来，同时按需要加上声音，以及通过使用者与计算机之间的人机交互操作，完成教学或训练过程。以计算机、投影仪和幕布组成的多媒体教学系统为教学提供了多种媒体呈现教学信息的环境，弥补了传统课堂的不足。由于这类多媒体教学环境的信息只能以输出的方式呈现预设的教学内容，无法开展交互式教学，所以又称为简易多媒体教学。

随着信息技术的不断发展，大量的交互技术被引入课堂教学环境，出现了交互式多媒体教学系统，主要有两种形式：电子白板交互系统和交互式教学一体机。

电子白板交互系统是一种先进的教育或会议人机交互辅助设备，它融合了精确的定位技术、大屏幕显示技术、电子技术和计算机技术，可在电化教室和多媒体会议室内取代传统的投影幕布和黑板的功能。通过智能白板与计算机和投影仪的配合，讲解者可以在投影内容上直接进行书写、绘画、修改、批注、保存等操作，还能通过智能白板实现对计算机的控制。由互动式电子白板加上电子白板多媒体教学辅助系统组成的"互动课堂"应用方案已被广泛应用于中小学课堂教学中，成为推动信息化教育发展的强大力量。

交互式教学一体机是集电视、显示器、计算机、电子白板等设备为一体的操作平台，直接在电视屏幕上完成所有的操作，通过教学软件直接在屏幕上实现书写绘画、对象编辑功能，同时通过互联网实现远程会议和教学等强大的互动教学和演示功能，完全实现人机互动、师生互动。

2.1.2 交互式教学系统的组成

希沃交互智能平板是中小学常见的一类交互式教学系统,本书以希沃交互智能平板为例,来介绍交互式教学系统的组成。交互式教学系统是以交互式教学一体机为中心,包含内置个人计算机(PC)、操作系统、电视系统等,如图2-1所示。设备控制键一般置于前端,主要包括开关机键、安卓界面、设置键等,USB接口等。

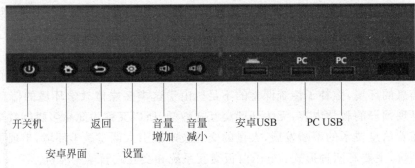

图 2-1 交互式教学系统

目前交互式教学一体机通常采用的屏幕长宽比例是 16∶9,一般 PC 机采用的多为 4∶3,所以利用交互式教学一体机播放 PPT 时,可能会出现黑边,可以在 PPT 制作时进行显示比例修改。(操作步骤:PowerPoint 编辑界面单击"设计"选项卡→"页面设置"按钮,将幻灯片播放全屏显示 4∶3 修改成全屏显示 16∶9)。

交互式教学一体机多系统共享屏幕输出,所以在设置中有"通道设置"功能。信息号源包括 PC、Audriod、HDMI、AV、ATV 和 VGA 等,教师可以根据信号源的连接关系,合理选择,如图 2-2 所示。例如,显示一体机内含计算机系统则选择 PC;若连接笔记本电脑,可根据实物连接线接口选择 HDMI 或 VGA;若有其他外部设备,可选择相应的 HDMI 或 AV 等。

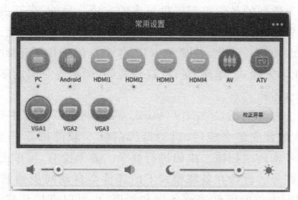

图 2-2　交互式教学一体机的通道设置

交互式教学一体机未配置键盘和鼠标等标准输入设备，输入操作主要采用触摸式屏幕与软件操作代替。教学一体机一般支持多点触控。如在内置计算机的 Windows 界面需要使用鼠标操作时，可通过屏幕触控完成。需要鼠标单击则点一下，需要双击则在同一位置连续点两下；需要鼠标右击则可以在一个点按住屏幕不动，出现一个圆圈后松开，或是按住屏幕不放开，在旁边再点一下。

使用安卓系统时，如有输入需求，系统会自动弹出输入方式。如果使用 Windows，可单击任何一个图标或者空白的位置，在设备左侧边就会弹出一个白色亮条，用手从左往右拖曳一下白色亮条即可调出触摸键盘，也可以在桌面下方的状态栏右侧的图标中单击键盘即可。触摸键盘如图 2-3 所示。为方便使用，可以增加无线键盘和鼠标，将对应的 USB 连接头插入屏幕的右下方的 USB 接口。USB 接口为两系统共读接口。

图 2-3　触摸键盘

2.1.3　交互式教学系统的软件功能

交互式教学一体机在支持课堂教学交互方面有非常强的功能设计，主要体现在不同公司提供的教学软件功能中。以希沃交互智能平板为例，该公司提供"希沃白板 5"软件，软件是专门针对信息化教学需求设计的互动式多媒体教学平台。其以多媒体交互白板工具为应用核心，除具备演示文稿基本的功能外，交互白板在演示时，课件中各元素仍然可以进行诸如拖动、收缩等功能，为教师的教学过程提供更多的方法。另外，交互白板工具提供云课件、素材加工、学科教学、思维导图、课堂活动等多种备课、授课的常用功能。提供的教学互动方式简单高效，备课、授课功能一体化，并基于 K12 各个学段提供了诸如汉字、拼音、几何、函数、公式、英汉字典、化学方程式、题库、星球、课程视频、画板等对应的学科工具，该软件具备强大的互动教学与演示体验。

该软件可以从希沃官方网站（https://www.seewo.com）下载并安装。该软件为开放软件，可免费使用。在软件安装完成后，启动希沃白板 5 软件进入登录界面。如果已有希沃账号可直接输入账号密码或扫描二维码进行登录。如果没有，可单击"立即创建"，进入注册页面按照流程注册账号。教师在备课模式下的课件会自动同步到该账号的云课件中，教师可以直接从云课件列表拉取课件进行备课和授课，也可以直接新建课件，如图 2-4 所示。本书介绍部分交互白板工具的功能，更多的功能可以通过软件帮助获得。

图 2-4　希沃云课件

1. 工作区介绍

用户可以选择已完成课件或是新建课件，进入备课模式。在备课模式下可以编辑课件元素，如文字、形状、图片、音视频等。也可以使用本软件特别提供的课堂活动模板、思维导图等进行趣味性的课堂教学。下面对备课模式下的页面分区域进行说明，可参考以下区域划分进行功能查看，如图 2-5 所示。

在图 2-5 中，工作区标题栏为教师提供了新建课件、导出课件、帮助、关闭等功能。工具栏提供了文字、形状、多媒体、课堂活动、思维导图等多种通用工具及教师所教学科的学科工具。侧边栏显示页面的缩略图，用户可在此对页面进行调整位置、复制、粘贴、删除、修改页面布局等操作。白板区域为课件内容的展示区域。属性面板会根据当前选中元素而出现相应的属性设置功能。

选择授课模式后，系统会默认播放当前页（Shift＋F5 组合键）。也可以单击下拉列表设置授课方式。如从第一页开始授课，可选择下拉列表中的"从第一页授课"（快捷键 F5）。也可以选择自定义授课工具，自己进行授课工具的配置，自定义授课工具界面如图 2-6 所示。

在自定义授课工具界面中，提供了添加、移除和布局样式等设置功能，教师可以根据自己的喜好和学科特点进行设置。要添加授课工具，单击该授课工具右上角的"＋"按钮，即可

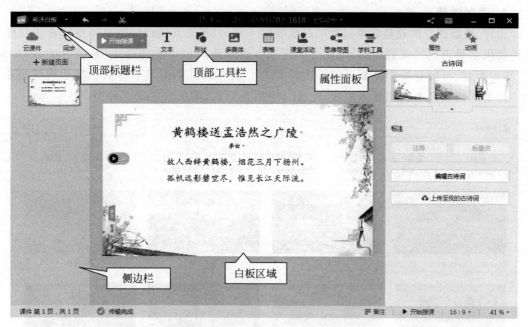

图 2-5　备课模式下的工作区

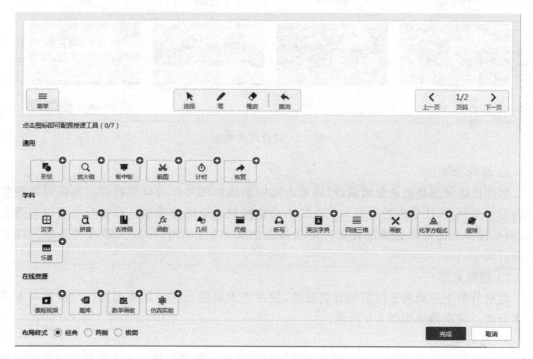

图 2-6　自定义授课工具界面

将所选工具添加到授课模式的工具栏中。也可以移动元素对象、批注、手势擦除、使用放大镜、调出板中板、使用英汉字典、调用反馈器进行课堂点名及趣味抢答、插入本地文件、调用希沃授课助手等。

2. 课堂活动

设计、组织课堂活动是备课过程中最重要的一环，也是交互活动的重要体现。希沃白板5软件提供多种可选的课堂活动，如图2-7所示。课堂活动包含趣味分类、超级分类、选词填空、知识配对、分组竞赛和判断对错等多种类型。软件在每个类型下提供了多套视觉模板，用户可根据需要选中模型导入模板，定义其中的元素后，即可应用于课件中。

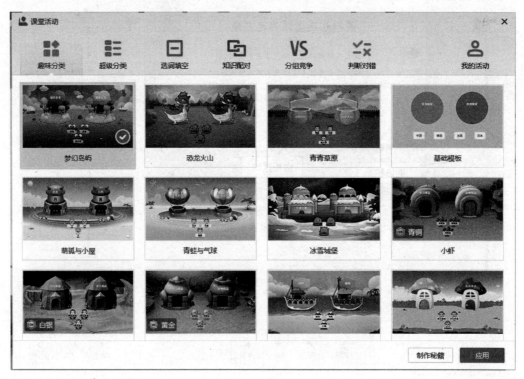

图 2-7　课堂活动界面

1）趣味分类

软件提供可选择的视觉模板，可以单击选中本地的图片作为背景样式。教师可以把教学内容分为两类，让学生把带有知识点的小动物移到相应的容器里。设置时也可以勾选音效，则在授课端使用时会播放音乐。定义需要的元素后，单击"完成"，即可将其导入课堂活动。

2）超级分类

超级分类不再局限于固定的分类数量，使用更为灵活一些。具体的操作与应用可参考趣味分类。使用效果如图2-8所示。

3）选词填空

选词填空功能为教师提供了更为灵活的交互设置。教师创建文本类的选词填空时可插入任意数量的填空，还可以添加干扰项来控制题目的难度。也可以选中喜爱的视觉模板后单击"应用"，输入题目和干扰项，如图2-9所示。单击"完成"，即可成功导入课堂活动。

4）其他

课堂活动除前面介绍的三类外，还有知识配对、分组竞赛和判断对错3种。这些课堂活

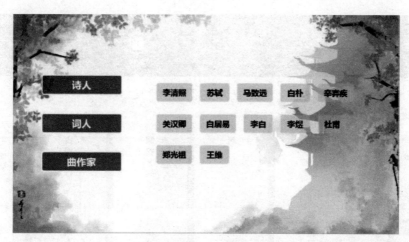

图 2-8　超级分类使用效果

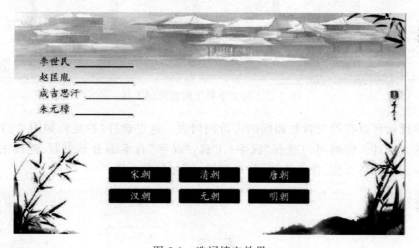

图 2-9　选词填空效果

动应用形式基本相同，在此就不再赘述。需要注意的是，一般交互型设备是支持多触点操作的，所以采用课堂活动的功能进行设计并在课堂实施时，可以由教师、学生或多位学生共同参与，以提升课堂活动的有效性。

3．学科工具

不同学科都有自身的学科特点，这就要求在教学工具方面有差异。目前中小学常用的交互式教学软件中，都会带有学科工具作为支持。一般的学科工具分为本地工具与网络下载两类，在无因特网支持的环境下，会有基础学科工具支持；通过因特网可以下载更多的工具。教师在使用希沃白板5进行备课和课程教学时，可以根据所属学科学段，进行学科工具的设置与应用，本书以选择语文、英语、数学和地理等学科工具为例介绍学科工具的使用。

1）语文工具

在基础教育阶段，语文教学中，字、词、古诗词的字形、读音、朗诵等都要求准确、规范，这方面正是部分学科教师的短板。交互式教学软件中提供的语文学科工具包括汉字、拼音、古诗词等。教师选择古诗词工具，如图2-10所示。

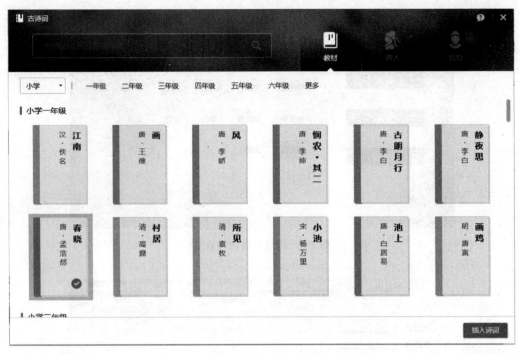

图 2-10　语文学科下的古诗词工具

选择学段后可以获得与教材相同的古诗词列表。这里选择《春晓》，如图 2-11 所示为课件效果。进入课件。同时可以选择"汉字"工具，"汉字"有字的分步书写、连续书写和读音等。对古诗词有词诗介绍、作者介绍、标准朗诵、原文和翻译等。

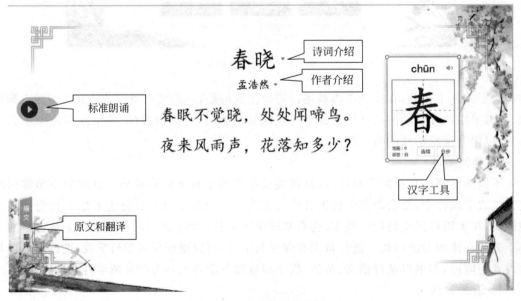

图 2-11　古诗词课件效果

2）英语工具

英语工具有英汉词典、四线三格等。如选择英汉词典后，输入 spring，课件效果如图 2-12 所示。

图 2-12 英语学科工具的课件效果

3）数学工具

数学教学中的数学工式、计算、函数与图形、几何图形等都是传统课堂备课和教学的难点。目前交互式教学软件的数学工具全面集成了这些功能。"希沃白板 5"的学科工具中提供了几何、公式、函数、统计表，并且将"网络画板"集成到系统里，如图 2-13～图 2-15 所示。

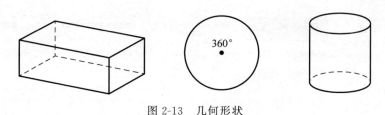

图 2-13 几何形状

4）星球工具

"星球"是小学自然、科学、初中高中地理科目中经常用到的教学信息，星球工具为教师提供了多种星球模型，如图 2-16 所示。

以插入地球模型为例，单击地球图标，即可将地球模型插入课件，如图 2-17 所示，并展示出地球的"卫星图"。可以选择卫星图、六大板块图、降水 分布图、气温分布图等多种贴图。在教学过程中，教师可以通过旋转、缩放、复位、标记以及二维/三维地图切换等操作进行教学。同时，利用"我有更好的资源"，可共享贴图资源。

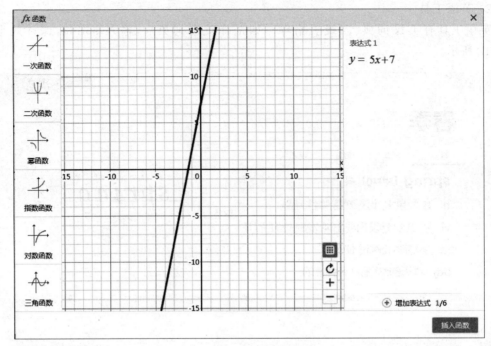

图 2-14　函数编辑器

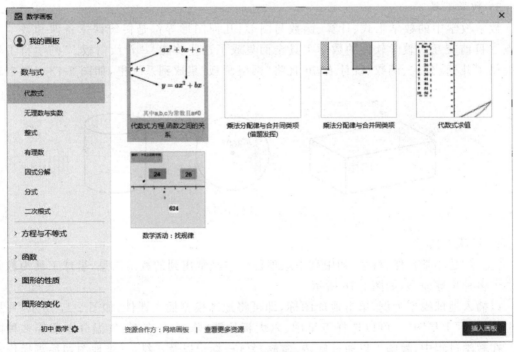

图 2-15　数学画板

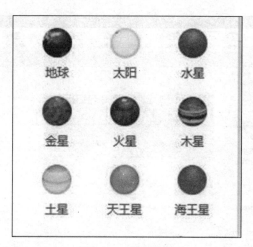

图 2-16 星球模型

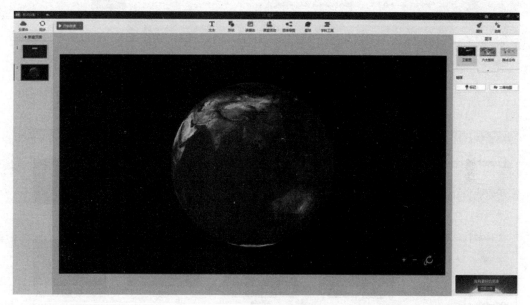

图 2-17 地球模型

5）其他学科辅助工具

交互教学软件提供的学科工具还包括课程视频、题库、数学小测和仿真实验等。其中课程视频根据学科学段显示，如图 2-18 所示为八年级数学的课程视频，选择合适的教学视频资源加载完成后，即可插入课件中进行播放。软件提供了多项物理仿真实验，这些实验可以很好地补充课堂教学实验展示的不足，如图 2-19 所示，教师只需要按分类找到相关仿真实验，插入课件就可以使用。

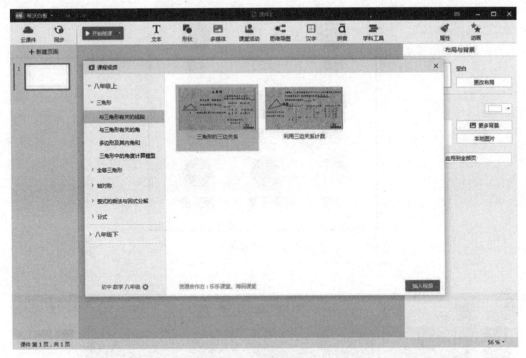

图 2-18 课程视频

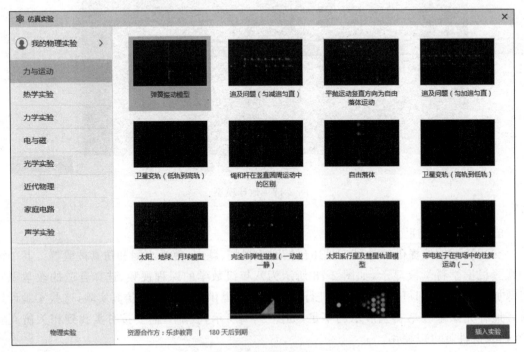

图 2-19 仿真实验

2.2 录播系统

录播系统是一种新型的教育形式和现代化教学手段,是推进未来学校建设的有效组成部分。录播教室是学校录播系统的主要组成部分。一间功能齐全的录播教室是集教学观摩、教研、录播、远程互动等功能于一体的现代化、高水准专用教室。录播教室主要用于教师教学视频制作和播放、校园电视台转播等。录播教室可以很好地解决教学资源建设问题。

2.2.1 录播系统的功能

录播系统为录制教师教学活动提供了专业化的数字化摄录平台,可以高质量地全面记录教学活动全过程,满足了公开课、精品课程、远程教育的视频制作。依托录播系统,可以制作精品视频课程、网络课程在线观摩、录播课程回放、远程授课、教学研究等诸多的教学工作和教学活动。

从教师的角度看,录播系统具有以下功能。

① 有助于教师进行教学评估、自我检视和反思,从而改善教学方式、提升教学水平及教学能力。

② 为教师自我学习、业务提高和教学能力提高提供了交流学习的平台。

③ 为教师自我职业成长、职业素质的提升提供发展平台。

④ 提高教师主动反思的意识和教学反思能力。

⑤ 促使教师做好个人知识管理,通过专家引领、同伴互助,提高教科研能力。

⑥ 提高教师信息技术运用能力。

从学生的角度看,录播系统具有以下功能。

① 各种教学课件可以激发学生的学习兴趣、培养学生的自主学习能力,也便于学生课后温习。

② 开放的优质教育资源为学生提供服务,学生能够不限时空地在线获得优质教育资源。

③ 提供促进学生自我学习、自我发展的网络平台。

④ 提供学生互相学习交流的平台。

⑤ 课后观看教学视频进行自主学习,不受时间、地点限制,大大提高了学生的学习效率。

从学校层面上来研究,录播系统具有以下功能。

① 通过录播教室中教师的课堂实录活动,借助于现场观摩和录像观看,教师之间可以相互评课、议课,互相学习,相互借鉴。

② 促进了教学研究和学校管理的深度和力度,成为有效提升办学质量的有力工具。

③ 有利于校长对学校的教学状况进行信息化教学监督,从而提高学校教学管理效能,增加学校的知名度。

④ 全面提升学校的软硬件的信息化环境。

⑤ 开放的优质教育资源为学生家长提供服务。

⑥ 为学校发展积累丰富的教育教学资源,形成学校优质资源和特色资源。

⑦ 对开展翻转课堂的学校来说,是开发课程资源最理想的平台。

录播系统目前已经成为中小学标准化配置的教学环境。学校建设录播教室对于实现教育信息化、促进教育公平、帮助实现优质教育资源共享有着重大意义。

2.2.2 录播系统的构成

学校的录播系统包含学校总控室、区域管理中心、数字化校园电视台、精品录播教室、专业教室、普通教室、远程互动教室和评课室等,如图 2-20 所示。

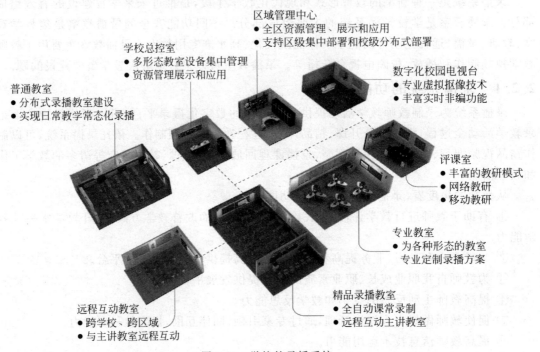

图 2-20 学校的录播系统

一般来说,完整的录播教室包含 4 大系统:图像系统、控制系统、声音系统、环境系统。图像系统如图 2-21 所示,包括电影模式和多路资源模式同时录制、同时存储,全过程、全高清视频拍摄,支持多机位和多种类型摄像机拍摄等功能。

图 2-21 图像系统

录播教室的控制系统一般具有通过空间网络技术保障准确自动跟踪、教室桌椅自由组合时的准确跟踪和切换、教师在教师区和学生区的全教室跟踪和特写拍摄、师生教学互动画面切换等功能。声音系统主要包括还原教室现场声音、师生拾音、回音消除技术，以及扩音技术等。录播教室的环境系统主要包括教室灯光控制、调节温度、外隔和内吸的声学处理和全方位的课堂观摩等功能。

2.2.3 典型录播系统简介

本书以中庆智课录播系统为例介绍录播系统的组成及应用。中庆智课以课堂为核心，聚焦人工智能、大数据、互联网、音视频等技术与教育教学的深度融合。中庆智课采用人工智能技术对课堂教学过程数据进行深度挖掘，实现课堂教学基础大数据的常态化、伴随式采集和即时化分析，为智慧校园环境下的教育管理、教师专业成长、学生个性化学习提供实证化的数据服务。

1. 典型录播系统组成

中庆智课录播系统分为三层：基础层、平台层和应用层。其中，基础层主要包括录播终端设备和摄像机，主要用于课堂大数据的采集和实时分析；平台层主要包括成长平台，实现数据的分类汇聚、建模和可视化呈现；应用层能实现各种基于数据的应用推送服务，系统拓扑图如图 2-22 所示。

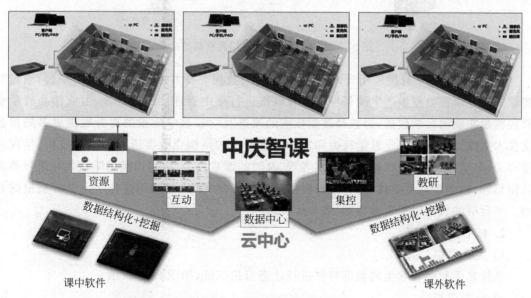

图 2-22 中庆智课系统拓扑图

中庆智课录播系统实现对课堂进行常态化智能录制分析，生成分析报表。通过课堂数据分析，获取课堂大数据，在大数据的支持下进行精准的教学研究。通过人脸识别技术自动识别学生，可以在课程结束后生成每个学生上课的行为以及参与度数据，利于对学生进行个性化管理，有利于教师准确、快捷地管理学生，也有利于教师对学生有针对性的辅导；可以展示学校整体综合数据，可以直观地看到不同区、校、年级、学科、学段、教师之间的教学质量差异，为整体教学质量的提升提供科学的实证支撑；实现区域互动课堂/同步课堂的开展；

为教师、家长推送信息。下面对录播终端和平台层进行简单介绍。

（1）录播终端。录播教室的核心是录播终端,它采用嵌入式、音视频编解码、人工智能分析、物联网等技术。录播系统的基础功能主要以视频跟踪和互动等为主,增加人工智能模块,对课堂进行智能行为分析,实现课堂观察和课堂研究以及大数据的应用。人工智能分析技术进入课堂后,使得传统的录播系统由课堂教学的记录者、观察者扩展到课堂教学的研究者。通过对教师与学生的课堂行为分析和教学内容分析,为教师、教学管理者和家长提供更加丰富的客观教学数据支撑；为日常教学提供智能化辅助；为教师和家长提供对学生的针对性指导。中庆智课录播终端教室端的构成如图2-23所示。

图2-23　中庆智课录播终端教室端的构成

（2）平台层。平台层采用云计算、互联网+、大数据等技术构建校园教育云平台,通过对智课录播终端在教室中产生的各种资源和数据进行集中管理、分析、处理,生成精品教学资源和客观准确的教学数据,为教师教学技能的改进及学校教学质量的提升提供更多的信息化技术支撑。平台对课堂教学行为和教学内容产生的结构化数据进行即时化分析、呈现和管理的,向学校领导、教师和家长提供客观、及时的课堂行为反馈,以辅助学校领导进行师资队伍培养、教师提高专业技能、为家长提供精准辅导意见,从而达到提升学生学习质量的目的。平台层的数据汇聚页面如图2-24所示。

2．核心技术介绍

1）人脸识别

系统基于教师和学生的脸部特征进行动态身份认证,如图2-25所示。

2）行为识别

系统依据教学行为理论,捕捉课堂中师生个体教和学的有效行为数据。智课录播系统可以识别教师和学生讲授、巡视、板书、师生和互动、听讲、读写、举手、应答、生生互动九种行为,随着人工智能技术的提升,未来会挖掘更多符合教研教学需要的行为模式,如图2-26所示。

3）语音识别

系统对教学过程的语音进行识别,获取知识点、问答等信息。

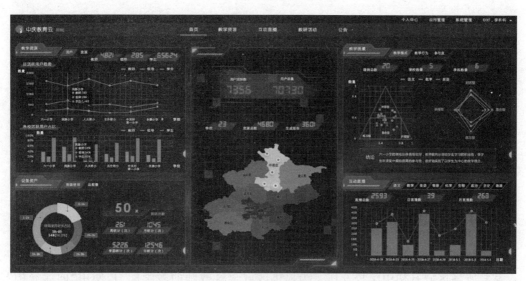

图 2-24　平台层的数据汇聚页面

图 2-25　人脸识别

图 2-26　行为识别

4）表情识别

系统可以捕捉学生的面部特征，识别学生的课堂情绪变化，如高兴、平静、悲伤和惊讶，如图 2-27 所示。

5）文本识别

系统根据中小学全科知识图谱，识别教师课件中的文字信息和知识点。

图 2-27　表情识别

3. 录播系统应用案例

1）案例背景

某县所辖区域有初中学校 9 所。为提供区域学科教师的教学能力，使用"同课异构"的教学研究形式。同课异构是指同一节的内容由不同教师根据自己的实际、自己的理解，自己备课并上课。由于教师的不同，备课的结构、风格、采取的教学方法和策略各有不同，使得同一内容用不同的风格、方法、策略进行教学。同课异构教学研讨为教师们提供了一个面对面交流互动的平台。教师们共同探讨教学中的热点、难点问题，探讨教学的艺术，交流彼此的经验，共享成功的喜悦。多维的角度、迥异的风格、不同的策略在交流中碰撞、升华，这种多层面、全方位的合作、探讨，可以整体提升教师的教学教研水平，提高教学质量。同课异构研究需要将几位主讲教师和参与研讨的相关教师集中到一起，并且在某所学校完成。具有录播系统后，这样的事情变得更为便捷。参与的教师只需要在本校录播教室进行教学和听课，并且利用网络开展网络教学研讨即可。所以目前依托录播教室进行教学研究活动已经成为基础教育的常态化工作。

2）教学研究过程与数据展示

本次同课异构活动指定两个学校的初一年级的盛鸿燕、崔霞两位教师对英语课《八单元复习课》相同的内容开展授课，利用录播系统的智课课堂观察报告进行了同课异构的对比，如图 2-28 所示。

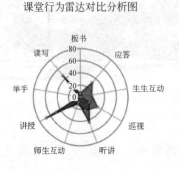

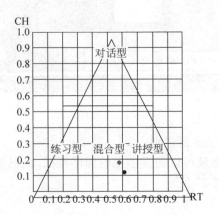

图 2-28　课堂行为对比

在录播系统智能化提取教师、学生的行为数据的辅助支持下,教学研究活动不再只是从主观角度进行点评,更多的是从整个课堂的过程化进行评价。在本次活动中,教研员或教师从行为雷达图对比可以看出,巡视、应答和生生互动差异明显,盛老师在课堂上与学生的对话沟通更多;崔老师侧重于知识传递,讲授和听讲差异明显。从教学模式对比发现,两个教师的授课类型均为混合型,盛老师的师生交互高于崔老师;崔老师的教师行为高于盛老师。还可以从课堂表现的经验评课,教研员或教师可根据课堂表现曲线结合教学实录分析学生的课堂表现是否符合教学设计。课堂观察报告中的课堂表现曲线,高位说明学生行为一致,低位说明学生行为离散,如图2-29所示。录播系统已经成为教学研究的主要场地,通过大量的智能工作的融入,课堂分析会更为科学、客观、及时,为老师进行课后反思提供了帮助。

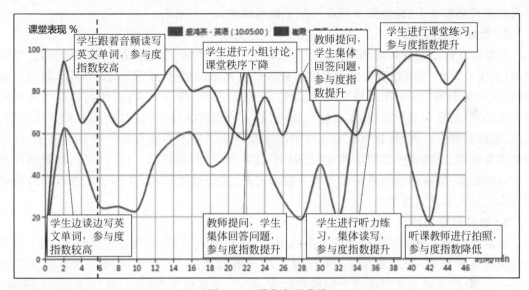

图 2-29 课堂表现曲线

2.3 智慧教室

2.3.1 智慧教室概述

智慧教室是数字教室和未来教室的一种形式,是在物联网、云计算、大数据等新兴信息技术的推动下,教室信息化建设的最新形态。智慧教室是为教学活动提供智慧应用服务的教室空间及其软硬件装备的总和。立足教学活动需求,提供智慧化的应用服务是智慧教室的核心使命,达成最优化的教学效果是智慧教室的终极目标。运用智慧技术、提供智慧服务、实现智慧管理是智慧教室区别于以往多媒体教室和网络化教室的主要特征。智慧教室是实现智慧课堂的物理环境,如图2-30所示。

图 2-30 智慧教室

1. 智慧教室建设背景

在学校,课堂教学环节是学生接受系统教育最重要的环节,做好教学互动环节,是保证教学质量、提高教学水平的关键。现行的教学过程中,传统的签到环节、疑问确认环节、提问互动环节、课堂小测试环节存在诸多问题。签到环节中,使用纸张签到,效率低且存在代签现象,结果不便于教师统计;提问互动环节和课堂小测试环节中,教师提出问题后,学生举手或者口头回答,不能获得准确的统计数据,教师只能根据大体情况来判断,没有准确的数据,更无法考虑后期的数据挖掘和数据统计工作。传统的教学方式已经不适应现代化教学的需要,基于物联网技术,集智慧教学、人员考勤、资产管理、环境智慧调节、视频监控及远程控制于一体的新型现代化智慧教室系统正在逐步推广运用。智慧教室作为一种新型的教育形式和现代化教学手段,给教育行业带来了新的机遇。

2. 智慧教室的用途

智慧教室设备能够体现物联网的三个层次(应用层、网络层、感知层),运用传感器、射频识别(RFID)等技术,使信息传感设备实时感知任何需要的信息,按照约定的协议,通过可能的网络(如基于 Wi-Fi 的无线局域网、移动通信、电信网等)接入方式,把任何物品与互联网相连接,进行信息交换和通信,实现物与物、物与人的泛在连接,实现对物品的智慧化识别、跟踪、监控和管理。同时,智慧教室还能满足学校物联网技术专业开设的物联网导论、传感器原理及应用、无线传感器网络及应用、RFID 技术及应用、物联网工程及应用、物联网标准与中间件技术、物联网应用系统设计等课程的实践、实训教学需要,并为学生或教师的物联网技术应用项目开发提供平台。

3. 智慧教室的建设

智慧教室建设可以用光载无线交换机构建 Wi-Fi 无线局域网,覆盖智慧教室,加上教室的有线网络交换机、网络路由器,从而建立融合有线网络、无线局域网的物联网关键部分——网络层,各种传感器件通过标准模块或 Wi-Fi 设备服务器(串口通信 RS-232 转 Wi-Fi 无线网络)无线接入物联网工程信息平台,构成全面涵盖物联网三个层次的一个统一的物联网工程实验平台。同时,其他内置 Wi-Fi 模块的各种手持设备(笔记本电脑、手机等)也能无线接入该实验平台,成为物联网实验设备的一部分;师生教学、科研实践开发的其他感知模块,通过与标准的 Wi-Fi 设备服务器连接,也能轻易接入该实验平台,从而完成测试、验证。

4. 智慧教室系统

由于智慧教室是基于物联网技术的,因此可以搭建成一个物联网应用场景,既可用于学生进行创新实验研究,也可供教师开展科学研究。可以通过智慧教室中的人员考勤系统来判断教室内是否有人员,如果教室内无人,则教室内所有系统处于关闭状态;反之,则处于工作状态。智慧教室主要包括以下 9 个系统。

1) 教学系统

教学系统由内置电子白板功能的触控投影机一体机、功放、音箱、无线麦克风、拾音器、问答器和配套控制软件构成。使用内置电子白板功能的触控投影机代替传统的黑板教学,可以实现无尘教学,保护师生的健康,可在投影画面上操作计算机,在每个桌位上配置问答器,实现师生交互式课堂教学。

2) LED 显示系统

广角 LED 显示系统由 LED 面板拼接而成,安装在教室黑板顶部,用于显示正在上课的课程名称、专业班级、任课教师、到课率、教室内各传感器采集的环境数据(室内温湿度、光照度、二氧化碳浓度等)。

3) 人员考勤系统

人员考勤系统由 RFID 考勤机、考勤卡和配套控制软件构成。在教室前后门各安装一个 RFID 考勤机,采用 RFID 标签(校园一卡通)对学生考勤进行统计,对进入教室的人员进行身份识别,对合法用户考勤进行统计,对非法用户进行告警。同时可通过 Wi-Fi 无线覆盖,在远程对考勤情况进行监控、统计以及存档打印等。

4) 资产管理系统

资产管理系统由特高频 RFID 读卡器、纸质标签、抗金属标签和配套控制软件构成。

在教室前后门各安装一个特高频读卡器,对教室内的实验仪器、设备等资产(贴有 RFID 标签,标签上存储了设备的详细信息)进行出入教室的监控与管理,对未授权用户把教室内资产带出教室进行告警,方便设备管理人员对教室设备的统一管理。

5) 灯光控制系统

灯光控制系统由灯光控制器、光照传感器、人体传感器、窗帘控制系统和配套控制软件构成。首先通过人体传感器来判断教室内对应位置是否有人,若此位置无人,则灯光控制系统及窗帘控制系统处于关闭状态;反之,处于工作状态。

6) 空调控制系统

空调控制系统由中央空调电源控制器、温湿度传感器和配套控制软件构成。通过温湿度传感器监测室内温度,通过分析数据,根据软件预设值,当室内温湿度高于最高门限值时自动开启空调,当室内温湿度低于最低门限值时自动关闭空调,实现室内温湿度的自动控制。

7) 门窗监视系统

门窗监视系统由窗户门磁模块及配套软件组成。窗户门磁模块用于检测门和窗户的开关状态,并将状态信息及时上传至服务器;同时设置敏感时段,实施对窗户的自动监视和报警。

8) 通风换气系统

通风换气系统由抽风机、CO_2 传感器和配套监控软件构成。通过 CO_2 传感器监测室内的 CO_2 浓度,通过分析数据,根据软件预设值,当室内 CO_2 浓度高于软件门限值时自动开启抽风机来进行换气,通过补充室外空气来降低室内 CO_2 的浓度。

9) 视频监控系统

视频监控系统由 Wi-Fi 无线摄像头和配套监控软件构成。视频监控可为安防系统、资产出入库、人员出入情况提供查询依据。在教室前门口、后门口各安装一个 Wi-Fi 无线摄像头监控人员出入和资产的出库、入库情况,在教室内安装一个 Wi-Fi 无线摄像头监控教室内部实时情况,所采集的影像经由远端射频单元传送至终端管理计算机,提供实时的监控数据。

2.3.2 智慧教室的 iSMART 模型

聂风华从系统组成的角度提出了构建了智慧教室的 iSMART 模型。在该模型中智慧教室由基础设施(infrastructure)、网络感知(network sensor)、可视管理(visual management)、增强现实(augmentedreality)、实时记录(real-time recording)、泛在技术(ubiquitous)构成,缩写为 iSMART。基础设施系统包括物理空间、桌椅装置、供配电、通风空调、灯光照明等子系统。布局合理的物理空间和符合人体工程学的课桌椅构成智慧教室的空间环境。安全可靠、健康节能的供配电、通风空调和灯光照明也是必备的设施条件。网络感知系统包括网络接入、射频识别、人体识别等子系统。网络接入既可以是有线的，也可以是无线的。射频识别（RFID）、人体识别系统（HRS）等传感子系统按约定的协议，把各种设备相连并进行信息交换，实现智能化识别和感知。可视管理系统包括中控、能耗、监控等子系统。智慧教室中软硬件装备、运行能耗、教室现场等都可以被实时监控，并基于大数据进行智能化地分析，最终管理员可以通过可视化界面查看运行状况和进行管理操作。增强现实系统包括交互演示、视频会议、穿戴设备等子系统。交互演示子系统代表着智慧教室的教学信息呈现能力；视频会议子系统支持异地同步互动教学；借助穿戴设备子系统，物理环境与虚拟环境的无缝融合更为便捷。实时记录系统包括课程录播、电子学档、课堂应答等子系统。课程录播子系统用于记录教学全过程；电子学档子系统为教师教学决策和学生自主学习提供有效数据支持；课堂应答子系统支持课堂教学的及时反馈、深度互动。泛在技术系统包括云端服务和移动终端等子系统。泛在技术强调信息技术和环境融为一体。智慧教室中的泛在技术既包括处于云端的海量教育资源和教育应用服务，也包括本地的笔记本电脑、平板电脑、智能手机等移动终端。需要说明的是，作为智慧教室建设的一个参考模型，iSMART 的六大系统是缺一不可的，但具体到 iSMART 模型六大系统所包含的诸多子系统，在智慧教室实际工程建设项目中则会根据需求和经费的情况有所取舍，如图 2-31 所示。

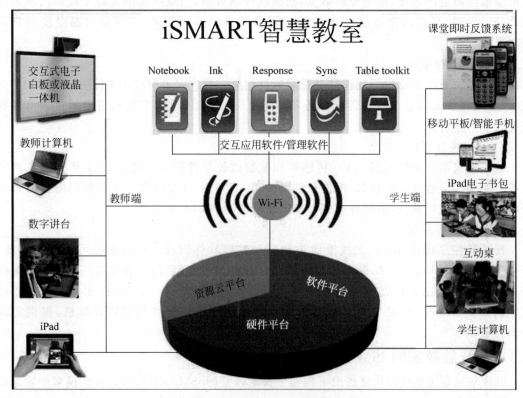

图 2-31　iSMART 智慧教室

2.3.3 智慧课堂

1. 智慧课堂的概念

智慧课堂是一种新型的课堂教学形态,在智慧教室的支持下,有效地解决了传统课堂教学过程中存在的并难以解决的问题,提升了学生的主体地位和主动学习意识,增强了课堂决策分析和互动交流能力,提高了课堂教学质量和效率。基于智能信息技术的智慧课堂是对传统课堂教学的革命,对于推进人才培养模式和教学方法变革、重构信息化背景下的教学体系具有重要的应用价值和意义。

2. 智慧课堂的基本内涵

智慧课堂的基本内涵包括:依据建构主义等学习理论进行顶层设计;采用大数据挖掘、分析解决传统教学难题;利用智能技术实现个性化学习和因材施教;打造"云—台—端"环境促进教学结构性变革;从知识学习走向智慧发展、促进核心素养提升。

3. 智能化服务平台总体框架

智慧课堂智能化服务平台是基于大数据、云计算、移动互联网、物联网和人工智能等智能信息技术打造的信息化、智能化课堂教学服务支撑环境。智慧课堂建设通过打造以教室智能平台为核心,配合智能教育云服务,并结合各类智能教学管理终端和智能环境终端,提供资源服务、互动服务和教学工具,形成了智能化的课堂教学服务平台。同时,针对课内、课外不同的应用场景,衍生智慧课堂教学和智慧学习服务两类教学应用,涵盖备课、教学、作业、测验等全过程,为师生日常教学提供全场景的信息化、智能化覆盖,并通过伴随式动态数据的采集,实现基于数据的针对性教和个性化学的智慧教学应用服务。

1)平台体系架构

智慧课堂智能化服务平台的后台数据资源存储、处理和服务支撑利用智能教育云服务提供资源服务、互动服务和教学应用;前端应用利用智能手机、平板电脑、智能麦克风、智能PC等终端及其APP服务,并通过教室无线网络环境(包括Wi-Fi、蓝牙、短波等)、数据中心、智能运算与智能控制等服务,打通云服务、教室服务和智能终端的数据传输和交流通道,构建一体化、智能化的学习环境。整体而言,智慧课堂智能化服务平台是由"云—台—端"构成的智能化课堂教学服务支撑环境。

2)云:智能云服务

"云":即智能云服务基于教育云提供基础服务支撑,包括资源管理与应用、微课管理与应用、结构化实录资源、在线学习与服务、智能推送、智能评价、互动服务及教学工具等,提供完整的教育资源和教学互动服务。云可以进行结构化与非结构化数据的教育教学资源管理,提供多种课堂教学和教研应用,如资源阅读与下载、在线课程学习、同步作业、个性化作业、智能阅卷、精准讲评、教研服务等,完成动态评价和资源精准推送,支持教学资源的二次开发与利用,实现多种教学资源综合应用,并遵循国家服务云建设标准,实现服务云的多级互联互通。

3)台:教室智能平台

"台":即教室智能平台是以智能软硬件为载体的教室综合智能平台。作为智慧课堂的通信和运算中枢,结合大数据、云计算和人工智能技术,构建课堂环境的数据中心、控制中心和能力中心,汇聚智慧课堂中的人、活动和环境数据,完成课堂全景数据的收集、处理和存储,并最终同步到课堂内的多种教学终端、环境终端,且在无须连接互联网的状态下,实现任意点对点的通信交互与数据处理,节省大量互联网资源的占用。当连接互联网时可以实现教师的跨越空间的授课直播和各类教学资源分享和推送。

4)端:智能端应用工具

"端":即智能端应用工具,包括教学管理终端和环境终端。基于各类端工具提供课堂全景数据采集,包括课堂互动数据、教学行为数据、师生活动数据、课堂环境数据等,完整覆盖课前、课中、课后的教学全过程,将教学活动由课堂内延伸至课堂外,支持完成各类授课活动、学习活动和教研活动。教师端实现微课制作、授课交流和评价、智能实录功能;学生端可以接收并管理任务、完成作业、进行交流互动,进行个性化的学习;管理端实现学生行为管控、课堂教学质量管控、班级管理功能;家长端可进行家校学情沟通、学习交流等。

2.4 创新教育支撑环境

未来社会需要的是多方面的综合型人才,单一技能的运用已经无法支撑未来人才的发展。在这样的背景下,世界各国都在进行创新教育的改革。创新教育是以培养学生的创新精神和创新能力为基本价值取向的教育。其核心是在普及九年义务教育的基础上,在全面实施素质教育的过程中,为迎接知识经济时代的挑战,着重研究与解决在基础教育领域如何培养中小学生的创新意识、创新精神和创新能力的问题。目前创新教育较有影响的理念有STEAM教育和创客教育。

2.4.1 基本概念

1. STEAM 教育

STEAM是一种教育理念,有别于传统的单学科、重书本知识的教育方式。STEAM教育即科学(science)、技术(technology)、工程(engineering)、艺术(arts)和数学(mathematics)的首字母合写。这一学科的建立是基于不同学科之间融合的,将原本分散的学科形成一个整体。这并不等于简单的多学科的叠加。STEAM教育理念是一种重实践的超学科教育概念。任何事情的成功都不仅仅依靠某一种能力的实现,而是需要介于多种能力之间,比如高科技电子产品的建造过程中,不但需要科学技术、运用高科技手段创新产品功能,还需要好看的外观也就是艺术等方面的综合才能,从而探索出STEAM教育理念。

该概念最初是20世纪80年代美国为提升国家竞争力和劳动力创新能力而提出的一项国家教育战略。STEAM教育是美国培养科技创新人才的关键。受美国STEAM教育的影响以及面对全球科技竞争加剧的压力,世界各国开始积极推动STEAM教育。

2. 创客教育

创客(Maker)是指出于兴趣与爱好,努力把各种创意转变为现实的人。在互联网的背景下,创客又有了新的概念,他们可以利用开源硬件和互联网,把更多的创意转变为产品。创客空间是指社区化运营的工作空间,在这里,有共同兴趣(通常是对计算机、机械、技术、科学、数字艺术或电子技术)的人们可以聚会、社交、展开合作。

创客教育与STEAM教育密切相关,是一种基于问题的和基于项目的学习的方法,依赖于动手实践,经常协作,学习经验作为解决真正问题的方法。创客教育与STEAM教育两者具有相似性,主要体现在两者都属于跨学科教育,需要将原本孤立的学科进行有机整合。STEAM着重提高学生的STEAM素养,优化学业成绩,进而为创新人才的成长奠定基础。创客教育强调动手能力,通过动手操作将创意的想法变成实实在在的作品,在创造的过程中学习。由于 STEAM 教育和创客教育本身综合性非常高,所以非常适合对学生进行创新创造能力的培养。近些年来,国内创新教育在 STEAM 教育和创客教育两种理念的指引下发展迅速,本书选择某创新教育支撑环境作一简单介绍。

2.4.2 支撑环境简介

1. 创客空间设计

创客空间是支持教学互动、创意交流、问题发现、小组探讨、动手实践、公用工具的使用以及作品展示分享、学习工具、材耗存储等综合实践活动所必需的物理空间。教室内平面布局如图 2-32 所示。

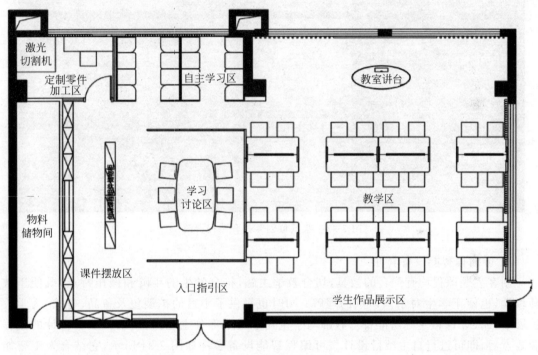

图 2-32 创客空间规划

(1) 多媒体教学区。主要用于日常教学、创意交流、问题发现、小组探讨。教学区的工作台、学生凳按实际需要制作。桌椅可根据现代化需求设计为可升降、可自由组合、多功能收纳,并且与多媒体结合的智能化家具。

(2) 作品展示区。包括学生作品展示,以及创意墙、思维墙、涂鸦墙等。主要用于发现好点子、思考遇到的问题、调整受挫的心情、分享创造成果、直面创造、启迪来者。

(3) 学习讨论区。用于学生在学习过程中小组内相互交流、分享和讨论。

(4) 自主学习区。包括个人学习空间和协作学习空间,配置舒适的椅子,便于学生自主安排学习。

(5) 加工制作区。学生动手制作的主要场所,包括加工制作台、安全防护设备、数字化加工设备(工具)、机器加工设备(工具)、手工工具、电子元器件和物料,如 3D 打印机、数字化车床、小型车床、激光雕刻机、焊台等。

(6) 物料储备区。主要用于收纳和存放各类耗材、小型工具和学习材料。

2. 课程资源支撑平台

目前较为流行的创客平台基本采用"硬件+软件"的形式，都会提供相应的可编程智能设备套件，同时有辅助的管理平台、教育资源和智能设备软件开发平台。如图 2-33 所示为八爪鱼创客教育课程资源。

图 2-33　八爪鱼创客教育课程资源

1）可编程智能设备套件

创客主题课程均有配套的教具，切合教学主题，符合学生的年龄和操作特点，既便于教师教学，也便于学生对于知识点的理解；同时也提供了丰富的扩展包及备品、备件，为学校扩展 STEAM 课程主题所准备。教师与学生在学习了部分主题课程，以及项目设计的流程和要点后，即可进行自主项目设计。可编程智能设备套件如图 2-34 所示，它结合人工智能与编程教学系统的课程资源，实现各种创意，提升创造思维能力，通过产品的扩展功能，还可以进一步提高学生的动手实践能力。

2）人工智能与编程教学系统

人工智能与编程教学系统支持可编程智能设备套件的程序开发，教师可以根据不同学龄学生的学习和认知特点发布相应的学习任务。学生在进行动手组装的同时，通过编程平台实现各种动力设备、传感设备等的控制，完成项目。这样可以培养学生的设计、计算思维、动手等能力。图 2-35 所示为四轮全向小车控制编程界面。人工智能与编程教学系统提供积木模式和 C++模式两种模式，同时，为保证用户编程的高效性，用户可以在人工智能与编程教学系统中进行编程，并在线运行程序对智能硬件进行调试；也可以将程序下载至智能硬件中脱机运行程序。

3）数据实证系统

在编程与测试过程中，数据实证系统可以提供图形化的数据实时显示和采集功能；提

图 2-34 可编程智能设备套件

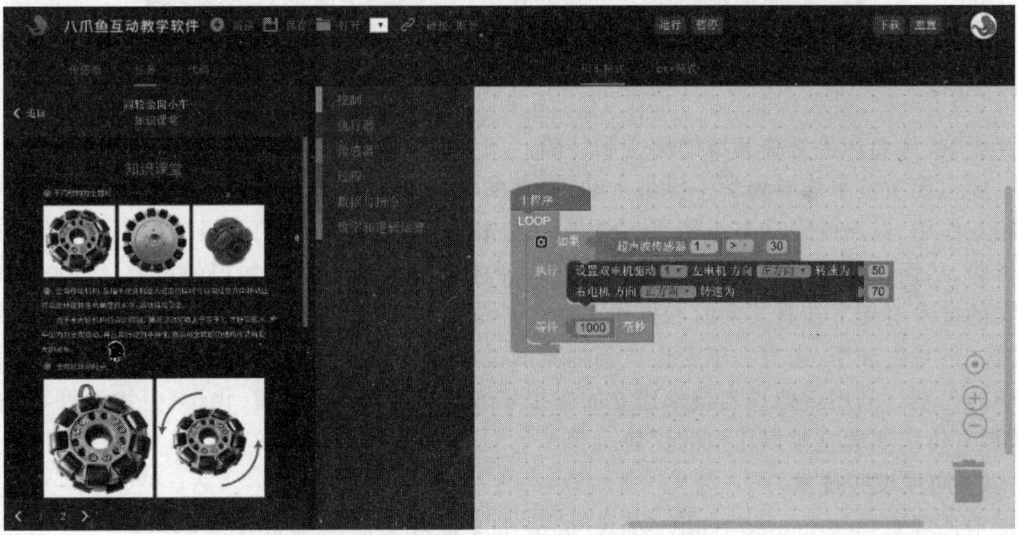

图 2-35 四轮全向小车控制编程界面

供了曲线图、数据表、动画等数据显示功能;能够精准、快速地反映学生操作过程中的数据变化;支持在线编程调试功能和程序下载脱机运行功能,让编程变得更方便、高效,学生可以更准确、直观地进行科学实验分析和探究。数据实证系统提供了动画、数据表、折线图等显示方式,如图 2-36 所示。

2.4.3 VR/AR 技术支持下的创新教育环境

1. 虚拟现实技术

虚拟现实(virtual reality,VR)是指采用计算机技术生成逼真的视、听、触觉一体化的特定范围的虚拟环境,用户借助必要的设备以自然的方式与虚拟环境中的对象进行交互作用、

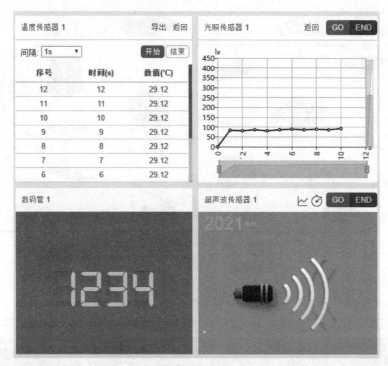

图 2-36　数据实证系统的显示方式

相互影响,从而产生身临其境的感受和体验。

虚拟现实技术能够为学生提供生动、逼真的学习环境,如学习人体模型、物理课程中力的相互作用、电路的设计与排错、化合物分子结构显示等,在广泛的科目领域提供无限的虚拟体验,从而提高学生学习科学知识的兴趣,加速和巩固学生学习知识的过程。同时,虚拟现实的技术避免了在真实实验和操作中的各种危险,使学生有机会放心大胆地去尝试,不怕失败。亲身去经历、亲身去感受比空洞抽象的说教更具说服力,主动地交互与被动的灌输有本质的差别。利用虚拟现实技术建立的虚拟实验室涵盖地理、物理、化学、生物等课程的内容,拥有传统实验室难以比拟的优势。

2. 增强现实技术

增强现实(augmented reality,AR)是指在虚拟现实的基础上发展起来的一种新兴技术。增强现实是基于计算机的显示与交互、网络的跟踪与定位等的技术,它将计算机形成的虚拟信息叠加到现实中的真实场景,对现实世界进行补充,使人们在视觉、听觉、触觉等方面增强对现实世界的体验。

3. VR/AR 技术的教育应用

VR 和 AR 技术与教育相结合,将会提高未来课堂的教学效率。虚拟现实和增强现实作为教育工具应用在课堂上,通过 3D 模型使抽象的学习内容变得形象化,微观的学习内容变得可视化,复杂的学习内容变得简单化,可以帮助学生理解和识记抽象的概念,这将为学生展现一个能够交流互动的虚拟世界,既能满足学生的体验感和好奇心,又能以创新的方式传授知识,从而可以大大提升教学效果、激发学生的学习兴趣、引导学生的创新意识和创新思维,不仅提高了学生的学习效率,而且培养了学生自主探究和自主学习的能力。

虚拟现实和增强现实技术是多种先进技术的应用和多学科知识的汇聚与融合,是创客教育和STEAM教育的较佳载体。学生通过主动探索、动手实践、创新设计、跨界融合来学习新知识和掌握新技能,拓展发散性思维,迸发出更加丰富的创新火花。虚拟现实和增强现实技术在教学中的应用正是一种教学模式的创新,将有助于推动教学改革的进程,有助于创客教育和STEAM教育普及,有助于学生核心素养的培养。

虚拟现实和增强现实设备有多种,包括头戴式、桌面式、手持平板和手机等。头戴式分为移动虚拟现实头盔和分体式虚拟现实头盔,具有置身真实情境的沉浸式感觉,使人如身临其境。正因为其强烈的沉浸感觉,所以在游戏行业的应用非常明显。在教育中的应用场景以体验为主。

以zSpace为代表的桌面式虚拟现实与增强现实设备提供一种全新的学习方式,以融入真实世界为宗旨,在很大程度上提升了对学生科学素养的培育。它与创新思维能力息息相关,关系到学生们对周遭世界的认识方式、生命观、价值观的塑造。它可以让学生自己动手完成他们感兴趣的或者和他们生活相关的项目,从过程中学习各种学科以及跨学科的知识。

手持平板或手机是通过移动设备与软件相结合的方式来实现虚拟现实和增强现实的。比如,用手机摄像头获取现实世界影像,通过手机软件在现实世界中叠加虚拟形象的形式,实现增强现实的特殊显示效果。

4. VR/AR创新实验室案例

zSpace公司的产品在VR/AR领域有一定的代表性。其主导用虚拟现实和增强现实等高科技去改变人们学习的方式,为STEAM教育带来前所未有的体验,激发和提高人们对事物的理解力和创造力。zSpace提供一种新的身临其境探索式的学习方法。学习体验是通过在以学生为中心、教学相辅的环境中鼓励学生进行大胆探索和创造,从而提高整体教学效果。zSpace鼓励学生树立信心,培养发现问题和解决问题的能力,在增加对STEAM课程和STEAM职业的兴趣的同时,帮助学生打下坚实的基础。

zSpace VR/AR STEAM实验室解决方案由硬件、软件、课程支持和专业服务组成。zSpace实验室是一个互动的、虚拟的学习体验,包括软件应用、学习活动、课程计划、课程辅助材料、视频,以及与课程标准匹配的一系列课堂活动。zSpace的STEAM实验室还包括一些软件工具,用于塑造和准备3D打印的内容。

zSpace VR/AR STEAM实验室帮助学生在实践环境中互相协作,共同完成STEAM任务。有了zSpace,学生不只是阅读,而是与所学的科目或者对象互动,真正理解每个概念背后的科学。有了zSpace,学生可以轻易掌握那些参与度高的课业,而这些课业有时候过于复杂、太昂贵或危险,在教室中是不可能完成的。

假设教学中准备解剖一只青蛙,在zSpace STEAM实验室中,可采用小组方式开展虚拟实验,某个学生配戴3D追踪眼镜,使用交互笔进行操作,其他同学配戴2D眼镜观看操作并进行讨论。操作者可在组内轮换,使得每个学生都参与操作。同时,也可将3D影像叠加投射到平板电脑或大屏幕显示上即可呈现出裸眼3D的增强现实效果,如图2-37所示。

zSpace目前提供学习软件和课件,以及许多3D模型和丰富的素材资源;同时也有课件制作工具,使教师可以根据自己的教学内容自行创建新的课件,很大程度地提高了系统的可用性和扩展性。这样的解决方案使学生能够掌握高难度的技术和综合的思维方式,去更好地分析和评估问题,具有创造性和协作性,并最终将知识传播给他人。如牛顿公园模拟可以

图 2-37　3D 增强现实效果

提供在不同星球上重力加速度的物理实验、多样的力学实验器材、实验过程回放等，如图 2-38 所示。再如富兰克林实验室模型，提供了多样的电学实验器材，支持教师自由设计、任意排错检修，学生也可拆解电学元器件，如发动机、开关，从而掌握常见元器件的工作原理等。模型涵盖自然科学的多个学科，有人体解剖、动植物、微生物、化学分子结构、天文、地理、古生物等；同时支持学生在三维空间中进行设计和 3D 打印机实时打印。

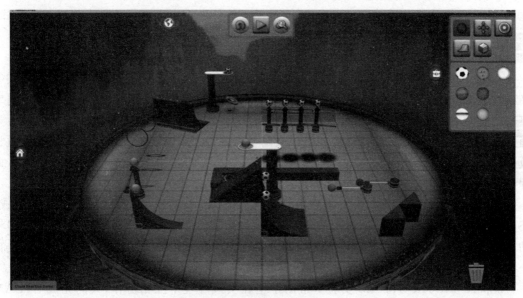

图 2-38　牛顿公园模拟

在教学过程中使用 zSpace 是教师在教学设计的时候要结合教学目的、教学内容以及学生情况考虑的。比如，在 zSpace 实验室做电学实验，教师可以设计不同的场景，甚至制造一些失败的电路，让学生在探索和试验的过程中掌握知识，不仅知道什么是合理的什么是不合理的，而且知道为什么，在查找故障的根源时可以做出有效的判断。这样一堂课可以用 zSpace 做多个实验，而且不用担心实验器材的损耗和重置。当然，教师根据教学内容以及表现形式的多样性，可以将 zSpace 设备与其他设备同时使用。比如，教师讲到哺乳动物的特征时，可以让学生在 zSpace 设备上打开课件对 3D 模型进行探索然后讨论；接下来可以播放视频，然后让学生在 zSpace 上或平板电脑上查询更多哺乳动物的例子；最后让学生在 zSpace 上用艺术设计软件做出动物模型，导入模型库进行课件制作或者进行 3D 打印。

2.5 虚拟演播室

2.5.1 虚拟演播室简介

随着计算机技术、数字媒体技术、传感跟踪技术、色键处理技术水平的高速发展,虚拟演播室技术的功能日趋完善,系统日趋稳定,现虚拟演播室系统已经被越来越多地应用于校园电视台各类栏目的制作和创作中。

校园电视台就是在学校里建立的电视台。随着现代教育事业的不断发展,适应素质教育的要求,开放性、交互式的多媒体视频教学逐步被应用到教学实践中。数字化校园电视台的建立可以提高学生自主探索、创新学习的能力,还可以开阔学生的视野,在教师、学生之间建立一个互动式的视像网络教学平台。另外,校园电视台可以让学校创办出自己的特色,比如对学校重大事件进行记录宣传,请学校里面各个科目的佼佼者进行学习上的交流以供学生和教师观摩共同学习等。校园电视台需要有专用的演播室支持节目的制作,在传统演播室的工作流程中,场景需要实际搭建,在实景制作、不同栏目之间的实景更换、实景修改等方面都存在着很大的局限性。同时,搭建实景拍摄无法在背景中加入很多动感的元素,整个节目画面比较呆板,无法给予电视观众视觉上的享受和视觉冲击力。另外,搭建实景演播室会使得工作量增加、材料浪费严重、工作效率降低、不利于消防安全等。因此现在很多用户在设计演播室方案时,都会开始考虑使用虚拟演播室来制作节目。

虚拟演播室是近年发展起来的一种独特的电视节目制作技术。它的实质是将计算机制作的虚拟三维场景与电视摄像机现场拍摄的人物活动图像进行数字化合成,使人物与虚拟背景能够同步变化,从而实现两者天衣无缝的融合,获得完美的合成画面。最新的无轨跟踪技术应用在真三维虚拟演播室系统中,使用者在不需要移动摄像机的情况下即可实现镜头的远近推拉、左右上下摇移的绚丽效果。只要利用摄影棚中的一小部分空间搭配蓝或绿背景,加上摄影灯光,把人物的全身或半身拍下,然后通过虚拟设备合成,使得前景中的教师看起来完全沉浸于计算机所产生的三维虚拟场景中,而且能在其中运动,从而创造出逼真的、立体感很强的电视演播室效果,如图2-39所示。

图2-39 虚拟演播实播与播出效果图

本书以大娱号虚拟演播系统为例介绍虚拟演播系统的构成及应用。

2.5.2　系统基本构成

虚拟演播室系统,包括控制室在内,是制作电视节目必不可少的工作环境,是数字化校园电视台的前端,要想制成高质量的教学片,必须具备在照明、声学等方面满足拍摄电视节目的环境以及先进的编辑过程。虚拟演播室系统能够把现场采集的信号经过一定的艺术和技术加工,形成完美的校园电视节目,并能通过传输网络送到每个教室或上传到教育视频资源应用平台。

虚拟演播室系统可分为演播室和控制室(导播室)两部分,系统核心由虚拟演播室系统主机、视频采集系统、蓝箱、灯光、音频系统以及导播控制系统构成。演播室如图 2-40 所示。虚拟演播的核心是虚拟录播系统主机及支撑软件,完成节目录制过程中的音频、视频采集及虚拟场景的实时编辑、同步录制、存储。

图 2-40　演播室

2.5.3　虚拟演播系统软件

虚拟演播系统中,最重要的效果是将主持人从视频中抠取出来,与另外一路已录制好的视频叠加起来,达到穿越式的效果。其核心技术是在演播室中保证主持人或教师在蓝(绿)箱中进行录制,由虚拟演播系统软件实时对视频画面经过抠像处理后,与虚拟系统中提供的各类虚拟三维场景结合后,录制存储在硬盘中,或者通过网络直播到每个教室。目前的虚拟演播系统能够支持各种输入和输出设备,包括平板电脑、手机等移动设备,也支持高拍仪等教学中常用的 USB 接口设备信号输入,从而满足多媒体设备教学需要;支持字幕功能,能够实现实时添加、修改字幕;提供静态、滚动等字幕出屏效果选择,可设置滚动字幕条的位置、滚动方向及运动速度等。

虚拟演播系统功能强大,在录制虚拟教学视频时,可以实时控制并在系统虚拟大屏中打开本地硬盘上的 PPT 文档,并进行翻页等播控处理;可用鼠标实时在 PPT 画面上画线、圈重点等；提供 Word、Excel 文档播控功能，实时控制并在系统虚拟大屏中打开本地硬盘上的 Word、Excel 文档；提供虚拟操作框实时加载 Word、Excel 文档，操作人员可在虚拟操作框中操作所加载文档，可进行输入、修改、删除等操作，所有的操作可实时渲染输出，适用于各种操作展示、习题讲解等应用过程。

虚拟演播系统也可以通过在系统中实时更换三维场景的背景、地板、左屏、右屏、桌子等三维场景元素，根据客户自身需求调整这些三维元素的位置、比例及旋转角度等，添加各种带运动效果的 3D 物体，如飞机、坦克等；支持对 3D 物体的运动轨迹进行实时调整，可调整 3D 物体运动的位置、旋转角度大小，以及围绕人物旋转等，以达到更好的视频效果，如图 2-41 所示。

图 2-41　3D 场景编辑效果图

思考与讨论

1. 仔细阅读第 2.2 节中的"录播系统应用案例"，谈谈你还可以从哪些角度进行教学研究。
2. 辨析智慧教室与智慧课堂这两个概念。
3. 描述一个你设想的适合应用虚拟现实技术进行的教学内容。
4. 描述一个你设想的有创意的虚拟演播的场景。

实践任务

使用"希沃白板 5"软件，选择 K12 各个学段中的一个教学内容制作一个交互型的课件。

第 3 章

信息化教学设计

信息化教学设计能力是教育信息化背景下对教师专业能力提出的重要要求。在系统科学理论和现代教学思想的指导下,依据学习需求、学习目标、学习内容和学习者特征,将信息技术与学科教学有效融合,合理选择信息化教学资源、设计教学过程,以达到教学效果的最优化,是信息化教学环境下教师的基本功。

3.1 教学设计概述

3.1.1 教学设计的内涵

从广义的角度来看,教学设计是一种教育教学问题求解的思维方法。从发展的角度来看,它不仅要解决微观教学系统即教学层面的问题,而且要关注宏观教学系统即教育系统问题的解决。教学设计的定义应该适应时代发展的需求,反映未来的发展方向。为此,从宏观的角度给出教学设计的定义:教学设计是依据对学习需求的分析,提出解决问题的最佳方案,使教育教学绩效得到改善的系统决策过程。

它以学习理论、教学理论、传播理论和设计理论为基础,应用整体优化论的观点和系统科学的方法,对教学系统进行分析、设计、开发、实施和评价,从而使教育教学绩效得到改善和提高。仔细分析上述定义和对它的描述,可以看出以下几点。

(1) 教学设计的哲学基础是整体优化论和系统科学方法论;理论基础是学习理论、教学理论、传播理论和设计理论。

教学设计的学科基础包括哲学基础和理论基础,哲学基础中的理论和方法论具有指导性作用,是教学设计的灵魂;理论基础中的学习理论、教学理论、传播理论和设计理论为教学设计提供了原则、依据,是教学设计的支柱。在整体优化论和系统科学方法论的指导下,用系统方法将各个理论进行整合,形成教学设计的理论框架。

(2) 教学设计的依据是对学习需求(包括教学系统内部和外部的需求)的分析。系统科学方法要求首先对拟解决问题的系统进行需求分析,从中发现问题、分析产生问题的原因,然后确定解决问题的策略、制订解决方案。同样,教学设计首先要求对教学系统进行需求分析。宏观教学设计重点关注社会需求分析,微观教学设计更多地关注学习者的学习需求分析。

(3) 教学设计的任务是提出解决问题的最佳设计方案。任何类型设计的结果都要提出可行的设计方案,同样,教学设计的结果也是要提出可行的设计方案。而且,这个方案应该是在众多的方案中经过选择的和不断修正的最优方案。

(4) 教学设计的内涵共有 5 个方面:分析(analysis)、设计(design)、开发(development)、实施(implementation)和评价(evaluation),简称 ADDIE 模型。所有的教学设计模式都包含了分析、设计、开发、实施(有的称为执行)和评价这几个基本要素或步骤,由此产生了作为覆盖各种教学设计模式的 ADDIE 模型。

① 分析(analysis):包括目标分析、任务分析、学习者分析、媒体(资源)分析、成本分析等。

② 设计(design):包括宏观教学系统(教育系统、各类学校、学科专业、人力资源、培训系统等)设计、微观教学系统(课程、课堂、教学环境、教学材料、学习者的控制与支持)设计等。

③ 开发(development):通过教学设计人员、学科内容专家、学科教师、信息技术人员,以及美术、音乐人员等共同合作将上述设计蓝图具体化并产生一个工作模型。然后,通过对工作模型的形成性评价,以及在开发过程中对评价反馈结果的整合,最终产生一个完整的实施程序。

④ 实施(implementation):把上述实施程序交付给相关人员(如决策者、教师、学习者)进行实际操作。

⑤ 评价(evaluation):在实施过程中和结束后,对目标的达成度做出评价,并对设计方案提出反馈修改意见。

(5) 教学设计的目的是使教育教学绩效得到改善和提高。教学设计的目的是改善教育教学绩效,即在提高教育教学效果的同时,还要提高教育教学的效率和效益。

(6) 教学设计是系统决策过程。在这里,"系统"二字有两层含义:①对教学系统(不论是宏观教学系统还是微观教学系统)的设计;②运用系统方法进行的设计。决策过程说明教学设计不仅仅是拿出设计方案,一蹴而就;而是要反复进行"分析→设计→开发→实施→评价→修正"这个不断完善的过程,如图 3-1 所示。

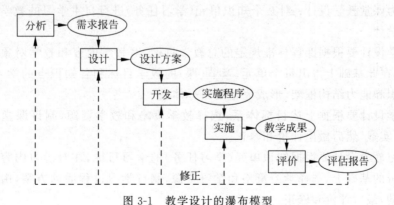

图 3-1 教学设计的瀑布模型

3.1.2 教学设计的层次

按照系统论的观点,教育系统是社会系统中的一个子系统,而教学系统是教育系统中的子系统,它本身又是由许多更小的子系统构成的。根据各个子系统大小和任务的不同,教学设计可分为 3 个层次，如图 3-2 所示。

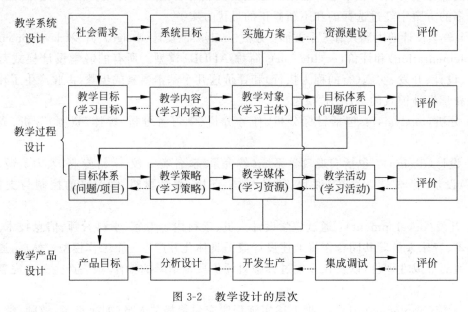

图 3-2　教学设计的层次

1. 以教学系统为对象的层次——教学系统设计

教学系统设计属于宏观设计层次，涉及的教学系统比较大，如远程教育体系的建立，一个新的专业、一个培训系统或一个学习系统的建立等。

设计教学系统的步骤：①进行社会需求分析；②根据社会发展对人才的需求，拟定系统目标；③根据系统目标确定该系统的组成要素，根据系统要素设计实施方案；④设计（选择）资源（包括人力资源和非人力资源，以及管理制度建设等）；⑤在实践中，进行评价和修正。

2. 以教学过程为对象的层次——教学过程设计

教学过程设计是指对一门课程、一个单元甚至一节课或某个知识点的教学全过程进行的教学设计。对一门课程或单元的教学设计称为课程教学设计；对一节课或某个知识点的教学设计称为课堂教学设计；对某个知识单元（学习任务）进行自主学习的教学设计称为自主学习教学设计。

课程教学设计要根据课程标准规定的总教学目标，对教学内容和教学对象（学习者）进行认真分析，在此基础上得出每个单元、章节（课）的教学目标和各知识点的学习目标，以及该课程的知识和能力结构框架，形成完整的目标体系。

课堂教学设计要根据上述目标体系，选择教学策略和教学资源，制订课堂教学结构方案，付诸教学实践，然后做出评价和修正。

自主学习教学设计要根据知识单元（学习任务）的学习目标，在对学习内容和学习主体（学习者）分析的基础上，选择学习策略和学习资源，制订学习过程活动方案，由学习者自主进行学习活动，最后评价和修正。

课程教学设计一般由教师或教研组来做，也可以由相应的教研机构组织教师、学科专家共同进行，以保证课程标准中规定的总教学目标的实现。课堂教学设计和自主学习教学设计由任课教师进行，应该充分发挥每位教师的主动性、创造性，同样的教学内容可以而且应该有不同的教学设计方案。

3. 以教学产品为对象的层次——教学产品设计

教学产品包括网络课程、教学媒体(资源)、教学环境,以及其他教具、学具等。

教学产品的设计与开发往往是连在一起的,它根据教学系统设计和教学过程设计所确定的产品使用目标,经过分析、设计、开发、生产、集成和调试 6 个步骤而完成,最后进行评价和修改。

简单的教学产品如幻灯片、投影片、录音教材和小型课件等,一般由任课教师自己设计、制作;比较复杂的教学产品,如录像教材、大型多媒体课件、网络课程开发,以及教学环境的设计和开发,则需要组织专门开发小组来完成。

从图 3-2 还可以看出,教学设计是一个完整的过程。上一个设计层次的输出,正是下一个设计层次的输入,环环紧扣,步步衔接。整个系统的输入是社会需求,而系统最后的输出则是改善教育教学绩效的最佳设计方案(或产品)。

每一个设计层次都组成一个完整的子系统,形成自己的网络;评价随时在进行,以确保设计目标的实现。对于学科教师来讲,重点掌握教学过程设计(简称教学设计)层次即可。

3.1.3 教学过程设计的操作程序

在实际教学过程中,教师首先需要对自己讲授的课程从整体上有所把握,然后根据教学内容和学生的具体情况,考虑各个章节教学的具体形式是采用课堂教学还是采用自主学习的形式,去进行基于"教"的教学过程设计或者基于"学"的教学过程设计。如图 3-3 所示为教学过程设计的操作程序。从图 3-3 中可以看出,教学过程设计的操作程序分为三个部分:

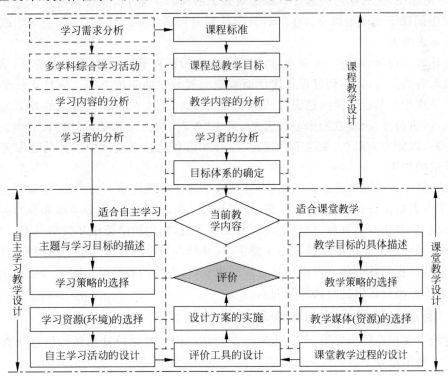

图 3-3　教学过程设计的操作程序

课程教学设计、课堂教学设计和自主学习教学设计。它们是有一定的顺序,互相联系、互相制约的。

学科教师接受的教学任务都是一门完整的课程,因此首先要熟悉课程标准,拟定课程总教学目标,在对教学内容、学习者进行认真分析的基础上,确定完整的目标体系,包括该课程的知识和能力结构框架、各知识点目标组成的目标体系、各知识点所需教学资源列表,以及对学生自主学习的建议等。然后根据当前的教学内容,决定采用不同的教学方式。适合进行课堂教学的内容进行课堂教学设计,给出各节(课)知识点和教学目标的具体描述,选择教学策略、教学媒体(资源),设计课堂教学结构和评价工具;适合学生探究学习的进行自主学习教学设计,给出学习活动主题与学习目标的具体描述,选择学习策略、学习资源,设计自主学习活动过程和评价工具(多学科综合学习可以按自主学习活动直接设计)。最后,按照设计好的方案进行学习活动实践,并做出相应的评价和修正。

3.2 信息化教学设计概述

3.2.1 信息化教学设计的内涵

信息化教学是为了促进学习,师生在多媒体环境中恰当有效地运用教育媒体和信息资源而进行的教与学的双边活动。其特点有:信息技术的有效应用、丰富的资源支持、良好的媒体环境和合理的教与学的过程。信息化教学是学科教学与信息技术的整合,教学过程中有效地运用信息技术获取丰富的学习资源,不仅局限于课本;利用多媒体技术传递学习内容、展示学习结果,提升学习兴趣并且加深对知识的理解;通过信息技术增加课堂互动的有效性和师生间课下交流的机会;在学科教学的同时提高学生的信息素养,使学生成为符合信息时代要求的人。

信息化教学设计,是为了促进学习,依据学习者特征和学习需要,将学习资源、学习环境与信息技术有效融合,以达到过程最优化而编制的教与学的实施方案。信息化教学设计是以建构主义理论为基础的面向过程和基于资源的设计,突出"学"。而传统的教案编写是面向知识点,以讲授重点、难点为中心展开的,突出"教"。信息化教学设计的核心内涵是:以学生为中心,以能力为重点,关注学习过程,教师在信息化教学设计中发挥的是服务、支持、指导和帮助的作用。

信息化教学设计以教学设计为基础,遵循教学设计的理论和一般步骤,但需要在学习需求分析、学习者特征分析、学习内容分析、学习目标分析的基础上,充分考虑和恰当运用信息化教学环境、信息化教学资源、信息化评价和交流手段,确定教学策略和教学过程。总之,信息化教学设计强调的是以信息技术为主要手段,并结合当今的教育理论,充分利用各种信息资源,对教学过程的各个环节做出科学合理的规划,使教师的教和学生的学与信息化时代紧密相连,以培养出符合信息时代要求的人。

3.2.2 信息化教学设计与传统教学设计的比较

在建构主义理论的指导下,信息化教学设计是对传统教学设计在新的信息化教学环境及教与学的理论指导下的新发展。二者之间的差异主要体现在以下3个方面。

1. 理念的转变

在教学设计与指导理念方面,相对于传统教学设计,信息化教学设计在以下几个方面发生了较大转变。

（1）从静态教学设计转变为动态信息设计，激发学生兴趣、让课堂充满活力。

（2）从传统教案编写转变为资源设计，让解读教材变为引导知识学习。

（3）从重视结果评价转变为能力评价，关注学会学习、学会创新和综合素质的提升。

（4）从突出"教"转变为突出"学"，以学生为中心，从学生的学习需求出发。

（5）从以讲授"重点、难点"为中心展开的教学设计，转变为面向过程和基于资源的信息化教学设计。

2．角度的转变

相对于传统教学设计，信息化教学设计的关注角度发生了从教学内容设计到教学过程设计的转变，如表 3-1 所示。

表 3-1 信息化教学设计关注角度的转变

关注的角度	传统教学内容设计	信息化教学过程设计
设计核心	教案编写、课件开发、以教学内容表现设计为中心	教学过程/模式设计、注重教学资源的利用
学习内容	单学科知识点	交叉学科专题
教学模式	讲授/辅导、模拟演示、操练练习	研究型学习、探究型学习、合作型学习
教学周期	课时	周，学期
教学评价	面向反应性行为	面向学习过程
学习管理	反应史记录	档案袋评价

3．特征不同

与传统教学设计相比，信息化教学设计有着不同的特征，如表 3-2 所示。

表 3-2 信息化教学设计与传统教学设计的特征对比

特 征	传统教学内容设计	信息化教学过程设计
关键要素	传统教学设计	信息化教学设计
教学策略	教师导向	学生探索
讲授方式	说教性讲授	交互性指导
学习内容	单学科的独立模块	带真实任务的多学科延伸模块
作业方式	个体作业	协同作业
教师角色	教师作为知识的施予者	教师作为帮助者
分组方式	同质分组	异质分组
评估方式	针对事实性知识和离散技能的评估	基于绩效的评估

3.2.3 信息化教学设计的原则

信息化教学设计有两种类型：基于课程的信息化教学设计和基于课堂的信息化教学设计。在进行信息化教学设计时应遵循一定的原则，这些原则不仅是教学设计的重要参考，也是评价教学设计的一种标尺。

1．基于课程的信息化教学设计原则

基于课程的信息化教学设计原则如下。

（1）全面细致地了解学习对象。

(2) 前期有针对性地开展师生共同参与的教学活动。
(3) 深入透彻地研读教材。
(4) 找准教材与课标的契合点,确定总体学习目标。
(5) 寻找理念支撑,预先进行理论假设。
(6) 依据课标和教材、学生学习需求以及学习目标,确定教学的重点、难点。
(7) 合理分解教学任务和学习目标,规划课时。
(8) 根据学习环境和资源,组织教学内容。
(9) 课程教学的整体结构设计(流程图展示)。

2. 基于课堂的信息化教学设计原则

基于课堂的信息化教学设计原则如下。
(1) 以"学"为中心,注重情境的创设,使学生在情境中体验和灵活应用知识。
(2) 以"任务驱动"和"问题解决"作为学习和研究活动的主线,在有具体意义的情境中确定和教授学习策略。
(3) 为学生提供支架式学习环境,以保障学习活动的有效性。
(4) 充分发挥评价的目标导向功能,激励学习。
(5) 注意学习内容的适量,保持学习内容的活性。
(6) 鼓励学生体验多种情境和检验不同观点。
(7) 鼓励项目性、协作探究式学习,使学习方式多样化。

3.2.4 信息化教学设计的基本模式

了解和学习基本的信息化教学设计模式,有助于教师提高信息化教学设计的能力和效率,以下对当前运用比较普遍且实用的模式作简要介绍。

1. ITDRM 模式

ITDRM 模式是一套完整的信息化教学设计方案,如图 3-4 所示。

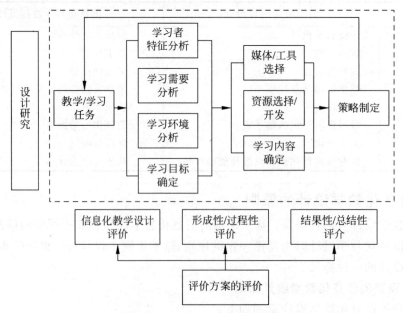

图 3-4　信息化教学设计研究模式(ITDRM 模式)

在信息化教学设计研究模式(information teaching design research mode,ITDRM)中:①根据教学/学习任务对学习者特征、学习需要、学习环境和学习目标进行综合分析。②确定出需要的媒体、资源和学习内容。③根据以上多方面的因素,制定出教学策略,并将该教学策略对最初的教学/学习任务进行反观,对比该策略是否符合教学目标。④进行改善和修改,使最终的教学策略达到最优化设计。与此同时,在整个信息化教学设计的模式中还要注意评价的插入,主要包括信息化教学设计评价、形成性/过程性评价和结果性/总结性评价;⑤ITDRM 模式的特别之处就是关注了评价方案。

2. ASSURE 模式

ASSURE 模式由印第安大学的罗伯特·海涅克、迈克尔·莫伦达和普渡大学的詹姆斯·罗素于 1989 年提出。该模式以认知学习理论为基础,有机整合了加涅提出的 9 段教学事件理论,是一个很有价值、能够推广到课堂教学、远程教育和企业培训等多个领域中的教学设计模式。

ASSURE 模式是对整个课堂教学设计过程和执行过程的系统化与步骤化,ASSURE 每个字母分别代表模式中的一个环节,同时它也能确保教学媒体在教学中的运用达到良好效果,如表 3-3 所示。

表 3-3 ASSURE 模式

字母	含 义	内 容
A	学习者分析(analyze learner)	弄清楚教学对象是谁; 对学习者的一般特征、入门能力(知识、技能和态度等)和学习风格进行分析
S	规定标准和目标(state standards and objectives)	尽可能明确地陈述教学目标; 教学目标可能来自课程大纲、教材、课程指南,也可能是教师自己设计的; 教学目标要阐明所要传递的信息、解决的问题、建立的概念、教会的技能、改变的态度、建立的价值标准等方面的目标
S	选择策略、技术、媒体和材料(select strategies、technology、media and materials)	通过选择合适的教学策略、教学技术、教学媒体和教学材料建起一座连接教学起点与终点之间的桥梁,使学习者顺利地完成学习任务
U	利用技术、媒体和材料(utilize technology、media and materials)	如何将其运用于课堂中才是关键,也是能否达到教学效果的一个重要元素; 在此过程中,除了要熟悉教学环境以外,最好在正式教学以前做一次演练,以防止在实际教学过程中可能发生的突发事件
R	要求学习者参与(require learner participation)	这是最具挑战性的一步,它直接影响到教学效果,在教学过程中如果忽视了学习者的参与和响应,教学就是单向的传播; 在教学过程中,学习者要达到学习目标,必须对教师讲解的内容进行思考、加工和实践,只有在正确的响应过程中,新学的知识和技能才会得到强化

续表

字母	含 义	内 容
E	评价和修正(evaluate and revise)	在正式完成教学以后,教师需要对教学的有效性、教学成效、教学过程、教学方法、教学策略以及学生的学习成绩做出评价; 通过评价,分析出设计目标和实施结果之间可能存在的差距,并在下一轮教学中修正

3. ADDIE 模式

ADDIE 是一套系统地发展教学的模式,如表 3-4 所示。主要包含了要学什么(学习目标的制定)、如何去学(学习策略的运用)、如何判断学习者是否已达到学习成效(学习评价的实施)。在 ADDIE 的五个阶段中,分析与设计是前提,发展与执行是核心,评价是保证,三者互为联系,密不可分。

表 3-4 ADDIE 模式

字母	含 义	内 容
A	分析(analysis)	对教学所要达到的行为、任务、受众、环境、绩效目标等进行一系列的分析,在本阶段需要从多种来源收集数据和资料
D	设计(design)	针对教学内容和教学活动进行课程设计
D	开发(development)	开发阶段的要点在于开发创建教学材料的方法和流程
I	实施(implement)	对已经开发的课程进行教学实施,同时给予各方面的支持
E	评价(evaluation)	建立评价体系,并对已经完成的教学课程及受众学习效果进行评价

3.3 信息化教学设计的前端分析

教学设计的前端分析是美国学者哈里斯在 1968 年提出的一个概念,指的是在教学设计过程开始的时候,先分析若干直接影响教学设计但又不属于具体设计事项的问题。信息化教学设计的前端分析主要包括学习需求分析、教学内容分析、学习者特征分析、阐明学习目标和学习环境分析。

3.3.1 学习需求分析

学习需求分析是指找出学习者目前水平与期望学习者达到的水平之间的差距,然后分析解决问题的必要性和可行性,确定是否有必要进行教学设计以及教学设计是否可行。

在确定学习需求时,一般需借助以下三种需求分析法进行分析。

1. 内部参照需求分析法

内部参照需求分析法是指由学习者所在的组织机构内部用已经确定的教学目标(或工作要求),将学习者的期望与学习者的学习(工作)现状作比较,找出两者之间存在的差距,从而鉴别出学习需求。

数据收集的过程为:将期望状态(包括知识、技能、态度等方面)的目标具体化,形成完备的指标体系,作为收集目前状况数据的依据。值得注意的是:关于学习者现状和期望状态均应以学习者的行为术语描述出来。

(1) 按照形成的指标体系来设计测验题、问卷或观察表,然后通过分析试卷和问卷以及观察记录直接从学习者处获取信息。

(2) 根据指标体系,分析学习者近期的测试成绩、产品合格记录等相关的现成材料。

(3) 召开教师等有关人员的座谈会或对他们做问卷调查,按形成的指标体系询问学习者目前的状况。

2. 外部参照需求分析法

外部参照需求分析法是指根据机构外社会的要求(或职业的要求)来确定对学习者的期望值,以此为标准衡量学习者的学习现状,找出差距,从而确定学习需求。

由于社会未来发展的实际需求具有一定的超前性,需要科学预测,外部参照法是对机构内部目标和理性进行论证的有效方法。

收集数据是指收集和确定与期望值相关的社会需求的信息,具体如下。

(1) 对毕业生跟踪访谈、问卷调查,听取他们对社会需求的感受,以及工作以后对学校教育或培训教学的意见和建议,从中不仅获得关于社会期望的信息,也获得学习者现状的信息。

(2) 分析毕业生所在单位对毕业生的工作记录,了解他们对职工的要求和对毕业生的评价,获得工作需要和对教学的改进信息。

(3) 设计问卷发放到与所学专业相关的工作岗位,得到社会对人才能力、素养的要求信息。

(4) 进行现场调研,深入工作第一线,获得对人才能力、素养要求的第一手资料。

(5) 进行专家访谈,了解专家对社会目前以及未来发展对人才需求的信息。

3. 内外结合需求分析法

相对来说,内部参照需求分析法容易操作、省时省力,但无法保证机构目标的检测;外部参照需求分析法操作比较难,要耗费大量的精力和时间,但能使系统与社会需求直接发生联系,从而保证系统目标的合理性。由于两种方法各有优缺点,在实际运作时,可采取内外结合的方法,即根据外部社会需求调整、修改已有的教学目标,并以修改后的目标所提出的期望值与学习者的现状相比较找出差距。

3.3.2 教学内容分析

教学内容是为实现教学目标而要求学习者系统学习的知识、技能和思想、行为的总和。

因此,教学内容又称为教学任务,经常以教学结果的形式对教学内容进行分类。分析教学内容须以课程标准为依据。经过选择教学内容、划分单元、安排单元顺序、确定单元目标,对教学内容进行分类,分析教学内容以及评价等步骤,最后得出教学内容的知识和能力结构。

1. 教学内容的分类

在教育学中,通常把教学内容分为认知学习、动作技能学习和情感学习三大类。

1) 认知学习类

认知学习是对知识、智力技能和解决问题的能力的学习,其特点是知识的获得和应用。加涅把认知学习的结果分为以下 3 类。

(1) 言语信息。言语信息既是知识,也是能力。知识方面,言语信息是回答"是什么"的问题;能力要求是培养学习者进行"记忆"。也就是说,言语信息是指学习者通过学习以后,能记忆事物的名称、符号、地点、时间、定义,以及对事物的描述等具体事实,能够在需要的时候将这些事实表述出来。

(2) 智力技能。智力技能是指运用符号办事的能力。知识方面,智力技能回答"为什么"和"怎么办"的问题;能力要求是培养学习者理解和运用概念与规则的能力,以及进行逻辑推理的能力。

(3) 认知策略。认知策略是个体对认知过程进行调节与控制的能力,即学习者调节自己的注意、学习记忆和思维等内部心理过程的技能。

2) 动作技能学习类

动作技能是一种习得的能力,学习的结果表现为身体能够迅速、精确、流畅和协调地动作。

3) 情感学习类

情感是学习者对事物的看法和采取的行动。情感类学习内容可分为态度类和品德类两种。态度是通过学习形成的影响个体行为选择的内部状态。态度中包含了认知成分、情感成分和行为成分。品德是个人依据一定的社会道德行为准则行动时,表现出来的某些稳定的特性。品德由道德观念、道德情感和道德行为三部分构成。

2. 教学内容的分析方法

教学内容分析有时也称为教学任务分析,它的目的是揭示教学目标规定的且需要学生形成的能力或倾向的构成成分及其层次关系,并据此确定促使这些能力或倾向习得的有效教学条件。

教学内容分析的起点和终点与学生学习的起点和终点正好相反。学生学习的起点是其起点能力,学习的终点是达到教学目标。教学内容的分析一般从学习的终点——教学目标开始,采用逆向设问的办法,反复提出并回答问题:学生要掌握该水平的知识或技能,他们需要预先获得哪些比较简单的知识或技能?一直分析到学生原有的起点。也就是说,学生原有的起点,正是教学内容分析的终点。

常用的教学内容的分析方法有以下几种。

(1) 归类分析法。归类分析法主要用于对各种言语信息进行分类。确定分类的标准后,把实现教学目标需要学习的知识归纳成若干方面,从而确定教学内容的范围。如图3-5所示为生物的分类的归类分析。

(2) 图解分析法。图解分析法是指利用直观的形式来揭示教学内容之间的相互联系。如图3-6所示是用图解分析法对"中国地理区域研究"教学内容所做的分析。

(3) 信息加工分析法。信息加工分析法又称为程序分析法,是指对学生学习后的终点行为——教学目标进行分析,以揭示顺利完成该目标所具有的外显和内隐的过程。

比如学习"两位数减法"这一智力技能,用信息加工分析法可作如图3-7所示的分析。

图3-7中的菱形框表示逻辑思考,矩形框表示需要学习的内容。从图3-7中可以看出,矩形框经过同类项合并后只剩两项:简单减法和退位减法,即从 m 中退1,在 n 上加10。也就是说,"两位数减法"这一知识单元只有两个知识点:简单减法和退位减法,如图3-8所示。

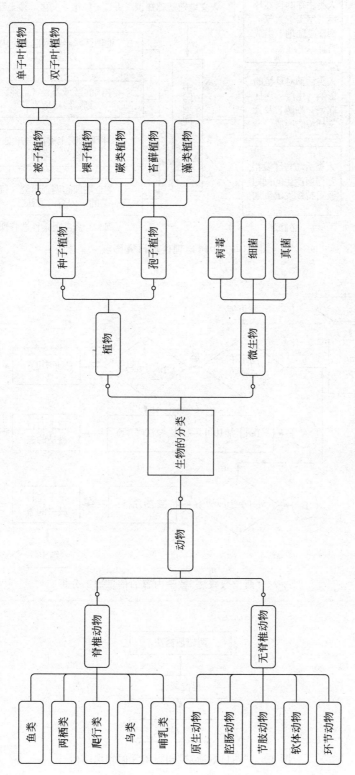

图 3-5 生物的分类的归类分析

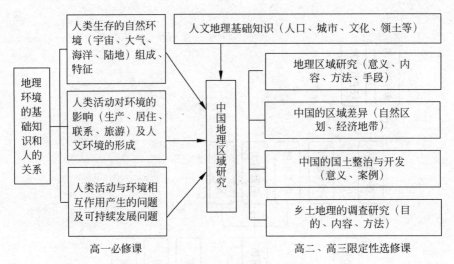

图 3-6 中国地理区域研究图解

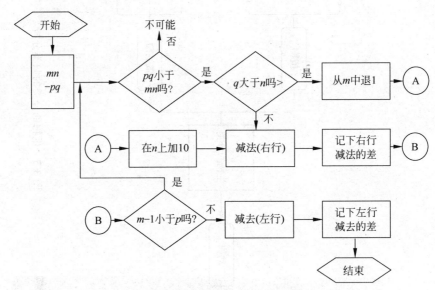

图 3-7 "两位数减法"教学内容的信息加工分析

图 3-8 "两位数减法"知识单元的知识结构

其中,简单减法在上一个知识单元已经学习过,学生已经掌握;所以这一知识单元的学习,只要掌握了"退位减法"这个知识点即可达到教学目标。

(4) 层级分析法。层级分析法是指利用教学目标的层次关系,对教学内容进行分析。它揭示了为达到教学目标,必须学习哪些知识和技能。层级分析法是一种自上而下的分析方法,从最终教学目标向下逐级分析,直至最基础的教学内容。实际进行教学时,则是从下而上,从实现最基础的教学目标开始,逐级实现高级教学目标。

如图 3-9 所示的是"整数减法"知识单元的层级分析。教学目标规定的能力 11 的学习,以 7、8、9、10 四项从属技能的学习为先决条件;技能 7 以 2 的学习为先决条件,8、9、10 以 6 的学习为先决条件……该层级分析一直进行到"事实"的学习——简单减法为止。

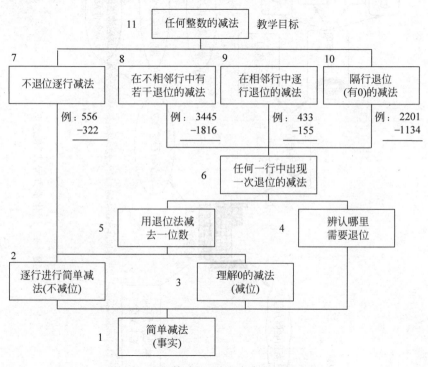

图 3-9 "整数减法"学习内容的层级分析

除上述 4 种方法外,教学内容还可以用概念图和思维导图的形式来表示,如图 3-10 和图 3-11 所示。

综上所述,可以把教学内容的分类,以及常用的分析方法综合如下。

教学内容 { 认知学习 { 言语信息——归类分析法、图解分析法 / 智力技能——层级、信息加工、图解分析法 / 认知策略——层级分析法 } / 动作技能学习——层级分析法、信息加工(程序)分析法 / 情感学习——层级分析法、信息加工(程序)分析法 }

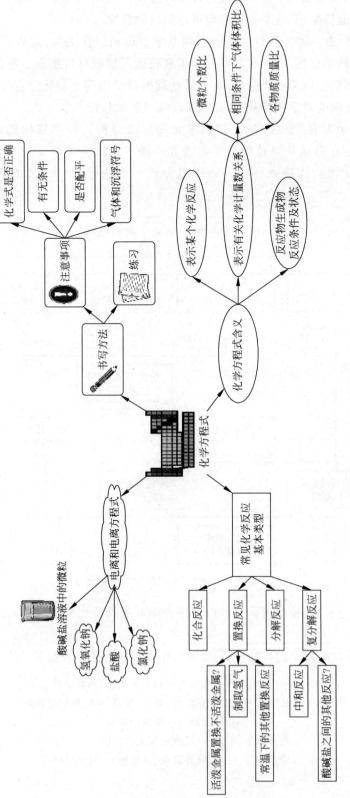

图 3-10 "化学方程式"概念图

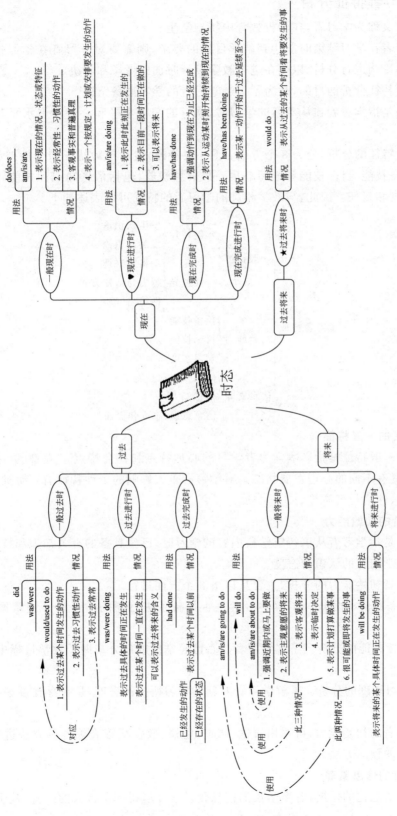

图 3-11 "时态"思维导图

3.3.3　学习者特征分析

教学对象又称为学习者,在学校教育中特指学生。

要使学习者在学习结束时能达到教学目标的要求,则需要对学习者在学习过程中会受到哪些因素的影响进行分析,以便在进行教学设计时加以考虑和解决。

对学习者特征分析的目的,是为了了解学习者的学习准备情况。

学习准备是指学习者在从事新的学习时,原有的知识水平和心理发展水平对新的学习的适应程度。

对学习者特征的分析,分为3个方面:①一般特征,包括年龄特征和个性差异;②初始能力,包括预备技能、目标技能和学习态度;③信息素养,包括信息知识和技能,信息能力,信息意识、态度和责任。因此,与教学相关的学习者的特征可以表述如下。

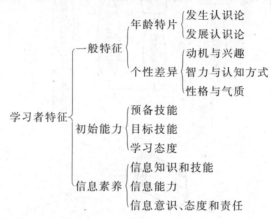

1. 学习者的一般特征

学习者的一般特征是指影响学习者学习的心理特点和社会特点。例如,学习者在不同的年龄阶段,具有不同的心理发展状态。对学习有重大影响的个性特征有:动机与兴趣、智力与认知方式、性格与气质等。

2. 学习者的初始能力

初始能力是指学习者从事特定学科内容的学习时,已经具备的有关知识和技能的基础,以及对有关教学内容的认识与态度。

对于学习者初始能力的分析,主要从以下3个方面进行。

(1) 对预备技能的分析。了解学习者是否具备了进行新的学习所必须掌握的知识和技能。

(2) 对目标技能的分析。了解学习者是否已经掌握或部分掌握了教学目标中要求学会的知识和技能。

(3) 对学习态度的分析。了解学习者对新的学习所持的态度,是否存在疑虑、偏爱和误解等。

了解学习者的初始能力,可采用测试、调查、座谈、散发征答表等各种方法进行,其中测试为最常采用的预测方法。

3. 学习者的信息素养

随着教育信息化的发展,各个学校的信息化教学环境得到了极大的改善,基于信息化环境的各种教育教学模式得到了充分的应用。因此,学习者具备的信息素养的高低将会成为制约学习效果提高的重要因素。对学习者信息素养分析的结果,可以作为选择教学策略的依据之一。

1) 信息素养的内涵

信息素养是指一个人运用信息技术的知识和技能解决生产和生活中实际问题的能力和对信息技术的意识、态度,以及对应该承担的社会责任的理解。

信息素养的知识要素包含了信息的内涵、信息技术的基本知识、信息设备操作使用的程序和方法;能力要素包含了运用信息技术进行表达、交流、合作的能力,以及运用信息技术解决问题的能力;情意要素包含了信息的意识、态度、道德和应该遵守的法律法规。

2) 对学习者信息素养的分析

对学习者的信息素养的分析,包括以下几个方面。

(1) 了解学习者对信息技术基本知识和基本技能掌握的程度。

(2) 了解学习者运用信息技术解决问题的能力。

(3) 了解学习者的信息意识、态度和对社会责任的理解。

在具体进行分析时,可以参照《中国教育技术标准》(JJB 101—2004)中有关"学生教育技术标准(SETC·S)"的规定执行。

3.3.4 阐明学习目标

1. 学习目标的概念

学习目标是指学生通过学习后,能够达到的最终结果(包括外显的行为和内部心理的变化)。

在本书中,不明确区分学习目标和教学目标,只是把比较单一的教学内容(如知识点)的目标称为学习目标,其他都称为教学目标。

教学目标体系是由若干不同层次的教学目标和学习目标组成的,如图3-12所示。

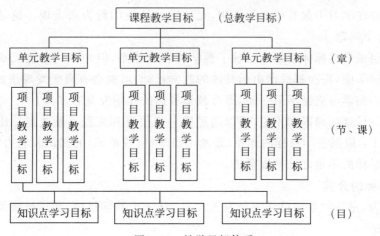

图3-12 教学目标体系

在学校中,教学一般都是分学科进行的。因此,课程标准中规定的教学目标(即课程教学目标)就是该课程的总教学目标,它由单元(章)教学目标、项目(节、课)教学目标、知识点学习目标等共同组成了该课程的教学目标体系。

过去常提到的"教学目的",是指依据教学大纲,对教学提出的预期要达到的结果。它与教学目标有相同之处,也有不同之处。

教学目的与教学目标相同之处有两点:①制订时的依据相同,都是以课程标准(教学大纲)为准;②都是教学过程的出发点和归宿,都对落实课程标准(教学大纲)、制订授课计划、组织教学内容、确定教学重点和难点、选择教学方法、安排教学过程起着重要的导向作用。

教学目的与教学目标的区别也非常明显,如表3-5所示。

表3-5 教学目的与教学目标的区别

项 目	教学目的	教学目标
主体	以教师为主体,着眼于教师讲授的愿望,反映教师对教学活动的希望	以学生为主体,着眼于学生的学习结果,是对学生学习行为结果的一种规定
可测量性	描述语句比较抽象、笼统,教学目的是否达到,不易测量	用行为动词表达,具体、明确,可操作性强。教学目标是否达到,易于检测
作用对象	对教师的教有直接指向作用,有利于教师作用的发挥	对教与学都有直接的指向作用,能使教和学的目标一致,既有利于发挥教师的主导作用,也有利于发挥学生的主体作用,把教和学两方面的积极性统一起来
结构层次	教学目的往往是孤立的,结构单一,缺乏明确的层次序列,因而对课堂教学的深度和广度的确定只能取决于教师本人的业务素养,带有较大的主观随意性	教学目标由一系列不同层次的子目标组成。不但规定了教学活动应当达到的最终结果,而且提出了达到最终结果的程序,因而对教学活动的深度和广度有明确具体的指导作用

阐明学习目标有利于课程的规范化,有利于教和学,但它也存在着一些局限和不足。例如,教学目标以具体的、可测量的行为术语来表示学习的结果,一般指的是外显的行为。虽然许多心理过程在学习中起着重要的作用,无法通过外显的行为来表现。越是较高层次的目标,越存在这个问题。

教学目标组成的目标体系虽然反映了教学内容的体系,但并不一定能反映学科的知识结构。如果在教学中,每次都提前出示具体的教学目标,可能会有碍于发现法的学习;而且各种知识和技能的学习途经不只一条,那么教学目标的作用究竟有多大?

以上教学目标这些局限和不足,可以通过进一步研究和实践不断改进。比如在课程教学设计中规定了:根据教学目标的体系,要画出该学科(或单元)的知识和能力结构框架,就是为了使教学目标的不足之处得以改进。

2. 教学目标的分类

布卢姆认为,完整的教学目标应分为三大类:认知类教学目标、动作技能类教学目标和情感类教学目标。

布卢姆按照学生学习的进程,将认知类的教学目标从低到高分成知识、领会、运用、分析、综合、评价6个层次。

1) 知识

知识是指对具体事物和普遍原理的回忆,对方法和过程的回忆,或者对一种模式、结构或框架的回忆。为了便于测量,回忆的情境几乎就是指回想起适当的材料。虽然可能需要对这种材料作一些变动,但这种变动只是记忆任务中相对较小的部分。知识的目标十分强调记忆的心理过程,但它也涉及其他有关的过程。

2) 领会

领会是低层次的理解,是指学生要进行交流时,知道交流些什么内容,并能够利用材料或材料中所包含的观念。

领会这一目标中包括以下3种行为。

(1) 转换:指学生能把交流内容转换为其他术语或另一种交流形式。转换过程要具有严谨性、准确性,也就是说,尽管交流的形式变了,但原来交流中的内容不变。

(2) 解释:指对交流内容的说明或总结。要求学生在头脑中对交流材料重新排列,重新整理或提出新的观点。

(3) 推断:指根据最初交流中所描述的条件,在超出用以确定各种内涵、后果、必然结果和效果等既定资料之外的情况下,延伸各种趋向或趋势,即根据对交流内容给定的内涵、结果、可描述的趋势、倾向或条件的理解而做出的估计或预测。

3) 运用

运用是较高层次的理解,是指在某些特定的和具体的情境下使用抽象概念。这些抽象概念可能是以一般的观念、程序的规则或概括化的方法等形式表现出来的,也可能是那些必须记住的和能够运用的专门性的原理、观念和理论。

运用要比领会更进了一步。领会的标志在于,当需要说明抽象概念的用途时,学生能使用该抽象概念。运用的标志在于在没有说明问题解决模式的情况下,学生会正确地把该抽象概念运用于适当的情境。

4) 分析

分析是指将交流内容分解成各种组成要素或组成部分,以便弄清各种观念的有关层次,或者弄清所表达的各种观念之间的关系。这些分析旨在澄清交流内容,表明交流内容是怎样组织的,指出设法传递交流内容的效果、根据和排列的方法。这是一种对问题、信息或解题方法进行分析的能力。

分析技能处于比领会技能和运用技能更高的水平:领会注重于掌握材料的意义和含义;运用注重于回忆适当的抽象概念或原理,并把它们运用于特定的和具体的情境;分析注重把材料分解成各个组成部分,并厘清各部分之间的相互关系及其构成的方式。

5) 综合

综合是指把各种要素和组成部分组合成一个整体,它是对各种片段、要素和组成部分等进行加工的过程;也是一个对已有经验中各个组成部分与新材料的重新组合,把它们改组成一个新的、更清晰的整体的过程。

综合比领会、运用和分析更加强调创造性。但是应当指出的是,由于一般要求学生在特定的问题、资料范围内,或者在某种理论框架和方法论框架范围内进行综合,因此,这种综合不是完全自由的创造性表现。

6) 评价

评价是指为了特定的目的,对观念、作品、答案、方法和资料等的价值做出判断,还包括用准则和标准对这些材料和方法的程度做出定量的和定性的判断。用作评价的标准和准则可以是学生自己制定的,也可以是别人制定的。

3. 教学目标的编写

教学目标是学习者通过教学活动以后行为和能力的变化,应使用可以观察或测量的行为术语来描述。马杰提出,教学目标的描述应包括行为、条件和标准3个基本要素。有的学者提出,应该在上述基础上,再增加一个主体,即教学对象(学习者)。这样,一个规范的教学目标就包含了下面4个要素。

(1) 对象——A(audience),教学对象(学习者)。

(2) 行为——B(behaviour),通过学习以后,学习者能够做什么。

(3) 条件——C(condition),上述行为是在什么条件下产生的。

(4) 标准——D(degree),评定上述行为是否合格的最低衡量依据。

为了简便,把使用上述基本要素编写的教学目标称为ABCD模式。例如:

<u>学生</u> <u>能够在1分钟之内</u> <u>输入60个汉字</u>,<u>错误率不超过2%</u>。
　A　　　　　C　　　　　　　B　　　　　　D

<u>通过本节课的教学</u>,<u>全体学生</u> <u>能够</u> <u>掌握鸟纲的主要特征</u>。
　　　C　　　　　　　A　　　D　　　　　B

在具体编写教学目标时,并不一定要把4个要素全部表述出来。有一些约定俗成的,或是大家都能明白的内容,就不必一一列出。

对学校教育而言,学习者是相对固定的;教学过程一般都是在学校内进行的;每个学期期末都要进行考试,平时还有作业的检查和批改,其评价标准都是既定的。这几方面的内容在编写教学目标时可以适当地省略,只剩下学生的行为部分是必须保留的。

4. 三维教学目标的表述

在当前基础教育改革中,要求用"知识与技能""过程与方法""情感态度与价值观"三维目标来表述教学目标。其中,知识与技能、情感态度与价值观目标可用上述目标的分类层次和编写方法进行表述,过程与方法目标则需要把握其实质,而不能写成教学的过程本身和采用的教学方式、方法。

过程与方法目标的实质是要发展学生的能力,这就需要用"能力"的概念来描述这一目标。采用图3-13所示的步骤进行分析,有助于过程与方法目标描述语句的形成。

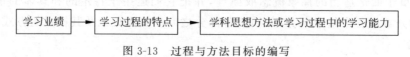

图3-13　过程与方法目标的编写

在编写过程与方法目标时,首先要对照该知识点的知识与技能目标的层次,即学习业绩。不同的学习业绩对学习过程的要求是不同的,比如,要获得"理解"的学习业绩就不能仅靠机械记忆来获得,因此,从知识与技能目标中的学习业绩出发,分析为实现这一业绩所需要的学习过程。通过分析该过程中的思维活动特点,就可以明确在这一过程中所体现的学科思想方法或相应的学习能力。

规范的过程与方法目标的描述应该包括3个要素:学习的知识内容(或研究课题的内容、实践活动的内容)、学习过程的方式、能力发展的内容。

学习的知识内容(或研究课题的内容、实践活动的内容)描述的语句是:"在……过程中"。例如,"在获得密度概念的过程中""在研究艺术的发展和人类的生存与发展的关系的过程中""在对社区的公共服务设施进行社会调查的过程中"等。

学习过程方式描述的语句是:"通过……"。例如,"通过分析与概括""通过实验探究""通过文献研究""通过采访调查"等。

能力发展内容描述的语句是:"发展……的能力""了解(体会、掌握)……的学科方法(学习策略)"。例如,"发展在真实情景中进行选择性编码和选择性组合的信息加工能力""发展进行多种方式编码的精加工记忆策略的能力""掌握浮力问题的局部加工策略""了解用比值的方法定义物理量的思想方法""掌握语感训练的策略"等。

思考与讨论

1. 教学系统设计的三个层次中,你个人比较关心哪个层次?为什么?
2. 你认为基于课堂的信息化教学设计原则中最重要的一项是什么?为什么?
3. 阐述信息化教学设计和传统教学设计的异同。

实践任务

1. 绘制出"信息化教学设计的前端分析"的主要内容和方法的思维导图。
2. 选定一个教学内容,完成信息化教学设计的前端分析。
3. 在线拓展:查找资料了解信息化教学环境和信息化教学设计发展的新趋势。

第 4 章

以教为主的教学

随着科学技术的发展,尤其是信息技术、网络技术和媒体技术的发展,为多样化教学结构的实施提供了必要的技术保障。依据教育教学的特点,及学习者个性化的学习需求,现今的教学结构已突破传统模式。无论是教师还是学生,都可以自主灵活地选择合适的教学结构开展教学与学习。在当前,课堂教学仍是主要的教学形式,是学习者学习知识的重要途径。教师依据教学内容的特点选择丰富多样的课型,合理地加以实施,对于学习者的高效学习至关重要。课堂教学的有效性需要通过评价,尤其是形成性评价来检验,以考查学生是否达到了预期的教学目标。课堂教学评价工具的设计直接影响着评价的信度和效度。

在信息化教学环境下,充分利用现有媒体资源开展形式多样、内容丰富的教学活动,有助于学习者学习动机的持续性维持。如何将课堂教学过程设计开发成多媒体教学课件,并在教学中加以使用,是学科教师应具备的重要教学素养。

4.1 教学过程设计的操作步骤

以教为主的教学过程设计的操作步骤如图 4-1 所示。

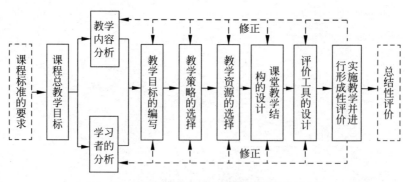

图 4-1 以教为主的教学过程设计的操作步骤

1. 教学内容分析

教学内容是为实现教学目标,要求学习者系统学习的知识、技能和思想、行为的总和。

因此,教学内容又称为教学任务,经常以教学结果的形式对教学内容进行分类。分析教学内容须以课程标准为依据。经过选择教学内容、划分单元,安排单元顺序,确定单元目标,对教学内容进行分类，分析教学内容以及评价等步骤，最后得出教学内容的知识和能力结构。

2. 学习者的分析

学习者既是教学的对象（客体），又是教学活动中学习和自我教育的主体，具有双重的身份。教学目标的实现，是由学习者在学习活动中逐步体现出来的。

要使学习者在学习结束时能达到教学目标的要求，则须对学习者在学习中受哪些因素的影响进行分析，以便在进行教学设计时加以考虑和解决。

对学习者分析的目的是了解学习者的学习准备情况。学习准备是指学习者在从事新的学习时，原有的知识水平和心理发展水平对新的学习的适应程度。

对学习者的学习准备的讨论，分为3个方面：①一般特征，指影响学习者学习的心理特点；②初始能力，指学习者从事特定学科内容的学习时，已经具备的有关知识和技能的基础，以及对有关学习内容的认识与态度；③信息素养，指学习者所具备的外显的信息能力和内隐的信息意识、情感和态度。

3. 教学目标的编写

在学校中，教学一般都是分学科进行的。因此，课程标准中规定的教学目标（即课程教学目标）就是该课程的总教学目标，由单元（章）教学目标、项目（节、课）教学目标、知识点学习目标等共同组成了该课程的教学目标体系。

4. 教学策略的选择

教学策略主要解决教师"如何教"和学生"如何学"的问题，是教学过程设计的重点。不同的专家对教学策略的认识是不同的。有的专家认为，教学策略包含了教学模式、教学方法，属于宏观的概念；有的专家则认为，教学策略是在教学模式、教学方法的指导下所采用的具体的操作方式，属于微观的概念。上述两种看法都是从具体"操作"的狭义的层面上来看待教学策略的。实际上，教学策略不仅仅是教学过程的具体操作方法，而且是教学内容的组织和呈现的深层次加工的操作程序。也就是说，应该从广义的角度来看待教学策略。因此，教学策略是对为完成特定的教学目标，而在教学活动过程中所采用的方式、方法、手段、程序等因素的总体考虑。

5. 教学资源的选择

教学资源是指能够支持教与学活动的各种人力和物质条件，由人类资源和非人类资源两大部分组成。

人类资源包括教师、辅导者、学习小组（学习伙伴），以及家庭和社会其他成员；非人类资源包括教学材料和教学环境两部分。教学材料包括可利用的各种教育信息资源和教育教学软件；教学环境包括硬环境和软环境两部分。其中硬环境包括教育资源环境和教学传递环境；软环境包括宏观的教学模式——创造教学环境的依据。

6. 课堂教学结构的设计

教学结构是指在教学活动过程中，各个要素相互作用、相互依存而形成的稳定形态。传统的教学活动以教师为中心，教学内容通过教师传递给学生。教师是知识的传播者，学生是知识的接受者。多媒体技术和网络技术的发展使得教学资源极大丰富，教师、学生与教学资源的交互方式发生了前所未有的变化，促进学生的学习方式和教师的教学方式发生了根本性的改变，形成了教师、学生、教学内容、教学媒体（资源）四要素组成的新型教学结构。

课堂教学结构是上述"教学结构"在课堂教学形式下的具体体现。教师通过采用不同的课堂教学过程类型（简称课型）、课堂教学过程模型（简称教学环节）和课堂教学过程结构（简称流程）组成丰富多彩的课堂教学结构，形成不同风格的课堂教学案例。

7. 评价工具的设计

课堂教学的评价以形成性评价为主，主要考查学生是否达到了预期的教学目标。在课堂教学设计表中设有形成性检测栏目，它的评价工具可能是一组形成性检测题，也可能是评价量表等。

4.2 教学策略

4.2.1 教学策略的分类

从性质来区分，教学策略可以分为预设型和生成型两种。

(1) 预设型教学策略强调教师的作用，由教师设计教学方案，在教学过程中严格按照设计方案实施教学活动。其优点是：教学效率高，有利于学生对基本知识和基本技能的掌握，对于学习策略有局限的学生容易获得成功。其缺点是：由于学生智力投入不足，信息处理深度不够，容易导致被动地接受。由于教师把教学过程安排得过于周到、细致，对学生缺乏挑战性，因此可能造成学生的学习动机不强。

(2) 生成型教学策略强调教学活动是在教学过程中形成的而不是预先设计的，学习目标、学习内容、学习进度、学习顺序以及对信息的加工方式等，都应该由学生根据自己的情况具体做出安排。学生是主动的探索者和知识意义的建构者，教师是学生学习的支持者和帮助者，因此学习活动主要由学生控制，通过自主探究活动来进行学习。其优点是：可以充分体现学生的主体作用，发挥学习的主动性、创造性。其缺点是：容易忽略教师的主导作用，使得学习变得支离破碎，影响了学生的全面发展。

从内容来区分，教学策略包含教学组织策略、教学传递策略和教学管理策略三部分。

瑞格鲁斯提出，影响教学活动的变量有三个：教学条件、教学策略和教学结果。教学策略可以细化为教学组织策略、教学传递策略和教学管理策略三部分。组织策略(organizational strategies)涉及学习活动的决策，包括向学生提供呈现的类型、呈现的排序、主题的排序及其结构、练习的类型、反馈的性质等。组织策略还可以细分为宏组织策略和微组织策略。宏组织策略主要关注所要呈现的学科内容的选择、排序及其组织结构；微组织策略则着重关注个别的呈现(包括其特征、内在联系和排序)，实际上等同于呈现策略。传递策略(delivery strategies)与信息如何传递给学生的决策有关，包括对采用的教学模式、教学方法、教学组织形式以及教学媒体(资源)的总体考虑。管理策略(management strategies)是对教学过程和教学资源的管理，包括对需要得到帮助的学生与学习活动互动的方式做出决策，涉及动机激发技术、个别化教学的形态、教学日程安排及资源配置等方面。教学策略的内涵如图 4-2 所示。

4.2.2 教学组织策略

教学组织策略通常可进一步分成"宏策略"和"微策略"两类。宏策略用来提示学科知识内容中的结构关系；微策略则用来强调按单一主题组织教学的过程和方法。

在实际教学中，宏策略用来指导对学科知识内容的组织和对知识点顺序的排列，从全局

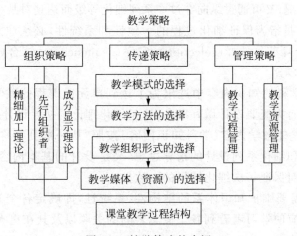

图 4-2 教学策略的内涵

考虑学科知识内容的整体性以及其中各个部分之间的相关性;微策略则为特定的学科内容提供如何教的"处方",考虑一个个概念或原理的具体教学方法。

在教学设计的理论与实践中,常见的教学组织策略中宏策略的理论依据主要包括瑞格鲁斯的精细加工理论和奥苏贝尔的先行组织者策略;微策略的理论依据则以梅瑞尔的成分显示理论为代表。

1. 精细加工理论

精细加工理论通常称为细化理论(elaboration theory,ET),最早提出者是瑞格鲁斯。该理论的基础是认知学习理论,奥苏贝尔、诺曼和布鲁纳等人的理论为细化理论的提出奠定了基础,后来梅瑞尔和斯坎杜拉的研究工作则使其进一步完善,并逐步达到有效使用的水平。

1) 细化理论的内容

细化理论的基本内容可以简单地用"一个目标、两个过程和四个环节"来概括。

(1) "一个目标"是指细化理论的全部内容都是为了达到一个目标——按照认知学习理论实现对教学内容(即当前所教学科的知识内容)最合理而有效的组织。

(2) "两个过程"指细化理论主要通过两个设计过程来实现上述目标,这两个设计过程分别是概要设计和一系列细化等级设计。

① 概要设计是指从学科内容中选出最基础和最有代表性的学习任务作为初始概要。学科知识内容通常可划分为三种类型:概念性内容(说明"是什么")、过程性内容(说明"如何做")和理论性内容(说明"为什么")。这三种内容都可通过适当的方式呈现给学生,但在某个教学单元中占优势的往往只是其中的一种,因此可以从这种内容中选出初始概要。

② 细化等级设计要求对选出的初始概要不断进行逐级细化,细化的复杂程度和精细程度逐级加深。设计完概要和有关练习后,就要转入一系列精细程度不断加深的细化等级设计。每一级的细化结果都是其下一级细化的概要,这是细化过程的一个重要特点。事实上,细化过程就是对初始概要不断完善与深化的过程。

从以上分析可看出,一方面,在同一等级上可以对不同的教学内容进行细化(其复杂程度相同);另一方面,也可对同一教学内容在相继的等级中不断细化(其复杂程度不同)。这就使按细化建立的教学系统有较大的灵活性:既可通过横向(同一细化级别)了解学科内容各部分当前的细化情况,又可通过纵向穿过一系列细化等级而达到对某一知识点的深入了解。

(3)"四个环节"是指为保证细化过程的一致性和系统性,必须注意四个教学设计环节的密切配合。这四个环节是选择(selection)、定序(sequencing)、综合(synthesizing)和总结(summarizing),简称 4S。

① 选择是指从学科的知识内容中选出为了达到单元或课程的教学目标所要学习的各种概念的知识点,从而为概要设计做好准备,这是细化理论的初始设计任务。

② 定序的目的是使教学内容(学科知识内容)按照"从一般到特殊"的次序来组织和安排,这既是概要设计和细化系列设计的指导思想,又是设计的基本内容,应该贯穿在这两个实际过程的始终,从而保证每次细化结果的一致性。

③ 综合的作用是要维护知识体系的结构性、系统性,即确定各个知识点之间的相互联系。通过综合,教师应使学习者看到各个概念之间的关联以及其在更大的概念图中(乃至整个课程中)所处的地位。

④ 总结对于学习的保持和迁移都很重要。细化理论中包括两种总结:一种是课后总结,在一节课将要结束时进行,用来对本节课所讲授的知识和概念进行总结;另一种是单元总结,在一个教学单元将要结束时进行,用来对本单元所学习过的知识和概念进行总结。

2)细化理论的策略成分

细化理论提出的七种策略成分是:精细加工排序、学习先决条件排序、总结、综合、类比、认知策略激发者和学习者控制方式。

(1)精细加工排序。精细加工排序主要涉及在具体的、有意义的、应用的水平对一般观念做出概要,提出少许最基本的、最具有代表性的观念。并且,该概要只能在概念、程序和原理三种教学内容中挑选一种,即根据单一类型原则做出概要,由此来把握整门学科的基调,学科的其余部分作为对概要的进一步深化和细化。

因此,精细加工排序实际上就是确定概念性组织、程序性组织和理论性组织哪一个作为代表性的科学内容被选为概要在教学开始时呈现,并在后续课程中进一步精细加工。

以概念性组织、程序性组织和理论性组织中的任意一种为框架的学科内容被称为"组织性内容",余下的两种被称为"支持性内容"。

(2)学习先决条件排序。学习先决条件排序建立在学习结构或学习层次基础上。学习结构表明了在某一特定观念学习之前必须先学会哪些事实或观念。

(3)总结。总结有以下两种形式。

① 课后总结,用于每一堂课结束时,只对该课堂所学习的观念和实施进行总结。

② 单元总结,指对若干堂课已经学过的内容进行总结。

总结包括以下几部分。

① 对已经学习过的每个观念和事实进行简要的说明。

② 每一个观念都配有一个参照性例子。

③ 每个观念都配有几个诊断性的、自测型的练习题。

(4)综合。综合是指将已经学习过的各个部分联系和整合起来。综合有以下两种类型。

① 内部综合,用来表明一堂课内新学习的各种观念的联系。

② 外部综合,用来表明一堂课内新学习的观念与已经学习过的一组观念之间的联系。

正是通过这两种类型的综合,新的观念被置于先前教学的情境中,一方面增加其意义和动机效果,另一方面也使学生加深对某个观念的理解,从而始终把握学科的整体观念结构以及针对性。

(5) 类比。当将要学习的新观念难以理解或者对学生来说缺乏直接意义时,类比是大有裨益的。

(6) 认知策略激发者。激发学习者的认识策略有以下两种途径。

① 在所涉及的教学情境中要求学生运用特定的认知策略,学生不一定会认识到他实际上在使用认知策略(隐式)。

② 用指导语或指令的方式要求学生运用先前学过的认知策略(显式)。

(7) 学习者控制方式。学习者控制方式从广泛意义上来说是指学生能够自由地对内容、速度、位序及呈现方式、认知策略进行选择和排序。前面几种策略成分都为学习者控制和调整自己的学习提供了基础。

3) 细化理论的应用步骤

瑞格鲁斯提出,细化理论的应用步骤见表 4-1。

表 4-1　细化理论的应用步骤

步骤	任务	内容		
1	选择组织性内容的类型	概念性、程序性、理论性		
2	开发组织型结构	概念性:开发各种有用的概念结构组成部分和类型,择其要者,必要时形成矩阵表	程序性:确定将要学习的各种有用的阶段和替代路径,将它们综合成程序性结构	理论性:确定将要学习的各种重要理论,并将其综合成理论结构
3	在各种精细加工水平上安排组织性内容;对将要组成概要和各种水平的细化的组织性内容做出决定	概念性:将组织结构精简为概要,被精简的部分形成各种水平的细化	程序性:找出最短路径以确定概要的内容,逐渐引出更复杂的路径以构成各种水平的细化	理论性:使用最基本的原理作为概要内容,根据基础程度及平行的概念结构为各种水平的细化确定和应用原理
4	在各种精细加工水平上安排支持性内容	确定全部与组织性内容高度相关的支持性内容,然后为上述两种内容确定各种未掌握的学习条件		
5	在各种精细加工水平上安排支持性内容	根据概要设计的不同方面或者细化的对象,将各种水平的细化的内容安排落实到每堂课		
6	在每一堂课内对各项内容进行排序	(1) 动机策略成分; (2) 类比; (3) 组织性内容与相应的先决条件; (4) 支持性内容与相应的先决条件; (5) 课后总结与综合; (6) 单元总结与综合		
转入	微观设计	参考梅瑞尔的成分显示理论		

(1) 教学设计人员必须根据教学目标选定一种内容组织方式,即概念性、程序性或理论性。

(2) 教学设计人员必须开发一种承担组织性内容的组织结构,采用内容分析或任务说明的形式。

(3) 用系统的方式分析组织结构以确定组织内容的哪个方面将在概要中呈现,以及哪些方面将在细化的各种水平中呈现。

(4) 要使"骨架"有血有肉丰满起来,须将其他两种内容添加进来,同时还要考虑学习的先决条件。

(5) 把学习内容安排在不同水平的细化之后,还要确定每堂课的深度和范围。范围通常由组织性内容和重要的支持性内容实现决定,而深度则受学生学习负担合理程度的制约。

(6) 每一种水平精细加工的每堂课中,其内部结构要实现规划,包括学习先决条件、动机成分、类比、综合、总结以及扩展的概要等。

至此,宏观设计过程结束,教学的微观设计开始,即决定如何对单一教学内容进行设计,教学策略的运用开始进入微策略阶段。

2. 先行组织者策略

1) 先行组织者的含义

奥苏贝尔认为,能促进有意义学习的发生和保持的最有效策略,是利用适当的引导性材料对当前所学新内容加以定向与引导。这类引导性材料与当前所学的新内容(新概念、新命题、新知识)之间在包容性、概括性和抽象性等方面应符合认知同化理论要求,即便于建立新旧知识之间的联系,从而能对新学习内容起固定、吸收作用。这种引导性材料称为组织者(organizer)。

由于这种组织者通常是在介绍当前学习内容之前,用语言文字表述或用适当媒体呈现出来,目的是通过其先行表述或呈现帮助学习者确立有意义学习的心向,所以称为先行组织者(advanced organizer)。

不难看出,先行组织者实际上就是学习者认知结构中原有观念的具体体现——通过适当的语言文字表述或通过某种媒体呈现出来的、与当前所学内容相关的原有观念。所以先行组织者不仅有助于建立有意义学习的心向,而且能帮助学习者认识到当前所学内容与自己头脑中原有认知结构的哪一部分有实质性联系,从而有效地促进有意义学习的发生和习得意义的保持。

由于原有观念和新观念(即当前学习内容)之间,可以有类属关系(又分为派生类属和相关类属)、包括关系和并列组合关系三种关系,所以先行组织者也可以分为三类,如图 4-3 所示。

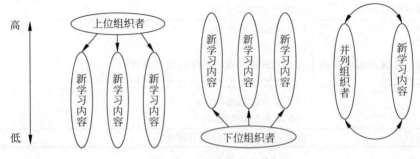

图 4-3 三类先行组织者

(1) 上位组织者。组织者在包容性和抽象概括程度上均高于当前所学的新内容,即组织者为上位观念,新学习内容为下位观念。新学习内容类属于组织者,两者存在类属关系。

(2) 下位组织者。组织者在包容性和抽象概括程度上均低于当前所学的新内容,即组织者为下位观念,新学习内容为上位观念。组织者类属于新学习内容,两者存在包括关系。

(3) 并列组织者。组织者在包容性和抽象概括程度上既不高于也不低于新学习内容,但两者之间具有某种或某些相关的甚至是共同的属性,这时在组织者与新学习内容之间存在的不是类属或总括关系,而是并列组合关系。

2) 先行组织者策略的实施步骤

先行组织者教学策略的实施通常包括以下两个步骤。

(1) 确定先行组织者。实施这一策略的第一步是要确定先行组织者。如上所述,先行组织者实际上是学习者认知结构中原有观念的具体体现——通过语言文字表述或通过某种媒体呈现出来的、与当前所学内容相关的原有观念。学习者认知结构中是否存在与当前所学内容具有某种关系(如类属关系、总括关系或并列组合关系)的原有观念这一问题,在学习者特征分析环节中已经解决(若未能解决这一问题,即无法确定当前学习内容与学习者认知结构中的哪一部分具有某种相关性,则不能运用先行组织者策略),因而当前要确定先行组织者不会有任何困难,只需把学习者特征分析环节中已经选定的原有观念用适当的语言文字表述出来或用某种媒体呈现出来(也可以文字表述和媒体呈现两者相结合)就是先行组织者。

(2) 设计教学内容的组织策略。由于有三类不同的先行组织者(上位组织者、下位组织者、并列组织者),所以对教学内容的组织相应的也有三种不同的策略,如图 4-4 所示。

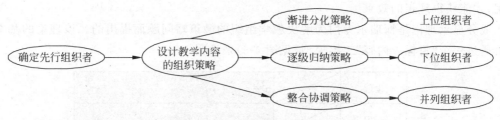

图 4-4 先行组织者策略的实施

① 渐进分化策略。当先行组织者在包容性和抽象概括程度上均高于当前教学内容,即组织者为上位观念时,奥苏贝尔建议对教学内容的组织采用渐进分化策略。渐进分化是指首先讲授最一般的,即包容性最广、抽象概括程度最高的知识,然后再根据包容性和抽象程度递减的次序逐渐将教学内容一步步分化,使之越来越具体、越深入。根据上面所讲的第一个理论假设可以推知,若按这种渐进分化策略组织教学内容,则人们习得知识的顺序将和大脑认知结构中的组织层次、存储方式完全吻合。显然,对于学习者来说,为了建立新旧知识之间的实质性联系,这种情况要求付出的认知加工量是最小的,因而最有利于知识意义的习得与保持。

② 逐级归纳策略。当先行组织者在包容性和抽象概括程度上均低于当前教学内容,即组织者为下位观念时,对于教学内容的组织可采用逐级归纳策略。逐级归纳是指先讲授包容性最小、抽象概括程度最低的知识,然后再根据包容性和抽象程度递增的次序逐级将教学内容一步步归纳,每归纳一步,包容性和抽象程度即提高一级。就某门课程或某个教学单元来说,当组织者为下位观念、教学内容为上位观念时,其教学内容知识在组织顺序上和第一种策略(即组织者为上位、教学内容为下位时的渐进分化策略)不同(两者相反),而内容本身

则毫无差别。另外,正如前面所指出的,由先行组织者的第一个理论假设可推论出:不管新知识是通过类属关系(即上下位关系)习得,还是通过总括关系(即下上位关系)习得,最后都要被归入学习者原有认知结构的某一层次之中,并隶属于包容范围更广、抽象概括程度更高的知识系统之下。这就是说,不管是按第一种策略(渐进分化)还是按第二种策略(逐级归纳)组织教学内容。对于学习者来说,只是习得知识的顺序不同,而关于该知识所习得的意义则是完全一样的。事实上,渐进分化和逐级归纳互为逆过程。这样,就可仿照上述细化理论的思想提出便于逐级归纳策略实施的归纳理论。

③ 整合协调策略。当先行组织者在包容性和抽象概括程度上既不高于也不低于当前教学内容,但二者之间具有某种或某些相关的甚至是共同的属性时,对教学内容的组织可以采用整合协调策略。整合协调是指通过分析、比较先行组织者与当前教学内容在哪些方面具有类似的或共同的属性,以及在哪些方面两者并不相同来帮助和促进学习者对认知结构中的有关要素进行重新整合协调,以便把当前所学的新概念纳入认知结构的某一层次中,并类属于包容范围更广、抽象概括程度更高的概念系统之下的过程。

3. 梅瑞尔的成分显示理论

成分显示理论(component display theory,CDT)的创立者是美国犹他州州立大学教学技术系教授、当代著名教学设计理论家戴维·梅瑞尔。细化理论强调对学科知识内容的组织及教学内容顺序的安排,而未提供对实际教学过程的具体指导,即未涉及教学组织的微策略。因此只有细化理论还不够,在教学过程中通常把细化理论和成分显示理论结合在一起运用,才能获得理想的效果。

成分显示理论是梅瑞尔专门为解决教学组织的微策略问题而提出的。该理论的基本内容可通过一个"目标—内容"二维模型(见图 4-5)来说明。

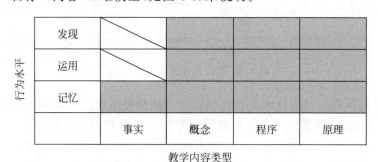

图 4-5　梅瑞尔的"目标—内容"二维模型

该模型按照教学目标的要求设计:其横轴代表教学内容的类型,包含事实、概念、程序和原理 4 种。除了增加简单的事实内容以外,其余三种和细化理论中划分的三种教学内容类型完全相同。纵轴代表教学目标等级,由低到高依次分为记忆、运用和发现三级。由图 4-5 可见,将目标和内容结合本来可以组合出 12 种教学活动成分,但由于事实知识一般只要求记忆(能记住该事实就能运用,而且不需要去发现事实性知识),所以在图 4-5 中删去了运用事实和发现事实这两种成分,这样就剩下 10 种不同类型的教学活动成分。根据成分显示理论,作为一般的指导方针,这 10 种教学活动成分与学生能力关系如表 4-2 所示。

在表 4-2 中,每一种教学活动成分和学生应达到的能力要求之间清楚地显示出一一对应的关系,这正是成分显示理论名称的由来。

表 4-2　教学活动成分与学生能力对应表

教学活动成分	学生应达到的能力	
	行为目标	教学目标的阐述
记忆事实	能回忆出事实	能写出、能描绘、能指定、能选择有关事实
记忆概念	能陈述定义	能写出、能描述有关概念的定义
记忆过程	能陈述步骤	能做出流程图、能列出过程的步骤、能对步骤排序
记忆原理	能说明关系	能用文字描述或用图表、曲线表示有关原理中事物之间的关系
运用概念	能分析概念	能区别概念的本质属性与非本质属性
运用过程	能演示过程	能实际操作、演示该过程(包括测量、计算、绘图等)
运用原理	能运用原理	能把所学原理应用于新情境,并能预测和解释所得出的结果
发现概念	能发现概念间的关系	能对概念分类并发现概念之间的各种关系(如上下位、类属及并列等关系)
发现过程	能设计新过程	能设计、分析并验证新过程
发现原理	能发现事物的性质规律	能通过分析、实验、观察、发现事物间的内在联系及性质

有了表 4-2 给出的对应关系,就为制订教学过程的具体"处方"(即教学组织的微策略)提供了切实可靠的依据。任何教学设计人员有了这种依据,都不难根据其实际教学内容制定出相应的微策略。

4.2.3　传递策略

传递策略是指为完成特定的教学目标,对采用的教学模式、教学方法、教学组织形式,以及教学媒体(资源)的总体考虑。

1. 课堂教学传递策略

目前大多数教学过程基本上是以课堂形式进行的,因此在本小节着重介绍课堂教学传递策略的选择与确定。

课堂教学传递策略的选择程序如图 4-6 所示。

从图 4-6 中可以看出,课堂教学传递策略的选择首先从本节(课)的教学目标出发,在认真分析当前教学内容(有时也称为教学任务)和教学对象(学习者)的基础上,选定合适的教学模式;然后结合考虑各个知识点的类型及其目标层次,确定教学方法和教学组织形式,选择教学媒体(资源),经过评价和修正,最后形成本节(课)的课堂教学结构。

应该注意的是,图 4-6 只是示意图,并不反映各知识点之间的逻辑关系。在实际进行课堂教学设计时,各知识点之间的逻辑关系应由课程教学设计中的学科知识和能力结构框架给出。

因为教学媒体(资源)的选择与使用在后面单独介绍,本小节只涉及教学模式、教学方法和教学组织形式三个问题。

2. 教学模式

教学模式是在一定的教学思想指导下,围绕教学活动中的某一主题形成的相对稳定、系统化和理论化的教学范型。也就是说,教学模式是在一定的学习理论、教学理论指导下,根据对教学内容和学习者特点的分析,从而对教学过程进行的简要概括。

学习理论和教学理论的发展性以及教学内容和学习者的差异性决定了教学模式的多样

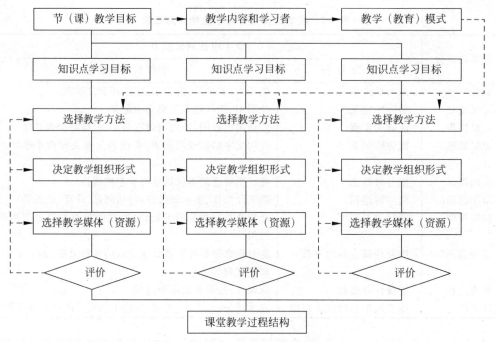

图 4-6 课堂教学传递策略选择程序

性。每一种教学模式都有其特定的使用环境,都有各自的优势和局限性,不存在适用于所有教学过程的超级教学模式。因此,多种教学模式的选择与组合,将对教学过程产生积极的作用;企图只用一种或几种模式来代替所有的模式是不明智的,也是有害的。

教学模式按不同的适用范围可以分成宏观、中观和微观三个层次,如表 4-3 所示。

表 4-3 教学模式的连续谱

宏观模式	基于教的模式	教学相长模式		基于学的模式
中观模式	传递接受模式:以讲授为主,系统讲授和学习基本知识	探究发现模式:提供结构化材料,引导学生进行探究、发现学习	问题解决模式:以问题为中心,引导学生从活动中学习	自主体验模式:设置个人学习情境,自主体验、控制学习过程
微观模式	根据对认识论、课程论、教学论、价值论、方法论的研究,从逻辑结构、历史结构和学科结构所做的研究得出的各种教学模式			

宏观层次的教学模式是一定的教育思想在教学实践中的反映,属于教学理念的层次,它指导着对不同教学模式的理解和运用。从表 4-3 中可以看出,教学模式的集合是一个连续谱,称为教学模式连续谱。各种教学模式不是孤立存在的,而是处于这个连续谱的一定的位置之上,它们之间有着密切的联系。

基于教的模式有利于教师主导作用的发挥,但容易忽视学习者的主体作用,使学习者的积极性、主动性不能得到很好地发挥,创造性受到影响;基于学的模式有利于学习者主体作用的发挥,但容易忽视教师的主导作用,使学习过程得不到应有的调控和及时的指导。教学相长模式介于两者之间,既注意发挥教师的主导作用,又注意体现学习者的主体作用,教与学相互促进,体现了全新的教学理念,从而避免了上述两种教学模式的缺陷。

这里所讲的教学相长模式不是指教师和学习者都是主体的"双主体"模式,也不是简单意义上的"主导—主体"模式。从传统的教学观来看,教学过程是教学信息从教师到学习者的单向传递过程,教师是教学信息的传播者,因此是主体;学习者是教学信息的接受者,因此是客体。从现代教学观来看,教学过程是教师和学习者信息交互的过程,学习者是知识意义建构和行为、情感变化的主体,而教师是学习者进行学习时的指导者、帮助者。所以,教学相长模式是建立在现代教学观基础上的,能够充分发挥教师的主导作用和学习者的主体作用,使教师和学习者在教学过程中共同提高、共同发展的一种宏观层次的教学模式。

中观层次的教学模式是对教学过程所采用的教学程序的一种规定和分类。例如,传递接受教学模式是以讲授为主,系统讲授和学习基本知识的模式;探究发现教学模式是提供结构化材料,引导学习者进行探究、发现学习的模式;问题解决教学模式是以问题为中心,组织学习者从活动中进行学习的模式;自主体验教学模式是设置个人学习情境,由学习者自主体验、控制学习过程的模式。上述4种中观层次的教学模式都对应着教学模式连续谱中的一个区域,而且它们之间的界限是模糊的。学科教师在教学实践中用到的所有教学模式(即下面谈到的所有微观模式)都可以对应地归入上述4种模式中。

微观层次的教学模式是对课堂教学结构和展开过程的一种假设。我国学者查有梁把教育模式研究与教育过程研究结合起来,把认识论与系统论的研究结合起来,从逻辑结构、历史结构和学科结构三个方面,应用演绎法和归纳法,对教育模式进行了深入的研究,提出了多种教育模式,为教育模式研究的深化、教学设计中教学策略的选择提供了新的思路。

在具体使用过程中,有时把教学模式也称为教育模式。因此,在本书中对教育模式和教学模式一般不作严格区分。下面所提到的各种模式都是在教育的微观层次上的研究而得出的,可以直接指导教学过程的实践。虽然查有梁把它们称为教育模式,实际上指的是微观层次的教学模式。

(1) 教育模式的逻辑结构。教育模式的逻辑结构可以从对认识论(包括发生认识论和发展认识论)、课程论、教学论、价值论、方法论等方面的研究而得出,如表4-4所示。

表4-4 教育模式的逻辑结构

类别	模式名称	模式特点	基本教育过程	适用范围
基础教育模式	感知模式 A1型	主体活动,感知中学	刺激→感知→活动→反馈	婴儿时期
	游戏模式 A2型	游戏为主,从玩中学	兴趣→游戏→引导→鼓励	幼儿时期
	具体模式 A3型	形象为主,具体地学;情景交融,直观地学	直观→记忆→理解→练习→评价	小学时期
	形式模式 A4型	抽象为主,形式地学;逻辑为主,历史地学	预备→提示→联系→系统→应用	初中时期

续表

类别	模式名称	模式特点	基本教育过程	适用范围
创造教育模式	直觉模式 A5型	重视猜测，顿悟中学	问题→假设→推演→验证→反馈	高中时期
	结构模式 A6型	重视结构，转换中学	整体→分析→组合→结构→转换	大学时期
	综合模式 A7型	综合分析，创造中学	问题→发散→收敛→综合→创造	研究生时期
	体系模式 A8型	比较包容，发展中学	课题→理论→比较→包容→发展	专家时期
课程论教育模式	认知模式 B1型	接受信息，循环地学	接受→积累→练习→探究	思维科学：语文、数学、逻辑学
	行为模式 B2型	刺激强化，反馈中学	刺激→强化→反馈→目的	自然科学：物理、化学、生物、天文、地理、体育
	个性模式 B3型	审美立美，乐教乐学	模仿→审美→立美→创新	人文科学：音乐、美术、文学、艺术、美学
	群体模式 B4型	调查讨论，参与中学	问题→调查→讨论→参与	社会科学：经济学、政治学、社会学、法学、管理学
	交叉模式 B5型	交叉渗透，发展中学	历史→综合→分析→系统	综合科学：哲学、教育学、历史、地理、系统科学、信息科学
教学论教育模式	问答模式 C1型	师生问答，启发教学	提问→思考→答疑→练习→评价	C1+C2适合小学阶段 C2+C3适合中学阶段 C3+C4适合大学阶段 C4+C5适合研究生阶段
	授课模式 C2型	教师中心，系统授课	传授→理解→巩固→运用→检查	
	自学模式 C3型	学生中心，自学辅导	自学→解疑→练习→自评→反馈	
	合作模式 C4型	互教互学，合作教育	诱导→学习→讨论→练习→评价	
	研究模式 C5型	问题中心，论文答辩	问题→探索→报告→答辩→评价	
价值论教育模式	理论模式 D1型	重视理论，学术中心	同认知模式B1型	同课程论教育模式
	应用模式 D2型	重视应用，技术中心	同行为模式B2型	
	人格模式 D3型	重视个性，艺术中心	同个性模式B3型	
	社会模式 D4型	重视社会，群体中心	同群体模式B4型	
	综合模式 D5型	重视综合，创造中心	同交叉模式B5型	
方法论教育模式	农业模式 E1型	个别传授，因材施教	实践→模仿→传授→纠正	个别传授
	工业模式 E2型	班级教学，统一要求	动机→领会→巩固→应用→检查	集体授课
	信息模式 E3型	信息教学，双向选择	目的→选择→学习→应用→评价	个别化学习、协作学习

(2) 教育模式的历史结构。按照人类历史的发展,在表 4-5 中列出了古代、近代和现代的几种有代表性的教育模式,供参考。

表 4-5 教育模式的历史结构

时代	模式名称	代表人物	特点与方法	基本教育过程
古代	启发模式 G1 型	孔子	伦理中心,启发教学	学→问→习→思→行
	对话模式 G2 型	柏拉图	重视数学,辩论中学	对话→辩论→思考→善
	问题模式 G3 型	刘徽	问题中学,从例中学	问题→解法→原理→应用
	研讨模式 G4 型	朱熹	读书中心,研讨教学	学→问→思→辨→行
近代	班级模式 H1 型	夸美纽斯	适应自然,班级教学	模仿自然→发现偏差→加以纠正
	阶段模式 H2 型	赫尔巴特	教师中心,从课中学	明了→联想→系统→方法
	实用模式 H3 型	杜威	学生中心,从做中学	暗示→问题→假设→推理→验证
	美感模式 H4 型	蔡元培	贯穿美育,综合教学	自学→引导→综合→知觉→美
	生活模式 H5 型	陶行知	生活中心,互教互学	生活→行动→联系(世界、历史)→前进
现代	结构模式 I1 型	布鲁纳	结构中心,发现中学	获得→结构→转换→发现→评价
	掌握模式 I2 型	布卢姆	目标中心,评价中学	目标定向→实施教学→形成性测验→反馈矫正→形成性评价
	优化模式 I3 型	巴班斯基	方法中心,择优教学	选择→优化→组织→激励→检查
	合作模式 I4 型	合作教育学	人道中心,合作教学	兴趣→引导→合作→发展
	系统模式 I5 型	系统教育学	系统中心,模式综合	整体→历史→结构→变换→整体

(3) 教育模式的学科结构。表 4-6 中列出了几种有代表性的学科教育模式,供参考。

表 4-6 教育模式的学科结构

类别	模式名称	模式特点	基本教育过程	适用范围
数学模式	逻辑主义模式 J1 型	逻辑中心,演绎中学	逻辑→公理→推演→逻辑系统	现代数学
	直觉主义模式 J2 型	直觉中心,构造中学	直觉→联系→构造→美的系统	
	形式主义模式 J3 型	符号中心,形式地学	符号→公理→推理→形式系统	
	结构主义模式 J4 型	结构中心,统一中学	公理→结构→联系→统一系统	

续表

类别	模式名称	模式特点	基本教育过程	适用范围
物理模式	实验模式 K1型	实验中心，问题讨论	观察→实验→问题→讨论	现代物理等自然科学学科
	学术模式 K2型	学术中心，研究中学	原理→结构→方法→能力	
	文化模式 K3型	文化中心，历史地学	背景→思想→阅读→实验→指导	
	系统模式 K4型	系统中心，联系地学	实验→原理→问题→结构→应用	
诗歌模式	史诗模式 L1型	以事为主，历史叙述	具体模式 A3	各种诗歌
	诗经模式 L2型	以善为主，重视伦理	游戏模式 A2＋具体模式 A3	
	古典模式 L3型	以理为主，强调格律	形式模式 A1	
	浪漫模式 L4型	以情为主，自由想象	直觉模式 A5＋个性模式 B3	
	自然模式 L5型	以实为主，科学摄录	行为模式 B2	
	现实模式 L6型	以真为主，塑造典型	结构模式 A6＋群体模式 B4	
	唯美模式 L7型	以美为主，强调艺术	个性模式 B3	
	现代模式 L8型	以合为主，学科渗透	综合模式 A7＋交叉模式 B5	
科学进步模式	积累模式 N1型	积累中心，经验中学	直观→记忆→理解→练习→积累	小学时期
	证伪模式 N2型	证伪中心，从错中学	问题→猜测→推演→证伪→新问题	中学时期
	结构模式 N3型	结构中心，历史地学	范例→结构→反常→转换→新结构	大学时期
	争论模式 N4型	问题中心，争论中学	问题→概念→困难→争论→问题	研究生时期
	目标模式 N5型	目标中心，评价中学	目标→教学→反馈→矫正→评价	各个时期

3．教学方法的分类

教学方法是教学过程中教师和学生为了实现教学目标、完成教学任务而采取的教与学相互作用的活动方式的总称。

1）以语言传递信息为主的教学方法

以语言传递信息为主的教学方法是指通过教师运用口头语言向学生传授知识、技能以及学生独立阅读书面语言为主的教学方法，主要有讲授法、谈话法、讨论法和读书指导法等。

（1）讲授法是教师通过简明、生动的口头语言向学生系统地传授知识、发展学生智力的方法。讲授法从教师的角度讲是一种传授式的教学方法；从学生的角度来看，是一种接受式的学习方法。讲授法的主要优点是教师可以通过合乎逻辑的分析、论证，生动形象地描绘、陈述，启发诱导性的设疑、解疑，使学生在较短的时间内获得较为全面系统的知识，并能把知识教学、思想教育和发展智力三者有效地结合起来，使之融为一体，相互促进；主要缺点是学生比较被动，教师难以及时获得反馈信息，个体差异也较难照顾到。

在实际教学过程中，讲授法又可分为讲述法、讲解法、讲读法、讲演法等几种方法。讲述法是以叙述或描述的方式向学生传授知识的方法。讲解法是向学生说明、解释和论证科学概念、原理、公式、定理等的方法。讲读法是讲与读交叉进行、有时还伴有练习活动的方法，其中既有教师的讲与读，也有学生的讲、读和练习，是讲、读、练相结合的教与学的活动。讲演法是教师对一个完整的课题进行系统的分析、论证并做出科学结论的方法，它要求有分析、有概括、有理论、有实际、有理有据。

在运用讲授法进行教学时，要注意把教师的主导作用与学生学习的自觉性、积极性紧密结合起来；否则，容易产生注入式、满堂灌的弊病。

（2）谈话法又称问答法，是教师和学生以口头语言问答方式进行教学的一种方法。在教学过程中，教师通过连续的提问来引导学生的思维，促使他们独立地得出正确结论。

谈话法的主要优点在于能充分激发学生的思维活动，有利于训练学生的语言表达能力和对知识的组织能力。但是要想取得预期的效果，教师必须对学生的知识、经验现状比较了解；要设计不同类型的问题，开展不同形式的谈话活动，调动学生的积极性。谈话法可以是有引导性的谈话、传授新知识的谈话、复习巩固原有知识的谈话和总结性谈话等多种形式，可根据教学任务的不同进行选择。

（3）讨论法是在教师指导下，学生以全班或小组为单位，围绕一个中心议题各抒己见，通过讨论或辩论活动，获得新知识或巩固旧知识的一种教学方法。

讨论法的主要优点是可以培养学生的合作精神；能集思广益、互相学习，加深对学习内容的理解；可以激发学生学习的兴趣，培养学生钻研问题的能力，提高学生学习的独立性。此外，讨论法还可以为学生提供群体思考的机会。学生在群体思考的过程中进行思维碰撞，互相启发，取长补短，有益于摆脱自我中心，增长才智，促进他们的交往，促进他们掌握诸如倾听、表达、协作、竞争等各项社会技能。

但是，运用讨论法，尤其是学习新知识的讨论，需要学生具备一定的基础知识和一定的理解能力、独立思考能力。因此，讨论法比较适合在高年级使用。

（4）读书指导法是教师指导学生通过阅读教科书和参考书等获得知识、养成良好读书习惯的教学方法。读书指导法的特点是既强调学生的"读"，又强调教师的"导"。教师应认真指导学生制订阅读计划，选好读物，学习读书方法，做好读书笔记；教育学生专心致志、学思结合、质疑问难、理论联系实际。

2）以直接感知为主的教学方法

以直接感知为主的教学方法，是指教师通过对实物、直观教具和多媒体材料的演示和组织教学性参观等，使学生利用各种感官直接感知客观事物或现象而获得知识的方法。这类方法的特点是具有形象性、直观性、具体性和真实性。但是，以直接感知为主的教学方法只有和以语言传递信息为主的教学方法合理地结合起来，才能保证教学效果的提高。以直接感知为主的教学方法包括演示法和参观法。

（1）演示法。演示法是教师在课堂上通过展示各种实物、直观教具,或通过多媒体演示,进行示范性实验、表演和讲解,让学生通过观察获得感性认识的教学方法。但它是一种辅助性教学方法,要和讲授法、谈话法和讨论法等教学方法结合使用。在教学中,演示的手段大体有 3 类:①用实物或模型、标本、图片、图画等进行演示,目的是使学生获得对某一事物或现象的外在感性认识;②用连续成套的模型、标本、图片或幻灯、录像、电影和多媒体等进行序列性演示,使学生了解客观事物和现象发生发展的过程,特别是使用现代化的教学手段如幻灯、录像、电影,以及多媒体课件进行演示,能突破时间、空间的限制、使事物的静态变为动态,使抽象的理论具体化;③用音乐、体育、美术和劳动技术课上教师的示范性动作或操作等进行演示。实践证明,演示法不仅能理论联系实际,为学生学习新知识提供丰富的感性材料,而且能激发学生学习的兴趣,提高学习的效果。

（2）参观法。参观法是教师根据教学任务的要求,组织学生到工厂、农村、展览馆、自然界或其他社会场地,通过对实际事物和现象的观察与研究而获得知识的方法,如地理学科、历史学科参观名胜古迹、博物馆,理化学科参观工厂、科学宫,艺术学科参观美术展览、艺术表演等。参观是以大自然和社会作为活教材,能打破课堂和教科书的束缚,使教学与实际生活、生产密切地联系起来,扩大学生的视野,能使学生在接触社会中受到教育。

3）以实际训练为主的教学方法

以实际训练为主的教学方法是通过练习、实验、实习等实践活动,使学生巩固和完善知识、技能、技巧的方法。以实际训练为主的教学方法是以学生的实践活动为特征的,通过实践活动使学生的认识向高一层次发展,把技能转变为技巧。教育心理学研究成果表明,技能包括外部动作技能和内部的智力技能两方面。技能技巧的形成与完善,是和动作技能与智力技能的发展相互联系、相互依存的。特别是动作技能的形成,始终受智力技能的支配和调节。例如,写字、运算、实际操作等技能不仅仅依靠语言传递,还必须依靠实际训练。在教学过程中,以实际训练为主的教学方法包括练习法、实验法和实习作业法。

（1）练习法。练习法是在教师指导下巩固知识、运用知识、形成技能技巧的方法。练习法的特点是具有重复性。在教学中,练习法被各科教学广泛地采用。由于学科性质、任务不同,练习的种类也有所不同。一般可分为以下 4 种。

① 语言的练习：包括口头语言和书面语言的练习,旨在培养学生的表达能力。在书面语言练习中,创造性的练习更为重要。

② 解答问题的练习：包括口头和书面解答问题的练习,旨在培养学生运用知识解决问题的能力。这种练习在各科教学中被广泛地采用,尤其在自然学科教学中占有重要地位。

③ 实际操作的练习：旨在形成操作技能,在技术性学科中占重要地位。

④ 动作技能的练习：旨在形成肌肉精细协调的动作,在艺术、体育学科中占重要地位。

（2）实验法。实验法是在教师的指导下,利用一定的仪器设备,在一定条件下引起某些事物或现象的发生和变化,使学生在观察、研究和独立操作中获取知识、形成技能技巧的方法。实验是自然学科教学的特点,实验法也就成为自然学科教学的重要方法。应用实验法,不仅可以使学生加深对概念、规律、原理、现象等的理解,而且有利于培养他们的探索研究和创造精神以及严谨的科学态度,更有利于学生主体地位的发挥。

(3) 实习作业法。实习作业法是教师根据课程标准(教学大纲)的要求,组织学生在校内外一定的场地运用已有知识进行实际操作或其他实践活动,以获得一定的知识和技能技巧的方法。这种方法在自然学科和技术学科中占有重要地位,如数学中的测量实习作业,物理、化学学科中的生产实习作业,生物学科中的植物栽培、动物饲养实习作业,地理学科中的地形测绘作业,劳动技术课的生产技术实习,以及师范院校的教育实习等。实习作业法对贯彻教学中理论联系实际的原则、培养学生独立工作能力起重要作用。与实验法、练习法等相比,其实践性、综合性、独立性、创造性更强。这对于促进教学与生产劳动相结合、培养学生的劳动观点和劳动技能,都有重大意义。

4) 以欣赏活动为主的教学方法

以欣赏活动为主的教学方法,是指教师在教学中创设一定的情境,或利用一定的教材内容和艺术形式,使学生通过体验客观事物的真善美,陶冶性情,培养正确的态度、兴趣、理想和审美能力的方法。在教学中,不少教师往往只注重知识技能的传授和训练,而忽视理想、态度、兴趣和欣赏能力的培养,而这些方面在人的成长中又具有很重要的作用。学生只有树立崇高的理想,形成正确的态度和兴趣,具备对美的欣赏能力,才能保证他们所学得的知识和技能对社会发挥积极作用。因此,现代教学理论和实践特别强调教学中对以欣赏活动为主的教学方法的运用。

以欣赏活动为主的教学方法主要指欣赏法。这一方法最主要的特点是,通过教学中的各种欣赏活动,使学生在认识了所学习的事物的价值之后产生积极的情感反应。在教学中,各科教学对学生的兴趣、态度、理想等都会发生影响,但由于学科性质的不同,欣赏法也表现出 3 种类型:①艺术美和自然美的欣赏,如对音乐、美术、文学、影视作品和大自然的欣赏,这有助于培养学生的审美能力,丰富学生的精神生活;②道德行为的欣赏,如对政治、历史、语文等教材中某个人物或某件事所表现出的道德品质或社会品德的欣赏,这有助于培养学生高尚的理想和情操;③理智的欣赏,如对科学研究中追求真理、严密论证、发明创造、探索精神的欣赏,这有助于培养学生浓厚的求知兴趣、科学态度和缜密的思考能力。由于各学科性质和内容的不同,欣赏活动的途径也不同,通常有观察、聆听、模仿、联想、比较等。教师可利用多种机会,通过这些欣赏活动,培养学生的鉴赏能力。

一般来说,欣赏法在教学过程中应作为和其他方法配合的辅助性教学方法。这种方法和其他方法有机结合,能大大激发学生自觉、愉快的学习动机,形成有益的兴趣和强烈的求知欲。在音乐、美术、文学和影视作品教学中,欣赏法应作为一种常用的、主要的教学方法。

5) 以引导探究为主的教学方法

以引导探究为主的教学方法是教师组织和引导学生通过独立的探究和研究活动而获得知识的方法。这类方法的特点是,在探索解决认识任务过程中,学生的独立性得到高度发挥,进而培养和发展学生的探索能力、活动能力和创新能力。在这类方法中,教师的地位与前几类方法中的情况有较大不同。教师有意识地让学生有较大的活动自由,并且使自己作为成员参与学生的探究活动。但这并不意味着教师指导作用的减弱,反而由于学生探究活动的复杂化,要求教师的指导更加细致和全面。由于学生的探究活动是在学校教学条件下进行的,所以教师在向学生提出探究性质的任务时,一定要考虑课程标准(教学大纲)的要求、学生在知识和能力方面的准备情况以及学生完成作业的时空条件等;否则,会影响教学以引导探究为主的教学方法主要指发现法。发现法又称为探索法、研究法,是学生学习概念和原理时,教师只是提供一些事例和问题,让学生自己通过阅读、观察、实验、思考、讨论、听讲等途径去独立探究,自行发现并掌握相应的结论的一种方法。它的指导思想是在教师指导下,以学生为主体,学生自觉、主动地进行探索,掌握认识和解决问题的方法与步骤,研究客观事物的属性,发现事物发展的起因和事物内部的联系,从中找出规律,形成自己的概念。发现法的基本教学过程如下。

(1) 创设问题情境,向学生提出要解决或研究的课题。
(2) 学生利用有关材料,对提出的问题做出各种可能的假设。
(3) 从理论上或实践上检验和验证假设。学生中如有不同观点,可以展开争辩。
(4) 教师对结论做出补充、修改和总结。

发现法对于激发学生学习的兴趣、培养学生解决问题的能力、发展学生的创造性思维和积极进取的精神有较大的优越性。这种方法多用于那些可以引出多种假设的数理学科,尤其是在让学生形成概念、原理,找出现象间的因果关系和其他联系时更为有效。但是,运用这种方法花费时间多、不经济,而且需要学生具有相当的知识经验和一定的思维发展水平,还需要逻辑较严密的教材和素质较高的教师。对于太简单或太复杂的内容以及资料性的内容,不宜采用发现法。

4. 教学方法的选择

古今中外积累的教学方法是十分丰富的。随着教学改革的不断深入,又会有许多新的有效的方法产生。因而,在实际教学时,教师能否正确选择教学方法,就成为影响教学效果的关键因素之一。选择教学方法的主要依据有以下几点。

1) 依据教学目标

不同的教学目标需要不同的教学方法去完成。表 4-7 列出了教学目标与教学方法的关系,供参考。

表 4-7 教学目标与教学方法的关系

教学方法\教学目标	记忆事实	记忆概念	记忆程序	记忆原理	运用概念	运用程序	运用原理	发现概念	发现程序	发现原理
讲授	△	★	○	★	★	○	★	□	○	□
演示	★	○	○	○	★	○	★	○	★	○
谈话	△	★	□	★	★	○	○	○	○	○
讨论	□	△	△	□	★	□	★	○	○	○
练习	○	□	★	★	□	★	□	△	○	△
实验	★	△	○	△	○	△	★	○	○	★

注:★为最好;□为较好;△为一般;○为不确定。

2) 依据学科的不同特点

一般说来,对不同学科性质的教学内容,应采取不同的教学方法;而某一学科中的具体内容的教学,又要求采取与之相适应的教学方法。例如就学科教学内容来讲,语文、外语多采用讲读法、谈话法、练习法;物理、化学多采用演示、实验法;数学多采用练习法;等等。表 4-8 列出了学科特点与教学方法的关系,供参考。

表 4-8 学科特点与教学方法的关系

教学方法＼教学科目	数学	物理	化学	生物	地理	体育	艺术	政治	历史	语文	外语
讲授	★	△	△	△	★	×	×	★	★	□	□
演示	○	□	□	□	□	★	★	×	×	△	△
谈话	△	△	△	△	△	□	□	□	□	★	★
讨论	□	△	△	△	△	□	□	★	★	□	□
练习	★	□	□	□	□	★	★	△	△	★	★
实验	○	★	★	★	△	×	×	×	×	×	×

注：★为最好；□为较好；△为一般；○为不确定；×为较差。

3）依据教学内容

每门课程的具体内容有各自的特点和要求。在教学过程中，它们又总是和学生掌握该内容所必需的智力活动的性质相联系的。所以有些部分可以用讲授法，有些部分可以用讨论法，有些部分可以用练习法或实习法。总之，必须根据教学内容的具体特点，选择适当的教学方法。

为了简便，把教学内容按照认知、动作技能和情感分成三大类，把它们与教学方法的对应关系列于表 4-9 内，供参考。

表 4-9 教学内容与教学方法的关系

教学方法＼教学内容	讲授法	谈话法	讨论法	读书指导法	演示法	参观法	练习法	实验法	实习作业法	欣赏法	发现法	示范模仿法	练习反馈法	直接强化法	间接强化法
认知类	√	√	√	√	√	√	√	√	√	√	√				
动作技能类	√				√		√	√	√			√	√		
情感类	√	√				√				√				√	√

4）依据学生的实际情况

教师的教是为了学生的学，教学方法要适应学生的基础条件和个性特征，所以，选择教学方法时，教师要考虑学生对使用某种教学方法在智力、能力、学习方法、学习态度、班级的学习纪律及学习风气诸方面的准备水平。但这并不意味着只是消极地适应学生的现实水平，而是应当注意从学生实际出发，选择那些能促进学生学习和发展的方法。

5）依据教师本身的素养条件

任何一种教学方法的选用，只有适应教师个人的素养条件，能为教师所理解和掌握，才能发挥作用。有的方法虽好，但如果教师缺乏必要的素养条件，驾驭不了，仍然不能在教学实践中产生良好的效果。因此，教师的某些特长、某些弱点和运用某种方法的实际可能性，都应当成为选择教学方法的重要依据。作为一位合格的教师，应努力学习、克服弱点、不断提高教学的能力。

6）依据各种教学方法的职能、适用范围和使用条件

每种教学方法都有其适用范围和使用条件，制约于教学过程诸因素的优化组合。某种方法对某种学科或某一课题是有效的，但对另一课题或另一种形式的教学可能是完全无用

的。例如,传授新知识的谈话法,是以学生的知识准备和心理准备为前提条件的,离开了这个条件,用谈话法去传授新知识是困难的;讲授法虽能保证学生在短时间内获得大量系统的知识,便于发挥教师的主导作用,但是它不容易发挥学生的主动性、独立性和实践性;探索发现法对发展学生的智力、培养学生独立学习能力起着积极作用,但是它又受到时间等条件的限制,必须与谈话、讲解等其他方法配合使用才能收到良好的效果。因此,选择教学方法时,必须认真地分析各种方法的职能、应用范围和使用条件。

7) 依据教学时间和效率的要求

教学之所以要采用一定的方法,是因为其主要目的是使教学工作顺利而有效地进行。教学的优化,就是要求以最少的时间获得最佳的效果。所以,在实际教学中,选择某种教学方法还应考虑教学过程效率的高低。好的教学方法应该是高效低耗的,至少能在规定的时间内完成教学任务,实现具体的教学目标,并能使教师教得轻松、学生学得愉快。教师应力求选用经济有效的方法,而那些耗费时间和精力过多又不利于学生发展的方法是不足取的。

8) 依据学校的教学条件

在选择某种教学方法时,还应考虑本校的教学条件,如教学设备、教学软件、教学环境等因素是否有利于该种教学方法的实施。如果条件不具备,再好的教学方法也无法实施。

5. 教学方法的优化组合

每种教学方法都有着自己的优势,也都存在着局限性,而教学内容和教学对象(学习者)千差万别,决定了教学的复杂性,没有哪一种教学方法可以适应所有的教学内容。因此,只有各种教学方法互相配合,才能在教学中发挥出积极有效的作用。如讲授法对于知识的教学非常有效,但是不和其他教学方法相结合,便会形成"满堂灌""注入式教学",影响了学生的积极性;实验教学法在自然学科中是非常重要的,但是它只有和讲授法相结合时,才能使学生得到系统、完整的知识和实践操作技能;谈话法、讨论法在社会学科中是重要的教学方法,但是也需要和讲授法、实习作业法等有机地结合起来,使学生的知识、情感及人格得到提高和陶冶。教师在实际教学中必须结合具体的客观条件和自己的主观情况,周密计划,选用并组织好具体教学方法的实施程序,才可能取得优良的教学效果。这需要教师付出创造性劳动。

6. 教学组织形式

教学组织形式是指在教学过程中,师生的共同活动在人员、程序、时空关系上的组合形式,实际上反映的是教师和学生在教学过程中的互动方式。采用合理的教学组织形式,有助于提高教学工作的效率,并使各种有效的教学方法、手段得以在相应的组织形式中加以运用。教学组织形式的改进总是同教学方法的改革乃至整个教学模式的改革融为一体的。教学组织形式与教学方法及整个教学模式的这种关系决定了教学组织形式对教学活动的开展和教学绩效的提高具有直接的意义。我国当前教学组织形式主要有班级授课、个别化学习和小组协作学习三种类型。

1) 班级授课

班级授课也称为班级教学,它是按照年龄或知识水平把学生编成有固定人数的班级,由教师按照课程计划(教学计划)统一规定的内容和时数,并按课程表进行教学的教学组织形式。

班级授课是以班为人员单位,学生在班集体中进行学习,班级人数固定且年龄和知识水平大致相同；以课时(学时)为时间单位,教师同时面对全班学生上课,上课有统一的起止时间和固定的单位时间；以课为活动单位,把教学内容以及传授这些内容的方法、手段综合在课上,把教学活动划分为相对完整且互相衔接的各个教学过程单元,从而保证教学过程的完整性和系统性。

一位教师能同时面对许多学生,有助于提高教学效率；以课为教学活动单元,可使学生的学习循序渐进,系统完整；由教师设计、组织并上课,以教师的系统讲授为主而兼用其他方法,有利于发挥教师的主导作用；固定的班级人数和统一的时间单位,有利于学校合理安排各科教学的内容和进度并加强教学管理,从而可赢得教学的高速度。在班集体中学习,学生可与教师、同学进行多向交流,互相影响,互相启发和互相促进,从而增加信息来源和教育影响源；班集体内的群体活动和交往有利于学生形成互助友爱、公平竞争的态度和集体主义精神,并有利于学生形成其他一些健康的个性品质。

但班级授课也存在明显的局限性。教学活动多由教师做主,学生学习的主动性和独立性受到一定程度的限制；学生的学习主要是接受性学习,不利于培养学生的探索精神、创造能力和实际操作能力；时间、内容和进程都程序化、固定化,难以在教学活动中容纳更多的内容和方法；由于以课为活动单元,而课又有时间限制,因而往往将某些完整的教学内容人为地割裂以适应课的要求；教学面向全班学生,步调统一,难以照顾学生的个别差异,不利于因材施教。

2) 个别化学习

现代学习理论认为：学习主要是一种内部操作,必须由学生自己来完成；当学生按照自己的进度学习,积极主动地完成课题并体验到成功的快乐,就能获得最大的学习成果。认知领域和动作技能领域的大多数层次的学习目标,如学习事实信息,掌握和应用信息、概念和原理,形成动作技能和培养解决问题的能力等,都可以通过这种形式来达到。

随着计算机网络的普及,基于网络的远程教育已得到迅速发展,将成为真正意义上的个别化学习。

个别化学习的优点较为突出：精心设计的自学活动能体现大多数教学原则,从而提高学生的领会和保持水平,并有利于培养学生的学习能力；允许程度各异的学生按自己的能力选择相应的学习条件,如内容的水平和资源的种类等,让每个学生都能最大限度地获得学习效益,并可减少学生之间的差异；要求学生自定学习步调、自负学习责任,有助于在教育活动、工作职责和个人行为方面形成良好习惯；允许教师花更多时间去关注个别学生和学生之间的相互作用；学习的时间和空间灵活性大,特别适合成年的、在职的学生的主客观条件。

个别化学习的局限性也很明显：长期把它作为唯一的教学形式,可能会缺少师生之间和同学间的相互作用；若用单一途径和固定不变的方法学习,学生可能会感到单调无味；不是对所有的学生和教师都适用；若学生缺乏应有的自觉性,可能会拖延学业；通常需要教学小组协作准备,并配有辅助设施,因此,备课复杂、成本较高。

所以在使用个别化学习组织形式时,应根据教学目标精心选择和准备学习的活动和各种不同内容、不同媒体的资源；仔细安排学习活动,把教学内容划分成较小的独立步子,每个步子一般只包含单个知识点,认真安排各个步子的学习程序；通过一定方式让学生表现自己对所学内容的理解情况和应用情况,以便在进入下一步学习之前,检验学生对前一步内容的掌握程度；必须让学生立即知道每一步学习的结果,让他们伴随一次次的成功,充满信心地前进；教师要尽可能多地与学生接触，诊断他们的困难，及时给予帮助；激励他们自觉学习，及时给予强化。

3）小组协作学习

现代教学论越来越重视教学中的人际交互作用，它是实现各类教学目标、培养健全人格、促使个体社会化的有效途径。小组协作学习与上述班内小组教学的不同点在于它是一种独立的教学组织形式，有专门的要求，不是根据临时的需要而采取的措施。

小组协作学习有利于情感领域教学目标的实现，如形成态度、培养鉴赏力，形成合作精神和良好的人际关系；认知领域的某些高层次技能（如问题解决和决策）能够受到应有的重视；有助于提高学生组织和表达自己见解的能力。通过向其他同学解释要点和原理，学生还能强化自己的学习；教师能及时发现哪些学生进步较慢，哪些学生需要给予鼓励或帮助；教师能全面了解教学过程各个阶段的成效和缺陷，能从学生方面获得改进教学的意见。

小组协作学习的组织工作和学生的学习准备至关重要，稍有疏忽就会影响学习效果；没有经验或准备不充分的教师容易陷入传统的讲授，这对于师生相互作用是不适宜的；要使小组所有成员都积极参与活动又不致变成无意义的闲谈有一定的难度；教学进度不容易控制。

在使用小组协作学习组织形式时，要注意：每个协作学习小组一般为3~6人，最多不超过12人，理想人数视不同活动方式而定；小组活动安排在教师向全班讲课或学生个人自学之后进行比较有效；小组活动应该围绕大班听课或自学中碰到的内容展开回顾、讨论、检查、修正，达到相互启发、巩固提高的目的；如有必要，教师应在比较缓慢的进程中少量呈现教材，防止变相以讲为主；有些活动可由学生自己主持，但教师始终应该是活动的指导者和参与者；具体活动方式尽量多样化，可利用讨论、角色扮演、个案研究、模拟、参观等各种有效的方式进行。

4.2.4 管理策略

管理策略是指对教学过程和教学资源进行管理的方式和方法，以及对需要得到帮助的学生与学习活动互动的方式做出决策，它涉及动机激发技术、个别化教学的形态、教学日程安排及资源配置等方面。本书主要介绍教学过程的管理策略。

1. 教学过程管理策略

教学过程管理的目的是优化教与学的过程，促进学习者对知识、技能和情感、态度的习得。教学过程管理策略就是如何做好课堂教学过程的设计和安排，是有教学理论支持的。

1）加涅针对学习条件的指导教学

加涅认为，学习的发生有内部的条件和外部的条件。内部条件指的是学习者本身在学习前所具有的最初的能力、经验或已有的知识；外部条件则是指由于学习内容的不同而构成对学习者不同的条件。

加涅认为，教学应该根据各种不同类型的学习及其产生的条件来进行，好的教学就应该使这些内部条件和外部条件的提供都经过计划安排，在学习过程中都有很好的管理指导。

学习的内部条件一方面包括学习的层次，即建立每一类学习所需的必要条件而形成的学习活动的层次；另一方面是指整个学习活动本身得以发生的某些条件，也就是学习的准备性，它包括注意的定势、动机以及发展的准备情况等。

对教学的设计属于学习的外部条件。加涅认为，教学是指在学习过程中对外部活动的控制，这些活动是由教师、教科书的作者、教学媒体的设计者、自学课程的制作者等所操纵的，他们是教学考虑的关键。但学习的外部条件又不是在教学中发生的全部事情，教学活动是一种旨在影响学习者内部心理过程的外部刺激，因此教学程序应当与学习活动中学习者的内部心理过程相吻合。根据这种观点，他把学习活动中学习者内部的心理活动分解为九个阶段，相应的教学程序也应包含九个步骤，通常称为"九阶段教学"策略，其内容如表 4-10 所示。

表 4-10　加涅"九阶段教学"策略教学事件与学习过程的对应关系

教学事件	学生内部心理过程	与学习过程的关系
1. 引起注意	接受	接受各种神经冲动
2. 告知学习目标	期望	激活执行控制过程
3. 回忆先前学过的内容	工作记忆检索	把先前学过的内容提取到短时记忆中
4. 呈现刺激材料	选择性知觉	有助于选择性知觉
5. 提供学习指导	语义编码	语义编码，提取线索，有助于激活执行控制过程
6. 诱发学习行为	反应	激活反应器
7. 提供行为正确性的反馈	强化	建立强化
8. 评估学习行为	检索与强化	激活提取，使强化成为可能
9. 促进保持和迁移	检索与归纳	为提取提供线索和策略

加涅认为，学生学习的内部心理过程由九个步骤组成，它们分别是接受、期望、工作记忆检索、选择性知觉、语义编码、反应、强化、检索与强化、检索与归纳。相对于学生学习的内部心理过程的每一步骤，可以设计出促进学习的教学活动过程的九个环节，即教学事件。加涅根据这个模型提出九种教学事件的出发点是：按照学习发生的过程来组织教学，外部教学活动必须支持学生内部的心理活动。

这九种教学事件又称为九段教学程序，因为教师可以完全按照这种顺序组织教学活动。由于目前被大量应用于课堂教学，虽然使教学活动更科学化，但是九段教学程序往往被误认为是以教师为中心教学程序的典型。

2）布卢姆的掌握学习

美国心理学家布卢姆早在 20 世纪 60 年代初就提出了掌握学习（mastery learning）的概念。掌握学习是布卢姆基于"任何教师实际上都能帮助他的所有学生获得优异成绩"这一信念而提出来的，因而被认为是一种有关教和学的乐观主义理论。

许多人相信学习者学习能力的分布是呈正态的，他们预计学生中大约只有 1/3 的学习良好，另外的 1/3 是不及格或勉强及格的，其余 1/3 则介于上述两类学生之间。布卢姆认为这个假设缺乏代表性。绝大多数学生会掌握学习任务，获得良好成绩。

掌握学习基于以下的教学理论：95% 以上的学生在学习能力、学习速率、学习动机方面并无大的差异；学生产生学习差异的主要因素不是遗传或智力，而是家庭与学校的环境条件；如果大多数学生都有足够的学习时间，接受了合适的教学，就能掌握世界上任何能够学会的东西；教育的根本任务是找到既考虑个别差异又能促进个体充分发展的策略。

掌握学习的目标是发挥学生的学习潜力和学习积极性，使大多数学生掌握教材所规定的知识技能，取得优良的成绩。掌握学习的教学策略是采取班级教学和个别辅导相结合的方式，以班级教学为基础，辅之以经常、及时的反馈，提供学生所需要的个别帮助和额外的学习时间。掌握学习旨在把教学过程与学生的个别需要和特征联系起来，让大多数学生都能够掌握所教学的内容,达到预定的教学目标。

掌握学习的基本过程包括学生定向、常规授课、揭示差错、矫正差错、再次测评。在学生定向阶段,教师需要向学生详细说明教学目标或课题,使学生了解掌握意味着什么,必须提供哪些证据以证实自己已经达到了教学目标的要求。在常规授课阶段,教师可以通过传递—接受、引导—发现、示范—模仿等途径把教学内容呈现给学生,这与其他教学程序没有什么差别。在揭示差错阶段,教师采用简要的诊断式的形成性测试了解每一个学生已经学会了什么,还有哪些差距和错误,并马上详细地反馈给学生。形成性测试的频率视年级水平而定,如小学低年级每周一次、高年级学生每月一次。在矫正差错阶段,教师根据未能正确回答试题的学生比例,尽快通过集体复习、小组交流、个别辅导的措施为学生提供有关他们还需复习哪些教学内容的建议,并尽量采用不同于先前教学的方式和媒体帮助学生及时补习和纠正。在再次测试阶段,教师对学生进行第二次平行形式的测试,学生只需回答第一次测试时未做对的题目。若仍有差错,则再设法用其他方式和媒体予以矫正。

掌握学习的基本特点如下。

(1)不改变学校和班级组织,在普通的学年制班级里实施,既进行集体教学,又针对个别情况进行反馈—矫正。这在一定程度上解决了集体教学与个别需要之间的矛盾。

(2)教学评价贯穿整个教学过程。通过形成性测验使学生确认自己完成教学目标的情况,及时调整学习活动。已达到目标的学生可以产生成功的满足感,更积极地参与下一单元的学习;未达标的学生可以了解自己有哪些基础知识或能力未能掌握,明确努力方向,并进行矫正。

(3)教师认为所有学生都能学好功课的信念和对学生学业成功的期望,对增强学生学习自信心、激发学生学习动机,能起促进作用。

布卢姆提出有助于掌握学习的良好条件如下。

(1)必须让学习者清楚地理解教学目标。

(2)学习者必须具备能顺利地进行该项学习任务所必要的知识与技能。

(3)学习者必须具有掌握该项学习任务的意愿,不惜花费时间和精力。

(4)教师对学习者要学习的材料提供有关线索,保证他们主动积极地投入学习过程,对他们的成绩给予强化、反馈和校正。

(5)鼓励学生互教互学。

形成性评价是掌握学习的重要手段,但它较少对学生以往学习的成绩区分等级,而是验明每个学生是否掌握了完成下一个学习任务所必需的知识技能。同时,布卢姆等人认为,只要提供需要的时间和帮助,绝大多数学生都能够掌握教学目标的要求,只是不同学生对学习特定课题所需要的时间量和媒体种类不一样。一个能够及时揭示和纠正学习差错的教学反馈系统,使几乎所有的学生都能有效地和相当快乐地学习。

掌握教学由于有明确的教学目标和评价手段,能获得信息反馈,因而可以有效地控制教学,大面积地提高教学质量,提高教师的教学信心和学生的学习兴趣。但是这种策略对学生个性的发展注意不够,易增加师生的负荷,不利于优等生的发展,在一定程度上低估了教学行为的复杂性。

3)布鲁纳的发现教学

布鲁纳认为,发现教学能帮助学生对自己的学习负责,注重内在而非外在动机,并且帮助学生记住重要的信息。

发现教学尽管在教授基本技能时并不如指导教学法有效,但当学生具有成功所需的技能和动机时,发现学习技术却最有用。虽然发现学习可以不作为常规课的首选教学方法,但在教授解决问题的技能、激发好奇心、鼓励自我指导的学习时可作为一种补充的程序。

布鲁纳在《教学理论之建构》一书中,对教师在教学设计时的注意事项提出以下四点原则。

(1) 要想让学生在学习情境中经由主动发现原则而获得知识,教师必须先将学习情境及教材性质解说得非常清楚。

(2) 教师在从事知识教学时,必须先配合学生原有的经验,将所授教材做适当组织,以使每个学生学到知识。

(3) 对教材的难度与逻辑上的先后顺序,必须针对学生的智力发展水平及认知表征方式做适当的安排,以便学生的知识经验前后衔接,从而产生正向学习迁移。

(4) 在教材难易安排上,必须考虑学生学习动机的维持。教材太容易学会,学生会缺少成就感;太难学会,又易产生失败感。因而适度地调整教材的难度,才能维持学生内在的动机。

2. 教学资源管理策略

教学资源管理策略包括时间管理、努力和心境管理、环境设置、工具的利用和社会性人力资源的利用等策略。

4.3 教学媒体

4.3.1 教学媒体概述

教学资源是指能够支持教与学活动的各种人力和物质条件,由人类资源和非人类资源两大部分组成。

人类资源包括教师、辅导者、学习小组(学习伙伴)以及家庭和社会其他成员;非人类资源包括教学材料和教学环境两部分。教学材料包括可利用的各种教育信息资源和教育教学软件;教学环境则包括了硬环境和软环境两部分。其中硬环境包括教育资源环境和教学传递环境;软环境包括宏观的教学模式——创造教学环境的依据。教学资源的组成如图4-7所示。

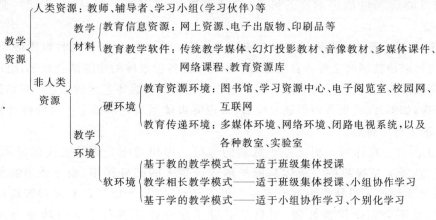

图 4-7 教学资源的组成

2. 教学媒体

教学媒体是指在传播知识、技能和情感的过程中,储存和传递教学信息的载体和工具,包含软件和硬件两部分。从图 4-8 中可以看出,教学媒体的软件部分包含了教学材料的全部;硬件部分涉及教学环境中的硬环境部分。同时,它的使用效果又取决于所选择的教学模式,以及使用它的教师和学习者的信息素养。在选择教学媒体的同时,必须考虑教学环境和教师、学生的具体情况,实际上涉及了教学资源的全部内涵。

随着科学技术的发展,越来越多的媒体运用到教学过程中。尤其是多媒体计算机和网络的引入,不仅仅是改变了教学方法、提高了教学效率,更重要的是在教育观念、教育思想和教育模式上引起了一场革命,它的影响绝不亚于印刷术的出现和班级授课制的确立。

按照通常的习惯,教学媒体的层次有如图 4-8 所示的格局。

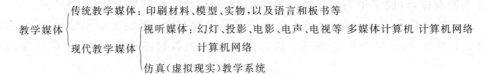

图 4-8　教学媒体层次的划分

其中,现代教学媒体与传统教学媒体的根本区别在于要以"电"为动力,才能运行。

3. 媒体的共同特性

媒体(media)是指信息的载体和传递信息的工具。媒体的共同特性有以下几点。

(1) 固定性。媒体可以记录和储存信息,以供需要时再现。例如,印刷媒体直接将文字符号固定在书本上;电子媒体将语言、文字、图像转换成声、光、磁信号,固定在胶片、磁带、磁盘或光盘上。媒体的这一特性使人们能够逐渐积累丰富的实践经验,把宝贵的知识、技能传授给后代。

(2) 扩散性。媒体可以将各种符号形态的信息传送到一定的距离,使信息在扩大的范围内再现。古代的"秀才不出门,全知天下事"依靠的就是媒体的这一特性。而在电子信息技术长足进步的 20 世纪后半叶,麦克卢汉提出"地球村"的概念,也就不足为怪了。

(3) 重复性。媒体可以重复使用。如果保存得好,媒体可以根据需要多次被使用,而其呈现信息的质和量稳定不变。另外,它还可以生成许多复制品,在不同的地点同时使用。

(4) 组合性。若干种媒体能够组合使用。在某一活动中,可以将几种媒体适当编排、轮流使用,也可以使其同时呈现各自的信息;还可以把各种媒体的功能结合起来,组成多媒体系统,如声画同步幻灯、交互视频系统等。组合性还指一种媒体包含的信息可以借助另一种媒体来传递,如图片、模型等可以通过电影、录像等媒体呈现在屏幕上。多媒体计算机更是集中地反映了这一特点。

(5) 工具性。媒体与人相比处于从属的地位。即使功能先进的现代化媒体,它还是由人所创造,受人所操纵的。媒体只能扩展或代替人的部分作用,而且适用的教学媒体还需要教师和设计人员精心编制或置备。事实已经证明,即使是具有某种智能的计算机辅助教学,也不会完全代替教师,而只是促进了教学设计者对于人机功能合理分配的思考。

(6) 能动性。媒体在特定的时空条件下，可以离开人的活动独立起作用。例如，优秀的录像教材或多媒体课件的确可以部分地代替教师上课，精心编制的教学媒体一般都比较符合教学设计原理，采用的是最佳教学方案，尤其是由经验丰富的老教师参与设计、编制的教学媒体，教学效果会更好。

4. 教学媒体的个别特性

教学媒体除了具备上述媒体的共同特性以外，还有自己独有的特性。

(1) 表现性。表现性也称为表现力，指教学媒体表现事物的空间、时间和运动特征的能力。例如，言语、文字材料以时间因素组织信息，它们的表现形式受到时间先后顺序的影响，借助语义、语调及音响的抑扬顿挫、轻重缓急来表现事物的特征。电影、录像能够以活动的图像呈现正在变化中的过程和动向，采用接近于实物的形态，逼真地表现事物的运动方式、相对关系及状态变化；又能够借助低速和高速摄影技术，调节事物和现象所包含的时间因素；还能够通过镜头的选择，从各个角度表现事物的形状、方位、距离等空间特征。幻灯和图片在表现事物的空间特征方面类似影视，然而因为它们是以静止方式反映事物的瞬息特征，所以更便于学生观察。

(2) 重现性。重现性也称为重现力，指教学媒体不受时间、空间限制，把储存的信息内容重新再现的能力。例如，虽然教科书是最便于重现的媒体，无线电广播和电视是受时间性限制的媒体，但自从出现了录音和录像之后，这种限制已被打破。录音和录像以其生动形象而令言语、文字望尘莫及，而言语在重现信息时的调控能力又是独一无二的。

(3) 接触性。接触性也称为接触面，是指教学媒体把信息同时传递到学生的范围。例如，电视和无线电广播的接触面最广，能跨越空间限制，使无数学生能看到、听到；板书、幻灯、录像的接触面只能限制在一定空间范围如教室内，而且受环境条件限制。

(4) 参与性。参与性是指教学媒体在发挥作用时学生参与活动的机会。模型、录音、录像、计算机等媒体提供学生自己动手操作的可能，使学生可能随时中断使用而进行提问、思考、讨论等其他学习活动，学生行为参与的机会较多；电影、电视、无线电广播、多媒体计算机等媒体有较强的感染力，刺激学生较为强烈的情绪反应，容易诱发学生在情感上的参与。

(5) 受控性。受控性指教学媒体接受使用者操纵的难易程度。言语、板书、教科书当然由教师随心所欲使用；录音机、幻灯机、录像机、VCD 机也较容易操作和控制；电影放映机和计算机需接受一定的训练；广播和电视的播出则被专门机构所掌握，学校教师无法支配它们的内容和时机。

各种教学媒体的特性可用表 4-11 来进行对比。

表 4-11　教学媒体特性对照表

教学特性	媒体种类	教科书	板书	模型	广播	录音	幻灯	电影	电视	录像	计算机
表现性	空间特性	－	－	＋	－	－	＋	＋	＋	＋	＋
	时间特性	＋	＋	－	＋	＋	－	＋	＋	＋	＋
	运动特性	－	－	－	－	－	－	＋	＋	＋	＋
重现性	即时重现	－	＋	－	－	＋	－	－	－	－	＋
	事后重现	＋	－	＋	－	＋	＋	＋	＋	－	＋

续表

教学特性	媒体种类	教科书	板书	模型	广播	录音	幻灯	电影	电视	录像	计算机
接触性	无限接触	＋	－	－	＋	－	－	＋	＋	－	△
	有限接触	－	＋	＋	－	＋	＋	＋	－	＋	＋
参与性	情感参与	－	－	－	＋	＋	＋	＋	＋	＋	＋
	行为参与	＋	＋	＋	－	＋	＋	＋	－	＋	＋
受控性	控制容易	＋	＋	＋	－	＋	＋	＊	－	＋	＊
	控制复杂	－	－	－	＋	－	－	－	＋	－	－

注：＋为强；－为弱；△为随着网络的发展，接触面将迅速扩大；＊为稍有难度。

5．教学媒体的分类

随着科学技术的进步，教学媒体越来越多。依据不同的标准，教学媒体可分为多种类型。按照媒体使用时用"电"与否可分为传统教学媒体和现代教学媒体两类；按照媒体的制作方式可分为印刷和非印刷两类；按照媒体的物理性能可分为光学投影媒体、电声媒体、电视媒体和计算机媒体四类；从传递信息的范围来看，可分为有限接触和无限接触两类；从能否及时反馈信息来看，可分为单向和双向两类；从传递的信息与现实事物的关系来看，可分为实物型、模拟型和符号型三类；从使用者对媒体的可控性来看，可分为可控型、基本可控型和不可控型三类；等等。

在教学设计中，通常使用的是根据教学媒体作用于人的感官不同进行的分类。

（1）非投影视觉媒体：又称为传统教学媒体，包括印刷材料、静止图画、图示材料、模型和实物等。

（2）投影视觉媒体：包括幻灯机、投影仪等，以及相应的教学软件。

（3）听觉媒体：包括录音机、收音机、电唱机、激光唱机等，以及相应的教学软件。

（4）视听觉媒体：包括电影放映机、电视机、录像机、激光视盘机（影碟机）等，以及相应的教学软件。

（5）综合媒体：包括计算机和计算机网络等，以及相应的教学软件。

6．教学媒体的应用层次

美国教育家戴尔将教学媒体（教学资源）按其所能提供的经验，即教学信息的抽象程度作为区分的标准，组成了有名的"经验之塔"。

7．教学媒体的评价标准

我国对教学媒体的评价一般从以下五个方面进行考核。

（1）教学性。看其是否能用来向学生传递课程标准（教学大纲）所规定的教学内容，为实现预期的教学目标服务。

（2）科学性。看其是否正确地反映了学科的基础知识或先进水平。

（3）技术性。看其传递的教学信息是否达到了一定的技术质量要求。

（4）艺术性。看其是否有较强的表现力和感染力。

（5）实用性。看其是否操作方便、界面友好、容错能力强、文档齐备。

由于各种教学媒体特性不同，因而在组织评价时，应根据各种教学媒体的基本特性制定科学的、具体的、便于操作的指标体系，以便进行认真的评价。

4.3.2 教学媒体的选择与使用

1. 选择教学媒体的依据

1）依据教学目标

每个知识单元都有具体的教学目标，比如要求学生知道某个概念，或明白某种原理，或掌握某项技能等。为达到不同的教学目标常需使用不同的媒体去传递教学信息。以外语教学为例，让学生知道各种语法规则与要求学生能就某个题材进行会话是两种不同的教学目标。前者往往采用教师讲解，辅以板书或投影材料，使学生在井井有条的内容安排中形成清晰的语法概念；后者往往采用角色扮演并辅以图片或视音频资料，使学生在情景交融的沟通条件下掌握正确的言语技能。假如只是为了纠正学生的外语发音，则最好采用录音媒体。

2）依据教学内容

各门学科的性质不同，适用的教学媒体会有所区别；同一学科内各章节内容不同，对教学媒体也有不同要求。如在语文学科中讲读那些带有文艺性的文章，最好配合再造形象，所以应通过能提供某些情境的媒体，使学生有亲临其境的感受，以唤起他们对课文中的人物、景象和情节的想象，使之加深理解和体会。又如数学、物理等学科的概念、法则和公式都比较抽象，要经过分析、比较、综合等一系列复杂的思维过程才能理解，所以应使用媒体帮助学生理解。

3）依据教学对象

不同年龄段的学生对事物的接受能力不一样，选用教学媒体必须顾及他们的年龄特征。比如，小学生的认知特点是直观形象的思维比逻辑抽象的思维发达，注意力不容易持久集中，对他们可以较多地使用幻灯、电影和录像。幻灯片要生动形象、重点突出、色彩鲜艳，能活动的地方力求活动，每节课使用的片数不宜过多，解释要细致些；使用录像和电影也宜选用短片，动画镜头可以多一些。随着年级的升高，学生的概括和抽象的能力发展了，感知的经验也逐渐丰富起来，注意力持续集中的时间延长，为他们选用的教学媒体就可以广泛一些，传递的内容则增多了分析、综合、抽象、概括，增加了理性认识的分量，重点应放在揭示事物的内在规律性上，同一种媒体连续使用的时间也可长些。另外，在两种效果接近的媒体中进行选择时也可适当考虑学生的习惯和爱好。

4）依据教学条件

教学中能否选用某种媒体，还要看当时当地的具体条件，其中包括资源状况、经济能力、师生技能、使用环境、管理水平等因素。录像教学具有视听结合、文理皆适的优点，但符合特定课题需要的录像片是不是随手可得呢？语言实验室是一种极其有效的外语教学媒体，但并非每个学校都有能力置备，因陋就简采用录音机代替也是可以的。使用计算机辅助教学除了需要资金购买计算机和课件外，还需要培训使用人员。若教室不具备遮光条件，连"价廉物美"的投影、幻灯都用不好。

2. 教学媒体选择的原则和程序

教学媒体选择的原则请参阅本书第1章。媒体的选择是按照知识点来考虑的。在选择教学媒体前，首先要知道所要讲授的学科的特点和该知识点的学习目标，然后按照图4-9所示的程序进行选择。

（1）确定教学媒体的使用目标。依据知识点的学习目标，认真分析教学内容，确定教学媒体的使用目标,即确定在完成该学习目标中媒体在教学中的作用。

（2）选择教学媒体的类型。依据教学媒体的使用目标和学习者的特点,按照戴尔对教学媒体的层次划分,选择合适的媒体类型。

（3）确定教学媒体的内容。媒体类型确定后,可查阅资料目录,确定所选媒体的具体内容。如果现有媒体内容合适,则可在教学中使用;否则可通过选编、修改,甚至重新制作等方法来确定内容合适的媒体。

（4）试用评价。对选定的媒体可先在小范围内试用,进行评价。如果能够达到预期的目标,则可推广使用;若存在问题,须重新修正。

3. 教学媒体的使用

教学媒体的使用要讲究使用方式和出示时机,只有经过精心设计,才能在教学中起到应有的作用。

1）教学媒体使用的方式

教学媒体使用的方式主要包括以下几种。

（1）设疑—播放—讲解。

（2）设疑—播放—讨论。

（3）讲解—播放—概括。

（4）讲解—播放—举例(学生讨论)。

（5）播放—提问—讲解。

（6）播放—讨论—总结。

（7）边播放、边讲解。

（8）其他(边放边议、学生自己播放学习等)。

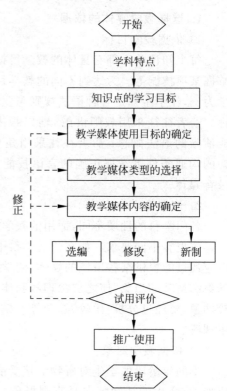

图4-9　教学媒体的选择程序

当然,媒体的使用方式远远不只上述几种。大家在教学中可根据自己的设计,创造出更多的、更好的使用方式。

2）教学媒体出示的最佳时机

（1）学生的心理状态由无意识向有意识转化时；

（2）学生的心理状态在有意注意与无意注意间相互转化时。

（3）学生的心理状态由抑制向兴奋转化时。

（4）学生的心理状态由平静向活跃转化时。

（5）学生的心理状态由兴奋向理性升华时。

（6）学生的心理状态进入"最近发展区",树立更高的学习目标时。

（7）鼓励与激励学生的求知欲望时。

（8）鼓励学生克服畏难心理、增强信心时。

（9）满足学生表现成功的欲望时。

掌握好媒体出示的最佳时机,教学媒体的作用将会更加突出。

4.4 课堂教学设计

4.4.1 教学结构的演变

教学结构是指在教学活动过程中,各个要素相互作用、相互依存而形成的稳定形态。

传统的教学活动以教师为中心,教学内容通过教师传递给学生。教师是知识的传播者,学生是知识的接受者。教师、学生、教学内容(教材)三要素构成了传统的教学结构,如图 4-10(a)所示。

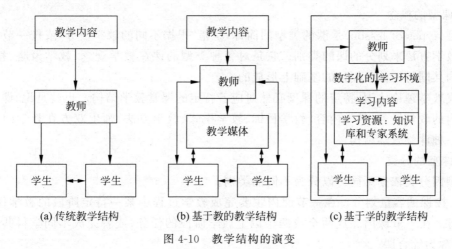

图 4-10 教学结构的演变

随着科学技术的发展,从 20 世纪初开始,幻灯、电影、广播、录音、电视、录像以及卫星转播技术,陆续运用到教学中。教师通过口授或教学媒体向学生传授知识,学生虽然可以向教师反馈,但基本上仍然属于被动的学习。计算机辅助教学(CAI)的实施,部分地改变了教与学的方式;多媒体技术和网络技术的发展,使得教学资源极大丰富,教师、学生与教学资源的交互方式发生了前所未有的变化,促进学生的学习方式和教师的教学方式发生了根本性的改变,形成了教师、学生、教学内容、教学媒体四要素组成的新型教学结构。

由于教师、学生、教学内容、教学媒体(资源)四要素作用方式的不同,形成了基于教的教学结构和基于学的教学结构的表现形式,如图 4-10(b)、图 4-10(c)所示。

在图 4-10(b)中,学生虽然可以通过与教学媒体的交互进行学习,但更多的时候是通过课堂教学从教师那里得到学习的指导。在图 4-10(c)中,学生在数字化学习环境中,直接和学习资源进行交互而完成学习,他们是知识的探索者和意义的建构者,教师是学生学习的帮助者和引导者。这时的学习资源已经不再是传统意义上的媒体,而是支持学生学习的知识库和专家系统,它包括了学生需要的全部学习内容和学习支持服务系统。

本章主要介绍以教为主的课堂教学设计,依据的是图 4-10(b)所示的四要素教学结构。

4.4.2 课堂教学结构

课堂教学结构是上述教学结构在课堂教学形式下的具体体现。教师通过采用不同的课堂教学过程类型(简称课型)、课堂教学过程模型(简称教学环节)和课堂教学过程结构(简称流程)组成丰富多彩的课堂教学结构,形成不同风格的课堂教学案例。

1. 课堂教学过程类型

在课堂教学中,因有不同的教学目标、教学内容而产生了不同的教学任务、教学方式和学习方式,由此产生了不同的课型。也就是说,课型和"学与教"的方式是密切相关的,它是课堂教学中最具有操作性的教学结构和程序。通过对课型的研究,有助于教师更好地掌握各种类型课的教学目标、教学模式、教学方法等方面的规律,提高对教学的设计、实施和评价的能力。

1) 课型的概念

课型(types of lesson)是课的类型的简称,是指"根据不同的教学任务,或按一节课主要采用的教学方法来划分的课的类别。"它是对各种类型的课在教学观念、教学策略、教材、教法方面的共同特征抽象概括的基础上形成的。

现代教学理论认为,特定的课型必然对应着特定的课堂教学结构。也就是说,课型是由一节课内的教学任务、教学内容、教学目标、教学模式、教学方法、师生双方在教学中的活动决定的一种课堂教学结构。

2) 课型的分类

课型因分类依据不同可以分为不同的类别。

(1) 按课的容量划分。在一节课内主要完成教学过程中某一特定阶段的教学任务,称为单一课;在一节课内完成两个或两个以上教学阶段的任务,或者完成不同学科共同的教学任务,称为综合课。

(2) 按教学任务划分。以教学任务作为课的分类依据,可划分为新授课、练习课、实验(实践)课、复习课、讲评课等,属于课堂教学的基本课型。

(3) 按教学内容划分。以教学内容(即知识的类型)的不同可分为事实学习课、概念学习课、技能(方法)学习课、原理(规律)学习课、问题(综合)学习课等,属于课堂教学的拓展课型。如图 4-11 所示,把基本课型和拓展课型结合起来,形成了基本课型与拓展课型的关系矩阵。其中,事实类学习只需要记忆,不需要进行练习和实验;概念类学习需要达到理解(完成意义建构),而应用概念则属于技能学习;技能、原理、问题的学习,需要操练、探究、交流和创新,实际动手去做,适应于各种基本课型。

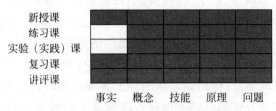

图 4-11 基本课型与拓展课型关系矩阵

(4) 按教学模式、教学方法、师生活动方式划分。实际上就是后续章节讲到的"学与教"方式的不同类别。而且,每一种课型的实施必然涉及不同的教学模式、教学方法、师生活动方式。由此可以看出,课型和"学与教"的方式是相互联系、不可分割的。

表 4-12 列出了中小学各个学科的基本课型和各自的专用拓展课型,供参考。

表 4-12 中小学各学科主要课型

学习领域	学科	基本课型	专用拓展课型
人文与社会	品德与生活	新授课、实践课、复习课、讲评课	表演课、综合课、考查课、主辅型课、例证型课、图文型课、活动型课、体验型课
	品德与社会		自主预习课、合作探究课、风采展示课、活动巩固课、讨论课
	思想品德		
	思想政治		阅读自学课、互教巩固课、专题复习课、综合复习课、练习巩固课、论文写作课、社会调查课、时事分析课
历史与社会	历史	新授课、练习课、复习课、讲评课	导言课、活动课、讨论课、考试课、综合课；解读文本为中心的课型、以主题活动中心的课型、以学生探究为中心的课型
科学	地理	新授课、练习课、实验课、复习课、讲评课	理论课、习题课、实践课、技能课、讨论课
			纲要式复习课、比较式复习课、主题式复习课
	科学		观察课、实践课、科学考察课、科学讨论课、技能训练课
	物理		基本概念和基础理论课、习题课、单元复习课、试卷评析课
	化学		基本概念和基础理论课、知识综合课、计算课、技能方法综合课、习题课、实验探究课、活动课、单元检测课、试卷讲评课
	生物		基本概念和基础理论课、习题课、检测课、活动课、实验探究课、社会课题课、调查研究课、情景创设课
数学	数学		概念课、定理（包括公式、法则）及其应用课、命题课、绘图课、习题课、习题测验讲评课、几何形态教学课、自习课、示范课、测验课
语言与文学	语文	新授课、练习课、实验课、复习课、讲评课	拼音与识字课、习作课、作文课、阅读课、口语课、讨论课、演讲课、表演课、竞赛课、单元主题课、综合实践课、探究课、书评课、赏析课、展示课、试卷讲评课、作文讲评课、综合性学习课、实践活动课
	外语		语音课、语法课、词汇课、活动课、欣赏课、综合能力训练课、听力课、口语训练课、听写课、阅读课、写作课、读写课、翻译课、讲练课、泛读课、巩固课、测验课、测验分析课
体育	体育	新授课、练习课、实践课、复习课、讲评课	引导课、体育卫生保健常识课、综合课、测验课、运动技能课、技巧课、游戏课、训练课
	体育与健康		发展体能课、运动技能课、身体与健康课、训练课、测验课
艺术	音乐	新授课、练习课、实践课、复习课、讲评课	唱歌课、识谱课、器乐课、乐理课、欣赏课、律动课、表演课、编创课、综合课、音乐常识与基本训练课
	美术		绘画课、手工制作课、美术鉴赏课、创作课、综合/探索课、造型/表现课、设计/应用课、欣赏/评述课、综合应用课、现代媒体艺术
技术	信息技术通用技术	新授课、实践课、讲评课	操练课、任务驱动课、综合训练课
综合实践活动	综合实践活动	新授课、实践课、讲评课	选题指导课、方案设计课、知识普及课、自我发展课、专题研讨课、设计制作课、网络探究课、家庭体验课、社区实践课、成果交流课
	研究性学习活动		方法指导课、设计制作课、专题研讨课、网络探究课、家庭体验课、社区实践课

2. 课堂教学过程模式

课堂教学过程模式即通常所说的教学环节,它反映了在课堂教学过程中教学策略的具体实施过程。课型不同,教学环节随之不同,也就是说,教学环节是依据课型而定的。过去,教师由于不太熟悉课型与教学环节之间的关系,不管什么样的课型都用一样的教学环节组织教学过程,因而造成教师教学的被动和学生学习困难的教训,是值得认真反思的。

1) 新授课的教学环节

历史上,我国在课堂教学实践中曾经使用过赫尔巴特的五段课堂教学过程模式、凯洛夫的六段课堂教学过程模式,以及根据加涅九阶段教学策略形成的九段课堂教学过程模式、皮连生的六步三段两分支课堂教学过程模式,以及我国常用的和改进后的五段课堂教学过程模式。

(1) 赫尔巴特的五段课堂教学过程模式

赫尔巴特按照儿童获得知识的心理过程,把教学过程分为四个阶段:明了——给学生明确地讲授新知识;联想——使学生将新知识与旧知识联系起来;系统——指导学生在新旧知识的基础上做出概括和总结;方法——引导学生把所学知识用于实际(习题解答、书面作业等)。后来他的学生在上述阶段前增加了一个"预备"阶段,形成了著名的赫尔巴特五段教学法:预备→提示→比较→概括→应用。

(2) 凯洛夫的六段课堂教学过程模式

凯洛夫的教育思想对我国的影响比较大,直到现在,凯洛夫的六段课堂教学过程模式仍然在使用着。他根据知识的学习过程包括知识的理解、知识的巩固和知识的应用三阶段理论,将教学过程概括为六个环节:组织上课→检查复习→提出上课的目的、内容和要求→讲授新教材并明确内容要点→检查巩固所学的知识→布置课外作业。

后来他把第三个环节去掉,变成了五段教学过程模式:组织上课→检查复习→讲授新教材并明确内容要点→检查巩固所学的知识→布置课外作业。

(3) 我国常用的五段课堂教学过程模式

我国教学理论深受苏联的影响,表现在课堂教学过程模式上,和修改后的凯洛夫五段教学过程模式非常相似:激发动机→复习旧课→讲授新课→检查巩固→布置作业。

(4) 改进后的五段课堂教学过程模式

在长期"整体优化"教学改革实验中,我国教育技术领域专家李龙教授将国内外各种教育教学理论与我国教育教学实践相结合,总结和对比了各种课堂教学过程模式的运用状况和实际效果,对我国常用的课堂教学过程模式进行了充实和改进,用在教学改革中,取得了良好的效果。改进后的课堂教学过程模式是:导入新课→学习新知→巩固练习→评价修正→促进迁移。

① 导入新课。利用语言、文字和多媒体技术创设学习情境,激发学习者的学习动机;告知学习目标,引起学习者的选择性注意。

② 学习新知。运用先行组织者提取学习者与当前学习内容相关的原有观念,以利于对新的学习内容的同化;利用各种手段和方法,鲜明地向学习者提供与新的学习内容相关的信息,促进他们选择性知觉的内部心理过程的发生;根据学习者对新知识的领会程度,指导学习者对教学内容进行适当的编码,为有意义的习得进行分析和综合。

③ 巩固练习。鼓励学习者积极参与教学活动,以各种方式对所感知的教学信息做出真实的反应,表明他们对教学内容接受的情况。让学习者知道自己的学习结果,从肯定性反馈中得到鼓励,促进强化。

④ 评价修正。通过各种形式的考查,促进学习者进一步回忆和整合新学到的知识,促进检索和强化的过程,并对学习者的学习行为做出价值判断,进行反馈和修正。

⑤ 促进迁移。采用适当的方式,增强学习者对已经习得的知识的保持,促进检索与归纳的内部心理过程,并做出提示,帮助学习者把新知识贯穿到后续的学习中(纵向迁移),或把新知识运用于新的情境中(横向迁移)。

改进后的五段课堂教学过程模式与加涅的九项教学事件、对应的心理过程,以及每一环节对应的教学过程设计与实施的内容如表 4-13 所示。

表 4-13　改进后的五段课堂教学过程模式

教学环节	对应的教学事件	对应的心理过程	教学过程的设计与实施
1. 导入新课	引起注意	从长时记忆中提取知觉、注意的内容和以特殊方式加工信息的倾向至短时记忆	创设情境,激发动机;告知目标,引起注意。 陈述性知识:描述期望学习者应能陈述的内容。 程序性知识:演示应用概念、原理或程序的活动。 策略性知识:描述或演示认知策略
	告知学习目标	形成学习动机和选择性注意	
2. 学习新知	回忆先前学过的内容	提取长时记忆中与当前所学内容有关的信息至短时记忆	陈述性知识:回忆得到系统组织的知识。 程序性知识:回忆作为学习先决条件的规则和概念。 策略性知识:同上
	呈现刺激材料	突出选择性信息的特性及作用,使学习者易于获得感觉信息并形成选择性知觉	陈述性知识:展示文本的和声音的词语内容,突出有关特性。 程序性知识:把用以帮助形成概念或规则的物体和符号的特性勾画出来。 策略性知识:描述问题,说明在解决问题中的作用
	提供学习指导	使学习者能较快地建构新信息的意义(促进语义编码过程),即形成概念	陈述性知识:详尽阐述内容,使之与学习者原有的广泛知识建立联系;使用形象记忆术。 程序性知识:要求学习者演示应用新概念或规则于新情境的能力。 策略性知识:要求学习者运用所学策略解决新情境中的问题

续表

教学环节	对应的教学事件	对应的心理过程	教学过程的设计与实施
3. 巩固练习	诱发学习行为	检验学习者对意义的建构是否成功	陈述性知识：要求学习者能够"讲出"所学内容。 程序性知识：要求学习者演示应用新概念或规则于新情境的能力。 策略性知识：要求学习者运用所学策略解决新情境中的问题
	提供行为正确性的反馈	如果建构意义不成功，则给予校正反馈，使学习者重新去建构该信息的意义；如果建构意义成功，则给予鼓励反馈	按照不同的学习目标，给予不同的反馈
4. 评价修正	评估学习行为	通过成绩评定对成功的意义建构加以强化	通过形成性检测进行强化或矫正；采用多元评价方式评价各种学习结果，以确保习得能力的稳定性
5. 促进新课	促进保持和迁移	帮助学习者把新建构的意义（新概念、新知识）进行归类、重组，以促进知识的保持和迁移	适当的作业、安排间隔性复习有利于知识的保持。 陈述性知识：归类、重组。 程序性知识：保持、迁移。 策略性知识：保持、迁移

2）其他课型的教学环节

除了新授课以外，还有练习课、实验（实践）课、复习课、讲评课等几种基本课型，它们都对应着各自不同的教学环节。

（1）练习课的教学环节

练习课的教学环节一般是：由教师根据教学目标和教学内容的需要创设情境，提出问题或要求，进而分析和明确本次练习的任务，然后由学生自主探究，解决问题或完成任务，促进知识的迁移。

（2）实验（实践）课的教学环节

实验（实践）课的教学环节一般是：由教师通过创设情境引进需要实验或实践的课题，解释实验的原理或提出实践的主要思路和建议，由学生构思解决问题的方案，动手进行实验或参与实践活动，对所得数据进行分析、处理，得出科学的结论。

（3）复习课的教学环节

复习课的教学环节一般是：在学生提前复习的基础上，由教师进行要点指导，尤其是对教学难点要进行重点辨析，使学生巩固所学知识；然后由学生进一步进行讨论，提出问题、解决疑难，促进知识的迁移，优化认知结构。

(4) 讲评课的教学环节

讲评课的教学环节一般是:学生对自己的作业、试卷、作品、实验报告等自查的基础上,在学习小组内进行互评,然后由教师对学生的学习成果进行归类指导,激发学生的发散性思维,使得学过的知识得到复习、活用、重组,改善自己的认知结构。

表 4-14 给出了各种基本课型所对应的典型的教学环节,供大家在做教学设计时参考。

表 4-14 课型与教学环节

基 本 课 型	经典的教学环节
新授课	导入新课→学习新知→巩固练习→评价修正→促进迁移
练习课	提出问题→分析问题→自主探究→解决问题→促进迁移
实验(实践)课	引出课题→理解原理→构思方案→动手实验(实践)→结论分析
复习课	要点指导→难点辨析→巩固知识→谈论质疑→促进迁移
讲评课	自查互评→归类指导→激发思维→活化知识→促进迁移

3. 课堂教学过程结构

课堂教学过程结构即通常所说的教学流程,是教师组织课堂教学的依据。常用的课堂教学过程结构的基本类型有以下几种。

1) 归纳型

归纳型课堂适用于事实和概念的学习。媒体提供有关科学现象、形态、结构、文献、史料等各方面的客观事实,或提供有关情境,以便建立共同经验,形成表象。教师借助事实、情境进行概括归纳,显示事物的特征,帮助学生建立概念。学生观察事实、现象,认识事物特征,识记事物特征,识记事实,理解概念。归纳型课堂教学过程典型结构,如图 4-12 所示。

2) 演绎型

演绎型课堂适用于原理的学习。媒体提供某一典型事物运行、生长、发展的完整过程。教师借助典型事例,揭示事物发生、发展的原因和规律,并以此通过演绎、推理或类比的方法,促进学生知识迁移。学生认真观察,思考原因,探求规律,理解原理,并能推广运用。演绎型课堂教学过程典型结构,如图 4-13 所示。

3) 发现型

发现型课堂适用于概念、原理和问题解决的学习。媒体提供某一事物的典型现象或过程,并利用文字或语言设置疑点或问题,提供思考或探究。教师组织学生观察,设疑提问,引导思考,激发争辩,总结概括。学生认真观察,积极思考,参与争辩,探究原因,分析特征,寻找规律。发现型课堂教学过程典型如图 4-14 所示。

4) 练习型

练习型课堂适用于事实、概念、原理的学习。媒体提供某种可观察的事物、现象或过程的资料。教师组织学生细心观察,向学生提出要求,引导学生描述被观察的对象,以加深对概念和原理的理解。学生认真观察,抓住特征,运用语言、文字符号或动作描述被观察的对象。练习型课堂教学过程典型结构,如图 4-15 所示。

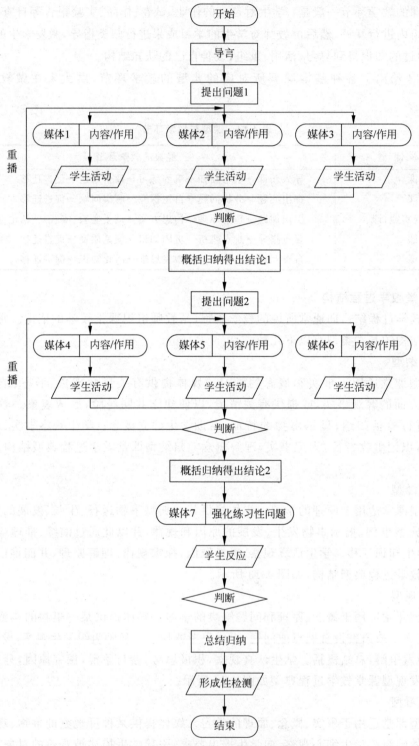

图 4-12 归纳型课堂教学过程典型结构

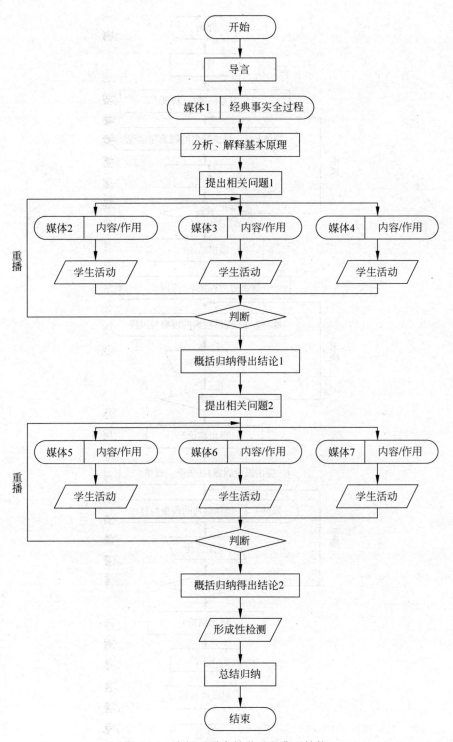

图 4-13 演绎型课堂教学过程典型结构

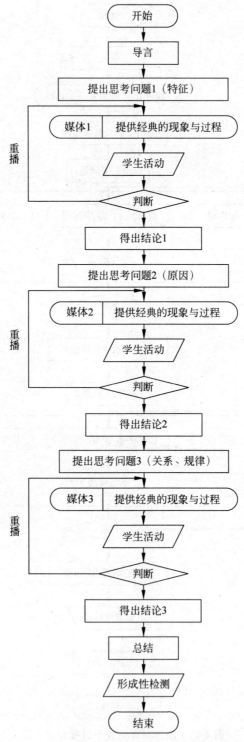

图 4-14 发现型课堂教学过程典型结构

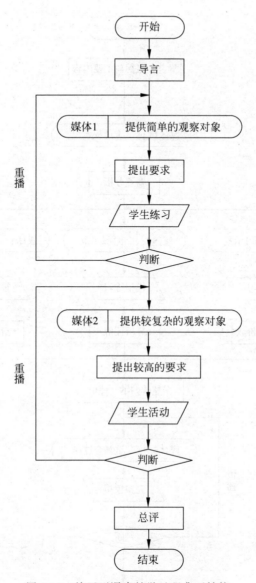

图 4-15　练习型课堂教学过程典型结构

5）示范型

示范型课堂适用于技能的学习。媒体给出学生模仿的标准行为模式，如语言、动作、书写、操作等规范行为。教师指出标准规范行为的要点、程序，组织学生模仿，纠正错误。学生掌握要领，模仿操练。示范型课堂教学过程典型结构，如图 4-16 所示。

6）控制型

控制型课堂又称为微型教学、微格教学，适用于艺术、体育、实验技能、教学实践等技能的学习。媒体记录并及时再现学生实践活动的情境，以供分析、评价。教师分析技能的基本要素，组织学生按要求进行实践，提出评价实践水平的标准。学生根据要求参加实践，观察实践过程的记录资料，自我分析，自我评价，修正错误。

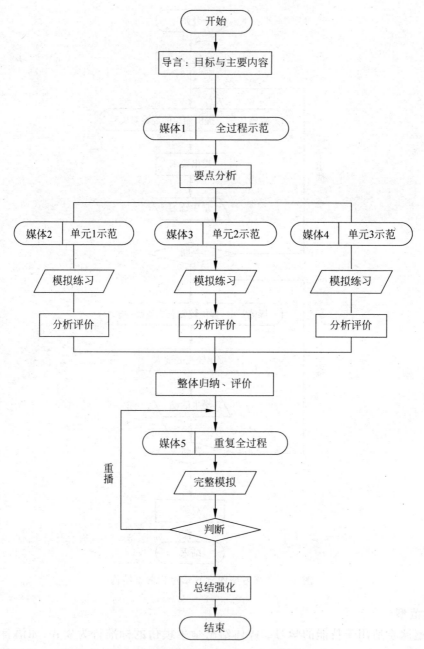

图 4-16 示范型课堂教学过程典型结构

控制型课堂教学过程典型结构，如图 4-17 所示。

4．课堂教学过程类型的优化组合

上面介绍的六种课堂教学过程类型是最基本的、典型的。

在实际教学中，课堂教学过程类型是多种多样的。在认真分析各知识点的学习目标、教学内容以及学习者特点的基础上，依据所选择的教学策略，选取最合适的基本类型。然后在一节课中，按照知识点的组织顺序把它们优化组合起来，形成不同的教学流程，如归纳—演

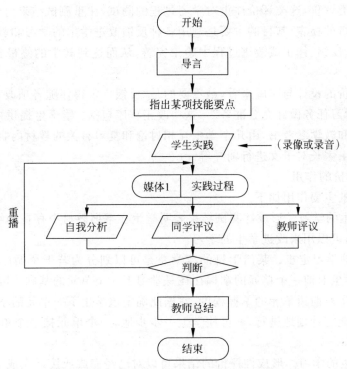

图 4-17　控制型课堂教学过程典型结构

绎型、演绎—发现型、归纳—发现—练习型、示范—练习型、练习—控制型等。

这样,经过教学设计的课堂教学过程是科学的、优化的,而且形式是丰富多彩的、生动活泼的,每节课都将会取得较好的教学效果。

4.5　课堂教学评价工具的设计

教学评价是以教学目标为依据,按照科学的标准,运用一切有效的技术手段,对教学过程及其结果进行测量,并给出价值判断。

从上述定义可以看出,教学评价的依据是教学目标,根据教学目标确定评价的标准;在评价过程中,要选用科学的、有效的技术手段来进行测量,以保证所得结果的准确性;教学评价不仅仅针对教学结果,更重要的是针对教学过程;教学评价的本质不仅是测量的结果,还是价值判断。

课堂教学的评价以形成性评价为主,主要考查学生是否达到了预期的教学目标。

4.5.1　形成性评价概述

1. 形成性评价的特点

形成性评价是指在教学进行过程中,为引导该项教学前进或使教学更为完善而进行的对学生学习结果的确定。

鉴于总结性评价考试次数少、概括水平高,只给学生的学习结果以单一的综合评分且只对已完成学习做出总结性确定,这样极易在学生中引起极度的焦虑和抵触。因此在教学中应当使用另一类评价,这类评价注重对学习过程的测试,注重测试结果对学生和教师的反馈并注重经常进行的检查,其目的主要是利用各种反馈改进学生的学习和教师的教学,使教学在不断的测评、反馈、修正或改进过程中趋于完善,从而达到教学的终极目标。这类评价就是形成性评价。

就形成性评价的设计与实施来看,最重要的是"反馈一定得伴随各项改正程序",以便使学生"为今后的学习任务做好充分准备"。这些改正程序包括:给学生提供内容相同但编写形式不同的教材和教学参考书,由几个学生互相讨论和复习有关的教材内容,教师对学生进行个别辅导以及由家长对子女进行辅导等。

2. 形成性评价的作用

形成性评价的主要作用如下。

(1) 改进学生的学习。形成性测试结果表明学生在掌握教材中存在的缺陷和在学习过程中遇到的难点,可以用来改进学生的学习。

(2) 为学生的学习定步。某门学科的教学总是可以划分为若干个循序渐进、互有联系的学习单元的,学生对前一个单元的掌握往往是学习下一个单元的基础。因此,形成性评价可以用来确定学生对前边单元的掌握程度,并据此确定该学生下一单元的学习任务与速度。如果形成性测试能有计划地进行,就可使学生一步步地(一个单元接一个单元)掌握预定的教学内容。

(3) 强化学生的学习。形成性评价的结果可以对已经完成或接近完成某一单元学习任务的学生起积极的强化作用。正面的肯定,一方面通过学生的情感反应加强了学生进一步学习的动机或积极性;另一方面,也通过学生的认知反应加固学生对正确答案(概念、法则、原理等)的认识,并在与错误答案比较中澄清、校正含糊的理解和不清晰的记忆。

(4) 给教师提供反馈。形成性评价可以给教师提供有关其教学工作效果的必要反馈。通过对形成性测试结果的分析,教师可以了解:自己对教学目标的陈述是否明确?教材的组织和呈现是否有结构性?讲授是否清晰,是否能引导学生的思路?关键的概念、原理是否已讲清讲透?使用的教学手段是否恰当?等等。这些信息的获得,将有助于教师重新设计并改进自己的教学内容、方法和形式。

在课堂教学设计表中设有形成性检测栏目,它的评价工具可能是一组形成性检测题,也可能是评价量表等。

4.5.2 形成性评价设计

1. 形成性检测题

形成性检测题是按照教学目标编制的一组检测题,用以考核学生对本节课(或本知识单元)的基本知识和基本概念的掌握程度。它不同于课堂练习和课外作业,需要教师自己设计、编制。

作为评价工具的形成性检测题在编制时,应按如下要求进行。

(1) 将每个知识点用一个或一个以上的检测题与之对应。

(2) 将每个知识点中的每个层次的学习目标用一个或一个以上的检测题与之对应。

(3) 将所有的检测题由简单到复杂顺序排列。

(4) 在满足上述三项要求的前提下,检测题要尽量精简,要求做到题量少但满足检测的需要,这就需要教师深入钻研、高度概括、精心设计。

2．评价量表

在课堂教学活动中，有时需要对学生进行过程性评价和学习成果评价，此时应该设计相应的评价量表或者问卷等评价工具。

一般评价量表应该具备评价要素、指标、权重、分级描述等几个基本构成要素，但有时可能会简化。例如，有时量表可能缺少权重或等级描述；有的量规可能不采用表格形式，而是用项目符号引领以标明各项标准；也有的量规中只给出最高（优）标准，而并不写明其他（中、差）标准。

1）设计思路

在评价量表设计的过程中，一般需要根据学习目标和学生水平来设计结构分量（主要评价指标），并根据学习目标的侧重点确定各结构分量的权重，用具体的、可操作的描述语言来说明量表中各具体分量的评价要求。

2）确定评价的主要指标

在确定评价的主要指标时，要注意以下几点。

（1）主要指标应与学习目标紧密结合。

（2）主要指标要尽可能用简短的词语进行描述。

（3）主要指标一般是一维的，即各项主要指标之间是同一层次而且是相互排斥的，不存在任何交集。

（4）所确定的主要指标整体要能够涵盖影响评价要素的主要方面。

3）设计评价指标的权重

对所选定的主要评价指标进行综合权衡，为每个主要评价指标分配权重，并对量规中各结构分量的权重（分数）进行合理设置。

结构分量的权重设计与教学目标的侧重点有直接的关系，并与评价的目的有关。一般情况下，反映主要考察目的的结构分量，权重应该高一些。而且，权重的设置要符合基本要求，即每一层次权重的总和应该等于1（即100%）。

4）描述评价的具体要求

在设计描述评价的具体要求时，要使用具体的、可操作性的描述语言，避免使用抽象、概括的语言，以免影响评价的效度和信度。

3．调查问卷

1）问卷的结构

调查问卷一般包括标题、前言、指导语、个人资料、正文和结语等几个部分。

（1）标题是对整个问卷的概括性表述，要用精练准确的语言反映问卷的内容。

（2）前言主要说明调查的目的和价值。

（3）指导语用于告诉被调查者如何回答问题，提出回答问题的基本要求；并要做出某些必要的说明，对调查者承诺保密，以解除其思想顾虑。

（4）个人资料部分包括被调查者性别、年龄、所学专业、教育程度、从事的职业等，该部分数据主要用于分类统计和归因分析。

（5）正文是问卷的中心部分，一般包括事实性问题和态度性问题两部分，有的问卷在最后还增加一项就问卷本身征询受调查者意见的内容。其中事实性问题主要指要调查了解客观存在或已经发生的行为事实，包括存在性事实和行为性事实两个方面；态度性问题主要包括情感、评价、认同、认识等。

（6）问卷的结语主要是对被访者的合作表示感谢，以及关于认真填写的请求。

2）问卷设计的要求

调查问卷在设计时要注意以下几点。

（1）问题的表述力求简单清楚，避免使用模糊的或专业性较强的术语。

（2）问题数量要适度，不宜过多。

（3）问题的措辞尽量运用中性词，避免使用导向性或暗示性语言。

（4）提供答案的选项应涵盖问题答案的所有方面。

（5）尽量避免使用否定性问题或双重否定性问题。

（6）问题排列要整齐美观，先易后难。

3）问卷设计的步骤

调查问卷的设计步骤一般有如下的顺序。

（1）根据研究的目的和假设，列举所要收集的资料，并考虑对数据如何统计分析。

（2）考虑调查的方式、被调查者的特点，以明确问卷形式。

（3）设计标题和指导语。

（4）设计问题，形成最初的问卷样稿。

（5）用问卷样稿进行小范围的试调查，以征求意见、进行测试。

（6）根据试调查所得数据进行问卷样稿的修改，完成调查问卷，正式用于调查。

4）问卷设计的原则

调查问卷设计的目的是获得所需要的有用的信息，这些信息应该真实可靠，并且易于进行统计分析。为此，要注意以下原则。

（1）整套问卷围绕同一个主题，编排要恰当。

（2）问卷用语简短、表述简明。

（3）不超出被调查者的知识能力范围。

（4）所得数据便于进行统计分析。

（5）不要暗示，不要提敏感的问题。

5）问题与答案的设计

问题的形式一般分为封闭式和开放式两种。

（1）封闭式问题即通常所说的客观性问题，主要有判断式问题、单选式问题、多选式问题、排序式问题、划记式问题、表格题等。

（2）开放式问题即通常所说的主观性问题，不提供被选答案，由被调查者自由回答，表明他对问题的看法和态度。问卷中开放式问题不能太多，一般以一两个为宜。

6）问题的编排顺序

调查问卷中的问题可以采取以下方式排序。

（1）按时间顺序。

（2）按内容顺序，先易后难。

（3）按类别顺序，静态、行为、态度。

（4）先安排封闭式问题，后安排开放式问题。

4.5.3 形成性评价的实施

形成性评价是对每节课(或知识单元)学生学习结果的判断,应在每节课后及时进行。在课堂教学设计表的形成性评价栏目中应该记录以下内容。

(1) 形成性检测题的检测结果。
(2) 在课堂教学过程中得到的反馈信息。
(3) 批改作业中发现的问题。
(4) 从检验和考试中发现的问题。
(5) 评价量表或问卷中反映的问题。

对上述反馈信息中的问题,最好当堂予以解决;如果解决不了,应该在下一节课或后续教学中及时解决,以保证教学效果的优化。

思考与讨论

1. 凭记忆画出以教为主的教学过程设计的操作程序图,并解释各个步骤的基本要求。
2. 简述先行组织者教学策略内涵。
3. 绘制教学媒体选择一般流程图。
4. 如何辨析教学结构和教学模式的概念?在课堂教学结构中如何体现教学各要素之间的相互制约、相互依存的关系?
5. 针对同一教学内容,尝试多种类型的课堂教学过程结构设计。

实践任务

根据之前选定的教学内容和前端分析,结合本章内容选择教学策略、教学媒体,设计教学过程和形成性评价,完成一份完整的以教为主的教学设计方案。

第 5 章

以学为主的教学

一般认为,自主学习是由学习者自己设定学习目标和学习内容,自己确定学习步骤和学习进度,并由自己进行监控的学习活动。

和国外的理解不同,我国的自主学习是指在教师的指导下,学习者积极主动地进行探究和知识意义的建构,并对自己负责的一种学习活动。自主学习活动有确定的学习目标、有规定的组织形式,是在教师的组织、指导、监控下,由学习者共同努力去完成的,并非完全按照学习者的意愿"自由地"去实施。

在这个教学活动中,学生通过"活动"积极探索知识、锻炼技能,形成解决问题的能力;教师通过教学设计提出要达到的学习目标、为学生创设必要的学习情境、提供学习资源、设计学习活动,并对学生的活动进行及时的监控和评价。学生的自主学习过程既可以在单独组织的探究活动中进行,也可以在课堂教学环境中进行,随着学习任务和需要的时间不同而做出选择。

5.1 教学过程设计的操作步骤

以学为主的教学过程设计的操作步骤如图 5-1 所示。

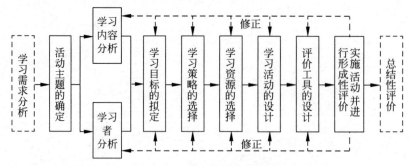

图 5-1 以学为主的教学过程设计的操作步骤

1. 活动主题的确定

在课程教学设计中确定的对学习者自主学习活动的建议,即是学习需求分析的结果,据此可以设计具体的学习活动。另外,有时根据学习者全面发展的需要,也会产生自主学习活动的学习需求,而且此时的自主学习活动一般是多学科的综合性活动。

学习者的自主学习活动可以分为两大类:①自主学习活动的内容比较单一,需要的时间很短,一般从几十分钟到几节课。这样的自主学习活动可以放在课堂教学过程中,作为某个教学环节中的一个教学活动来安排。②自主学习活动的内容比较复杂,有时甚至涉及多个学科,需要的时间较长,从几个星期、几个月到一个学期或一个学年。这时,自主学习活动就需要安排专门的时间进行,并要认真做好教学设计和学习过程的监控。

开展自主学习活动的关键是提出合适的问题,然后从问题中确定学习活动的主题。这些问题应该是真实的、比较复杂的、具有探究的意义,能够促进学习者对知识的建构和高级思维的发展。

2. 学习内容分析和学习者分析

适合于学生自主学习的内容应该以问题为中心进行组织。在学习内容分析的基础上,列出解决该问题所需学习的知识内容及其类型,以及该知识体系的结构,为学习策略的设计提供依据。

对学习者特征的分析,除了一般特征和初始能力外,要更加注意分析学习者的信息素养。要详细了解学习者对信息的意识、态度,对信息技术的知识和技能掌握的程度,运用信息技术解决问题的能力,以及学习者个体当前具备的学习环境状况。经过详细、认真地调查和分析得出结果,才能保证学习策略设计的可行性。

3. 学习目标的拟定

客观主义学习理论(包括行为主义和认知学习理论)认为学习的目的是获取知识;而建构主义学习理论认为学习的目的是建构有意义的知识体系(即知识意义的建构——理解)。

实际上,学习目标是多元结构的。它既有知识的获得,又有能力的提高和情感的升华。就知识学习而言,既有对知识意义的理解,同时也有低层次的记忆,以致高层次的应用和创新。因此,在自主学习的教学设计中,学习目标的表述除了选用行为动词外,更多地用任务的描述或学习成果的取得来表示。

4. 学习策略的选择

学习总是与一定的社会文化背景即"情境"相联系的。在实际情境下进行学习,可以使学习者能够利用自己原有认知结构中的有关经验去同化当前学习到的新知识,从而赋予新知识以某种意义。学习者是在真实的社会环境中,还是在网络或其他媒体提供的虚拟环境中进行学习,可以由教学设计给予规定,但是必须为学习者创设具体的学习情境。

在以学为主的教学过程设计中,可以为学习者选择不同的学习策略,包括各种自主学习模式和学习方法。不论是哪种学习方法,都离不开教师和学生的共同活动。教师的作用在于提出问题,对学生的学习给予指导和帮助;学生则充分发挥认知主体的作用,主动进行探索、发现和提高。

5. 学习资源的选择

学习资源包括所有能够支持学习者进行学习的工具、材料、设施、人员、机构等,从传统的教科书、印刷品到各种现代教学媒体,乃至网站、社会文化机构。在教学设计中应尽可能给出不同种类的资源,以便学习者根据自己的条件去选择、利用。必要时,还可能需要对学习资源和环境进行设计和开发。

6. 学习活动的设计

在自主学习活动中,学习者是知识的探索者和意义的建构者。不同的学习内容需要不同的学习活动,这些活动需要教师精心选择和设计,然后由学习者去完成。学习活动的设计和安排是否合适,将直接影响到学习者的学习效果。因此,学习活动的设计是以学为主的教学过程设计中的关键步骤。

在进行教学设计时,应说明学习活动的过程和步骤,包括学习者应阅读的材料、需要完成的任务,教师和学习资源中心能给予学习者支持的类型和内容,以及关于学习活动的建议等。

7. 评价工具的设计

为了使学习者了解学习任务完成后的状态,有必要让他们预先知道将如何对他们的学习过程和学习结果进行评价。

在设计方案中,应给出评价的标准——量规,即评价用的范例、材料、工具、调查问卷、活动记录表等,以及评价的方法和要求。

8. 形成性评价的实施

由学习者按照上述设计方案进行自主学习活动,并由教师和学习者共同做出形成性评价。根据反馈意见,对学习活动和教学设计方案进行修正。必要时,可以进行总结性评价。

5.2 自主学习活动主题的确定

不论设计哪一种自主学习活动,首先要确定学习活动的主题,而确定主题需要先提出要解决的问题,然后从问题中提炼出自主学习活动的主题。问题的层次、质量直接影响着自主学习活动的效果。

5.2.1 问题的分类

乔纳森将问题分为良构(well-structured)问题和劣构(ill-structured)问题两大类型。

1. 良构问题

良构问题具有明确的已知条件,并在已知条件范围内运用若干规则和原理来获得同一性的解决方法。良构问题的求解模式是以信息加工学习理论为基础的。

良构问题的特点是:①呈现问题的所有组成部分;②对学习者呈现的是良构的、有求解方法的问题(在问题陈述中规定了问题的条件);③以一种预测性的和描述性的方式明确地界定限制条件,其中包含解决问题时所需要运用的若干规则和原理;④涉及某一知识领域中某些常规的、良构的概念和规则;⑤有正确的、统一的答案,即标准答案;⑥有可知的、可理解的解决方法,决策的选择与所有问题状态之间的关系是已知的或盖然性的;⑦有一个最佳的、特定的求解过程。

2. 劣构问题

劣构问题是指具有多种解决方法、解决途径和少量确定性条件的问题。这些条件不仅不易操作,而且包括某些不确定因素,比如哪些概念、规则和原理对求解方法是必要的,如何将它们组织起来,哪种解决方法最为合适等。劣构问题的求解模式是基于一种新兴的劣构问题求解理论、建构主义和情境认知学习理论。

劣构问题的特点是:①界定不明确,问题的构成存在着未知或某种程度的不可知部分,可操控的参数/变量很少;目标界定含混不清,缺少限定。②具有多种解决方法、途径或根本不存在解决方法,亦即没有公认的解决方法,且具有多种评价解决方法的标准。③没有原型的案例可供参考,因为案例中各重要因素在不同的情境具有显著差异,又因为这些因素是互相影响的。④不能确定哪些概念、规则和原理对形成解决方案来说是必需的,又如何把它们组织起来,而且概念、规则和原理三者之间的关系在案例间的应用不一致。⑤对描述或预知大多数案例没有一般性的规则或原理,在确定恰当的行动方面没有明确的方法。⑥需要学习者表达个人对问题的观点或信念,因而解决问题的过程是一种独特的人际互动过程。⑦需要学习者对问题做出判断,并说明理由[①]。

3. 问题连续统

良构问题和劣构问题并不是完全相互独立的两个实体,而是一个问题连续统。在这个连续统中,存在有 11 种性质不同的问题,如图 5-2 所示[②]。

良构问题				问题连续统					劣构问题	
逻辑问题	算法问题	情节问题	规则运用问题	决策制定问题	故障排除问题	诊断问题	策略运用问题	个案分析问题	设计问题	两难问题

图 5-2　问题连续统

5.2.2　问题的提出

自主学习的"问题"必须是真实的、比较复杂的、具有探究意义的,而不是一些简单的验证性问题;它既可以从自然界和社会实际生活中提出,也可以从学科教学内容中经过抽象、提升而产生。问题的提出可以有两种方式。

1. 自上而下的方式

从现实生活中发现问题,然后把它再分解成若干个具体的子问题进行探究,如饥饿问题、酸雨问题、环境保护问题、金融危机问题等。用这种方式提出的问题与现实生活联系紧密,可以锻炼学习者解决实际问题的能力;但这些问题与学科知识的系统性关系不密切,学习者得到的知识可能是孤立的、零散的,而且提出的问题的价值取决于设计者的素养和对教育的理解,因此很难做到深入、多元化、系列化。用自上而下的方式提出的问题适合于以培养学习者的探究精神、体验科学研究的一般过程、没有固定学科要求的课外自主学习活动。

2. 自下而上的方式

从教学内容的知识单元(这里所说的知识单元是指若干个知识点的集合,不是指一门课程所包含的单元)中提出值得探究的单元问题(unit questions),然后据此进行归纳、综合,提升为具有挑战性的、更为深层次的基本问题(essential questions)开展探究活动。自主学习是对基本问题展开探究而不是仅对单元问题进行探究。

单元问题是从学科知识单元中引出的,是设计者为了激发和维持学习者的兴趣而精心构造的;基本问题是具有挑战性的、更为深层次的问题,能够提示一个学科内涵的丰富性和复杂性。

---

① 钟志贤,等.基于良构和劣构问题求解的教学设计模式[J].电化教育研究,2003(10/11).
② 钟志贤,等.面向问题求解的设计理论(下)[J].远程教育,2005(1).

单元问题与基本问题是下位与上位的关系。单元问题为揭示和回答基本问题提供了学科特定和主题特定的通道,通过单元问题的引导,学习者才有可能关注直指学科核心的基本问题;而基本问题与单元问题相比,更具有普遍性,但比较抽象,需要借助具体的单元问题的研究结果[①]。

以图 5-3 为例,在学习《狼和小羊》这一课时,如果只提出"为什么狼要吃小羊"这个问题(单元问题),学生经过探讨可能会对本课的中心思想有比较深刻的理解,仅此而已。如果教师能够进行抽象,从更广泛的意义上提出"自然界的生存法则是什么"的问题(基本问题)引导学生进行探索,他们得出的"适者生存"的自然法则,将有助于回答"我们为什么要学习""国家应该有军队吗""世界上为什么有战争"之类的问题,有效地促进了知识的迁移。

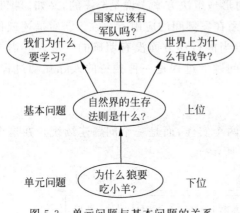

图 5-3 单元问题与基本问题的关系

5.3 自主学习模式

自主学习不是完全意义上的学习者的个体行为,而是教师和学生共同的活动。在自主学习过程中,学生通过活动积极探索知识、锻炼技能,形成解决问题的能力;教师通过教学设计提出要达到的学习目标、为学生创设必要的学习情境、提供学习资源、设计学习活动,并对学生的活动进行及时的监控和评价。在自主学习活动中,不仅涉及如何学的问题,同时还涉及如何教的问题。此时,学生的主体作用将更加明显,而教师的主导作用将更加深化,二者的作用都不能忽视。因此,在自主学习活动中仍然需要一定的教与学模式。为了和基于课堂教学的形式相区别,把自主学习活动中的教与学的模式称为学习模式。

5.3.1 基于问题的学习模式

基于问题的学习(problem-based learning,PBL)又称为问题式教学,是指把学习活动设置到复杂的、有意义的问题情境中,通过学习者的合作解决实际的(real-world)或真实(authentic)的问题,来学习隐含于问题背后的科学知识,形成解决问题的技能,并提高自主学习(self-directed learning)能力的一种学习活动[②]。通过引导学生解决复杂的、实际的问题,PBL 旨在使学习者建构起宽厚而灵活的知识基础,发展有效的问题解决技能,发展自主学习和终生学习的技能,成为有效的合作者,并培养学习的内部动机。

1. 基于问题学习的要素

要实现 PBL,应该包含下面 5 个关键要素。各个要素相互关联,缺一不可。

(1)问题或项目。PBL 的问题是整个学习过程的焦点,教师对问题设计得好坏直接影响到 PBL 中学生学习的效果。

(2)解决问题所需的技能和知识。在解决问题的过程中,学生须具备一定的学习技巧

---

① 严寒冰.学习过程设计——信息技术与课程整合的视角[M].北京:教育科学出版社,2005.
② 钟志贤.信息化教学模式——理论建构与实践例说[M].北京:教育科学出版社,2005:147.

与能力,而教师在设计问题的过程中,也应根据学生所具备的认知结构提出适合学生水平的问题,或在解决问题过程中,为学生适当提供学习所需的技巧与知识。

(3) 学习小组。PBL 中的学习小组一般以 4～6 人为宜,小组各个成员应能充分发挥个人的智力水平,共同协作提出解决问题的最佳方案。

(4) 问题解决的程序。基于问题学习的操作程序如下(见图 5-4)。

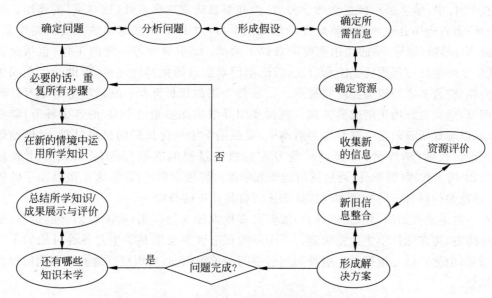

图 5-4　基于问题学习的操作程序

确定问题→分析问题→形成解决问题的假设→确定所需信息→对所收集的信息进行整理/整合/综合→形成最终的解决方案

(5) 学生自主学习的精神。在 PBL 中,学生应充分发挥自主学习的精神,积极参与学习的整个过程,教师在设计问题时应考虑到如何调动学生学习积极性的各个因素。

2. 基于问题学习的实施过程中应该注意的问题

1) 问题的设计

问题的设计应体现以下特征。

(1) 问题必须能够引出与所学领域相关的概念和原理。在设计问题时,首先要确定学生需要获得的基本概念和原理,由此出发设计要解决的问题。

(2) 问题应该是劣构的(ill-structured)、开放的(open-ended)、真实的。问题应该具有足够的复杂性,包含许多相互联系的部分,而每部分又都是很重要的。问题应该是实际问题,从而能够在学习者的经验世界中产生共鸣。

将学习置于复杂的、实际的问题情境中,学习知识的情境与以后应用知识的情境具有相似性,可以促进知识的提取;在解决问题的过程中来掌握概念、原理和策略可以促进学习在新问题中的迁移;先前学习的实例可以应用到与此类似的问题解决中。

(3) 设计的问题应该能够激发学生的动机,鼓励他们去探索、学习。

(4) 一个好的问题能够随着问题解决的进程自然地给学生提供反馈,让他们能很好地对知识、推理和学习策略的有效性进行评价,并促进他们的预测和判断。另外,从整个 PBL

的过程来看,各个概念应在几个问题中多次涉及,以便学习者建构起更灵活的知识,且避免重要概念的遗漏。

(5) 问题的选择要具体考虑教学目标以及学习者原有的知识、技能水平和动机态度等因素。

2) 教师(辅导员)的作用

在 PBL 中,学生是积极主动的学习者,这并不意味着忽视教师(辅导员)的作用。教师(辅导员)能否运用合适的学习策略促进学生的学习,对 PBL 的效果来说具有决定性意义。在 PBL 中,教师(辅导员)的作用主要涉及以下两类:①引导学习小组的工作,包括提供反馈,就学生的推理过程进行提问和启发,鼓励他们对信息的批判性评价,帮助学生在问题讨论中协调、整合基本知识与实际技能等。②支持小组的积极互动:鼓励学生对学习过程的控制调节,建立良好的小组成员关系。教师要引导学生逐步走过 PBL 的各个环节,监视小组活动,以确保所有的学生都参与到活动中,要鼓励学生外化他们的思维过程,并鼓励他们相互评论。教师(辅导员)要起到示范专家的思维过程的支架(scaffolding)作用和教练(coach)作用。教师(辅导员)通过提出能激发学生的深层理解的问题,来示范高水平的思维技能,示范如何对自己的推理和理解技能进行自我评价的技能。

在小组活动开始时,教师(辅导员)需要更多地发挥支持作用,而随着活动的进行,他会慢慢地隐退,更多地让学生独立探索。一个好的促进者不会限制学生对各种可能的未知领域的探索,但他会精心地把学生引导到问题空间的关键侧面,从而更好地利用问题所提供的学习机会。

3) 小组合作解决问题

小组合作解决问题是 PBL 的一个重要特征。小组成员通过讨论来分析问题、解决问题,同时又有所分工,分别就某个子问题做更多地钻研,而后汇总各方面的信息,运用到问题解决中。这种合作具有以下意义:①学生围绕问题进行讨论可以激活学生有关的先前知识,在原有知识背景与当前信息之间生成更多的联系;②讨论可以使学生的思维过程外显化,学生会经常感受到观点的冲突,从而可以更好地进行反思和评判;③通过小组合作,可以把解决问题所带来的认知负担(cognitive load)分散到各个小组成员的身上,学生分别负责某个学习要点,就可以变成某个主题上的"专家",通过合作,他们可以解决单个学生无法解决的问题。由于问题本身具有较为丰富的内涵,这使所有的学生都有参与探索的机会,而且需要对问题生成深层的理解,而后再将各个方面的见解集合起来,实际上是共同建构知识的过程。

4) 反思概括的重要性

在 PBL 的过程中以及 PBL 的结尾,学生需要对自己以及他人的思维过程和结果做反思。比如,在 PBL 的最后,学生要反思自己学到了什么,自己在小组活动中做了些什么,自己是怎样调节自己的学习的。如果自我评价是否定的,那么就要考虑以后如何改进,等等。反思概括具有以下意义:①将新知识与原有的理解联系起来,有意识地提炼出概括性的知识,防止知识变成惰性的、过于受情境的限制;②理解如何把具体策略应用到新的任务中;③理解他们使用过的思维和学习策略。通过反思概括,将相关概念、具体技能、策略与当前的问题类别联系起来,学习者可以对这一问题形成更协调一致的理解,对知识的迁移来说是至关重要的。

5.3.2 基于主题的学习模式

基于主题的学习(theme-based learning,TBL)又称为主题式教学,是指学生围绕一个主题(theme)通过充分发掘和利用各种不同的资源,并遵循科学研究的一般规范和步骤而进行的学习模式。其目的是提高学习者问题解决、探究和创新的能力,促进学习者的学科素养和信息素养同时得到提升[①]。

在这种学习模式中,主题是学习的核心,而围绕该主题的结构化内容成为学习的主要对象。主题的确定可以从学科知识、社会(政治、历史、经济、文化、生活、信息、国际关系等)现象、自然环境中选择,要注意符合学习者的认知结构,充分调动学习者的兴趣,使他们能够积极地投入学习活动中。

1. 基于主题学习的特征

1) 资源利用的广泛性

基于主题的学习需要大量的资源,无论何种形式的媒体,只要对学习有帮助,都是有用的学习资源。

2) 主题的情境性

资源并不能直接用来解决主题所生成的真实问题,学习者必须先将资源进行加工处理,内化为自己的知识,再利用知识解决问题。这个加工处理的过程就是情境化(contextualized)的过程。资源通过主题而聚集,经过学习者情境化后,才能服务于主题。

3) 跨学科性

基于主题的学习突破了学科本位,需要多学科知识的综合,将各门相关学科的相关内容综合利用,采用模拟研究的方法解决真实的问题。这种学习既提高了学生的学习兴趣,又培养了学生融会贯通知识的能力,从多角度、多层面思考问题的能力和习惯。

4) 任务驱动性

在一个大主题的前提下,学生通过解决大主题带来的一个个问题而达到学习目标。有问题就会带来任务,分析、解决与自身生活密切相关的真实问题,容易使学生积极投入学习过程,获得一种成就感。

5) 探究性

探究是基于主题学习的核心手段、方式和方法。在学习过程中,强调自主探究和协作探究,让学生在问题求解的过程中学会综合利用知识、内化知识,倡导学生积极动手、动脑,使学生真正愿意学,体会如何学。

6) 反思性

在基于主题的学习过程中提倡行动研究,注重利用新的评价观对学习过程进行评价,要求学生和教师在学习过程中不断反思,完善探究学习过程。

2. 基于主题学习的一般过程

基于主题学习的一般过程为:提出主题→设置任务(问题)→积极探究→成果展示→评价反思。

5.3.3 基于项目的学习模式

基于项目的学习(proJect-based learning,为了和基于问题的学习 PBL 相区别,简称

---

① 钟志贤.信息化教学模式——理论建构与实践例说[M].北京:教育科学出版社,2005:86-87.

PJL)又称为项目式教学,是以学习/研究某种或多种学科的概念和原理为中心,以制作作品并将作品推销给客户为目的,在真实世界中借助多种资源开展探究活动,并在一定时间内解决一系列相互关联问题的一种学习模式①。

1. 构成要素

基于项目的学习模式主要由内容、活动、情境、结果四个要素构成。

(1) 内容。PJL模式的主要学习内容是在现实生活和真实情境中表现出来的各种复杂的、非预测性的、多学科知识交叉的问题,其中包括学科的核心概念和原理。

(2) 活动。PJL模式的活动主要指学生采用一定的技术工具和研究方法,对问题求解所采取的探究行动。在活动中要设计生动有效的学习策略,如有一定难度的问题、收集资料的途径、对收集到的资料进行加工和完成作品的建议等。

(3) 情境。PJL模式注重促进学生之间的合作学习,同时也支持学生的个别化学习。在设计情境时,要注意促进学生个人与个人、个人与社会团体之间的合作,鼓励学生使用并掌握技术工具。

(4) 结果。PJL模式强调促进学生掌握丰富的工作技能并将这些技能运用到终身学习中。学习成果主要包括作品(研究报告和其他成果)、运用知识的技能和策略,以及成功开展工作的态度和信念。

2. 基本特征

基于项目的学习模式的基本特征如下。

(1) 有一个驱动性的问题。该问题是用来组织学习活动的,而学习活动是有意义的基于项目学习的主题。

(2) 有最终完成的作品。基于项目的学习结果要完成一个或一系列作品,学生在作品完成的过程中,要进行交流和讨论,会不断得出结论和产生新的问题,学习将会随之不断地深入。

(3) 多种学科知识的交叉。在学习和完成作品的过程中,面对来源于现实生活的问题,需要综合运用多学科知识来解决,必将会促进学生综合能力的发展。

(4) 强调学习活动中的合作。在学习活动中,教师、学生以及涉及该项活动的其他人员,组成一个"学习共同体",形成了一种密切合作的关系。

(5) 在现实情境中进行探究。要求学生对现实生活的问题进行探究,通过探究使学生获得学科知识的核心概念和原理,并掌握一定的技能。

(6) 运用多种认知工具和信息资源。在学习过程中,学生使用各种认知工具和信息资源来表达观点,支持学习,有利于学生信息素养的提高。

3. 操作程序

PJL模式的操作程序有以下六个步骤:选定项目→制订计划→活动探究→作品制作→成果交流→评价反思。

5.3.4 基于案例的学习模式

基于案例的学习(case-based learning,CBL)又称为案例式教学,它是根据一定的教学目标,以合适的案例为载体,由学习者在真实的问题情境中进行探究,以促进其决策能力、问

---

① 钟志贤.信息化教学模式——理论建构与实践例说[M].北京:教育科学出版社,2005:113-117.

题求解能力,以及口头与书面的表达能力提高的一种学习模式。教师是学习的指导者,引导学习者探讨案例中复杂而意义深刻的或有争议的问题;学习者积极主动参与学习过程,认真观察、倾听、回答问题、响应挑战,探究解决问题的方法、做出假设和归纳总结。

1. 案例式教学的意义

案例式教学可以促进学习者的群体思考,增强主动学习的动机;同时发展学习者的批判性思维、提升科学探究能力、问题解决能力;还可以帮助学习者深刻理解教学中的疑难问题,深入分析和反思学习过程,形成反思的行为习惯。

2. 案例式教学的要素

在案例式教学的过程中,只有"案例、教师、学生"三个要素相互配合、相互促进,才能取得理想的教学效果。

1) 案例

好的案例能够提供足够的信息,能够引发多层次的讨论分析和行动,引导学生批判分析,以及仔细规划行动的技巧。优秀的案例必须能够反映真实的教学情境,一方面让学生加深对原理和概念的理解,另一方面促使学生思考解决其中存在的问题。案例应该具备以下特点。

(1) 故事性。事件发生的时间、地点、人物俱全,按一定结构展示出来。

(2) 趣味性。有趣的情节能激发学生的兴趣,并将注意力集中在论题上。

(3) 时效性。最好选取近期发生的事情,以增强现实感。

(4) 真实性。应该是真实的事件、真实的场景描述。

(5) 问题性。应该能够呈现疑难的问题,有探索的价值。

2) 教师

作为教师,必须具备倾听、回应和沟通的能力,以引导学生进行案例探究,促使学生针对案例发展进行深入洞察和批判分析。为此,教师应该:①熟悉案例(教材)内容;②善于引导案例讨论;③做好课堂教学管理;④鼓励有效的小组学习活动;⑤运用多元化评价方法。

3) 学生

案例式教学要求学生必须在课前投入充足的时间,详细阅读案例并思考,以便在小组和班级讨论中积极发言和进行深入探究。在解决问题的过程中,有可能遇到不确定或没有标准答案的经历,容易产生畏惧和焦虑,无法将案例与教学内容结合。此时学生需要运用自我调节能力减轻学习压力,激发求知欲望,提升认知水平。

3. 案例式教学的过程

案例式教学的过程分为课前的准备、课中的教与学和课后的反思评价三部分,教师与学生的活动如表5-1所示。

表5-1 案例式教学的过程

角色	课 前	课 中	课 后
教师	熟悉案例内容;确定教学重点和难点;设计教学实施过程	了解学生对案例的掌握程度;调控课堂案例讨论过程;观察学生课堂的表现	对学习过程和结果进行评价;反思
学生	对案例进行仔细分析和思考;准备自己的发言	倾听;发言;积极参与讨论和探究	对案例内容的评价和参与度的评价;反思

5.4 学习者个体的学习策略

学习策略(learning strategies)通常是指学习者为了提高学习的绩效,对信息进行编码、分析和提取的智力活动,是选择、整合、应用学习技巧的一套操作过程。主要包括有目的、有意识地制订的有关学习过程的复杂方案——由规则、方法、技能等构成的学习计划。

5.4.1 学习策略的特点

学习策略主要有以下五个特点。

(1) 计划性。学习者采用学习策略都是有意识的心理过程。开始学习时,学习者先要分析学习任务和自己的特点,然后根据这些条件,制订适当的学习计划。

(2) 主动性。对于学习任务,学习者总是在有意识、有目的地思考学习过程的计划,主动地采取有效的学习策略。

(3) 有效性。良好的学习策略可以促进学习者有效地学习,提高学习的效果和效率。

(4) 过程性。学习策略是有关学习过程的策略。它规定学习时做什么不做什么、先做什么后做什么、用什么方式做、做到什么程度等诸多方面的问题。

(5) 程序性。学习策略是学习者制订的学习计划,由规则、方法和技能构成。每一次学习都有相应的计划,针对学习内容的不同,选用的学习策略也不相同。

5.4.2 学习策略的分类

常用的学习策略分类方法有两种。

1. 丹瑟路的分类

丹瑟路根据学习策略所起的作用,把学习策略分为基本策略(primary strategy)和支持策略(support strategy)两类。基本策略是指直接操作材料的各种学习策略,主要包括信息的获得、存储、信息的检索和应用的策略。支持策略主要指帮助学习者维持适当的认知氛围,以保证基础策略有效操作的策略,包括计划和时间的筹划、注意力分配与自我监控和诊断策略。

2. 迈克卡尔的分类

迈克卡尔认为学习策略由认知策略、元认知策略和资源管理策略三部分组成。

认知策略的概念最早是由布鲁纳提出来的,后来加涅把认知策略看作一种智慧技能。这里讲的认知策略,主要是指在信息加工过程中,为了更好地获得、储存、提取、运用信息等所采用的各种方法和技术。它包括组织策略、精细加工策略和复述策略。

在学习的信息加工系统中,存在着一个对信息流动的执行控制过程,它监视和指导认知活动的进行,它负责评估学习中的问题,确定用什么学习策略来解决问题,评价所选策略的效果,并且改变策略以提高学习效果。这种执行控制功能的基础是元认知。因此,元认知策略包括元认知认识策略、调节策略、监控策略和计划策略。

资源管理策略包括时间管理策略、努力与心境管理策略、环境设置策略和社会性人力资源的利用策略等。

3. 两种分类的对比

把丹瑟路的分类与迈克卡尔的分类相对照，可以看到，丹瑟路的基本策略对应着迈克卡尔的认知策略，丹瑟路的支持策略对应着迈克卡尔的元认知策略和资源管理策略，如图 5-5 所示。

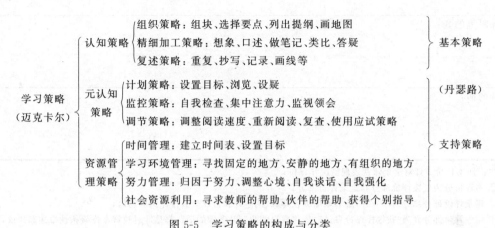

图 5-5　学习策略的构成与分类

5.5　自主学习评价

与课堂教学形式相比较，自主学习的评价更加关注学习过程，体现为评价主体、评价评价内容、评价方法、评价工具的多元化。

在自主学习过程中，学生的学习不仅仅由教师进行评价，还需要由学生自己和学伴（同学）进行；评价的内容不仅仅是成绩，还包括学习的过程和学习任务完成的情况；评价的方法不仅仅注重量化评价和测验，同时重视质性评价（如成长记录袋评价法、表现性评价法）的方法；评价的工具不仅仅使用测试题，将更多地使用评价量规（量表）、问卷、档案袋等。

5.5.1　学习过程评价工具范例

1. 学生课堂表现评价量规

表 5-2 和表 5-3 是两个常见的学生课堂表现评价量规。

表 5-2　学生课堂表现评价量规（一）

项目	A级（90～100分）	B级（70～90分）	C级（70分以下）	个人评价	同学评价	教师评价
听课情况	认真听课，没有走神、讲闲话等现象	听课比较认真，偶尔有走神、讲闲话等现象	听课不认真，走神、讲闲话现象比较严重			
发言情况	积极举手发言，并有自己的见解	能举手发言，答案中自己的思维较少	很少发言，不表达自己的观点			
合作学习	善于与人合作，虚心听取别人的意见	能与人合作，能接受别人的意见	缺乏与人合作的精神，难以听取别人的意见			
课堂作业	认真迅速地完成作业，作业质量高	能完成作业，速度比较慢或质量一般	不能按时完成作业			

续表

我这样评价自己：

伙伴眼里的我：

老师的话：

注：① 本评价表针对学生课堂表现情况作评价；
② 本评价分为定性评价部分和定量评价部分；
③ 定量评价部分总分为100分，最后取值为教师评、同学评和自评分数按比例取均值；
④ 定性评价部分分为"我这样评价自己""伙伴眼里的我"和"老师的话"，都是针对被评者作概括性描述和建议，以帮助被评学生的改进与提高。

表 5-3　学生课堂表现评价量规（二）

项目	A级	B级	C级	个人评价	同学评价	教师评价
认真	上课认真听讲，作业认真，参与讨论态度认真	上课能认真听讲，作业按时完成参与讨论	上课无心听讲，经常欠交作业，极少参与讨论			
积极	积极举手发言，积极参与讨论与交流，大量阅读课外读物	能举手发言，参与讨论与交流，阅读课外读物	很少举手，极少参与讨论与交流，没有阅读课外读物			
自信	大胆提出和别人不同的问题，大胆尝试并表达自己的想法	提出自己的不同看法，并做出尝试	不敢提出和别人不同的问题，不敢尝试和表达自己的想法			
善于与人合作	善于与人合作，虚心听取别人的意见	能与人合作，能接受别人的意见	缺乏与人合作的精神，难以听进别人的意见			
思维的条理性	能有条理地表达自己的意见，解决问题的过程清楚，做事有计划	能表达自己的意见，有解决问题的能力，但条理性差些	不能准确表达自己的意思，做事缺乏计划性、条理性，不能独立解决问题			
思维的创造性	具有创造性思维，能用不同的方法解决问题，独立思考	能用教师提供的方法解决问题，有一定的思考能力和创造性	思考能力差，缺乏创造性，不能独立解决问题			

续表

我这样评价自己：

伙伴眼里的我：

老师的话：

注：① 本评价表针对学生课堂表现情况作评价；
② 本评价分为定性评价部分和定量评价部分；
③ 定量评价部分总分为 100 分，最后取值为教师评、同学评和自评分数按比例取均值；
④ 定性评价部分分为"我这样评价自己""伙伴眼里的我"和"老师的话"，都是针对被评者作概括性描述和建议，以帮助被评学生的改进与提高。

2．学生学习评价量规

表 5-4 是一个常见的学生学习评价量规。

表 5-4　学生学习评价量规

评语	出　勤	参 与 程 度	作 品 质 量
及格	完成学习要求数量的课时	积极参加活动，特别是：①一贯付出努力；②与同伴合作实现共同的学习目标，而且采用比自己单独完成任务更好的方式	表现出：①运用信息技术的能力；②知道媒体和要表达的意思之间的关系；③贴近受众（与"学生作品质量评价指标"结合使用）
很好	参加所有的课时	学生始终如一地投入课堂活动。学生进行小组分工，平等地为作品做出各自的贡献。学生自由地分享观点，创造出反映集体努力的最后成果	学生的作品能够：①有效地使用技术达成目的（信息技术）；②整合不同的媒体，如文本、图形、动画、音效，通过制作、合成、演示来表达观点和信息（媒体与意义）；③创造出信息明确，吸引受众的作品（受众）
不错	参加大多数课时，只缺课一至两次	学生一般情况下都能投入活动。成员分别以不同的角色参与小组合作。能分享一些观点。大部分组员能履行责任	学生的作品表现出中等水平：①信息技术的能力；②知道媒体和要表达的意思之间的关系；③贴近受众
有待改进	缺席超过两次，但是能够补上错过的单元，仍旧学习了课程内容	学生在大部分活动中都比较努力，并且认识到他和同伴是一个合作的小组，基本能够共享观点并承担责任	学生的作品表现出基本水平：①信息技术的能力；②知道媒体和要表达的意思之间的关系；③贴近受众

3．小组成员自评价量规

表 5-5 是一个常见的小组成员自评价量规。

表 5-5 小组成员自评价量规

专题名称：

自评人员：　　　　　　　　　　　　　　　　　　　评量日期：　　年　月　日

使用说明：请依据专题学习时，自己对专题的贡献与小组队友的合作表现情形，参照下列得分等级的意义，在各题后面的□打√，最低为 1 分，最高为 5 分。

5＝非常好；4＝有点好；3＝普通；2＝有点不好；1＝非常不好

评量项目：	5	4	3	2	1
1. 我提供了具有价值的专题议题。	□	□	□	□	□
2. 我会接纳小组其他成员的意见。	□	□	□	□	□
3. 我积极并按时完成分派到的工作。	□	□	□	□	□
4. 我会遵守大家制定的规则推行学习活动。	□	□	□	□	□
5. 我会寻求更多的支持来参与专题的工作。	□	□	□	□	□
6. 我会主动参与学习或讨论。	□	□	□	□	□
7. 我会主动给予其他成员必要的协助。	□	□	□	□	□
8. 我会准时参与小组学习或讨论。	□	□	□	□	□
9. 我随时提供专题研究所需的新资讯。	□	□	□	□	□
10. 我能针对专题研究结果提出清楚的报告。	□	□	□	□	□

总分：

4. 学生自我评价量规

表 5-6 是一个常见的学生自我评价量规。

表 5-6 学生自我评价量规

评价层面	评价项目	评价内涵	等		级	
心智发展层面	思考品质	1. 能留意案例中的主要概念	5	4	3	2
		2. 能包容其他同学所提出的意见及想法	5	4	3	2
		3. 能分辨意见、假设与事实间的区别	5	4	3	2
		4. 能包容对立的资料	5	4	3	2
		5. 能举出例子以支持其意见	5	4	3	2
		6. 能对资料做出说明	5	4	3	2
		7. 在学习的过程中具有创造力	5	4	3	2
		8. 能将思考运用在日常生活中	5	4	3	2
技能层面	沟通能力	用文字的方式将想法表达出来	5	4	3	2
		用口语的方式将想法表达出来	5	4	3	2
	研究能力	能有效搜集、组织资料	5	4	3	2
		能正确地引出及记录信息	5	4	3	2
	人际能力	能注意别人的意见	5	4	3	2
		能协助并促进小组讨论	5	4	3	2
态度层面	个人眼界	持正面的看法	5	4	3	2
		能包容含混不清的言论	5	4	3	2
		能从客观的角度看问题及主题	5	4	3	2
	信念/价值	透过行为的表现显示出其信念	5	4	3	2
	自我评鉴	能以开放的态度进行评鉴	5	4	3	2
		有技巧地进行自我评鉴	5	4	3	2

5. 学生参与程度评价量规

表 5-7 是一个常见的学生参与程度评价量规。

表 5-7　学生参与程度评价量规

项　目	评 价 细 则	等　　　级
小组讨论	愿意参加小组学习	5　4　3　2
	喜欢与小组同学共同讨论问题	5　4　3　2
	在小组讨论中,乐于表达自己的观点	5　4　3　2
	在小组讨论中,充分发表自己的意见	5　4　3　2
	在小组讨论中,吸取其他同学的观点	5　4　3　2
	在小组讨论中,我的意见被采纳	5　4　3　2
班级讨论	对教师提出的问题感兴趣	5　4　3　2
	主动在课堂上提出问题	5　4　3　2
	愿意面对全班同学发表自己的观点	5　4　3　2

6. 学习过程评价量规

表 5-8 所示是一个常见的学习过程评价量规。

表 5-8　学习过程评价量规

评价内容	标　　准	小组自评 1↔5	教师评价 1↔5	其他 1↔5
研究对象的确定(10)	研究对象具有积极的社会意义			
	研究对象及研究主题具有可行性			
研究过程及研究方法(25)	有明确可行的研究计划			
	文献检索和资料搜集是否充分、准确、有针对性			
	资料分类科学,管理有效并便于检索使用			
	资料的加工、制作水平			
	对资料研究、讨论的深度以及与研究主题的关联程度			
态度(5)	积极性和责任心			
协作(10)	活动中团结协作的精神			
	与组员协调、合作的能力			
问题解决能力(25)	根据任务进行规划的能力			
	根据任务需要独立收集资料的能力			
	对资料进行分析、研究的能力			
	设备、软件等操作的熟练程度			
	制作作品的能力			
收获和进步(25)	语文方面的知识、技能			
	信息素养方面			
	信息技术操作			
	问题解决的方法			
	创新精神和实践能力			
总分				

注:① 每位评价者根据被评价者的具体表现与各评价标准的符合程度分别给予 1~5 分。
② 如其他小组或同学、学生、家长等,可根据评价者的数量在后面添加相应数量的列。

7. 学生参与探究活动评价量规

表 5-9 和表 5-10 是两个常见的学生参与探究活动的评价量规。

表 5-9 学生参与探究活动的评价量规（一）

评价指标及权重	A(10)	B(8)	C(6)	D(4)
参与程度 (0.4)	积极参与探究的整个过程，按时完成自己的任务并关心小组探究的进展，积极出谋划策，主动取得教师、家长或社会其他单位的支持	主动参与探究，关心小组工作的进展，能完成自己的任务	主动参与探究，只关心自己的任务，偶有懈怠表现	在活动中比较被动，不关心活动的进展，对自己的任务不尽心
探究技能 (0.3)	能从具体复杂现象、情境中提出探究的问题；能针对探究目的和条件设计并进行科学研究；能收集、分析和解释资料，能运用证据进行解释和对解释及过程进行评价；能运用证据进行描述、解释、预测和构建模型，能将解释建立在观察结果的基础上；能通过批评性和逻辑性思维建立证据与解释之间的关系；具有交流和辩护能力，能承认并分析其他解释方案和模型	能提出问题、并界定探究内容，能设计探究方案，对完成的探究活动能大致进行解释，并与他人共同交流与探讨	能理解他人提出的探究问题，能设计探究的大致方案，在执行方案时经他人帮助能修改和完善方案。能描绘自己的探究过程与结果，但不能进行解释。能对他人的探究结果提出问题	对他人提出的探究问题理解需要帮助，不能完成探究方案的设计，只能执行他人设计的方案；表达能力较弱，不能解释结果，一般不能对他人的探究进行质疑
合作精神 (0.1)	与小组成员愉快合作，表现出较强的组织协调能力，一般是小组的领导者	与小组成员主动合作，积极配合小组活动，是小组的核心成员	能与小组成员合作，能配合一些活动，偶有离群表现	被动合作甚至不合作，任务是他人布置的，而且需要别人的监督和指导
创新实践 (0.1)	善于将自己的设想通过实践解决，有一定的动手能力，且有一定的成果表现	肯动手实践，有一定的动手能力	动手实践的工作需要他人的布置和指导	缺少动手能力，拒绝动手实践
交流与评价 (0.1)	具有很强的交流意识，能正确评价自己和他人，能论述自己的探究过程和结果，并能很好地解答他人的提问，对他人的探究结果能提出较深刻的问题，并展开民主讨论	有交流的意识，对自己的探究过程和结果能大致进行解释和评价；能对他人的探究结果质疑	在交流与评价过程中较少发表自己的观点，一般是跟随某人的观点；能简单回答他人的一些问题但不能进行解释	一般是交流与评价的旁观者，不能解说自己的探究，不能对自己的和他人的探究过程和结果进行交流和评价

表 5-10 学生参与探究活动的评价量规(二)

编号	评价项目	评价内容	评价标准
1	桥梁历史	能说出桥梁的发展史	□优良 □良 □不错 □尚可 □再加油
2	桥梁种类	知道有四种：梁式、拱式、斜拉、悬索	□优良 □良 □不错 □尚可 □再加油
3	桥梁结构	能说出桥梁的基本结构	□优良 □良 □不错 □尚可 □再加油
4	桥梁之最	知道几个主要的桥梁之最	□优良 □良 □不错 □尚可 □再加油
5	桥梁专家	知道茅以升及其他桥梁专家为我国桥梁事业做出的贡献，并向他们学习	□优良 □良 □不错 □尚可 □再加油
6	小说或传奇故事	想象丰富，文笔流畅	□优良 □良 □不错 □尚可 □再加油
7	考察报告	内容翔实，有独特见解	□优良 □良 □不错 □尚可 □再加油
8	诗歌	能写几句小诗	□优良 □良 □不错 □尚可 □再加油
9	地图标注	能够标出市内 10 座桥	□优良 □良 □不错 □尚可 □再加油
10	读书报告	有自己的体会	□优良 □良 □不错 □尚可 □再加油
11	词典	内容丰富，准确	□优良 □良 □不错 □尚可 □再加油
12	统计图表	数据真实可靠	□优良 □良 □不错 □尚可 □再加油
13	立交桥的示意图	有创意，有很好的可行性	□优良 □良 □不错 □尚可 □再加油
14	桥的模型	取材节约、精致、美观	□优良 □良 □不错 □尚可 □再加油
15	照片	构图	□优良 □良 □不错 □尚可 □再加油
16	一封信	信中向家长介绍自己的学习成果	□优良 □良 □不错 □尚可 □再加油
17	给市长的电子邮件	能说出自己可行、独到的见解	□优良 □良 □不错 □尚可 □再加油

8. 网络协作学习个体绩效评价量规

表 5-11 是一个常见的网络协作学习个体绩效评价量规。

表 5-11　网络协作学习个体绩效评价量规

评价元素		标准描述	好	中	差
意识		能正确认识协作学习的作用,并能养成协作学习的习惯			
态度		能乐意接受网络小组分工,积极参与网络小组活动			
知识准备	社会知识	能明了网络小组内的社会关系,如我在小组中是什么样的角色、其他人又扮演什么样的角色			
	任务知识	具备完成任务的一般知识,如我对任务了解有多少、完成任务还需多少时间、应该采取什么步骤来完成任务			
	概念知识	能正确评价自己已有的知识及其应用方法、完成某个特定任务还需拓展哪些知识			
	工作空间知识	能通过对学习伙伴的学习和交互情况的跟踪,了解同伴的学习活动进展情况			
人际交流技能	信赖/理解	在与他人(同学、教师、专家等)交流中,能体会到安全感,并对他人产生信任感,愿意提供建设性意见和反馈信息			
	接受观点	能有目的性的接受;能抵御干扰,如噪声、景象和他人影响,避免精力分散,专注于对方			
	提炼观点	能在所接受的观点中,找出对方的重要主题,提炼出有用信息,形成自己的观点			
	提供观点	能有效地自我表达;能用贴切的语言明晰地表达出自己的想法与观点			
人机交互技能	信息获取	按照一定逻辑顺序筛选无序的信息,找出有用信息,形成自己的观点			
	信息分析	找到信息之间的关联,综合应用于实践;对信息评价合理、公正;有科学的评价标准			
	信息加工	按多种标准对信息排序,信息查找方便;信息传输及时;交流、反馈及时			
	信息利用	有效地利用信息来解决学习中的各种问题,如能不断地自我更新知识、能用新信息提出解决问题的新方案等			
交互质量		发言积极;能对某一问题进行深度交流;能为小组提供有价值的观点;所提出的观点有充足的证据;能对他人观点进行积极反思			
评估能力		能评估小组其他成员的知识、观点和技能,并鼓励他们用这些才能为小组做贡献;思考并评价小组在达到共同目标中的有效性			
职责履行		在学习过程中,能自觉地履行自己的职责;能积极主动地帮助小组设定和达成目标			
个体学习成果		完成所分配的任务;达成事先设立的学习目标;取得相应的学习成果			

9. 网络协作学习小组绩效评价量规

表 5-12 是一个常见的网络协作学习小组绩效评价量规。

表 5-12　网络协作学习小组绩效评价量规

要素		标准描述	好	中	差
一般特征	归属感	网络小组成员间能互相欣赏，彼此满意，都能建立起有助于个人发展的成员友谊；小组具有凝聚力、向心力			
	信任感	网络小组成员之间能相互信任/影响；成员对小组有安全感和信任感；成员在小组中都能畅所欲言，直言不讳			
	互惠感	网络成员都能够相互受益，彼此强化/共享价值观念			
	分享感	网络小组成员都能超越时空和心理的阻碍，不仅与组内还与组间的学习伙伴分享学习的体验/结果，达到情感的分享			
过程特征	目标管理	能根据总体目标及成员特征设定网络协作小组学习目标；小组目标合理、明确、科学，具有可操作性			
	成员管理	能根据小组目标及成员特征进行分工；小组分工合理，成员职责明晰；小组有自己的成员激励措施、管理办法；个别成员的行为出现偏差时能对其进行有效调控；能维持成员间良好的合作关系			
	任务管理	能根据小组目标及成员特征选择恰当的学习任务；能选择和组织激发成员兴趣、提高向心力的学习活动；能依据具体任务，提供各方面资源支持，实现自我更新；在学习过程中，能依据各方面的反馈信息及时调整小组目标和行为			
	时间管理	能依据实际情况安排和分配时间；时间使用科学、合理、有效；能在单位时间内完成相应的学习任务			
小组学习成果		能积极有效地履行网络小组的职责；完成所分配的任务；达成事先设定的学习目标；取得相应的学习成果			

10．小组汇报评分量规

表 5-13 是一个常见的小组汇报评分量规。

表 5-13　小组汇报评分量规

汇报组别		汇报主题			
汇报人		评价者		评价者组别	
一级指标		二级指标		分值	得分
作品的内容（55 分）		观点明确，设计的方案有一定的创造性		15	
		条理清晰		10	
		内容无科学性错误		10	
		内容完整		10	
		体现了"人与自然"和谐共处的观点		10	
作品的制作水平（15 分）		排版合理		4	
		无链接错误		3	
		界面美观		3	
		能恰当地使用多媒体元素（如图片、音频、视频）		5	
汇报者的表现（10 分）		表情自然		2	
		表达清晰		2	
		回答问题有针对性		4	
		能在规定时间内完成		2	

续表

一级指标	二级指标	分值	得分
小组协作学习（20分）	小组成员能和谐相处	6	
	回答问题时组员间能发挥合作精神	7	
	该小组成员在研究过程中给了其他小组帮助	7	

听完汇报后我的问题：

评价意见：
  优点：

  需改进之处：

注：此表算出的是小组成员的平均分数，个人分数还得根据小组成员互评量表和回答问题的情况来调整。

11．主题学习评价量规

表5-14是一个常见的主题学习评价量规。

表5-14 主题学习评价量规

评价项目	典　范	优　秀	良　好	合　格
资料选择与引用	资料选择建立在广泛的基础上，但引用全面精确。引用正确无误，并能详细注明出处与资料的性质	能引用5项以上资料，3项以上准确。引用正确，出处说明详细，资料性质基本正确	能引用3～4项资料，引用2项准确。能注明出处，资料的性质判断不够准确	能引用1～2项资料，引用只有1项准确。注明出处，但未写出具体作者与资料的性质
问题论证与解决	论证推理合乎逻辑，论据有力，比较充分。对问题本身的分析准确、全面、细致，结论合理，表达充分且恰当	论证推理基本合乎逻辑，比较恰当，但不充分。对问题本身分析准确，但不够全面、细致，表达恰当但不充分	有论证，有论据，有比较。对问题本身的分析基本准确，但不全面，也不细致，表达有一些不够恰当	有论证，有论据，但没有比较。对部题本身有分析，有结论
报告结构与特色	报告结构清晰，主题明确，阐述史论结合。能恰当运用图片说明问题，报告设计有个性	报告结构基本清晰，主题明确，能恰当运用史料。能运用图片说明问题，报告设计有特点	主题明确，但结构不够清晰，运用史料不够恰当。能运用图片说明问题，报告设计符合规范	报告主题明确，但结构不够清晰。能运用图片，但作用不够明确，设计基本符合要求
合作与交流	合作目标与责任明确，效率高。讨论充分，相互尊重与分析对方的观点，并能妥善处理矛盾	合作目标明确，有分工，效率高。讨论充分，有时能尊重不同意见，矛盾得到解决	合作有目标，有分工，但不够明确，效率一般。能进行讨论与协商，能认可合作中的矛盾，但不会主动处理	能够合作，但无分工与责任，效率不高。能进行讨论与协商，但不会处理矛盾

12. 小组合作学习评价量规

表 5-15 是一个常见的小组合作学习评价量规。

表 5-15 小组合作学习评价量规

评价项目		★★★★★	★★★★	★★★	★★	★
组内合作	成员表现	每个成员积极地参与小组活动	大部分成员能参与小组活动	有小部分成员参与小组活动	只有几个成员能参与小组活动	每个成员都不参与小组活动
	资料共享	每个成员将自己的资料献给小组	大部分成员将自己的资料献给小组	少数成员能将自己的资料献给小组	只有几个成员将自己的资料献给小组	成员都不能将自己的资料献给小组
	倾听	每个成员愿意听取别人的意见	大部分成员愿意听取别人的意见	少部分成员能听取别人的意见	很少成员能听取别人的意见	成员不愿意听取别人的意见
	讨论结果的价值	讨论有实质性的进展，或有价值的成果出现	讨论有进展或有成果出现	讨论有一些进展，或有成果出现	讨论几乎没有进展，也没有成果	讨论交流没有进展，也没有结果
	任务的完成	任务总是按时完成	任务大部分按时完成	任务基本能完成	任务需要催促才能完成	任务不能按时完成
组间合作	小组间的关系	关系融洽，小组很积极地参与组间合作	关系尚可，小组能参与组间合作	关系一般，小组能参与组间合作	关系冷淡，小组很勉强地参与组间合作	关系冷淡，不能参与组间合作
	资料共享	每个小组都将自己的资料献给大家共享	大部分小组将自己的资料与大家共享	有部分小组将自己的资料与大家共享	极少有小组将自己的资料与大家共享	不能将自己的资料与大家共享
	讨论结果的价值	问题有实质性的进展或有价值的成果出现	问题有进展或有成果出现	问题有了一些进展或成果	问题几乎没有进展，也没有成果出现	问题没进展和成果出现

5.5.2 学习成果评价工具范例

1. 多媒体作品评价量规

表 5-16 是一个常见的多媒体作品评价量规。

表 5-16 多媒体作品评价量规

评价内容	标 准	小组自评 1↔5	教师评价 1↔5	其他 1↔5
内容	内容全面，包括任务要求的所有基本主题，能论及有关的其他主题			
	观点准确，论证清楚、有力			
	主题内容逻辑顺序准确、清楚，重点突出，易于理解			
	包含细节、提问，能引发读者思考、好奇和探询更多信息的动机			

续表

评价内容		标　准	小组自评 1↔5	教师评价 1↔5	其他 1↔5
技术	布局	区域划分清晰,版式美观,易于理解			
		内容表现形式多样、合理			
		布局平衡合理,易于观看和检索			
	界面	页面风格与主题相符,形式新颖			
		背景能很好地衬托出主题			
		图片使用合理,能提高访问者兴趣并有助于理解相关文本			
	多媒体技术应用	声音使用合理,能创造与主题相符的氛围			
		能根据演示的需要合理设置有关对象的动画效果,动画播放顺序准确、自然			
		能准确、合理地使用外部的多媒体素材,如声音、动画、视频素材等			
	导航	有用于导航帮助的目录页,各幻灯片标题清晰易懂,利于理解和检索			
		能利用母版设置各页之间的链接,相关页面之间的链接准确、合理			
		页面切换自然、准确			
口头报告		能使用生动、准确的语言			
		报告组织严密,条理清晰,易于理解,能引发观众兴趣			
		能灵活地使用信息传递和交流技巧			
		小组成员轮流发言			
		做过较好的预演			
制作的分工合作		分工明确,能相互合作,取长补短			
		小组成员能完成分配给自己的任务			
		各小组成员主动帮助别人,共同完成项目			
总分					

2. 多媒体演示评价量规

表 5-17 是一个常见的多媒体演示评价量规。

表 5-17　多媒体作品演示评价量规

项　目	分值	描　述　标　准	得分
内容——写作 (40分)	10	所有资料都达到出版要求,即经过严格校对,没有笔误	
	20	所有的信息都以自己的观点进行过认真的研究、写作和组织	
	5	有一个标题幻灯片,能够创造性地传达主题	
	5	参考文献的书写符合 GB/T 7714—2015 标准,所有的网上资源应能够超链接到相关的 Internet 网址	

续表

项目	分值	描述标准	得分
内容——技术 （25分）	5	至少包括10张幻灯片	
	5	包括多样的文本形式、图像、声音和转换效果	
	10	视觉效果对观众有吸引力；每个主题都有相应的视频信息，如图像、绘图、表格等	
	5	具有能够吸引观众的专业图解及问候信息，每一张幻灯片在视觉上有整齐和统一的版面设计	
交流 （20分）	5	在演示过程中以不同的方式与观众交流，而不是简单地让他们去读屏幕	
	5	眼睛注视观众，并根据幻灯片的内容调整音量，以引起观众适时注意	
	5	在大家看完幻灯片后，通过问题或小测验检验观众的理解效果	
	5	有效地利用时间	
技术上的组织 （15分）	5	将演示文件存入服务器上的个人文件夹，并做了备份以防不测	
	5	通过在服务器上的个人文件夹，将网页内容以电子形式告知教师	
	5	每一个听众都得到一份你的内容打印稿，其中包括适当的注释	

3. 演示文稿评价量规

表5-18是一个常见的演示文稿评价量规。

表5-18　演示文稿评价量规

项目	评价内容	分值	自评	互评	师评
演示文稿内容 （45%）	资料的组织和编辑围绕主题	10			
	主题突出，简述条理清楚，结论正确	15			
	向有关人员调查，了解运动会涉及的数据，并说明管理数据所采用的方案	10			
	材料来源出处明确，无科学性错误	5			
	无错别字和科学性错误	5			
设计与布局 （20%）	结构合理，设计美观，色彩搭配合理，色泽明快，整体协调	10			
	内容多样，有文本、图像、表格，使用手段能够优化组合；效果应用恰当	5			
	界面设计简洁、明了，视觉感受好，有吸引力	5			
交流与合作 （20%）	有体现交流与合作的方式、途径、过程、内容等	5			
	回答问题时组员间能发挥合作精神	10			
	该小组成员在研究过程中给予其他小组帮助	5			

续表

项 目	评 价 内 容	分值	自评	互评	师评
汇报者的表现 （15%）	发音标准、声音洪亮、充满感情色彩	5			
	表情自然、表达清晰	5			
	回答问题有条理，并具一定科学性	5			
总分		100			
评价人(或小组)					

注：①学生通过评价量规进行自我评价；②组织其他小组的学生通过评价量规进行评价；③教师通过评价量规进行评价。最终的评价将同时包括以上3项(3项的总分÷3)。

5.5.3 档案袋评价工具范例

1. 学生成长档案袋

学生快乐成长纪实袋——学生档案袋评价记录表（一）

我快乐成长：_____

自我评价：_____

同学评价：_____

我的反思：_____

说明：

(1) 每周记录自己认为很快乐的、值得记录的事。

(2) 利用每周的班会进行小组分享。

(3) 可以从朗读、表达、操作、才艺等方面记录。

学生课堂参与评价表——学生档案袋评价记录表（二）

我的座右铭：_____

我的学习收获：_____

自我评价：_____

同学评价：_____

我的反思：_____

说明：

(1) 每周记录自己在学习中的一些重要收获。

(2) 利用每周的班会进行小组分享。

(3) 可以从倾听、发言、合作、创新等方面评价。

(4) 学生还可以根据自己的情况，分科归类记录。

学生项目参与评价表——学生档案袋评价记录表（三）

项目简介：＿＿＿＿＿＿＿＿＿＿＿＿＿＿＿＿＿＿＿＿＿＿＿＿＿＿＿＿＿＿
自我评价：＿＿＿＿＿＿＿＿＿＿＿＿＿＿＿＿＿＿＿＿＿＿＿＿＿＿＿＿＿＿
同学评价：＿＿＿＿＿＿＿＿＿＿＿＿＿＿＿＿＿＿＿＿＿＿＿＿＿＿＿＿＿＿
我的反思：＿＿＿＿＿＿＿＿＿＿＿＿＿＿＿＿＿＿＿＿＿＿＿＿＿＿＿＿＿＿

说明：
（1）每周记录自己在学习中的一些重要收获。
（2）利用每周的班会进行小组分享。
（3）可以从倾听、发言、合作、创新等方面评价。
（4）学生还可以根据自己的情况，分科归类记录。

单元、单项测试评定——学生档案袋评价记录表（四）

我要总结提高：＿＿＿＿＿＿＿＿＿＿＿＿＿＿＿＿＿＿＿＿＿＿＿＿＿＿
同学评价：＿＿＿＿＿＿＿＿＿＿＿＿＿＿＿＿＿＿＿＿＿＿＿＿＿＿＿＿
教师评价：＿＿＿＿＿＿＿＿＿＿＿＿＿＿＿＿＿＿＿＿＿＿＿＿＿＿＿＿
我的反思、追踪：＿＿＿＿＿＿＿＿＿＿＿＿＿＿＿＿＿＿＿＿＿＿＿＿＿

说明：
（1）每一次单元测试后，记录自己在学习中存在的优点与缺点。
（2）利用课余时间与其他同学进行对照。
（3）教师要给予及时的指导。
（4）学生还可以根据自己的情况，过一段时间后进行反思对照。

优秀作品集——学生档案袋评价记录表（五）

我的体会：＿＿＿＿＿＿＿＿＿＿＿＿＿＿＿＿＿＿＿＿＿＿＿＿＿＿＿＿＿
同学评价：＿＿＿＿＿＿＿＿＿＿＿＿＿＿＿＿＿＿＿＿＿＿＿＿＿＿＿＿＿
教师评价：＿＿＿＿＿＿＿＿＿＿＿＿＿＿＿＿＿＿＿＿＿＿＿＿＿＿＿＿＿
我的想法：＿＿＿＿＿＿＿＿＿＿＿＿＿＿＿＿＿＿＿＿＿＿＿＿＿＿＿＿＿

说明：
（1）学生自己设计。
（2）也可以与其他同学合作，如文艺演出等。
（3）要有自己的特色。

月度记录表——学生档案袋评价记录表(六)

同学评价：_____
家长评价：_____
教师评价：_____
我的想法：_____

说明：

(1) 每月进行一次。

(2) 让家长参与评价，让家长走进课堂，引导家长用满含激励的语言评价学生，帮助家长建立促进学生发展的新理念，形成与家长沟通的网络，共同激励学生健康成长。

期末测验记录——学生档案袋评价记录表(七)

成　绩　表

姓名_____　班级_____　学校_____

项目	语文	数学	英语	物理	化学	地理	生物	历史	美术	体育	总分
个人成绩											
全班均分											
相对分数											

我的总结：_____

再测成绩表

项目	语文	数学	英语	物理	化学	地理	生物	历史	美术	体育	总分
个人成绩											
全班均分											
相对分数											

我的反思：_____

说明：

(1) 期末成绩要用到相对分数。

(2) 如果按成绩排名，采用匿名方式。

(3) 如果学生对自己的成绩不满意，允许再考试。

2. 学生阅读能力档案袋

考虑到阅读能力的培养是一个长期积累的过程，为了更好地进行阅读的练习，档案袋法被用来记录学生们的学习情况。

每位学生拥有一张基本情况记录表,记录了一些基本信息和阅读的初始状态等,见表 5-19 所示。

表 5-19 学生基本情况记录表

姓名		性别		出生年月	
年级		班级		学号	
特长					
爱好					
阅读过的名著					
最喜欢的一本书					
座右铭					
备注					

阅读课上每位学生都拥有一张课堂阅读记录表,记录了他们上课阅读的情况,并包括了学生的自评和教师的评价,如表 5-20 所示。

表 5-20 阅读记录表

阅读篇目		我 的 体 会
	主题	
	写作手法	
	我的简单体会	
	其他	
	主题	
	写作手法	
	我的简单体会	
	其他	
	主题	
	写作手法	
	我的简单体会	
	其他	
阅读情况自我评价		
阅读情况自我评分		
阅读情况教师评价		
阅读情况教师评分		

学生每周阅读精华记录表用来汇总记录学生每周阅读的摘抄,主要包括好的句子和词语,它们的出处和对它们的模仿。表中同样包含学生的自评。而为了方便学生之间的交流,特意设置了小组互评的项目而不是教师评价。表格设计见表 5-21。

表 5-21　学生每周阅读精华记录

我喜欢的句子和词语		我 的 体 会
	出处	
	我觉得好的地方	
	我试着模仿	
	出处	
	我觉得好的地方	
	我试着模仿	
	出处	
	我觉得好的地方	
	我试着模仿	
摘抄情况自我评价		
摘抄情况自我评分		
摘抄情况小组评价		
阅读情况小组评分		

思考与讨论

1. 自主学习的"问题"应该具备什么特点？
2. 什么是良构问题和劣构问题？解决这两类问题对学生的培养各有什么意义？
3. 什么是元认知？元认知策略对于学习有何意义？

实践任务

1. 凭记忆画出以学为主的教学过程设计的操作程序图，并解释各个步骤的基本要求。
2. 根据你在课程教学设计中选择的主题，进行学习内容分析和学习者的分析，用适当的方法提出"问题"，并对该问题进行框架设计。
3. 为设计好的"问题"确定学习目标。
4. 为设计好的"问题"选择合适的学习策略，用优化组合的方法构成最佳的学习模式。
5. 设计学习活动结构和学习评价工具，如有可能，进行学习活动实践并进行评价。

第 6 章

混 合 学 习

20世纪90年代末以来,e-Learning在教育领域得到了迅速应用与发展,由此推动了教育革新,并产生了许多新的教育思想与理念。人们在应用e-Learning的过程中逐渐体会到不同的问题需要用不同的方案来解决。通过对e-Learning的反思,在企业培训领域中首先出现并经常使用一个词语混合学习(blended learning)。在企业培训中,按照系统论的观点和绩效方法,恰当结合传统学习手段和在线学习手段的学习方式,取得了较好的学习效果,进而被广泛应用到各类教育领域中。

6.1 混合学习概述

本节在对混合学习的概念、特征、教学理念、教学模式理论介绍的基础上,进一步介绍混合学习的教学过程设计及其案例分析,进而为混合学习实践奠定基础。

6.1.1 混合学习的概念

Singh和Reed认为混合学习是"在'适当的'时间,通过应用'适当的'学习技术与'适当的'学习风格相契合,对'适当的'学习者传递'适当的'能力,从而取得最优化的学习效果的学习方式"。Singh和Reed的混合学习模式强调:为了优化学习效果,在时间的规划、学习技术选择和知识传授模式上可以更灵活,"适当"是唯一标准。Driscoll认为混合学习意味着学习过程是基于Web的技术,如虚拟课堂实况、协作学习、流媒体和文本的结合(或者混合),以实现某一教学目标;是多种教学方式(如建构主义、行为主义和认知主义)和教学技术(或者非教学技术)的结合,共同实现最理想的教学效果;是任何形式的教学技术(如视频、基于Web的培训和电影)与基于面对面的教师教学培训方式的结合;是教学技术与具体的工作任务的结合,以形成良好的学习或工作效果。在这一思想的影响下,我国学者黎加厚也认为"混合性学习"是指对所有的教学要素进行优化选择和组合,以达到教学目标,也是指教师和学生在教学活动中,将各种教学方法、模式、策略、媒体、技术等按照教学的需要娴熟地运用,达到一种艺术的境界。这三种定义倾向于混合学习是一种新的教学与学习理念和学习方式,是以目标为导向的理论、理念和技术的有效融合,以实现教学最优化。

随着信息时代的发展,许多学者从可操作层面上认为混合学习是一种新型的学习模式。何克抗教授指出:"所谓blended learning就是要把传统学习方式的优势和e-Learning(即数字化或网络化学习)的优势结合起来;也就是说,既要发挥教师引导、启发、监控教学过程的主导作用,又要体现学生作为学习过程主体的主动性、积极性与创造性。只有将这二者结合起来,使二者优势互补,才能获得最佳的学习效果"。李克东教授认为:"混合学习(blended learning)是人们对网络学习(e-Learning)进行反思后,出现在教育领域,尤其是教育技术领域较为流行的一个术语,其主要思想是把面对面(face-to-face)教学和在线(online)学习两种学习模式的整合,以达到降低成本,提高效益的一种教学方式。"

在信息快速发展的今天,新旧教学模式的矛盾与冲突使得教育者无所适从。混合学习不仅是一种解决问题的办法,更是对教育的一种负责任的态度。教育没有最好,只有最适合,无论是传统的课堂讲授,还是基于网络的数字化学习都各有优势,也有其不足,如果将两种方式根据实际的教学需求有效融合,实现教育的最优化,将是受教育者的福音。

6.1.2 混合学习理论的特征

混合学习理论与传统的讲授和完全自主学习相比有其独特优势,具体表现在以下4个方面。

(1) 时代性。混合学习理论明显具有时代特征,它是随着信息技术和网络技术的发展出现的,是在 e-Learning 进入低潮后人们对纯技术环境进行反思而提出的。随着科技的发展和现代教育技术的不断创新,混合学习也必将不断完善。

(2) 综合性。混合学习理论的综合性主要体现在两个方面:①混合是和教与学相关的多个方面的组合和融合,是不同的教学方式、教学环境、教学媒体、教学要素等诸多方面的有机结合;②混合学习的理论基础深厚,相关的支撑理论不断地被提出。混合学习的理论是多元化的,是多种理论的混合,主要包括行为主义学习理论、认知主义学习理论、建构主义学习理论、人本主义思想、教学系统设计理论、教育传播理论(麦克卢汉的"媒体是人体的延伸"的理论和施拉姆的媒体选择定律)、首要教学原理、活动理论以及创造教育理论等。

(3) 应用性。2009年,美国教育部通过对1996—2008年在高等教育中开展的实证研究数据进行分析,指出与单纯的课堂面授教学、单纯的远程在线学习相比,混合学习是最有效的学习方式。大量的研究和试验表明混合学习在学校教学、教师培训以及企业员工培训等方面的运用,确实增强了教学效果、改进了培训投入—产出比、提高了学习者满意度。

(4) 发展性。混合学习理论的发展性也主要体现在两个方面:①混合学习理论的内涵将会得到不断的充实和完善,混合学习的模式和方法将会越来越多样化,混合学习涉及的内容(主要是课程)将会越来越广,其趋势将遍及所有课程,将会打破语言和地域障碍,精品的学习资源将逐步实现全球共享;②混合学习理论的应用将会不断深入,会有越来越多的人、学校、企业、机构、国家等参与其中。混合学习的不断发展在一定程度上会大力促进教育的国际化和全球化。

6.1.3 混合学习的意义

混合学习是教育理论和实践发展共同的必然要求,其意义主要表现在以下3个方面。

1. 混合多种学习方式的课程设计是班级授课制的必然要求

在我国,高校扩大招生数量以来,班级容量和小组容量都显著增大,以传统课堂教学为基础的班级授课制已经很难确保教学的效果和效率,如何改进班级授课制以适应大容量班级条件下的教学工作,成为高校管理者和教师们都面临的富有挑战性的问题。

混合学习课程设计将传统课堂教学和在线学习整合起来统筹安排,可以处理课堂教学几乎无法解决的教学难题,包括较难主题的任务设计、为部分学习者提供拓展性的学习活动、为学生提供更多的反馈机会、帮助学生完成实践作业,乃至促进小组内、班级内的学习交流等,从而为解决大容量班级授课问题提供令人满意的解决方案,成为大容量班级条件下改善学习的有效方式。可以说,混合学习是班级授课制在信息时代的新发展。

2. 混合学习是促进学生课外学习的需要

Sharpe 指出,混合学习课程设计应大体包括以下几个部分:用以指导学习的讲授,课堂面对面的师生交流,关于课程主题的一般性讨论,用于督促、检查学生学习水平的练习题,学生可以在课外合作完成的任务,适应学生个性化需求的学习资源等。从课程设计上看,既有课上的内容,也有课下的内容,学生可以在课上学习重点知识,而一般性的、常识性的知识可以通过相应的资源在课外进行补充性学习,完成相应的练习,并能得到及时的反馈。混合学习课程设计可以为学生提供富有亲和力的学习支持,使学生轻松愉快地完成课外学习。

3. 混合学习课程设计是发展学生专业技能的需要

Sharpe 和 Francis 指出,进行课程设计是为了改进教学,以提高学生在现代商业世界所必需的技能,而信息技术在很多职业领域已经成为一种基本的资格,因此很多研究认为,进行课程设计是应用信息技术的需要。显然,这种情况在我国已经成为一种现实。近几年来,多数中国大学已经为提高自身的竞争力而做出了很大的努力。这些高校一方面提高了教师学术研究的标准以提高本校科研水平,同时也致力于将信息技术与课程教学整合起来,从而为学生提供设计独特、与以往明显不同的专业课程。以我国某大学国际贸易课程的教学实践为例:在此之前,这门课程的教学完全基于面对面的传统课堂教学环境,只能提供给学生最基本的理论知识和实践练习。为了让学生更好地认识国际贸易运作,特别是为了提高学生参与国际贸易的技能,这门课程于 2001 年设计开发了模拟国际贸易运行的在线平台,用以支持学生的国际贸易实践,课程教学也得到了整体的重新设计。学生在教室和实验室两种不同的场所学习课程。在实验室中,学生通过在线平台进入虚拟贸易,体验贸易过程的各个环节,包括产品升级、报价单、出价、还价、谈判、签约、交付等,从而深入认识完整的贸易过程。显然,这个新的课程方案对于帮助学生熟悉商业知识、提高实践技能有很大的帮助。

6.1.4 混合学习模式

混合学习是指线上与线下学习混合进行,其基本操作模式包括线上的活动和线下活动,以学生的自主学习为主,但是又不缺乏教师的指导。在混合学习的发展过程中,既形成了一般模式,也有适应不同需求的特色模式。

1. 混合学习的一般模式

Barnum 和 Parrmann 提出混合学习的一般模式应包括 4 个阶段,如图 6-1 所示。

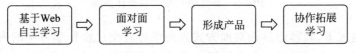

图 6-1 Barnum 和 Parrmann 混合学习的 4 个阶段

(1) 基于 Web 自主学习。它是指将学习资源放到 Web 上,学习者根据他们的需要和进度,随时进入 Web 页浏览这些资源。如果学习者遇到问题或者他们想深入探讨,可以随时联系教师或者指导者。这非常有利于个性化学习,并且能够培养学习者的独立性和自信心。

(2) 面对面学习。尽管 Web 在学习材料、内容的传递过程中起的作用非常大,但是人与人之间的交流仍然非常必要,它有利于加强彼此间的深入理解。面对面学习中还能充分体现教师的主导作用,以防偏离学习目标。

(3) 形成一定的产品。当今的社会仅掌握知识还不够,还需要在分享这些知识的过程中创造出一定的、有形的产品。通常包括 3 条途径:①在有教师指导的面对面阶段之后,学生应该将有关学习心得、作业、练习等记录下来,并将初稿同教师、辅导者、学习伙伴通过电子邮件进行交流,这有利于学习者充分思考所要解决的问题;②发布写作纲要,供小组成员和教师观看,并相互之间进行反馈(如进行评论等);③完成作业的最后版本,并将其发布在网页上,发送给教师以及同学。

(4) 协作拓展学习。学生组成多个小组,通常每组为 2~3 人。这些小组保持不定期聚集一次,时间为 1~2 个小时,以分享彼此的经历、感想与心得。其他时间小组成员通过电子邮件、网络学习社区保持联系。

2. 技能驱动模式(skill-driven model)

目前,学生技能的学习与掌握依靠教师的现场示范和学生模仿,受众少,难度大,无法满足学生的个性化需求。混合学习中的技能驱动模型是指将自定步调的自主学习同教师的线上和线下指导相结合,体现个性化和自主性,同时也能给予学生有针对性的指导。具体操作步骤如图 6-2 所示。

图 6-2　技能驱动模式的操作步骤

在这一模式中,任务公告、自主学习和示范部分,学习者同教师之间主要通过电子邮件、论坛与视频等方式与自定步调的学习者进行交互,实现自主的学习过程。实践环节既包括对示范的模仿,也可以通过视频或者面对面的方式得到教师反馈之后进行矫正或创新,实践和反馈之间是个循环过程,直到完全掌握。最后的评价环节需要在传统课堂上,教师和学生一起评价每个学生的技能学习结果展示,这种模式适合学生技能的训练与提高。

3. 态度驱动模式(attitude-driven model)

态度驱动模式是传统的课堂学习和在线协作学习的结合,具体操作步骤如图 6-3 所示。

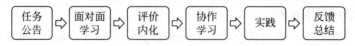

图 6-3　态度驱动模式的操作步骤

态度驱动模式下,教师通过面对面方式先向学习者交代协作学习中的内容、属性及期望成果(形成态度与行为),以及如何通过网络技术进行协作的有关事项。这种模式要求学习者在无须冒险的环境中,利用在线协作的方式尝试学习某种新的行为。例如,让学习者进行角色扮演并对其绩效做出评价,或者让学习者通过网络课程、论坛、网络研讨会、小组计划和利用聊天室、在线辩论等方式学会沟通,然后师生再面对面地进行交流,分享学习心得。这种模式适合学生正确态度的养成及意识的提升。

4. 能力驱动模式（competency-driven model）

能力驱动是指学习者与专家共同活动并通过在线方式进行互动以获取隐性知识，该模式的具体操作步骤如图 6-4 所示。

图 6-4 能力驱动模式的操作步骤

能力驱动模式主要适用于隐性知识的学习。这种隐性知识的获得主要通过在工作中对专家的观察和同专家的交流，并在实践中加以模仿和反思，进而探索问题解决办法的过程。因此，这种模式包括学习者与专家实时共同活动，并通过在线交流工具进行交流互动。

6.1.5 混合学习的应用

在我国，混合学习特别是早期的传统课堂讲授和网络自主学习的混合学习模式主要应用于高等教育、职业教育和继续教育阶段，基础教育受限于学生的特征、能力和硬件条件，鲜有开展混合学习的探索与研究案例。但随着移动终端的普及、各种小型的适合混合式学习 APP 不断涌现，混合学习也逐渐应用到基础教育领域。无论是知识的获取、技能训练、态度养成，甚或能力的提升，混合学习都有其独特的优势。混合学习迅速发展的根源在于它的基本思想体现了"以人为本"，使学生能利用各类资源自主建构知识，并在实践中内化知识，不但能实现个性化学习，还能提高学生的学习兴趣和自主学习意识。

6.2 混合学习的教学过程设计

混合学习的教学过程设计与一般的教学过程设计有着共同的特征，都包含教学目标、教学内容、学习者特征、教学策略、教学过程和教学评价的设计，但是侧重点不同。混合学习更重视学习环境、学习支持服务、学习活动与资源和学习评价的设计，对教学策略和教学过程的设计是弱化的。

6.2.1 课程设计

黄荣怀通过对国内外相关资料的分析，以及通过自身团队的《教育技术学概论》的课程实践，总结出混合学习的教学过程设计框架、教学过程模式和教学活动设计模式。

这个混合学习课程设计框架包括三个部分：前端分析、活动与资源设计和教学评价。评价之后，依据评价结果对前期分析、活动与资源设计进行修订和完善，如图 6-5 所示。

1. 前端分析

在对课程资源和活动等进行具体的设计之前，必须先对课程教学的基本情况进行分析观测，即前端分析，以便确定该课程是否适合开展混合学习。前端分析阶段包括 3 个方面的工作：①学习特征分析，通过评定学习者的预备知识、学习风格、学习偏好等掌握学习的相关特征；②基于知识分类的学习对象分析，即根据教学内容的实际情况确定学习应达到的目标；③混合学习的环境分析，即把握课程教学所具备的外部环境条件。前端分析的目的

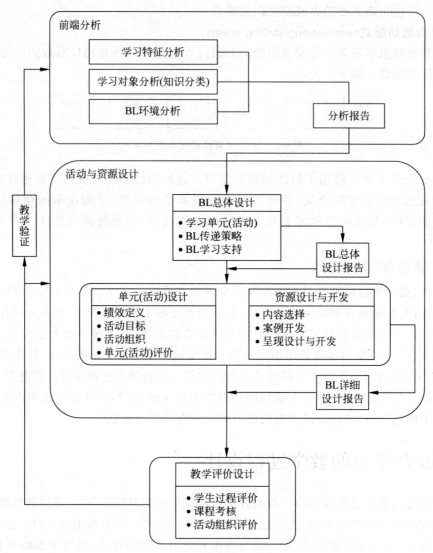

图 6-5 混合学习教学过程设计框架

是根据学习者的熟练程度确定学习目标,从而为后续工作提供依据,其结果表现为一份综合上述基本情况和教学起点的分析报告。

2. 活动与资源设计

这个阶段的工作由混合式学习总体设计、单元(活动)设计和资源设计与开发三个环节组成。在总体设计环节,课程设计人员在明确课程整体学习目标的基础上,对相应学习活动的顺序做出安排,确定学习过程中信息沟通的策略,并充分考虑为学习过程提供哪些支持。总体设计实际上已经为其他两个环节的设计工作确定了基调,而且总体设计的结果也正是一份详尽的设计报告,将课程设计的主要思路和设想充分地表述出来,使单元(活动)设计环节和资源设计与开发不必再为这些基本问题存在疑问,可以专心完成具体的技术工作。总体设计报告是混合学习课程设计的基础文档,其中对课程目标和学习过程的构想同时也为课程评价提供了基本依据。总体设计环节必须不断追问的问题是,究竟哪些活动和资源适合让学生自学,还有哪些适合典型的教室情境。由此得知,这个环节是混合学习能够达到 Singh 和 Read 所说的那些"适当"的关键。

3. 教学评价设计

教学评价设计是课程设计的第三个阶段,主要通过学习过程的评价、课程知识的考试和学习活动的组织情况评定等方式对教学效果进行评价。前两个阶段所确定的学习活动目标、混合式学习的环境等是进行评价设计的重要依据。

6.2.2 教学过程模型

混合学习的过程设计就是将特定课程的教学内容和目标逐步分解为具体的工作和任务,并确定其顺序,从而形成可操作的教学方案。图 6-6 所示的混合学习教学过程模型用以说明混合学习活动是如何展开的。按照这个模型,混合学习过程通常可分为课程导入、面对面教学、复习和测试三个模块逐步进行。

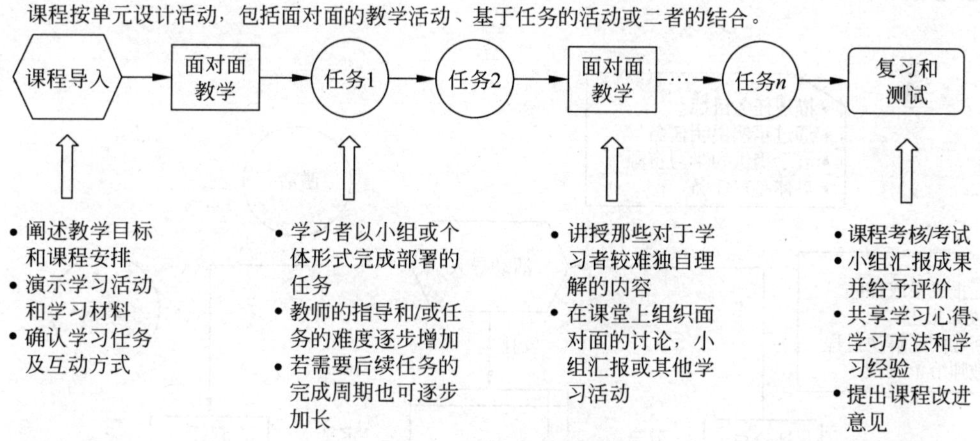

课程按单元设计活动,包括面对面的教学活动、基于任务的活动或二者的结合。

课程导入 → 面对面教学 → 任务1 → 任务2 → 面对面教学 ····→ 任务n → 复习和测试

- 阐述教学目标和课程安排
- 演示学习活动和学习材料
- 确认学习任务及互动方式

- 学习者以小组或个体形式完成部署的任务
- 教师的指导和/或任务的难度逐步增加
- 若需要后续任务的完成周期也可逐步加长

- 讲授那些对于学习者较难独自理解的内容
- 在课堂上组织面对面的讨论,小组汇报或其他学习活动

- 课程考核/考试
- 小组汇报成果并给予评价
- 共享学习心得、学习方法和学习经验
- 提出课程改进意见

图 6-6 混合学习教学过程模型

课程导入是混合学习的第一个模块,主要目的是使学生初步了解课程教学的基本情况,包括学习内容、将要完成的任务、需要去学习的学习材料、课程的成绩评定方式以及课程学习的信息通道等。教师应该明确说明学习目标和整个教学过程序列。同时,学习活动的任务和过程、可以使用的资源应当通过示例进行讲解,以便学生能够正确理解课程活动。

教学活动是混合学习的第二个模块,包括教师的教和学生的学等一系列复杂的活动。面对面教学以教师讲授为主,也可能表现为讨论或报告等;任务表示学生自主完成学习任务的活动。在这个环节,学生按照要求在网络环境下自主完成在线的个体学习或小组学习活动,完成教师布置的任务;教师根据实际情况安排必要的课堂教学,以帮助学生解决遇到的问题和困难,确保学习活动的顺利进行,并帮助学生巩固所学知识。此外,教师还可以通过在线交流等方式为学生提供指导。总之,在学生完成学习任务的过程中,教师利用教室或网络等各种方式所提供的指导应贯穿始终。这里必须对交互方式做出合理的安排,那些学生通过自主学习难于掌握的内容应安排在课堂教学中,面对面的讨论或小组汇报的交互方式在课堂教学活动中非常有效。自主学习活动中,师生交互应逐渐减少,任务的难度则应逐

渐增加，为学生留出逐步适应的时间。

复习和测试模块是课程学习的总结阶段。教师可以通过测验、考试或口头报告等形式组织成绩评定。学生应当针对相应的评定方式做出必要的准备，这种准备显然首先是对课程学习的总结和复习巩固。相对而言，这个阶段如果采用命题考试等规范化的评价方式，并在课程导入阶段告知学生，往往可以对学生积极参与学习活动产生更好的督促作用。综合性论文或课堂汇报则更适合在单元评价中使用，其中后者有利于全体学生共享彼此的学习经历。

6.2.3 活动设计

在混合学习教学过程模型中，教学活动设计占有重要地位。混合学习的整体过程往往包含着多次课堂教学和学生自主完成学习任务的活动。也就是说，一组课堂教学和学生自主学习活动构成了一个单元，混合学习的教学活动模块是由若干单元组成的。每个单元应包括活动导入、制订计划、实施计划、评价与分享四个环节。具体过程如图 6-7 所示。

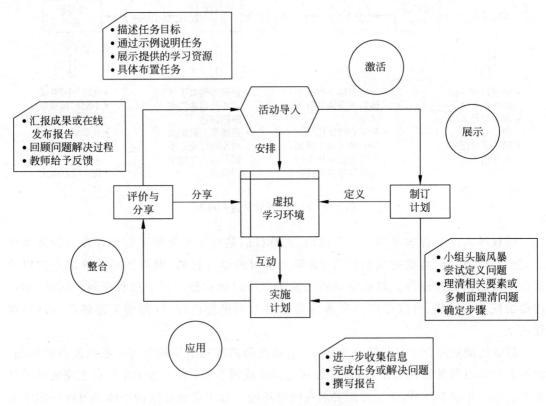

图 6-7　混合学习活动设计模型

（1）活动导入。活动导入是每一个单元的起始环节，其主要内容是向学生陈述活动的任务目标。为使学生对任务目标形成足够充分的理解，教师通常应当完成四种具体的工作：描述任务目标、通过示例说明任务、展示提供的学习资源和具体布置任务。其中，第一项是为了使学生明确自己应当完成的任务，同时知道自己应当通过完成任务获得哪些学习；第二项是对任务完成的图解式的说明，应当看到，这里提供的示例不仅是学生模仿的范例，而且可能成为学生试图去超越的一个尺度,因而这项工作不仅可以使学生形成更加具体、生动的理解,而且具有激励作用;最后一项是对活动单元中各项具体事项的安排,通常包括是否分组及分组办法、具体的日程安排等细节。

(2) 制订计划。第二个环节是制订计划,重点在于应用,即让学生充分应用已经掌握的知识,对单元任务做出定义。这个步骤主要由学生自主完成,学生可以通过头脑风暴、尝试定义问题等方法,确定单元任务或相关问题所涉及的因素,并就解决问题、完成任务的实施步骤形成详细的计划。如果要求学生以小组形式完成单元任务,还应当要求小组成员各自独立完成问题解决方案,而后综合可行的实施计划。相对而言,真实教室里的现场氛围更有利于这个环节和第一个环节达到理想的效果。

(3) 实施计划。第三个环节实施计划,是学生或小组按照计划逐步完成任务的环节。在这个环节,由于学生的时间安排和学习习惯往往各不相同,不便经常集合在一起,所以学生大多独立完成自己承担的具体工作。这种情况下,无论是为了确保小组内部的协调,还是为了向学生提供来自同伴或教师的必要支持,都特别需要通过虚拟学习环境建立充分的交流沟通,这是这个环节和其他环节的一个明显的差别。学生在这个环节要完成的工作主要是进一步收集信息,完成任务或解决问题,并撰写报告。通过对以往学习的知识的应用而进行知识的建构是这个环节的核心。也就是说,对混合式学习而言,理想的"完成任务"应当是充分应用了以往的知识。

(4) 评价与分享。第四个环节,学生通过评价与分享补充、巩固和升华单元学习的收获。在这个环节中,学生和教师、同伴共享工作成果,从而获得自己原来并未掌握的知识,同时在报告学习成果、接受评价并参与讨论等过程中进行知识的再次建构,使知识得到巩固和升华。这个环节包括学生的三种不同操作,其中"汇报成果或在线发布报告"以外显的形式表现出来,学生以合理的组织形式和表达形式向教师和同学报告自己的工作过程和学习收获,是一次重要的知识整合;"回顾问题解决过程"是一种自我反省的过程——在汇报和听取同学汇报的过程中,学生会对比自己和其他同学的成果,反思其成败;"教师给予反馈"的时候,学生也同样在比较和反思,但来自教师的反馈代表了学习的预期标准,对学生发现自己学习过程中存在的问题有着重要的指导作用,而教师反馈的评价意见则是一种有效的激励。

虚拟学习环境处于这个模式的中心位置,"活动导入"等四个环节围绕这个中心构成一个环形序列。在混合学习中,虚拟学习环境不仅支持着师生在第一、第二和第四个环节进行必要的信息发布,而且在第三环节,更通过师生和虚拟学习环境的双向信息传递而实现了教师和学生以及学生之间的交流(图 6-7 中表现为双向的箭头),因而是最重要的学习支持系统。

思考与讨论

分析混合学习在基础教育中应用可能遇到的困难。
1. 分析翻转课堂的适用范围和应用的局限性。
2. 比较翻转课堂与对分课堂的异同。

实践任务

在百度上检索3个混合学习的案例,并设计一个分析框架对3个案例进行评价。

1. 任选内容,进行翻转课堂教学设计,包括:选题、教学目标、教学内容、学习者特征、教学策略、教学过程与教学评价,重点描述翻转课堂的教学过程,可以用流程图。

2. 在百度上检索3个对分课堂案例,对其共同的教学过程进行总结和概括,并分析成功的对分课堂案例的关键点是什么。

第 7 章

翻转课堂和对分课堂

7.1 翻转课堂

翻转课堂实践源于美国科罗拉多州林地公园高中的两名化学教师纳森·伯格曼和亚伦·萨姆斯,他们提出翻转课堂的初衷是帮助迟到或者是耽误课程的学生补课。他们发现,用视频来学习和课堂针对性的讲解能够让所有学生受益,而且这种方式受到了学生的广泛欢迎。由此引发了世界性的翻转课堂教学的热潮。

7.1.1 翻转课堂概述

翻转课堂作为一种新型的教学模式,它到底是什么?具有什么特征?与传统教学相比具有哪些优势?本节将对翻转课堂的定义、特征和一般模式进行概述。

1. 翻转课堂的概念

英特尔(Intel)全球教育总监 Brian Gonzalez 在 2011 年度英特尔一对一数字化学习年会中提出:"翻转课堂是指教育者赋予学生更多的自由,把知识传授的过程放在教室外,让学生选择最适合自己的方式接受新知识,而把知识内化的过程放在教室内,以便同学之间、学生和教师之间有更多的沟通和交流。"在这种教学模式下,在课堂上有限的时间内,学生能够更专注于主动的基于项目的学习,共同研究解决本地化或全球化的挑战以及其他现实世界面临的问题,从而获得更深层次的理解。教师不再占用课堂的时间来讲授信息,这些信息需要学生在课后完成自主学习。学生可以看视频讲座、听播客、阅读功能增强的电子书,还可以在网络上与同学讨论,能够在任何时候去查阅需要的材料;教师也有更多的时间与每个学生交流。在课后,学生自主规划学习内容、学习节奏、风格和呈现知识的方式,教师则采用讲授法和协作法来满足学生的需要和促成他们的个性化学习,其目的是让学生通过实践获得更真实的学习。

2. 翻转课堂的特征

翻转课堂是对传统课堂教学的一种颠覆,在实践中表现出以下特征。

1) 教学主体的多元、动态、协商

翻转课堂打破了传统课堂教学主体单一的弊端,使课堂教学的主体呈现出多元化样态。在翻转课堂中,教学的主体不仅仅有教师和学生,更有家长、学校、社会和国家的参与,翻转课堂成为多极主体的课堂。教学主体的多元化,也使得教学主体角色发生动态变化。教学主体的角色在随着教学时空场域的变化而不断动态发展与适度调整。翻转课堂的课上互动、探究不仅为多主体参与的实现提供了时间和可能,还使得翻转课堂呈现出教学主体的协商性特征。所谓主体协商是行为主体在伙伴选择、信息共享、利益分配、承担任务以及解决问题方面的一种有效机制。教学过程中的协商、知识的协商、教学方式的协商以及课堂上下的协商等都是翻转课堂呈现教学主体协商性的表现。充分利用信息技术,可以让课堂更为人性化、师生关系更为和谐、家长参与度更高等。

2)教学资源的集成、全面、共享

教学资源是教学顺利开展的基础,翻转课堂打破了传统课堂在教学资源的单一性,包括文本资源、图形图像资源、动画资源、声音资源和视频资源等类型。通过信息技术支持,把分散的教学资源聚合在一起,共同为教学主体提供最优质的服务,体现了教学资源集成性的特征。与传统课堂不同,翻转课堂直接或整合利用网络优质教学资源,使得教学资源具有了全面性特征,主要表现为资源数量大,资源质量优化,资源样态动态、可持续。翻转课堂在教学资源方面还具有共享性特征。教学资源共享涉及教学各主体的利益,既要协调各种利益关系,又要满足教学主体对教学资源的需要。翻转课堂的实施为教学资源的共享提供了条件:在课堂前,将所有教学资源与师生共享,为知识信息的传递提供了便利;在课堂上,为师生等教学主体提供资源交流的机会,实现知识信息的深化。而且,翻转课堂大量的教学资源以微视频的形式展现,学生通过简单操作就能实现教学资源的共享,并可以获取自己所需要的课程资源。

3)教学载体的创新、高效、立体

翻转课堂突破了传统课堂以语言与教材为主要载体的局限,通过信息技术以微课作为主要的教学载体,具有教学载体的创新性的特征。微课以短小精悍为其主要特点,是实现翻转教学的一种理想载体,更是实现优质教育教学资源共享的有效途径。可以说,微课作为翻转课堂的主要教学载体,既体现出了翻转课堂的创新性特征,又体现翻转课堂具有教学载体高效性的特征。翻转课堂借助信息技术,通过微视频的方式,突破了教学的时空限制,全面提升了教学效率。另外,翻转课堂以学习者为中心,基于云端的移动学习、泛在学习、混合学习和在线课程学习等将成为未来学习的主流模式。在多种教学模式的主导下,教学载体也包括图片、音乐和故事等生动形象的立体教学,有效激发学生的学习兴趣,让学习过程可视化,体现了其立体性特征。

4)教学过程的自主、灵活、可控

翻转课堂让整个教学过程更加自主、灵活、可控。学生能够根据自身的知识水平、学习进度和教学视频特色等进行自主选择、自主学习、自我监督、自我评价。这体现了翻转课堂中教学过程的自主性特征。翻转课堂在教与学的时间上具有灵活性。在教上,时间不仅仅局限于课堂上,让教的时间更为灵活;在学上,学习时间的自由把控,体现了学的时间更为灵活。翻转课堂在教与学场域上具有灵活性。教的场域和学的场域都可以根据教学主体和教学内容等的不同,进行灵活选择。教学过程的可控性是指在整个教学过程或部分教学阶段中,教学主体能够对教学及其进程进行把控。翻转课堂以教学视频的方式传授知识,能够实现教学时间、进度的有效控制。学生可以根据自身的需要和进度,对教学过程进行控制,这体现了翻转课堂在教学过程中具有可控性特征。翻转课堂在教学过程中的自主性、灵活性、可控性是相辅相成、内在统一的,它们同时在课堂上下体现,在教与学的翻转中生成,目的是能够让课堂教学发挥出最佳的功能与价值。

3. 翻转课堂的模式

课程教学大致包含课内和课外两大部分。课内教学主要指教师和学生在教学场所实施的教学活动；课外教学主要指课前学习与课后复习。传统教学模式下，教师要求学生在课前进行预习，课中教师的讲为主要内容，课后学生自主复习巩固，完成一定的作业与考核，课前、课中及课后的学习目的在于掌握知识与技能，并能将所学知识进行迁移。传统课堂与翻转课堂教学模式对比如表 7-1 所示。

表 7-1 传统课堂与翻转课堂教学模式对比

教学活动 课堂模式	课前教学活动	课中教学活动	课后教学活动
传统课堂	课前预习	回顾前期所学知识/引入讲解新课内容/及时练习新课知识	课后复习
翻转课堂	学生自学基础性学习内容（观看微视频、数字化学习资源）、完成课前教师制定的自主学习任务	解答课前学习反馈的问题/教师辅助深入探索新知识/学生合作学习、促进知识内化/教师评价课堂学习情况、评价反馈	课后练习与评价（学生作品展示、师生互评、相应考核评价、新旧知识迁移）

通过传统课堂与翻转课堂教学模式的对比可以发现，翻转课堂中以学生的"学"为主，课前需要自主学习教师讲过的知识；课堂上将学习成果通过适当的方式进行汇报，分享自己的收获，听取其他同学和教师的反馈，进行知识内化；课后通过练习与评价进一步促进知识的理解与深化，完成知识的迁移与创新。

翻转课堂教学模式的开展一般包括以下五个步骤，具体如图 7-1 所示。

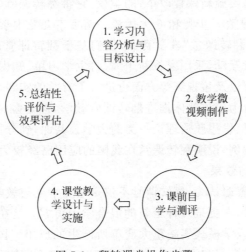

图 7-1 翻转课堂操作步骤

（1）学习内容分析与目标设计。学习内容分析是翻转课堂具体操作流程的起点，直接关系到后面的微视频制作以及课堂学设计等。要细致分析学习内容的类型，寻求不同知识之间的联系，找出学习内容的关键点。对学习内容的分析需要设定学习目标，但是要区分好自学目标与课堂上达成的目标。

（2）教学微视频制作。教学微视频作为翻转课堂实施的重要资源，其制作水平直接关系着学习者的自学效果。翻转课堂的微视频制作其实也是一个小型的教学设计,制作者要事先规划讲授内容,控制好微视频时间,使学生能够真正喜欢观看教学微视频。

(3) 课前自学与测评。制作了教学微视频后,就要让学生进行课前自学。课前自学最好能够配合自学任务书或学案等,并且在自学结束后让学生使用网络教学平台进行测评。通过测评以及课前任务书的综合使用,可以使学生能够更好地完成本次的课前自学任务。

(4) 课堂教学设计与实施。翻转课堂的课堂教学设计与实施直接影响课堂教学的效果。翻转课堂的课堂教学设计大致有四个部分:问题的确定、协作探索、成果交流和反馈评价。在此过程中,教师要加强对学生的引导,使课堂更加生动有趣。

(5) 总结性评价与效果评估。当所有的教学都完成之后,教师要进行总结性评价和效果评估。

当然,以上只是一般性的翻转课堂操作过程,教师可以根据自己的课堂和学生的实际状况进行恰当的改进。

4. 翻转课堂的应用

翻转课堂自从 2007 年提出以来,2011 年扩展至全球,被广泛应用于教育的各个领域,也促进了我国的教育、教学改革的深入发展。

1) 翻转课堂的应用领域

翻转课堂作为一种基于信息技术的新型教学模式,从 2012 年传入我国以来,一线教师展开了积极的实践研究。据初步统计,截至 2017 年 6 月,仅仅不到 6 年,发表的论文超过 8000 篇。进行试点探索的包括大学、中小学和中职学校,较有影响的试点在京津、沪宁、重庆与广州等地区居多,如重庆市聚奎中学的翻转课堂试验走在全国的前列。它是"全国第一所运用信息技术整合策略实施新课程改革"的学校,它将翻转课堂实际操作的路线总结为 3 个"翻转"、课前 4 环节、课堂 5 步骤和 6 大优势。南京市九龙中学在 2013 年 3 月开展了首轮包含文理 6 门学科的"翻转课堂"教学赛课,他们基于翻转课堂的理念和模式,运用多种方法实现课前学习与课堂互动,采用家校新干线、自主学习单、知识框架图等方式,在无线网络平台、电子白板、微课程以及短视频等方面也进行了有益的实践与探索。高校和中职中虽然不像中小学一样以学校为单位整体推进翻转课堂教学,但是翻转课堂在各类课程中应用也较为普遍。从大学英语、思想政治理论一类的大学公共课,到分析化学等难度较高的专业课均有较为成功的教学案例,说明翻转课堂在我国的应用已经较为普遍。

2) 翻转课堂的作用与效果

目前,海内外的学者普遍认为,翻转课堂不仅是增加学生与教师之间的互动以及学生个性化学习时间的一种手段,它更是一种全新的混合学习方式,是在以 B-Learning 为标志的教育思想指引下,对课堂教学模式实施重大变革所产生的成果。国内外的大多数学者认为翻转课堂是一种课前在线学习和课堂面对面学习两部分结合起来的混合学习模式。何克抗在总结现有理论与实践成果的基础上认为,翻转课堂在以下几个方面发挥重要作用且效果较为明显。①翻转课堂先学后教,且在学的过程中有短小精悍的微视频做支撑,课堂上有师生、生生的交互帮助学生内化知识,这样的方式更符合人类的认知规律。②传统教学中,无论是教师讲授、课堂上的师生互动甚或讨论,学生都处于被动接受的地位;但在翻转课堂教学中,无论是课前的自主学习还是课堂上的讨论或汇报,学生都是知识主动建构的主体。因此,翻转课堂教学中更能体现以学生为中心的新型师生关系的建构。③传统教学中,教师也会让学生先学,主要表现是预习,用的资源多是纸质资源;而在翻转课堂教学中,学生可以使用各类教学资源、特别是网络资源,如慕课和微课等,且翻转课堂在教学中也可以对现有资源使用情况提出新的要求,改进教学资源的开发。因此,翻转课堂能促进教学资源的有效利用与研发。传统课堂以完成课程标准或教学大纲的目标为前提,以教材为教学内容的重要参考资料完成教学,教学方法与策略虽然有一定灵活性,能体现教师的随机应变,但终究是在教师经验预设的过程中完成的。翻转课堂中,学生的汇报和讨论过程中会出现有学生自发产生的问题、学生建构时的多元目标和非预设的教学内容,因此,可以说翻转课堂相比传统课堂更能体现"生成课程"这一全新理念。

3) 翻转课堂的限制条件与挑战

翻转课堂在实践过程中取得了较好的效果,但是并不是任何领域和任何课程都能应用,因此,在实施过程中需要注意其使用的限制条件。①翻转课堂的顺利实施依赖于网络资源的有效利用,因此,翻转课堂的实施需要有较好的网络学习平台及丰富的微课资源作支撑,不建议在网络环境较差的地区使用。②翻转课堂实施中,课前学习需要学生具有较高的自制能力和学习力,因此,翻转课堂在义务教育阶段的低段使用风险较大,人大附中校长刘彭芝和特级教师李奕都曾表达过类似的观点。除上述限制条件外,在翻转课堂使用过程中想要取得满意的效果还面临一些挑战,如教师的教育思想、教学观念亟须更新;各学科优质教学资源的研制与开发;课前在线学习时间和课堂面对面教学时间的变通性调整等。

7.1.2 教学过程设计

翻转课堂是混合学习的特例,因此混合学习的教学过程设计对翻转课堂的教学过程设计有一定的指导意义。但是,翻转课堂的教学流程有其特殊性,除了教学设计中一般的要素和流程之外,对学习任务、学习资源、学习活动的设计是教学过程设计的重点。

1. 翻转课堂的学习任务设计

翻转课堂课前学习环节主要是观看教学微视频,为了提高学习效果,教师需要为学生提供一个自主学习任务单。自主学习任务单的作用不仅是对学习效果进行评测,还为课堂上的教学指导提供依据。学习任务的设计包括学习主题、达成目标细目表、学习建议、课堂学习形势预告、学习任务五个方面。

1) 学习主题

学习主题是学生需要学习的主要内容和学习范围的概括。一般需要阐明教材版本、年级、学科、学习内容章节、学习的知识点,知识点在知识结构中的节点位置等。

2) 目标达成细目表

目标达成细目表是在教学目标的基础上,以学生能够领会的方式告知学生需要实现的目标、实现目标的方式。细目表的表述形式应具有可操作性和可检测性。学生可以对照细目表检测学习的进度和目标达成情况,进而知道自己学会了多少,还需要学习多少,哪些达到要求,哪些还需要进一步努力。

3) 学习建议

学生在学习过程中的进度和方法直接关系到学习的成败。学习建议是在学习任务和学习目标的基础上,进一步给学生的学习进度、时间规划和每一个知识点适合采用的方法和学习路径提出建议。表达方式大致为:"××知识点建议学习×分钟,在……情况下/当……时,你可以用……方法;××知识点可以通过××微课进行学习,可以通过××方式进一步检索到相关学习资源。"

4) 课堂学习形式预告

教师需要预先告知课堂上会出现的学习流程，或者每一流程的具体学习活动安排，目的是让学生将课前学习与课上学习联系起来，提前告知此部分学习的内容将会在课上的哪个环节(如讨论或汇报等)进行应用；需要达到什么程度，如需要完成 PPT 作品、需要辩论某部分内容等。

5) 学习任务

学习任务是学生对视频学习效果的自我检测，可帮助学生把握课前学习的重点、难点，在促进学生高效看视频、达成学习目标中起重要作用。一份好的学习任务单，应既能激发学生的学习主动性，又能让学生通过学习任务单完成学习目标。

学习任务单的设计要注意以下几个方面。

(1) 以学生为中心。自主学习任务单的设计者是教师，使用者是学生，因此，学习任务单设计应以学生为中心进行设计。学习任务单设计的过程中，应充分考虑学生的学习兴趣、学习动机、学习偏好、学习起点、学习能力和学习经验。

(2) 注重模块间的相互关联。学习任务单的设计包括五个模块，每个模块之间是层层递进、相互影响的。因此，在进行设计时，模块间应相互匹配并呈现出关联性，且不仅表现在自主学习任务单中的模块间，资源设计、课上教学活动与自主学习任务单各模块间也是相互匹配与关联的。目标是课前学习的总领，学习任务和学习资源应围绕目标进行设计；学习资源的设计和制作应以学习任务为基础和突破口；学习任务是检查学习目标达成与评价资源的工具。

(3) 关注任务单设计对课堂教学设计的作用。学习任务单除对学习提供建议外，还为课堂教学提供反馈。教师在设计任务单时应考虑如何通过任务单收集学生学习过程的信息、学习中的问题、学习困难、知识掌握的薄弱点等。通过上述信息的收集、整理与分析，确定每个学生在自主学习任务单的帮助下，通过自学不能完成的任务及学习目标，存在的共性问题和个性问题，区别对待，进而分析课堂教学的活动与策略。

2. 翻转课堂的学习资源设计

翻转课堂要实现学生有效的课前自主学习，就必须有优质的学习资源。与传统的网络课程、视频资源及我国部分学校开发的导学案相比，微课的优势在于短小精悍、易开发、方便在手机终端使用。因此，目前翻转课堂教学中应用的资源形式主要是微课。

1) 微课设计的原则

在设计与制作微课的过程中，应遵循有趣、有用、易懂的原则。有趣是指采用新颖能引起学生注意的制作方法，如游戏和问题探究、动画模拟、讲故事等，常用的 PPT 录制和教师的讲授形式容易使学生产生厌倦情绪。有用是指是能解决问题，如重点、难点、易错点、核心点和热点。易懂指的是微课的讲解应接近学生的水平，采用学生能够接受的方式将内容传达给学生。

2) 微课设计的流程

微课的设计流程一般包括 6 个步骤：①选题与确定学习目标，包括知识点及实现的目标；②任务分解，即对将要完成的任务和目标进行分解和分类；③内容组织，即在任务分解之后，根据任务需求选择合适的实现目标完成任务的内容，并对内容之间的逻辑关系进行分析，确定内容的呈现顺序；④策略制定，即根据内容特征，寻找符合学生特征的内容呈现方式和媒体形式；⑤过程规划，即按照知识的逻辑关系，规划知识讲解流程和时间；⑥评价设计，即对学生是否实现目标进行考核。具体流程如图7-2所示。

图7-2 微课设计的流程

3. 翻转课堂的学习活动设计

翻转课堂最关键的环节是如何组织课堂教学活动，促进学生积极参与学习活动。在翻转课堂中，课堂教学活动的主要任务是帮助学生完成知识的内化。教师在进行课堂教学活动的设计与安排时要把握两个关键，即内化知识和拓展能力，可以通过组织学生开展问题探究、协作学习、互动交流等方式来完成。翻转课堂的课堂活动设计大致有5个环节：课前回顾与知识梳理、师生共同确定问题、学生独立解决问题、开展协作探究活动、成果展示与交流。

(1) 课前回顾和知识梳理。学生通过课前微视频学习到的知识相对较为零散，是碎片化的知识，因此，在课堂上为了让学生形成系统的知识结构，学生需要在教师的帮助下对碎片化的知识进行整理，建构知识体系。通过这一环节，学生可以明确各个知识点之间的相互关系，在头脑中建构起相应的知识结构和脉络。

(2) 师生共同确定问题。在翻转课堂教学活动中需要探究、解决的问题主要有以下几个方面。

① 学生在课前学习后提出的问题。这些问题在课前学习的自主学习任务单中会有所体现，而教师需要从这些问题中筛选出有价值的问题作为探究内容。

② 教师提出的学生普遍存在的问题。课前在线学习中教师安排的在线作业或在线测验能体现学生在学习该知识点时普遍存在的问题，这些问题也需要拿到课堂上来研究讨论。

③ 师生共同提出的拓展性问题。翻转课堂是传统课堂教学活动的延伸，具有更大的开放性和灵活性。这些拓展性问题不是无中生有，它存在于学生的生活中，是学生的直接的感性认识。同时，它也存在于学生接触的网络、书籍、广播中，是学生获得的一些间接信息。这些拓展性问题可以充分发挥它的导向和教育作用，让学生在解决问题的过程中不断地提高自己的学习能力。

(3) 学生独立解决问题。在特别强调合作学习的翻转课堂中，同样不能忽视对学生独立解决问题的能力的培养。因此，课堂活动中应设置学生独立解决问题的环节，力求让学生在独立解决问题的过程中构建自己的知识体系，让学生学会在学习中独立思考，在独立思考中提高能力。

(4) 开展协作探究活动。协作学习是学生之间采用对话、商讨、争论等形式充分论证所研究的问题，以达到学习目标的一种学习方法。探究学习是学生在学习情境中通过观察、阅读，发现问题，搜集数据，形成解释，获得答案并进行交流的过程。由此看来，协作探究学习活动有利于发展学生的思维能力，可以提高学生的沟通能力。在翻转课堂上，学生通过课前学习已经初步掌握了基础知识，所以课堂上有较多的时间可以用来进行协作探究活动。

(5) 成果展示与交流。学生经过独立思考和协作探究学习之后,需要在课堂上进行汇报并交流学习成果。翻转课堂是学生获得知识及展示自我的舞台,有利于学生在课堂展示交流环节中大胆地表达自己的见解。

上述 5 个环节是翻转课堂教学活动设计的一般过程,教师可以根据实际情况进行选择和组织。翻转课堂教学设计案例参阅本书附录。

7.2 对分课堂

混合学习和翻转课堂是学生在课下利用网络和其他媒介资源完成部分内容自主学习,课上通过讨论、汇报、辩论等方式完成学习成果的汇报。自主学习能力强、课下学习比较充分的学生,往往课上表现积极,并能取得较好的学习效果;反之,因为课上没有教师的系统讲授,学生课下又没有按照要求自主学习,仅是课上听同学讨论和其他学生汇报,导致学习变得支离破碎。为了规避上述教学模式独立实施中存在的不足,复旦大学心理系教授张学新提出了一种新型的混合教学模式:对分课堂。

7.2.1 对分课堂概述

对分课堂是中国原创的一种新型教学模式,提出之后被迅速应用到高等教育、职业教育和基础教育领域,均取得较好的教学效果。

1. 对分课堂的概念

对分课堂形式上是把课堂时间一分为二,一半留给教师讲授,一半留给学生进行讨论,实质上是在讲授(presentation)和讨论(discussion)之间引入了一个心理学中的内化(assimilation)环节,让学生对讲授内容进行吸收之后,有备而来地参与讨论,简称为 PAD 课堂。对分课堂是在讲授教学模式和讨论教学模式的启发下,认为讨论之前必须有一个环节即通过一定的方式理解、学到了知识之后,才能进行有效讨论。

2. 对分课堂的特征

1) 先教后学

认知心理学强调知识的作用,认为知识是决定人类行为的主要因素,只有具备了较为完备的知识结构才能在实践中采取适当的行为解决问题,同时创新也是在丰富的知识基础上闪现的灵感,而非偶然或天才的现象促成的。对分课堂与翻转课堂不同的是,先进行新知识的讲授,为学生提供一个清晰的认知模型和结构,让学生能够对新知识有正确、系统的把握,并能发展与完善原有的知识结构,构建新的知识模型,为进一步探索奠定坚实的基础。

2) 自主内化

对分课堂强调给学生充分的时间进行内化。马祖尔把学习分为知识传递和吸收内化两个步骤。对分课堂在新知识讲授之后,并不是进行马上要求学生进行讨论,而是通过自主学习和自主作业等环节进行知识内化,然后在有准备的讨论下完成知识拓展的。建构主义心理学认为,学习是学习者主动地建构内部心理表征的过程,学习者不是被动地接收外来信息,而是主动地进行选择加工。课堂讲授为学生的知识储备提供可能,但能否真正完成知识的获取与运用,还需要学生自己通过学习、练习、纠错等环节完成知识的内化。因此,对分课堂的自主内化环节可以有效地提升学习效果。

3) 隔堂讨论

隔堂讨论是对分课堂的关键创新。把一半课堂时间分给教师讲授，一半分给学生讨论。学生讨论的内容是上一堂课教师讲授的内容。教育家杜威认为"将思考作为学习的中心"是实现有效学习的重要条件。所谓思考，就是识别所尝试的事情和从这种尝试引发的结果之间的关系。学生为了讨论而准备的过程也是思考的过程，学生来上课是有备而来，避免了形式上的讨论，显著提高了讨论质量，活跃了课堂气氛，增强了学生的学习积极性和主动性。

4) 灵活安排

对分课堂是一种灵活的教学模式，虽然在名称上称为对分课堂，但并不是对讲授和讨论的比例进行硬性规定。教师可以根据任务难度预设讲授与讨论的比例，也可以随机应变视课堂学生讨论热烈程度、任务完成情况进行灵活调整。对分课堂并不是严格意义上的五五开，也可以四六开、三七开等。

对分课堂的灵活性还体现在教学形式上，不仅仅是讲授加讨论，教师可以根据课程的性质、教学目标灵活地采用讲授加实操、讲授加成果展示、讲授加模拟等。即讲授是固定的，加的方式可以灵活多样。

3. 对分课堂的模式

对分课堂教学模式是混合学习模式的一种特例，该教学模式分成三个阶段五个环节。三个阶段为讲授、知识内化和讨论（也可以是其他形式）。这三个阶段可以进一步细化成五个环节，分别为讲授、独立学习、独立做作业、小组讨论和全班交流。作业也是独立学习，但作业在对分课堂中的地位很重要，所以单独设为一个环节。这五个环节都是日常教学中的基本元素，很多教师会觉得自己的教学过程都有，从而认为对分课堂很普通，其实不然。对分课堂是一个模式变革，通过整合创新，以严整的结构和严格的要求把已有的教学元素重新组合，形成一个新的结构，产生新的力量。对分课堂的教学过程如图 7-3 所示。

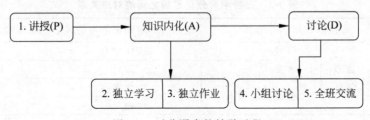

图 7-3 对分课堂的教学过程

（1）讲授。对分课堂的讲授环节是对教师主导地位的体现，同时也是对传统课堂的肯定。如果是对分课堂的第一次课，讲授内容应包括知识结构的梳理、教学中重点和难点的讲授、独立学习和独立作业任务的布置、讨论问题和讨论方式的说明、评价方式解读等。如果是后续的课程，还需要包括对学生上次课的讨论等活动环节的概括、总结和反馈。

（2）独立学习和独立作业。独立学习和独立作业环节是学生知识内化的阶段，学生既要将课堂学习的知识进行巩固和复习，也需要通过书籍、网络和课下交流等方式学习和掌握新知识，发展新技能，进而形成独立解决问题的能力与意识。

（3）小组讨论和全班交流。在小组讨论和全班交流环节中，①学生可以就学习过程中的疑问和遇到的困难进行提问；②学生需要将课下独立学习的成果展示、汇报；③学生可以就相同的主题展开讨论，碰撞思想，交流经验，将学到的知识运用到问题解决中，发展思维、提升能力。

另外,在实践教学过程中,讨论环节可以扩展为其他的形式,如成果展示、实践操作、模拟训练等,核心就是学生的积极参与。对分课堂主要的指导思想是,课堂教学既要体现教师的主导,也要体现学生主体作用的发挥,只要能让学生成为课堂的主角,充分调动学生的积极性、主动性、参与学习、表达、思考,各种课堂教学形式都可以使用。

7.2.2 对分课堂教学过程设计

对分课堂的教学设计是混合学习的一个特例,它的过程和要素可以遵循混合学习教学过程设计的一般流程进行。但是,依据对分课堂的模式和特征,对分课堂教学中对教学内容的分析、分类,对课堂教学中讨论环节的设计,评价方式的设计显得尤为重要。因此,下面重点介绍教学内容的分析、讨论环节和评价方式的设计。

1. 教学内容分析

教学内容分析是教学过程设计的重要基础,教学内容分析需要分三个步骤完成。

(1) 划分知识点。划分知识点即根据课程标准和教材将教学内容分解成尽可能小的教学单位。广义知识分类是邵瑞珍等编著的《教育心理学》的思想基础,"信息加工心理学家大都同意把广义的知识分成两大类:一类为陈述性知识,另一类为程序性知识。"前者用于回答是什么、为什么的问题,后者则用于回答怎么办的问题;进而,"在信息加工心理学中,技能也被看成是知识的一种类型","技能都可以用程序性知识来解释"。由此将这种知识分类同加涅的认知学习结果分类、奥苏贝尔的认知结构思想、梅瑞尔成分显示理论联系起来(同时也包括动作技能学习),形成如表7-2所示的对应关系。表7-2所示的对应关系是一种大体上的对应,如果从求同存异、把握主要问题的角度来思考,该表能够反映出学习或教学内容分类研究的基本情况。

表7-2 三种学习分类思想之间的对应关系

广义知识分类	加涅的认知学习结果分类		奥苏贝尔对知识学习的区分	梅瑞尔的教学内容分类
陈述性知识	言语信息	符号——1	表征学习	
		事实		事实——2
		有组织的知识	概念学习	概念——3
			命题学习	原理——4
程序性知识	智慧技能			程序——5
	认知策略			

周越认为,在认知领域的学习中,教学内容可分为符号、事实、概念、原理和程序5种类型。其中符号型教学内容主要指向语言、文字,也包括特定学科中专用的人工符号,如数学符号等;事实型教学内容则对应于具体事件、事例、案例、作品等教学材料;概念型教学内容和原理型教学内容都是对大量事实的共性形成的抽象描述,前者更关注一类事物,后者则更侧重事物之间的关系;在教科书等教学材料中,程序型教学内容可能以言语信息形式表现出来,但回归到学习过程来看,程序型教学内容必须最终落脚到技能层面。在这样的基础上来看知识点,知识点就是教学内容中的一个符号、事实、概念、原理或技能。

(2) 形成知识结构。知识点是学生学习的基础,而知识结构是学生建构知识的起点。在传统教学中,教师的讲解顺序就是一个知识结构。在自主学习过程中,由于缺少了教师引导的知识构建,学生可以按照自己的方式建构知识,虽然能突显学生学习的自主性和个性化特征,但是也容易导致学习知识的不系统和学习中的迷航。因此,教师应结合科学知识体系和自身的教学经验,建构知识体系结构,并以概念图或知识导图的方式呈现给学生,便于学生对知识的整体把握,科学地选择知识学习顺序,更快地建构与完善自身的知识体系结构。

（3）知识点类型分类。对分课堂分为讲授环节和讨论环节,讲授环节讲什么、讨论环节讨论什么,不能随机生成,要有预设。在形成和呈现知识体系结构之后,教师还应该将知识点按照学习目标、知识点难度进行分类,形成知识细目表。如认知领域学习目标可以分成记忆、理解、简单应用、综合应用和创见五个层级,记忆和理解是低阶目标,简单应用、综合应用和创见为高阶目标。知识点难度可以分为低难度、中等难度和高难度等。教师可以依据知识点类型的分类,选择课堂讲授的内容和讨论的内容。对于低难度的以记忆和理解为目标的知识点,学生可以根据资源进行独立学习与内化,课堂讲授过程中教师可以采取适当的方式检测目标达成情况。对于中等难度的以应用为目标的知识内容,教师可以安排在课堂讲授环节,这部分起到知识的衔接作用,学生自主建构有一定难度,需要教师的引导。对于高难度的以创见为目标的知识内容,应安排在讨论环节,学生在独立学习和课堂讲授的基础上,需要通过讨论与交流中检验知识和深化知识的学习。

2. 讨论环节设计

讨论环节的目的,一是学生可以将独立学习中的收获与疑问同教师和同学分享；二是通过讨论完成知识的深化学习,实现高阶目标。讨论一般可以分成如图 7-4 所示的五个环节。讨论主题可以来源于学生独立学习过程中形成的疑问和待解决的问题,也可以是教师根据发展学生高阶目标的需要设置的讨论主题。形成讨论主题之后,学生需要各自独立完成相关资料的收集、整理、形成观点。每个学生对讨论内容有所准备之后,先进行小范围的组内讨论,3~5 人为宜,组内成员交换思想,形成关于某一问题的共识,并整理报告的内容,形成组内观点。课堂上教师组织全班的讨论,以小组为单位陈述各自观点,并可以相互质疑、争论和辩论。最终由教师总结、概括讨论的结果,形成观点,并评价各组同学在讨论过程中的表现。

图 7-4　对分课堂讨论环节的设计

3. 评价方式设计

对分课堂评价方式主要分为两个部分,即对独立学习部分的评价和对课堂讨论的评价。独立学习的评价主要是对学生课堂知识内化和课外延伸效果的评价,以知识的获取与掌握为主,可以采用作业、测验、作品等传统的方式进行评价,主要是测量学生对以记忆和理解为目标的知识达标程度。在课堂讨论环节中,学生间互动、师生互动效果的评价可以采用过程性评价,如采用档案袋、评价量规等方式进行。评价的主体尽可能多元化,如教师评价、学生互评、自我评价、小组内评价、组间评价等。评价应尽可能地全面反映学生在学习过程中的参与度和表现结果。

第 8 章

数字化学习资源

　　数字化学习资源的制作需要丰富的多媒体素材,掌握多媒体素材的获取方式并对多媒体素材进行简单加工才能为数字化学习资源的制作做好充分准备。目前在教学中使用的主流教学演示工具是 PowerPoint、Focusky 和电子白板,会利用这三种工具制作教学演示资源是教师的基本素质和能力。利用概念图和思维导图对知识进行可视化加工对教学和学习效率的提高具有重要作用,各学科的教学和学习都要有意识地强化知识可视化的思想和技能。混合式学习将成为未来学习的常态,在线资源的制作尤其是微课的制作已成为教师的必备素质和能力,基于移动端的 HTML 5 资源开发也将成为教师的必备能力。教师必须全面提升设计与开发数字化学习资源的能力才能成为新时代的合格教师。

8.1 多媒体素材的获取与加工

8.1.1 多媒体素材

1. 多媒体概述

1) 媒体

　　媒体一般有两种含义:一是指存储信息的实体,如磁盘、光盘、磁带和半导体存储器等;二是指传递信息的载体,如文字、图片、动画、图像、视频和音频等。本书中的媒体是指后者。

2) 多媒体

　　多媒体译自英文 multimedia,该词由 multiple 和 media 复合而成,其核心词是媒体。人们普遍认为,多媒体是指能够同时获取、处理、编辑、存储和展示两种以上不同类型信息资源的技术。所以,现在所说的多媒体常常不是指多种媒体设备本身,而主要是指处理和应用它的一套技术。多媒体技术就是利用计算机对文字、图像、图形、动画、音频、视频等多种信息进行综合处理、建立逻辑关系和人机交互功能的信息处理技术。

3) 多媒体技术的特点

　　多媒体技术主要具有以下特点。

　　(1) 多样性。信息载体的多样性是多媒体的主要特性之一。信息载体的多样化,是相对计算机而言的。在多媒体技术中,计算机所处理的信息空间范围拓展了,不再局限于数值、文本、图形和特殊处理的图像,并且强调计算机与声音、活动图像(或称为影像)相结合,以满足人类感官通道对多媒体信息的需求。

（2）集成性。多媒体技术不仅要对多种形式的信息进行各种处理，而且要将它们有机地结合起来。突出的例子是动画制作，它将计算机产生的图形或动画与摄像机摄得的图像叠加，再和文字、声音混合，这样，就需要对多种信息综合和集成处理。多媒体的集成性主要体现在两个方面：①多媒体信息的集成，是指各种媒体信息应能按照一定的数据模型和组织结构集成为一个有机的整体，以便媒体的充分共享和操作使用；②操作这些媒体信息的工具和设备集成，是指与多媒体相关的各种硬件设备的集成和软件的集成，为多媒体系统的开发和实现建立一个便利的集成环境，以提高多媒体产品的生产力；③交互性。多媒体系统采用人机对话方式，对计算机中存储的各种信息进行查找、编辑及同步播放，可实现人对信息的主动选择和控制，从而为用户提供更加有效地控制和使用信息资源的手段。

2．多媒体类型

从媒体信息的存在形式上看，常用的媒体大致包括以下 6 类。

1）文本

文本是以文字和各种专用符号表达的信息形式，包括西文字符、中文字符和专用特殊字符，它是现实生活中最多的一种信息表示形式。用文本表达信息能给人充分的想象空间，它主要用于对知识的描述性表示，如阐述概念、定义、原理和问题以及显示标题、菜单等内容。与其他媒体相比，文本是最容易处理、占用存储空间最少、最方便利用计算机输入和存储的媒体。常用文本处理软件有记事本、Word、WPS 等。

2）图形

图形是指用线条构成的几何图形，如直线、矩形、圆等，在计算机中一般由图形函数呈现。计算机中的图形是数字化的，是矢量图，矢量图形是通过一组指令集来描述的，这些指令描述构成一幅图中所有的直线、圆、圆弧、矩形、曲线等的位置、维数和大小、形状等。

3）图像

图像是决定一个多媒体软件视觉效果的关键因素，主要指静止的图像。图像适合表现比较细致、层次和色彩比较丰富、包含大量细节的视觉元素。生成位图图像的方法有多种，最常用的是利用绘图的软件工具绘制，用指定的颜色画出每个像素来生成一幅图像。

4）动画

动画是利用人的视觉暂留特性，快速播放一系列连续运动变化的图形/图像，产生画面的缩放、旋转、变换、淡入/淡出等特殊效果。动画是通过一系列彼此有差别的单个画面来产生运动画面的一种技术，通过一定速度的播放可达到画中形象连续变化的效果。要实现动画首先需要有一系列前后有微小差别的图形或图像，每一幅图片称为动画的一帧，它可以通过计算机产生和记录。通过动画可以把抽象的内容形象化，使许多难以理解的教学内容变得生动、有趣。合理使用动画可以达到事半功倍的效果。

5）音频

音频是人们用来传递信息、交流感情最方便、最熟悉的方式之一。音频可以从自然界中录制，也可以采用特殊方法人工模拟制作；音乐则是一种最常见的声音形式。

6）视频

视频与动画一样，由连续的画面组成，只是画面是自然景物的动态图像。视频一般分为模拟视频和数字视频，电视、录像带是模拟视频信息。当图像以每秒 24 帧以上的速度播放时,由于人眼的视觉暂留作用,看到的就是连续的视频。多媒体素材中的视频指数字化的活动图像。视频具有时序性,其信息内涵相当丰富,常用于交代事物的发展过程。视频非常类似于人们熟悉的电影和电视,有声有色,在多媒体中充当着重要角色。

3. 媒体文件的格式

常见媒体文件的格式如表 8-1 所示。

表 8-1 媒体文件的格式

媒体类型	扩展名	说明
文本	.txt	纯文本文件
	.wri	写字板文件
	.doc(x)	Word 文件
	.wps	WPS 文件
图形图像	.bmp	Windows 位图文件
	.jpg/.png	JPEG/PNG 压缩的位图文件
	.gif	图形交换格式文件
	.tif	标记图像格式文件
	.eps	PostScript 图像文件
音频	.wav	标准 Windows 声音文件
	.mid	乐器数字接口的音乐文件
	.mp3	MPEG layer 3 声音文件
动画	.gif	图像交换格式文件
	.flc(fli)	AutoDesk 的 Animator 文件
	.swf	Flash 动画文件
视频	.avi	Windows 视频文件
	.mov	QuickTime 动画文件
	.mpg	MPEG 视频文件
	.dat	VCD 中的视频文件

8.1.2 多媒体素材的获取方法

制作数字化学习资源离不开多媒体素材的支持,不同的素材有不同的获取方式,使用者可以根据自身需求和素材情况自制或通过特定的方式获取现成素材。

1. 文本素材的获取方法

(1) 直接输入文本。多数多媒体集成工具软件自带文字输入与编辑功能,所以可以直接在创作环境中输入和编辑文本内容。

(2) 键盘输入、语音识别输入、笔式书写输入。通过外部文本编辑软件(如记事本、Word 等)进行键盘输入;通过语音识别软件、麦克风进行语音输入;通过手写板进行手写输入。

(3) 扫描识别输入。利用扫描仪从纸质印刷品扫描件或图像中提取文字,这种技术称为 ORC(optical character recognition,光学识别)技术。ORC 技术的出现实现了将印刷文字扫描得到电子化的文本文件的功能,提供了一种全新的文字输入手段,从而大大提高了用户的工作效率。

2. 图形图像素材的获取方法

（1）屏幕捕捉或屏幕硬拷贝。利用 HyperSnap 或者 Snagit 等屏幕截取软件,可以捕捉当前屏幕上显示的任何内容;也可以使用 Windows 提供的 Alt＋Print Screen 组合键,直接将当前活动窗口显示的画面置入剪贴板中。

（2）扫描输入。这是一种常用的图像采集方法。如果希望把教材或其他书籍中的一些插图放在多媒体课件中,可以通过彩色扫描仪将图扫描转换成计算机数字图像文件。对这些图像文件,往往还要使用 Photoshop 进行一些诸如颜色、亮度、对比度、清晰度、幅面大小等方面的调整,以弥补扫描时留下的缺陷。

（3）使用数码相机。使用数码相机拍摄的照片保存在相机的内存储器芯片中,通过计算机的通信接口将其传送到多媒体计算机中,再在计算机中使用 Photoshop 等软件进行处理之后应用到制作的多媒体软件。使用这种方法可以方便、快速地制作出实际物体如旅游景点、实验仪器、人物等的数字图像,然后插入多媒体课件中。

（4）光盘采集。市面上各种植物图片库、动物图片库、办公用品图片库等以光盘为载体的素材库中的图片清晰度高、制作精良,而且同一幅图以多种格式存储,这些光盘可以在书店等处买到,从素材库光盘中选择所需要的图像是一条捷径。

（5）利用图形图像编辑软件来创建。利用图形图像编辑软件来创建和处理是另一种很重要的图形图像素材的获取途径。常用的图形(矢量图)编辑软件有 Illustrator,图像(位图)编辑软件 Photoshop 等。

（6）网上下载或网上图片库。因特网上提供了各种各样非常丰富的资源,特别是图像资源。对于网页上的图像,可以通过右击所需的图片并在弹出的菜单中选择另存图片选项把网页上的图片下载并存储在本地机中使用。

3. 音频素材的获取方法

（1）利用录音软件直接录制。利用声卡和相关的录音软件,可以直接录制 WAV 文件。用户可以对所录制的声音进行编辑,或者制作各种特效效果。

（2）使用专业录制棚录制。在专业录音棚中录音,不但可以大大减少环境噪声,而且可以获得高保真音量,因此在影视配音、音乐制作中常常使用。

（3）从 CD 光盘或录音带中进行转录。对已录制在 CD 光盘或录音带上的音乐和歌曲,可通过适当的软件转录为数字声音文件,然而再加工或处理。

（4）从数字音频库中获取。可以直接选用存储在光盘或磁盘上数字音频库中的音频文件,也可以上网下载音频文件。

（5）从网上查找获取。目前网上有很多免费的音频素材,可供下载和使用。

4. 视频素材的获取方法

（1）从摄像机中获取。可以用数码摄像机拍摄视频,然后打开摄像机,利用视频编辑软件进行采集。

（2）从光盘中截取。VCD、DVD 是重要的视频素材来源,利用视频转换工具软件可获取这些视频并将其转换为所需的文件格式进行存储和编辑,有些视频播放器也具有视频获取、存储功能。

（3）用屏幕录制软件录制视频。屏幕录制是指将屏幕内容转换为视频文件,可分为静态屏幕采集和动态屏幕采集两种。

(4)从网上查找获取。目前网上有很多免费的视频素材,可供下载和使用。

5. 动画素材的获取方法

(1)从光盘中采集。从素材库光盘中选择所需要的动画是一条捷径。

(2)动画制作软件制作动画。例如,使用 Flash 软件可制作补间动画,保存为 SWF 动画文件。除了 SWF 动画,Flash 动画也可转存为 AVI、MOV、GIF 等动画格式。

(3)从网上查找获取。目前网上有很多免费的动画素材,可供下载和使用。

8.1.3 多媒体素材的处理方法

在制作数字化学习资源时,很多现有素材无法完全满足制作需求,这就需要对手头的素材进行加工和处理。

1. 图像的处理

1)图像处理软件简介

(1)Adobe Photoshop。Adobe Photoshop 是 Adobe 公司旗下的图像处理软件,集图像扫描、编辑修改、动画制作、图像制作、广告创意,图像输入/输出于一体的图形图像处理软件,深受广大平面设计人员和美术爱好者的喜爱。

(2)美图秀秀。美图秀秀是一款很好用的国产免费图像处理软件,软件的操作和程序相对于专业图片处理软件比较简单。美图秀秀独有的图片特效、人像美容、可爱饰品、文字模板、智能边框、魔术场景、自由拼图、摇头娃娃等功能可以让用户短时间内做出影楼级照片。

2)图像处理案例

使用美图秀秀,在原有的图片上添加文字,边框及卡通形象等来修饰图片,如图 8-1 和图 8-2 所示。

图 8-1 原图

图 8-2 结果图

(1)启动美图秀秀软件,主界面分四大功能板块,具体功能如下。

① 美化图片:具有修饰图片色度、饱和度、清晰度、亮度以及做一些特效功能的选项。

② 人像美容:对图像中人物脸部进行修饰,如美白、瘦脸、轮廓、祛斑祛痘等功能。

③ 拼图:将多个图片按不同的布局合理拼接在一页中,如自由拼图、海报拼图、模板拼图和图片拼接等。

④ 批量处理:可以将大量图片进行统一处理。

(2)导入一张要修改的图片。单击"美化图片"按钮,选择一张图片。

(3) 在原图上加一些文字。单击"文字"按钮,再按单击"输入文字"按钮,随后弹出对话框,输入相关文字即可,如图 8-3 所示。

图 8-3　添加文字图

(4) 在原图上加一些边框。单击"边框"按钮,再单击"轻松边框"按钮,界面的右侧会弹出一些边框,单击自己喜欢的边框,如图 8-4 所示。

图 8-4　添加边框

(5) 在原图上加卡通形象。单击"饰品"按钮,再单击"卡通形象"按钮,界面的右侧会弹出一些卡通图片,单击自己喜欢的卡通图片,如图 8-5 所示。

(6) 保存。单击"保存与分享"按钮,将图片保存在课件制作的资料目录下,以方便备课使用。可以选择保存 JPG、BMP、PNG 格式进行保存。

2. 音频处理

1) 音频处理软件简介

(1) Adobe Audition。Adobe Audition 是一个专业音频编辑和混合环境,提供了先进的音频混合、编辑、控制和效果处理功能,可以满足业余爱好者、小型录音棚、专业制作人不同程度的要求,而且其操作简单、容易上手,即使不具备音乐制作的经验,也可以将其作为入门学习的软件。

图 8-5　添加装饰品图

（2）GoldWave。GoldWave 是一款音乐编辑软件，其特点是简单、实用、直观、简便、编辑能力强。要学会对声音文件的编辑处理，首先就要掌握如何运用 GoldWave 进行优质的录音。有了良好的音频素材，才能更进一步地进行编辑创作。GoldWave 是一款无须安装的绿色软件。

2）音频处理案例

通过 Adobe Audition CS 5.5 剪辑原有的音频并添加相关效果的方法如下。

（1）启动 Adobe Audition CS 5.5 软件，其主界面由文件显示区（文件的分辨）、编辑区（音频的剪切）、效果区、选区与视图（效果的显示）四个部分组成。

（2）导入音频。选择菜单栏中的"文件"→"导入"→"文件"命令，如图 8-6 所示。

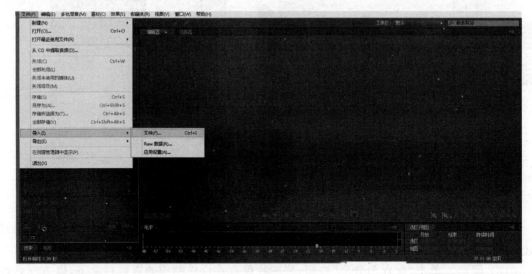

图 8-6　导入选项

在出现的对话框中，选择自己的音频素材，单击"确定"按钮。导入音频后的效果如图 8-7 所示。

（3）音频剪辑：在编辑器中单击自己需要的音频片段的开始位置，然后拖动鼠标选择要剪辑的音频片段。右击选择的音频片段，可进行如下编辑操作：剪切、复制、复制为新文件、提取声道为单声道等，如图 8-8 所示。

（4）添加降噪效果。打开菜单栏中的"效果"→"降噪"子菜单，可根据要求选择降噪选

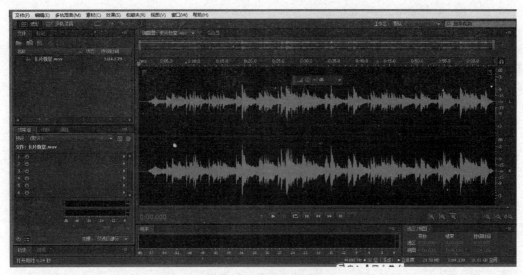

图 8-7　导入音频后的效果

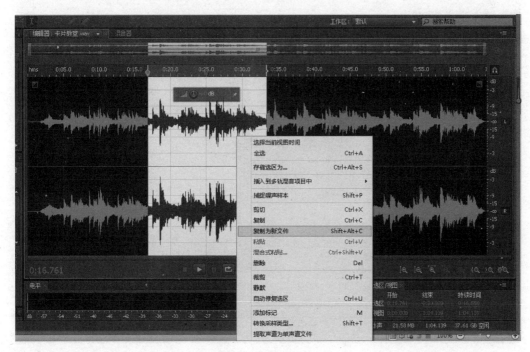

图 8-8　音频处理选项

项,如捕捉噪声样本、降噪处理、自适应降噪、自动咔嗒声移除、消除嗡嗡声、降低嘶声等,如图 8-9 所示。也可以选择"自适应降噪"命令,由软件自动处理。

(5) 淡入、淡出效果。如果觉得音乐开始的时候太突然,可以使用淡入、淡出工具轻轻地(向右)或者(向左)拖动以设置淡入、淡出的时间,如图 8-10 所示。

(6) 导出音频。选择菜单栏中的"文件"→"导出"→"文件"命令,出现"导出"对话框,可以更改文件名后保存。导出的格式有 AIFF、MP3、WAVEPCM 等,通常保存为 MP3 格式,

图 8-9 降噪效果选项

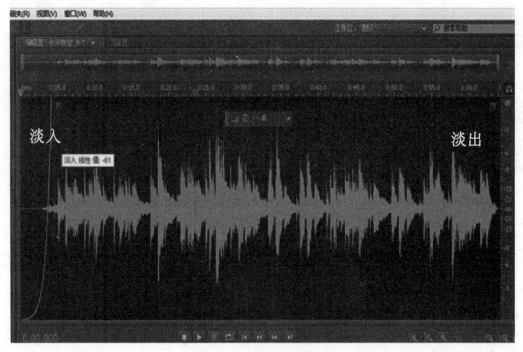

图 8-10 淡入、淡出效果设置

如图 8-11 所示。

3. 视频处理

1）视频处理软件简介

（1）Adobe Premiere。Adobe Premiere 是由 Adobe 公司推出的一款非线性编辑软件，用这个软件可以对视频进行裁剪、剪辑、加背景音乐、加字幕、加解说、加片头片尾等操作。Adobe Premiere 软件将卓越的性能、优美的改进用户界面和许多奇妙的创意功能结合在一

图 8-11　导出文件选项

起,包括用于稳定素材的 Warp Stabilizer、动态时间轴裁切、扩展的多机编辑、调整图层等。

(2) 会声会影。会声会影是由 Corel 公司推出的一款具有图像抓取和编修功能的视频编辑软件,可以抓取、转换 MV、DV、V8、TV 和实时记录抓取画面文件,并提供 100 多种编制功能与效果。会声会影可以完成运动跟踪、可定制运动、DSLR 定格动画、DSLR 放大模式、超高清视频支持、AVCHD 2.0 支持、可变速度、屏幕捕捉、字幕编辑器、轨道切换、可定制的随机转场特效、QuickTime Alpha 通道等。

(3) 爱剪辑。爱剪辑是由爱剪辑团队开发的视频剪辑软件。它不需要用户有视频剪辑功底就能使用。它支持给视频加字幕、调色、加相框等齐全的剪辑功能。常用的功能如下。

① 添加及截取视频片段。
② 添加音频。
③ 为视频添加好莱坞级别的酷炫字幕特效。
④ 为视频叠加相框、贴图或去水印。
⑤ 为视频片段间应用转场特效。
⑥ 通过画面风格令制作的视频具有与众不同的视觉效果。
⑦ 为剪辑的视频添加 MTV 字幕或卡拉 OK 字幕。
⑧ 叠加贴图,去水印。

2) 视频处理案例

利用爱剪辑软件给视频添加字幕、叠加相框和转场特效的方法如下。

(1) 启动软件,爱剪辑软件界面如图 8-12 所示。主界面包括素材显示区、修改区、视频片段预览窗口、已添加片段、所有制作的信息。

(2) 添加两个视频片段。

单击"添加视频"按钮,选择要添加的视频。通过设置开始时间和结束时间,软件将自动截取选定时间段内的视频。截取的视频会导入下方的"已添加片段",可以在预览窗口预览

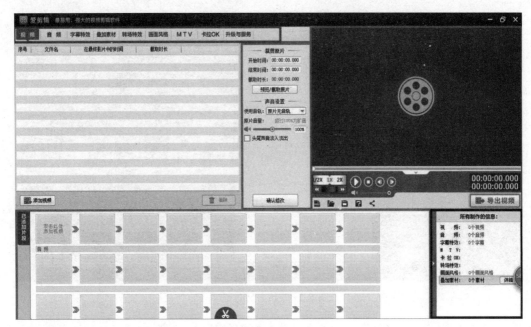

图 8-12 爱剪辑的主界面

所导入的视频片段,如图 8-13 所示。

可以在视频修改区域内对视频进行"裁剪原片"和"声音设置",如图 8-14 所示。

图 8-13 选择视频片段

图 8-14 裁剪原片和声音设置

(3) 给视频添加字幕。单击"字幕特效"按钮,左上方会出现字幕特效,在这里可以选择自己想要的字幕特效。双击预览框中要添加字幕的地方,会出现如图 8-15 所示的对话框,输入要添加的文字即可。

设置完成后单击"确定"按钮,选择想要的特效,也可以在修改区域对字幕进行修改,如图 8-16 所示。

图 8-15 "输入文字"对话框

图 8-16 设置字幕效果

(4)给视频之间添加转场特效。首先选中后面的视频,然后单击"转场特效"按钮,左边区域内将出现很多特效,可以在这里选择想要的特效,如图 8-17 所示。

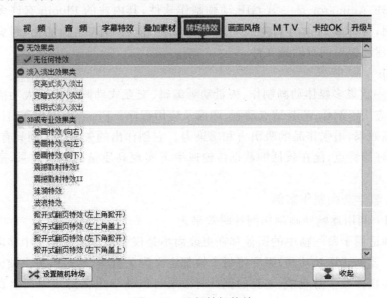
图 8-17 选择转场特效

(5)导出视频。单击主界面预览框右下角的"导出视频"按钮,弹出如图 8-18 所示的对话框。设置完成后单击"导出"按钮就可以导出视频了。这里生成一个扩展名为 MP4 的视频文件,也可以保存成其他格式的视频文件。

图 8-18　导出视频

4．动画处理

1）动画处理软件简介

（1）Ulead GIF Animator

Ulead GIF Animator 是一款 GIF 动画制作软件，其内建的 Plugin 有许多现成的特效可以立即套用，可将 AVI 文件转换成动画 GIF 文件，能将 GIF 动画优化，网页设计者能快速、轻松地创建和编辑网页动画文件。

（2）Flash

Flash 是一款集多媒体动画制作、矢量动画编辑、交互式动画制作三大功能于一体的专业软件，主要应用于制作 Web 站点动画、图像及应用程序。Flash 可以制作出图片、音频、视频交互的动画效果，增强作品的吸引力和感染力。它创作出的矢量图动画具有文件小、交互性强、兼容性好等特点，能在较低的数据传输速率下实现高质量的动画效果，适合网络环境下的应用。

2）Flash 教学动画制作案例

【案例 1】　利用逐帧动画制作倒计时效果。

逐帧动画适用于每一帧中的图像都在更改而不是仅仅简单地在舞台中移动或改变大小的复杂动画。要创建逐帧动画，需要将每个帧都定义为关键帧，然后给每个帧创建不同的图像。在一些多媒体教学游戏中，逼真的倒计时效果可以使学生在游戏中产生真实感和挑战性，使学生的兴趣得到有效的激发。

（1）启动 Flash 软件，选择"文件"→"新建"命令，建立一个新的 Flash 文档。

（2）选择工具栏上的文字工具，在工作区下方的文本属性面板中，设置字体为"黑体"、字号为 45、颜色为红色，如图 8-19 所示。在工作区正中输入 5。

（3）在时间轴的第 2 帧右击，在弹出的菜单中选择"插入关键帧"命令。选择工具栏上的文字工具，在工作区中选中数字 5，输入 4。

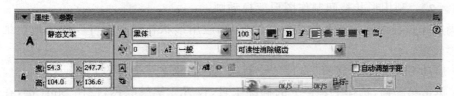

图 8-19　文字属性设置

(4) 重复步骤(3),分别在第 3、4、5、6 帧上插入关键帧,并输入 3、2、1、"时间到!",适当调整"时间到!"文字的位置,使其在工作区居中。

(5) 按 Enter 键播放动画,测试效果,可以看到数字的逐帧变化。

为了使倒计时与真实的时间一致,可以通过以下两种方法实现。①选择"修改"→"文档"命令,在弹出的"文档属性"对话框中设置"帧频"为 1,如图 8-20 所示,即每秒钟播放一帧。②保持默认的帧频(12fps)不变,在时间轴上拖动鼠标选择第 2 帧到第 6 帧,如图 8-21 所示,向后拖动到第 13 帧,如图 8-22 所示。参照上述步骤,依次向后移动各个关键帧,使除最后一个关键帧以外的其他关键帧都持续 12 帧,完成后的时间轴如图 8-23 所示。

图 8-20　修改帧频

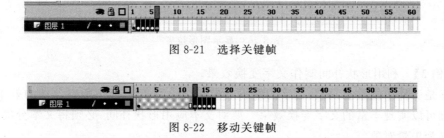

图 8-21　选择关键帧

图 8-22　移动关键帧

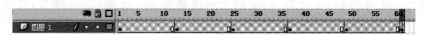

图 8-23　完成后的时间轴效果

【案例 2】 利用形状补间制作图形变换动画。

动画制作过程中常常涉及物体形状的变化,应用形状补间动画可以便捷地产生一些奇妙的变形效果。

(1) 启动 Flash 软件,选择"文件"→"新建"命令,建立一个新的 Flash 文档。

(2) 单击第一帧,选择工具栏上的椭圆工具,设置无笔触颜色,按住 Shift 键,在工作区内画一个没有边线的圆。

图 8-24 选择"形状"选项

(3) 选中第 30 帧,按 F7 键插入空白关键帧,选择矩形工具,设置无笔触颜色,在工作区内画一个没有边线的矩形。

(4) 单击第一帧,在帧属性面板中,选择"补间"下拉列表框中的"形状"选项,如图 8-24 所示。此时的时间轴变成淡绿底黑色箭头连接线,按 Enter 键播放动画测试效果。

提示:在步骤(3)中绘制矩形前,为了保证圆形和矩形的位置相同,可以单击绘图纸外观按钮,使圆形隐约可见,此时在圆形位置上再绘制矩形,如图 8-25 所示。

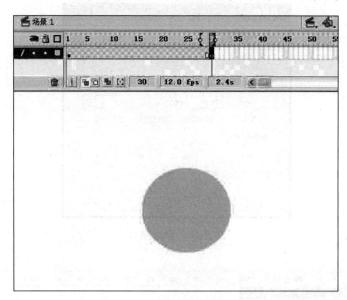

图 8-25 显示图形位置

【案例 3】 利用形状补间制作文字变换效果。

文字是课件中的重要元素,文字的编辑效果在很大程度上直接影响课件的效果。利用补间动画可以实现丰富的文字变换效果。要对文本应用形状补间,必须将文本分离两次,将文本转换为矢量对象。

(1) 建立一个新的 Flash 文档,将文档大小设置为 400 像素×200 像素,将背景色设置为淡黄色。

(2) 单击图层 1 的第 1 帧,使用文字工具输入"现代教育技术"6 个字,文字属性及形态如图 8-26 所示。

图 8-26　第 1 帧文字参数及形态

（3）在第 25 帧处插入空白关键帧，使用文字工具输入"计算机辅助教学"7 个字，文字属性设置同上。

（4）单击第 1 帧，选择"修改"→"分离"命令，或按 Ctrl＋B 组合键，将文字第一次分离，如图 8-27 所示。

（5）再次选择"修改"→"分离"命令，或按 Ctrl＋B 组合键，将文字第二次分离，如图 8-28 所示。

图 8-27　文字第一次分离　　　　　　图 8-28　文字第二次分离

（6）单击第 25 帧，用同样的方法将"计算机辅助教学"进行两次分离。

（7）单击第 1 帧，在帧属性面板上的"补间"下拉列表框中选择"形状"选项，此时时间轴变成淡绿色底黑色箭头连接线，文字动画变形创建完成。

（8）选择"控制"→"播放"命令，观看动画效果。

【案例 4】　利用动画补间制作缩放动画。

对象大小的变化，也是课件动画中常见的一种形式，在 Flash 中也可以通过动画补间来实现。

（1）启动 Flash 软件，选择"文件"→"新建"命令，建立一个新的 Flash 文档。

（2）单击图层 1 的时间轴的第 1 帧。

（3）选择文字工具，在工作区的下方的文本属性面板中，设置字体为"仿宋"、字号为 30、颜色为蓝色。在工作区正中输入"多边形面积计算"几个字，如图 8-29 所示。

图 8-29　文字属性

(4) 右击时间轴的第 30 帧,选择"插入关键帧"命令(也可以先单击第 30 帧后按 F6 键),此时时间轴的 1~30 帧变成灰色,如图 8-30 所示。

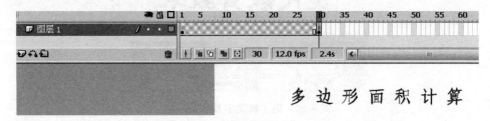

图 8-30　在时间轴上插入关键帧

(5) 选择任意变形工具 ,将"多边形面积计算"几个字放大,如图 8-31 所示。

图 8-31　用缩放工具放大文字

(6) 单击第 1 帧,在帧属性面板上的"补间"下拉列表框中选择"动画"选项,文字的缩放动画创建完毕。

(7) 选择"控制"→"播放"命令,观看动画效果。

【案例 5】　引导层动画制作——小球绕椭圆做圆周运动。

(1) 启动 Flash,建立一个新的 Flash 文档。

(2) 将图层 1 改名为"被引导层"。单击第 1 帧,选择椭圆工具,设置填充色为红色,按住 Shift 键用鼠标在舞台上画一个小球。

(3) 单击时间轴左侧的 按钮,增加一个引导层。

(4) 使用椭圆工具在引导层第 1 帧上画一个较大的椭圆,并删除大圆的填充部分,保留大圆的边线。

(5) 用橡皮擦工具在大圆上擦出一个小口,如图 8-32 所示。

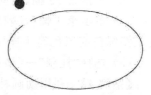

图 8-32　绘制引导路径

(6) 将引导层延续到第 40 帧(即在第 40 帧处插入普通帧),并在"被引导层"的第 40 帧插入关键帧。

(7) 单击"被引导层"的第 1 帧,用箭头工具将小球拖到圆的左边的开口端点上,如图 8-33 所示。

(8) 单击"被引导层"的第 40 帧,用箭头工具将小球拖到圆的右边的开口端点上,如图 8-34 所示。

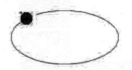
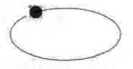

图 8-33　设置运动的起点　　　　图 8-34　设置运动的终点

(9) 右击"被引导层"的第 1 帧,选择"创建补间动画"命令,此时的时间轴如图 8-35 所示。这样,小球将被引导沿大椭圆运动。

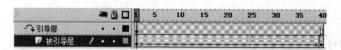

图 8-35　最终时间轴效果

【**案例 6**】　遮罩动画制作——动态渐变色的文字效果。

(1) 启动 Flash，建立一个新的 Flash 文档。

(2) 将图层 1 改名为"被遮罩层"。单击第 1 帧，选择矩形工具，设置填充色为七彩渐变（即系统自带的彩虹渐变），用鼠标在舞台上画一个稍小于舞台的矩形，用填充变形工具将矩形填充并旋转 45°，如图 8-36 所示。

(3) 在"被遮罩层"上面插入图层"遮罩层"，输入文本 Flash，放大变形后放置在舞台中间，如图 8-37 所示。

(4) 在"被遮罩层"的第 40 帧处插入关键帧，调节舞台中矩形的位置到舞台下方，如图 8-38 所示，并在 1～40 帧间创建补间动画。

图 8-36　渐变矩形位置 1

(5) 设置"遮罩层"与"被遮罩层"的属性，建立遮罩关系，动画制作完成。完成后的效果如图 8-39 所示。

图 8-37　插入文本"Flash"

图 8-38　渐变矩形位置 2

图 8-39　完成后的时间轴及效果

8.2 知识可视化工具

知识可视化是通过视觉表征形式促进知识的传播与创新。无论是知识可视化设计还是应用，视觉表征都是这个过程中的关键部分。因此，知识可视化的价值实现有赖于它的视觉表征形式。

知识可视化以图形设计、认知科学等为基础，与视觉表征有着密切关联。视觉表征是知识可视化构成的关键因素。例如，概念图是基于有意义学习理论提出的图形化知识表征；知识语义图以图形的方式揭示概念及概念之间的关系，形成层次结构；因果图是以个体建构理论为基础而提出的图形化知识表征技术。

在信息技术条件下，知识可视化有了新的突破：制作工具越来越多，制作方法更简易，表现形式更多样。知识可视化在教育中也逐步应用起来，并且范围更加广泛，效果也更受期待。知识可视化作为学习工具，能够改变认知方式，促进有意义学习。下面重点介绍概念图和思维导图这两种知识可视化工具。

8.2.1 概念图

1．概念图概述

概念图（concept map）是指将与某一主体相关的不同级别的概念或命题连接起来，形成的关于该主题的概念或命题网络，是一种知识的组织与表征的方式。

概念图的理论基础是奥苏贝尔的学习理论。学习就是建立一个概念网络，不断地向网络增添新内容。为了使学习有意义，学习者个体必须把新知识和学过的概念联系起来。知识的构建是通过已有的概念对事物的观察和认识开始的。

2．概念图制作软件简介

1）Inspiration

Inspiration 是美国 Inspiration 公司开发的一种专用概念图软件。Inspiration 直观、易用的界面可以非常形象地表达抽象的思维及复杂概念之间的关系。师生可以利用 Inspiration 来组织和管理知识概念、命题和各类教学信息，在学科教学中可以应用 Inspiration 进行概念图的制作、任务的计划和组织、复杂思维的表征以及图表和大纲的制作。Inspiration 9.0 具有演示文稿管理器，可以直接将内容转化为演示幻灯片。

2）Cmap Tools

Cmap Tools 是由概念图的创始人 Novak 教授所在的研究机构 IHMC 开发的一款完全免费的软件。Cmap Tools 软件采用了客户/服务器工作模式，极大地方便了概念图的制作和共享，使用者可以把自己做的图发到免费的服务器中，让所有人都可以通过浏览器看到，也可以让多人共同编辑同一个图。

3）Kidspiration

Kidspiration 是 Inspiration 公司开发的面向低年级学生的概念图软件。它的界面配色活泼、简洁，每个功能键在鼠标经过时可以发出标准的美式英语发音，具有语音提示、朗读、录制声音等功能，能够集中使用者的注意力、激发学生的学习兴趣。通过组合式图片、文本及会发音的单词构建结构图，来组织信息或表达自己的想法。

3. 概念图案例

下面以八年级生物下册第五章物质循环中"生产者—消费者—分解者"关系概念图的制作为例,来展示学科概念图的制作。该案例显示生产者、消费者与分解者为相互联系、相互依存关系,生产者把无机物转化为有机物,不仅供给自身的发育生长,也为其他生物提供物质和能量,在生态系统中居于最重要地位,如绿色植物;消费者只能通过消耗其他生物来达到自我存活的生物,如各种动物;分解者主要是生态系统中的各种细菌和真菌,它们能够分解动植物尸体中的有机物并且利用其中的能量,将有机物转化成为无机物。本例使用中文版 Inspiration 7.5 实现了该案例,效果如图 8-40 所示。

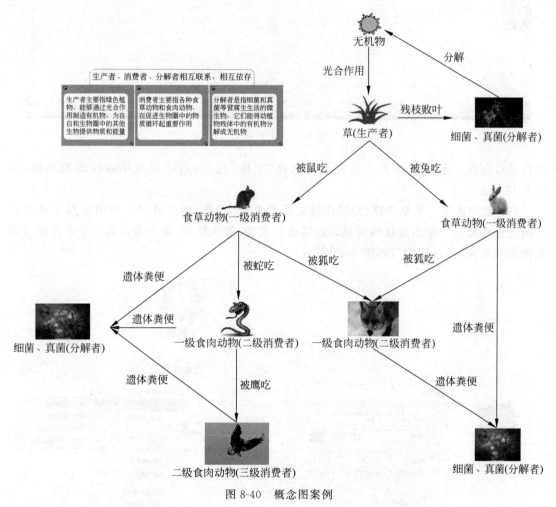

图 8-40　概念图案例

具体实现步骤如下。

（1）启动 Inspiration 软件,其初始界面如图 8-41 所示,文件的默认名为 Untitled1。用户主要使用菜单栏、工具栏与图形图像选项面板来制作概念图。

（2）建立新概念。在窗口中心 Main Idea 字样的绿色背景框中单击鼠标输入"无机物"。右击概念框选择插入图片,将本地图片添加到概念图（软件本身也有很多图片素材,可以选择相应素材单击后即可直接从左边工具栏中添加到概念图中）。插入图片后概念文字与图

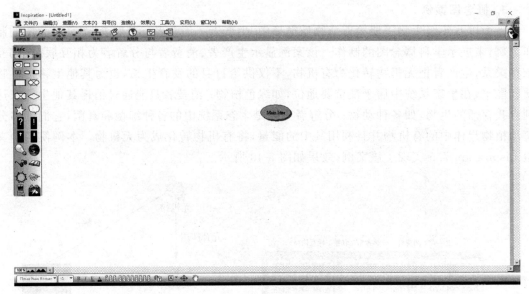

图 8-41　主界面图

片自动组合在一起。选择文本后右击并选择"字体"选项，可以更改字体样式及风格，如图 8-42 所示。

（3）创建连接。重复步骤（2）操作建立第 2 个概念"草（生产者）"。使用连接工具将两个概念连接起来。单击连接线可设置连接线的类型、箭头类型、箭头方向等。单击连接线添加两者关系词"光合作用"，如图 8-43 所示。

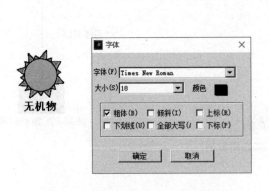

图 8-42　添加新概念与设置字体样式

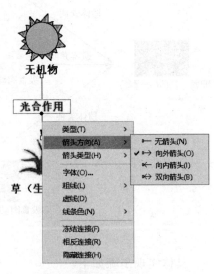

图 8-43　连接线类型相关选项

（4）按照上述几个步骤，建立新概念"食草动物（一级消费者）"，插入图片"鼠"和"兔"，如图 8-44 所示。

（5）添加注释。使用"注释"工具可为概念图添加注释，右击注释输入框可设置注释的字体、填充色，也可插入背景图片等，如图 8-45 所示。

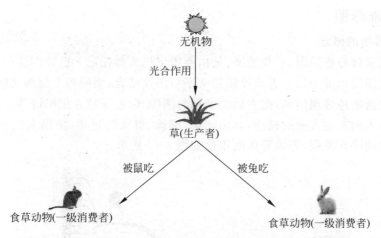

图 8-44　建立新概念"食草动物(一级消费者)"

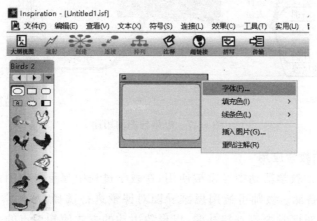

图 8-45　添加注释

（6）按以上方法编辑完成所有概念并调整布局后,保存概念图。选择"文件"→"保存"或"另存为"命令将文件保存到本地(.isf 文件),以便后期编辑。也可导出为图表格式,便于分享交流,概念图"导出"对话框如图 8-46 所示。

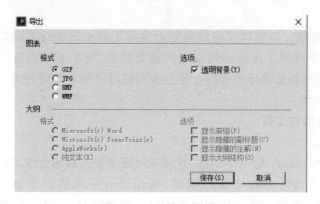

图 8-46　"导出"对话框

8.2.2 思维导图

1. 思维导图的概念

思维导图又称心智导图、心智地图,是由英国记忆大师托尼·巴赞创建的一种表达发散性思维的有效图形思维工具。思维导图将文字与图片结合,明确各个层级之间的隶属关系,将主次的层级清晰地表现出来,把主题关键词与图像、颜色等建立记忆链接。运用思维导图可以充分发挥人的左右大脑的机能,利用记忆、阅读、思维的规律,协助人们在科学与艺术、逻辑与想象之间平衡发展,思维导图的用途如图 8-47 所示。

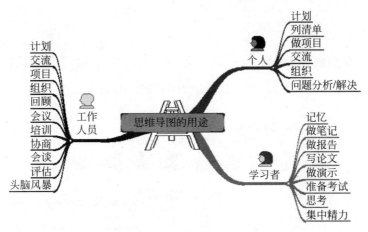

图 8-47　思维导图的用途

2. 思维导图的教学应用

思维导图在日常教学活动中经常被使用,在教学过程中起重要作用。

(1) 教师课前备课。教师可运用思维导图对课堂进行选择,对教学内容进行深入的分析。通过思维导图对课堂内容查缺补漏,以形象生动的方式使知识点的表达更清晰,可在备课时理清教师的构思,令教学过程更加具有组织性,使教学思路更加清晰。

(2) 学生课堂理解。思维导图可使学生对知识结构化进行分析,在课堂中可以使学生对知识的重点、难点有清晰的认识。思维导图运用图示的方法将隐形的知识显性地表达出来,能够加快学生对知识或知识点的理解。学生可以通过思维导图了解自己对知识的理解情况。

(3) 课后复习巩固。学生可在课后运用思维导图对知识进行巩固复习,加深对知识的理解。思维导图可帮助学生在新旧知识之间建立联系,使学生形成属于自己的知识体系。如图 8-48 所示为热和能思维导图示例。学生也可通过思维导图进行查缺补漏,在总结复习时,可对知识进行巩固。

3. 思维导图的制作工具

1) MindManager

Mindjet MindManager 是一个创造、管理和交流思想的通用标准,其可视化的绘图软件有着直观、友好的用户界面和丰富的功能,有助于有序地组织思维、资源和项目进程。MindManager 与同类思维导图软件相比最大的优势是软件同 Microsoft Office 无缝集成,用户能快速将数据与 Word、PowerPoint、Excel、Outlook、Project 和 Visio 进行导入或导出,

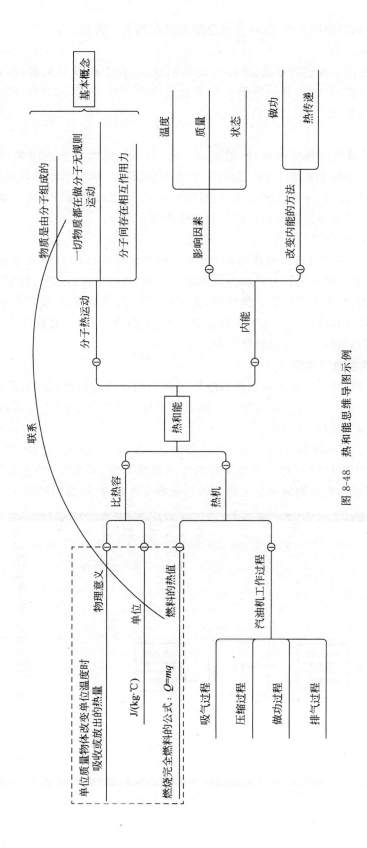

图 8-48 热和能思维导图示例

使之在职场中有极高的使用人群,也越来越多地受到职场人士青睐。

2) MindMaster

MindMaster 提供了智能的布局、多样性的展示模式、精美的设计元素、预置的主题样式、手绘效果思维导图等功能,是一款国产跨平台思维导图软件,可同时在 Windows、MacOS 和 Linux 系统上使用。

3) XMind

XMind 是一款易用性很强的软件,通过 XMind 可以随时开展头脑风暴、快速理清思路。XMind 绘制的思维导图、鱼骨图、二维图、树形图、逻辑图、组织结构图等以结构化的方式来展示具体的内容,人们在用 XMind 绘制图形的时候,可以时刻保持头脑清晰,随时把握计划或任务的全局,它可以帮助人们在学习和工作中提高效率。

4) 万彩脑图大师

万彩脑图大师是一款可自由缩放的 3D 思维导图制作软件,以 3D 镜头缩放、移动的形式来展现出"动态"的思维导图。万彩脑图大师功能齐全、风格多样,用户可随意添加多媒体元素,轻松做出炫酷、有创意的动态思维导图,无论是记笔记、总结观点、梳理知识结构、项目功能展示、整理资料、团队协作、给他人讲解复杂的事物、分享经验,万彩脑图大师都能在很短时间内快速生成相当精美专业的思维导图。

4. 思维导图教学应用案例

在实际的教学活动中,教师可以运用思维导图对知识点进行梳理、总结,方便教师备课以及让学生对教学内容的理解更加清晰。下面以初中物理的"光现象"为主题,以万彩脑图大师为例介绍思维导图的制作过程。

(1)确定主题。启动万彩脑图大师,选择"新建空白项目"→"创建"命令,建立一个新的思维导图工程。在工作区中心有一个创建好的空白思维导图,双击"我的主题"将"我的主题"文本改为"光现象",在右侧的中心主题编辑区里将字体改为"等线",如图 8-49 所示。

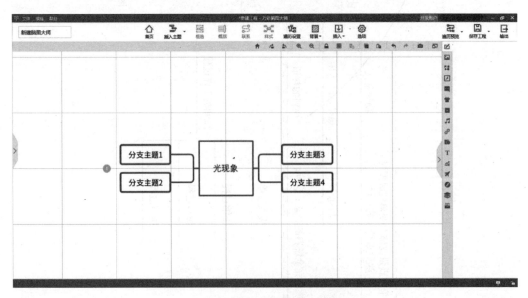

图 8-49　输入主题并设置格式

（2）添加分支主题。在中心主题的两边有四个分支，将分支主题分别改为"光的直线传播""看不见的光""光的反射"和"光的折射"，在右侧的分支主题编辑区里将字体改为"等线"。单击分支主题"光的反射"，在分支主题的左边出现"添加子主题"图标，单击该图标为"光的反射"子主题添加次级节点，如图 8-50 所示。

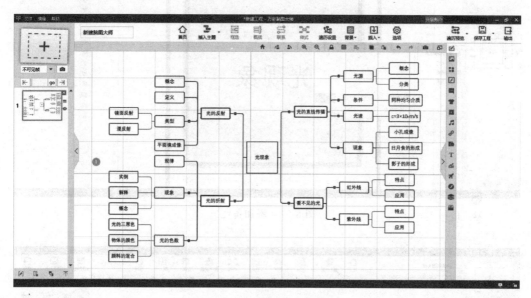

图 8-50　添加分支主题

（3）添加备注。在路径编辑栏中，选择一个需要添加备注的帧（路径），将添加的帧（路径）放在中心主题上面，然后单击右侧的"更多设置"（在"更多设置"里可以为当前的帧（路径）设置"添加声音跟字幕""停留时间"和"备注设置"），选择"备注设置"，然后在弹出的窗格的文本框内输入合适的文本，并对文本进行外观、颜色、字体和字号等设置，如图 8-51 所示。

单击"应用"按钮保存备注设置。或者单击"应用到所有"按钮，保存备注设置并且将文本外观设置应用到其他帧（路径）的备注。

（4）添加超链接和联系。单击选择中心主题"光现象"，然后在上方的"插入"菜单栏中选择"超链接"命令，这时在右面的工具栏里出现链接编辑区，在链接编辑区中选择"网页链接"，网址为"https://baike.baidu.com/item/光现象/1059380?fr＝aladdin"，然后保存。

单击选择分支主题"镜面反射"，在上方的菜单栏中选择"联系"命令，将联系的另一边放在分支主题"平面镜成像"上面。然后双击联系的文本框，在文本框中输入"联系"，字体设置为"等线"。单击关联线，在右侧的工具栏出现关联线编辑区，在关联线编辑区的"外观设置"中将线条颜色设置为黑色，在关联线编辑区的"样式"中将"线条类型"改为"实线"，如图 8-52 所示。

（5）美化思维导图。思维导图基本框架完成后，可以通过对主题和图标等进行编辑来对思维导图进行美化。

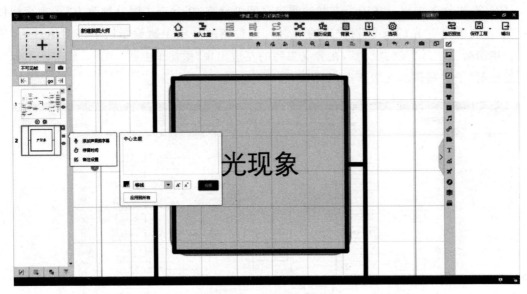

图 8-51　添加备注

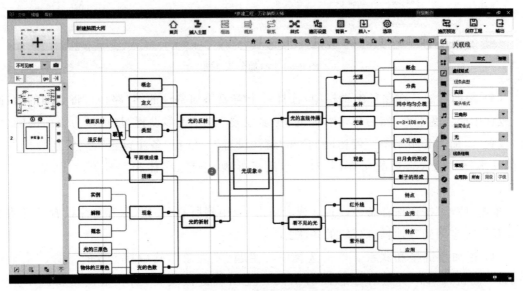

图 8-52　添加超链接和联系

单击选择中心主题"光现象",在右侧的中心主题编辑区中单击"样式",在样式工具中选择"中心主题库",选择合适的主题。单击选择中心主题"光现象",在右侧的工具栏中选择"动画图标",为中心主题添加合适的动画图标。运用相同的方法为其他子分支进行美化,如图 8-53 所示。

（6）保存和输出文件。单击万彩脑图大师界面右上角的"输出"按钮,可以将当前思维导图导出为 Windows 应用程序、视频、Flash 网页和图片等格式。万彩脑图大师还支持输出到云端、用微信分享等功能。

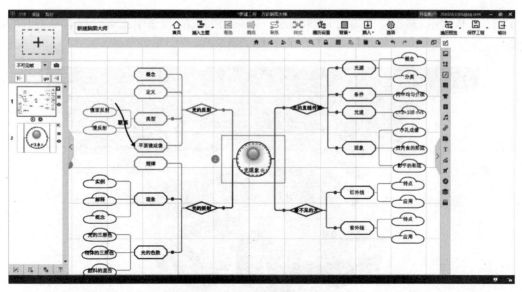

图 8-53 美化思维导图

8.3 数字化学习资源的制作

8.3.1 PowerPoint 演示文稿的制作

1. PowerPoint 简介

PowerPoint 是微软公司推出的一款专门制作演示文稿的软件,简称 PPT。PowerPoint 演示文稿以其强大的多媒体展示功能成为人们进行演示时的首选工具。

2. PowerPoint 的教学应用

PowerPoint 原本运用于工作汇报、商业宣传等领域,在被引入教学领域后,有以下三种较为常见的应用类型。

(1) 教育教学,典型应用如图 8-54 所示。

图 8-54 初中地理——"锋面系统"演示文稿节选

（2）宣传展示，典型应用如图 8-55 所示。PowerPoint 在教学中也可发挥它本身具有的优势——宣传。

图 8-55 "中小学安全教育"宣传

（3）汇报演讲，典型应用如图 8-56 所示。精彩纷呈的 PowerPoint 会让汇报演讲更为出彩，达到锦上添花的效果。

图 8-56 "家长会"汇报

3. PowerPoint 演示文稿的设计原则

一份好的 PowerPoint 演示文稿要符合教学特性的教育性、科学性、思想性和反映 PowerPoint 特性的艺术性与技术性。教育性是指要体现教学设计思想、蕴含教学策略、有助于实现教学目标；科学性是指内容要正确无误；思想性是指要有利于学生思想道德与情感的培养。艺术性与技术性是辅助前三者的，借助 PowerPoint 的优势达到更好的教学效果，促进有意义学习。

4. PowerPoint 演示文稿的结构

1) 标题页（首页）

标题页的内容包括：该节课程的题目、主讲人姓名或是单位名称和插图。让人知道这节课要讲什么、是谁讲的。

（1）标题是从课程内容中提炼出来的核心，要简短醒目，根据主题风格选择合适的字体、字号，字号一般为 60～80 磅。若标题字数过多，可缩小到适当字号或换行。

（2）主讲人姓名（或是单位名称）一般写在标题的正下方，与标题垂直居中对齐，也可根据自身喜好放置，但整体版面要干净整洁，达到视觉平衡的效果。

（3）插图要与课程内容的风格一致，与主题相关。排版要符合人的审美，依照从上到下，从左到右的视觉原则。

2) 要点页

要点页是对该节课内容要点的梳理，也称目录页。它的首要作用是展示出演示文稿的框架结构，要求简明扼要、条理清晰。有 4 种呈现方式：列表型、导航型、链接型、创意型。可通过添加图标加以点缀装饰。

3) 正文页

正文页一般包括正文标题和正文内容。

（1）正文标题即一级标题，一般会对应要点页所列内容，字号为 36～44 磅为宜。一级标题下的标题则为二级标题，字号一般为 28～32 磅为宜。

（2）正文内容包括文本、图形、图片、音频、视频等，正文文本的字号应为 20～26 磅，一般不小于 18 磅，24 磅最佳。

4) 小结页

小结是对整节课内容的回顾与总结，最好采用结构图的方式梳理知识点，因为结构图更符合人脑的思维方式，能够加深记忆，提高学习效率。

5. PowerPoint 演示文稿的布局

页面布局要求简洁明了，突出重点，结构均衡、稳定。

PowerPoint 演示文稿以页为呈现内容的基本单位，其界面有限，因此一页幻灯片最好只有一个中心，保证学生的视点集中，思维能够围绕中心展开。教学信息作为被呈现的主体对象，在界面中必须是明确的、突出且引人注目的。在能充分表达教学内容的前提下，界面力求简明扼要，去除一些不相关的、具有干扰性的内容，比如装饰用的 GIF 动图、闪烁的形状等。

均衡是指演示文稿要符合人的视觉习惯和审美观念，达到视觉上的平衡，而不是做到各元素之间的绝对平均、机械对称，整个界面看起来舒适美观、和谐统一即可。稳定是指界面中的基线应与人的视线平行或者垂直，以免使人产生歪斜、倾倒等重心不稳的感觉，要上下相称、左右平衡，尽量避免偏于一边、左多右少、头重脚轻。可采用三分法、参考线定框等方法来辅助排版布局。

6. PowerPoint 演示文稿的色彩

色彩的运用要与主题相符合，也要与展示的环境相协调。红色热情、强烈，适于突出强调；黄色明亮活泼，适于表现轻松的内容；蓝色冷静平淡，适于表现理性的内容；绿色清晰自然，适于表现清爽自在的内容；黑色严肃深沉，适于表现权威、沉重的内容，但不适宜大量使用；白色和灰色的属于调和色，是比较百搭的颜色。同时还要考虑环境因素，当环境较为明亮时,选择浅色背景深色对象;当环境较为黑暗时,选择深色背景浅色对象。PowerPoint 内置有 25 套经典配色效果,在遇到配色困难的时候,单击"设计"→"颜色"→"主题颜色"即可设置。

7. PowerPoint 演示文稿的文字

字体要选择清晰度较高的无衬线字体。衬线字体的笔画粗细不一且细节复杂,如宋体、楷体、隶书等,笔画中较细的地方在投影屏幕上会显得不够醒目,故在使用这类字体时最好进行加粗修饰。无衬线字体简洁工整、笔画粗细基本一致,如黑体、雅黑、幼圆等。用于教学演示的 PowerPoint 演示文稿正文一般采用无衬线字体,标题和一些特殊文字可采用衬线字体加以修饰美化。

8. PowerPoint 教学演示制作案例

下面以"珍珠鸟"PowerPoint 演示文稿的制作过程为例,进一步了解 PowerPoint 演示文稿的制作方法(本例中采用的是 PowerPoint 2016 版本)。

《珍珠鸟》是当代作家冯骥才于 1984 年创作的一篇散文。此文描绘了一只怕生、胆怯的小鸟逐渐变得敢站到作者肩上的故事,谱写了一曲人与动物间爱的颂歌,同时也间接表达了信赖也是人类社会生活的准则这一寓意。利用 PowerPoint 制作的"珍珠鸟"演示文稿运用到教学中,既可丰富教学手段,又能利用 PowerPoint 的多媒体优势将教学内容生动形象地展示给学生,提高教学效率与学生的学习热情。

1) 准备工作

确定主题为"珍珠鸟",根据教学目标确定教学要点,即珍珠鸟简介、作者简介、课文讲解(精彩片段赏析)以及课外拓展。依据课文内容与教学需要,搜集资源,包括图片、音频、视频等相关素材。

2) 新建 PowerPoint 演示文稿

启动 PowerPoint,选择"新建"→"空白演示文稿"命令。然后根据制作内容选择合适的模板,如图 8-57 所示。也可以选择"空白演示文稿",从头开始创建演示文稿。

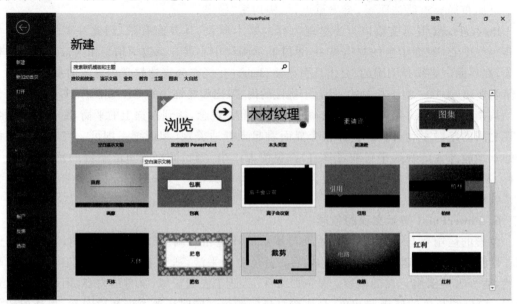

图 8-57 选择模板

在选择模板时,应该考虑模板与主题、科目、教学内容、学习者年龄特征和认知规律等相符合。例如,对理论课程可以选择"学术"类模板;对理工科内容可以选择"科技"类模板;对年龄较小的学生,可以选用色彩鲜艳、带有卡通造型的模板;对大学生,则可以选择简洁明快的抽象图案。在选择"空白演示文稿"创建 PowerPoint 的过程中也应遵循上述原则。

3) 创建主题页

选择"设计"→"幻灯片大小"命令对幻灯片的页面进行设置;选择"设置背景格式"对背景格式进行设置,继续选择"图片或纹理填充"→"文件"→"选中"→"插入"命令即可将图片设置为当前页面的背景,如图 8-58 所示。

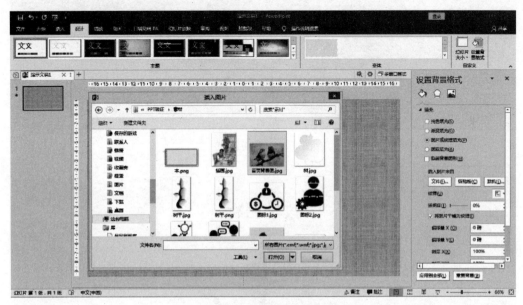

图 8-58 设置背景

选择"插入"→"文本"→"竖排/横排文本框"命令,在页面中绘制文本框后输入文字;选中文本框,在"格式"下设置"形状轮廓""编辑形状"等;选中文字,右击,选择"字体/段落"命令设置字体、段落;最后,将两个文本框摆放到合适的位置,如图 8-59 所示。

4) 创建要点页

选择"插入"→"图片"命令,调整图像大小及位置,在"格式"选项卡中对图片的效果等进行设置,为其进行修饰美化,然后继续插入图标和文本框。完成图片插入后,将各元素调整到合适的位置,如图 8-60 所示。

5) 图片的处理

(1) 截屏

Microsoft PowerPoint 2016 自带的截图功能有两种形式,一种是可用的窗口的截图,另外一种是屏幕剪辑。

① 可用视窗的截图:选择"插入"→"屏幕截图"→"可用的窗口"命令,单击目标窗口即可完成,如图 8-61 所示。

② 屏幕剪辑:选择"插入"→"屏幕截图"→"屏幕剪辑"命令,在弹出的截图窗口中选取目标区域,松开鼠标左键后截图自动插入幻灯片页面中,如图 8-62 所示。

图 8-59　页面设置

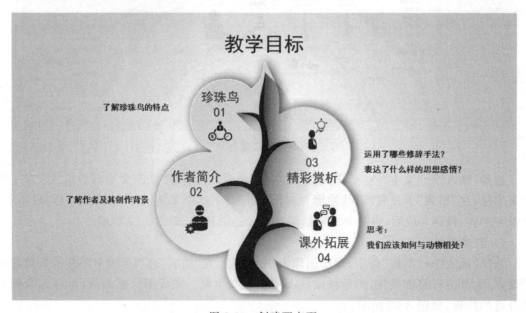

图 8-60　创建要点页

注意：在使用屏幕剪辑的时候，要将其他不相关的窗口最小化或关闭，只保留需要截取的窗口。

（2）裁剪

插入图片，选择"格式"→"裁剪"命令，拖动裁剪手柄从侧面、顶部或底部进行裁剪，单击"裁剪"按钮或空白处即可完成，如图 8-63 所示（左图为裁剪前，右图为裁剪后）。

（3）抠图

① 设置透明色：选中图片，单击"格式"→"颜色"→"设置透明色"按钮，待指针变为

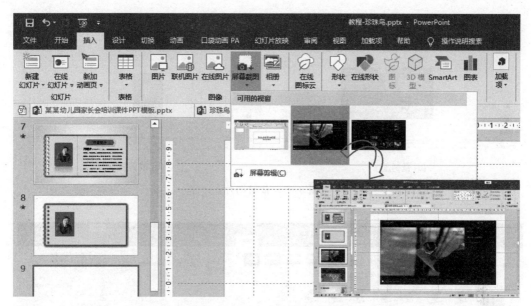

图 8-61 屏幕截图

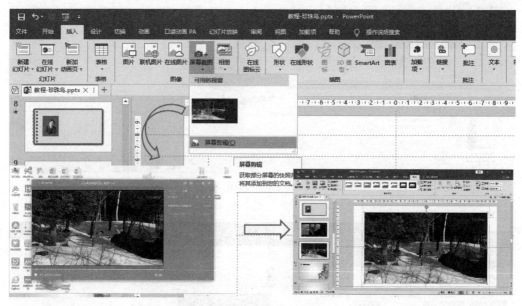

图 8-62 屏幕剪辑

形状后移动指针,单击图片背景颜色处即可,如图 8-64 所示。这种方法适用于图片背景颜色较为单一,但与幻灯片背景颜色不协调,或图片本身的背景颜色过于突兀、与整体风格不符的情况。

② 删除背景:选中图片,单击"格式"→"删除背景"按钮,在系统自动识别的基础上,通过调整选择框的位置及大小来选择要保留的范围。若识别的结果不够精确,可通过"标记要删除的区域"方式删除,或通过"标记要保留的区域"方式保留,完成后单击"保留更改"按钮,如图 8-65 所示。

(a) 裁剪前　　　　　　　　　　　　　　　(b) 裁剪后

图 8-63　裁剪图片

图 8-64　抠图

图 8-65　删除背景

6) 使用 SmartArt 图形

为了加深学生的记忆和理解，同时保证课程的完整性，在演示文稿的最后加上一页"小结"。小结一般采用结构图的方式来呈现，因为结构图简洁明了，更加符合人脑的思维习惯，所以效果往往更好。PowerPoint 提供了多种的 SmartArt 图形方便用户快速制作一个结构图。

选择"插入"→SmartArt 命令，结合图形与内容的匹配情况选择一个适合的 SmartArt 图形，插入后输入文字。SmartArt 默认插入三级，当层级不够时，单击左侧 按钮打开文本窗格，按 Enter 键添加层级。右击菜单，在快捷菜单中设置升级或降级，如图 8-66 所示。更多操作可到工具栏中的"SmartArt 工具"选项卡中设置。

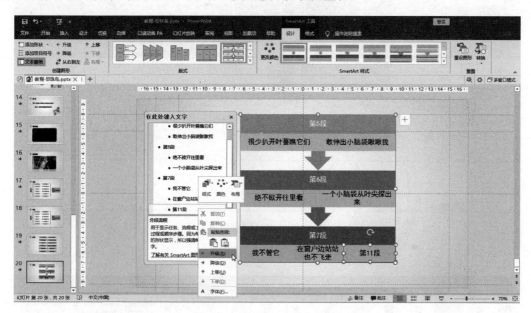

图 8-66　插入 SmartArt 图形

7) 使用音频

选择"插入"→"媒体"→"音频"命令，页面中出现 图标。双击 图标，然后选择"播放"→"剪裁音频"命令，通过移动滑块选取要截取的片段。选择"跨幻灯片播放"可实现音频一直播放，当音频时长不足时可以选择"循环播放，直到停止"，如图 8-67 所示。

在"动画"→"动画窗格"→"右键"→"效果"→"停止播放"选项组中可设置跨页播放的页数，如图 8-68 所示。

8) 使用视频

插入视频与插入音频的操作步骤类似。选择"插入"→"媒体"→"视频"命令，双击视频可以设置播放窗口的格式与视频的播放选项；同样可以对视频进行裁剪，如图 8-69 所示。若选择"全屏播放"，则视频在播放时，单击"播放"按钮后视频自动进入全屏播放状态。

9. 添加动画

PowerPoint 可对文本、图片、形状、表格、SmartArt 图形及 PowerPoint 演示文稿中的其他对象进行动画处理。动画分为进入、强调、退出、动作路径四类，每一类又有基本、细微、温和、华丽四种风格。

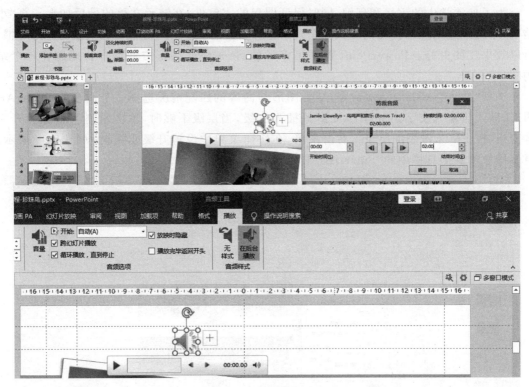

图 8-67 音频播放设置

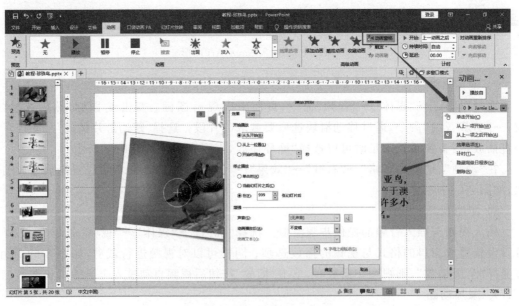

图 8-68 设置音频跨页播放

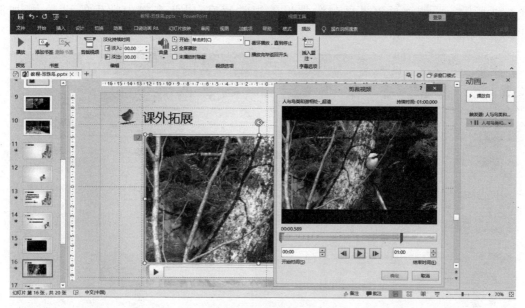

图 8-69 插入视频

1) 进入

选择要为其设置动画的对象或文本,打开"动画"选项卡即可选择一种进入动画,并选择一种效果,如图 8-70 所示。单击"动画窗格"按钮,然后在动画窗格中选中动画并右击,在下拉菜单中选择"效果选项"命令为其调整效果的细节,如图 8-71 所示。恰当的进入动画可以起到吸引、引导学生的视线的作用。

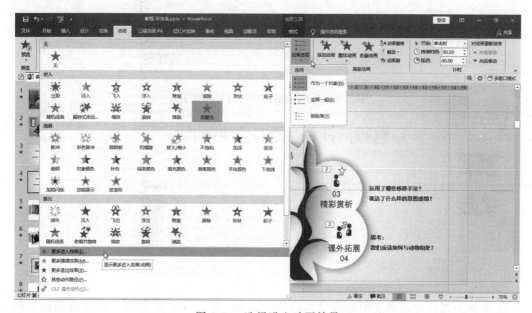

图 8-70 选择进入动画效果

2) 强调

选择要为其设置动画的对象或文本,打开"动画"选项卡即可选择一种强调动画,如

图 8-72 所示。强调动画效果可刺激学生的视觉感官，以此来集中学生的注意力、加深印象。

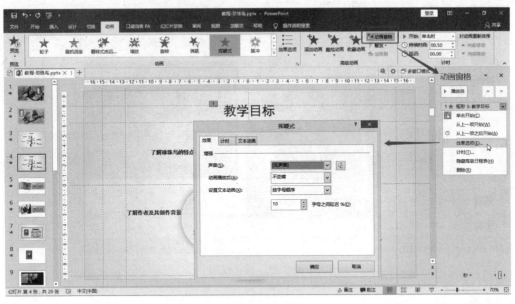

图 8-71　设置效果选项

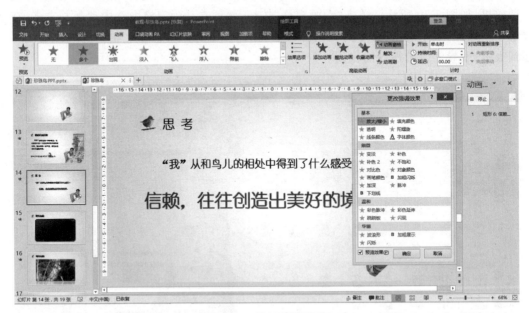

图 8-72　设置强调动画

3）退出

选择要为其设置动画的对象或文本，打开"动画"选项卡即可选择一种退出动画。若该对象或文本之前已有动画，可直接在"效果选项"中将"动画播放后"设置为"播放动画后隐藏"，以达到退出的效果，如图 8-73 所示。退出动画效果有两个作用，一是可使版面更为整洁；二是一些退出效果自带强调并退出的效果，也可起到强调作用。

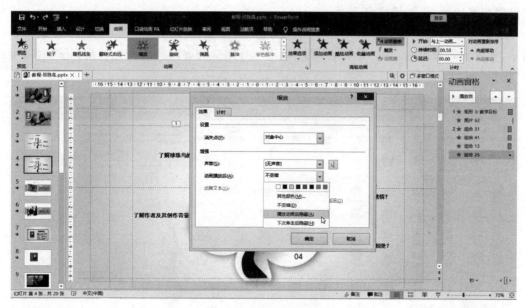

图 8-73 设置退出动画

4）动作路径

选择要为其设置动画的对象或文本，打开"动画"选项卡选择一种动作路径，然后绘制路径（双击结束绘制），如图 8-74 所示。动作路径可以与其他动画效果组合使用，以制作出更为灵活生动的动画效果。为同一元素添加多个动画时，可在通过"动画"→"添加动画"命令继续添加。

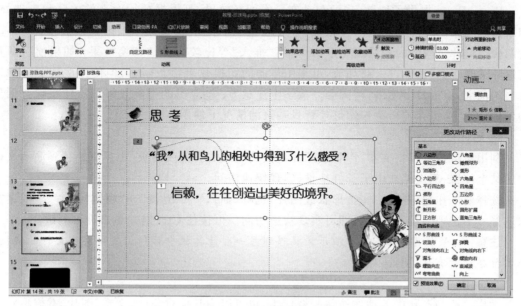

图 8-74 设置动作路径

10．添加转场效果

1）切换

切换是指在放映演示文稿期间，从一张幻灯片转至下一张幻灯片时出现的视觉效果，可以设置切换速度、添加切换声音等。

选择要添加切换效果的幻灯片,打开"切换"选项卡即可选择一种切换效果,如图8-75所示,可看到效果预览。在"效果选项"下可以选择切换的方向和属性。若要删除切换,可选择"切换"→"无"命令。

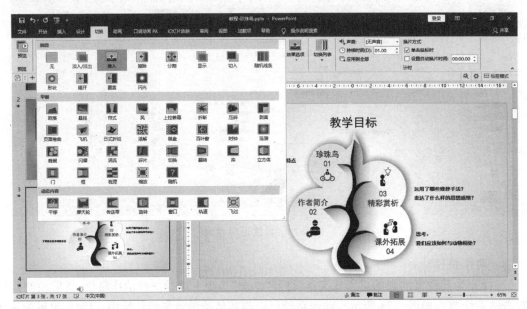

图8-75　设置切换效果

PowerPoint提供了细微、华丽和动态三类切换效果,可根据前后两页的关联程度选择。如果前后两张幻灯片之间的内容相似,可采用"淡入/淡出"等过渡平滑的切换效果;如果前后两张幻灯片之间的内容层层递进,可采用"推入"等比较明显的切换效果;如果前后两张幻灯片关联不高,比如进入新环节,可采用华丽的切换效果给予暗示,但使用次数要控制在恰当的范围,不可过多使用,否则会分散学生注意力;动态类的切换效果可添加在除背景外的其他元素上,可在前后两张幻灯片背景一致的情况下使用。

2)超链接

利用超链接可以将文本、形状或图片链接到现有的文件或网页,也可以链接到演示文稿中的某个位置、新文档或电子邮件地址,实现快速访问。

选择要用作超链接的文本、形状或图片,选择"插入"→"链接"→"超链接"命令,根据需求选择一个选项。设置完成后即可实现快速访问。可按住Ctrl键并单击进行测试。

注意:如果将PowerPoint演示文稿移到另一台计算机中后仍然想要实现文件的链接,则需要移动所有链接的文件。

3)动作

动作一般与形状中的动作按钮配合使用,也可以为其他对象(如文本、图片、常规形状或SmartArt图形)设置,有"单击鼠标"和"鼠标悬停"两种模式。在演示文稿中使用动作可实现转至下一张或特定的幻灯片、运行程序或播放视频的功能,而动作按钮为它启动的操作提供了出色的视觉提示。

设置动作的操作与超链接类似。选择要添加动作的文本、形状或图片,选择"插入"→

"链接"→"动作"命令，然后根据需求选择一个选项，如图 8-76 所示。

图 8-76　添加动作

8.3.2　Fousky 演示文稿的制作

1. Focusky 软件简介

Focusky 是由万彩信息技术有限公司自主研发的一款新型多媒体幻灯片制作软件，它的编辑模式类似于 PowerPoint，但展示功能和效果有其独到之处，适合制作演示文稿、微课视频、广告视频、公司报告、宣传微电影等。Focusky 主要通过缩放、旋转、移动动作使演示变得生动有趣。Focusky 可以对内容进行非线性编辑，采用整体到局部的演示方式，以路线的呈现方式，模仿视频的转场特效，加入生动的 3D 镜头缩放、旋转和平移特效，使演示生动有趣，同时效果更为专业。

Focusky 具有如下主要功能及特点。

（1）操作界面简洁，易上手。Focusky 操作界面简洁直观，同时还可轻松导入 PPT，所有操作即点即得，拖曳移动也非常方便。Focusky 界面主要由菜单栏、工具栏、快捷工具栏、菜单栏、幻灯片预览窗口和画布区域组成，如图 8-77 所示。

（2）内置大量模板和素材。Focusky 内置了多种主题模板、背景、动画角色、矢量素材、图形及符号，覆盖多个领域，可直接使用，让幻灯片演示充满想象力与创意。

（3）功能齐全。Focusky 可输入多国文字、自定义镜头播放、分屏演示、图层编辑、视频遮罩等功能。

（4）动画效果丰富。Focusky 内含有进入、强调、退出、路径四类动画，同时有手绘动画效果，也能够实现交互设计。

（5）输出格式多元。Focusky 文件可输出为 HTML、EXE、ZIP、APP、PDF、H5、MP4、PPTX 等多种文件格式，同时也可以上传到视频网站等。

（6）支持添加字幕和配音。Focusky 可快速给每个镜头添加字幕与配音，用时拥有文

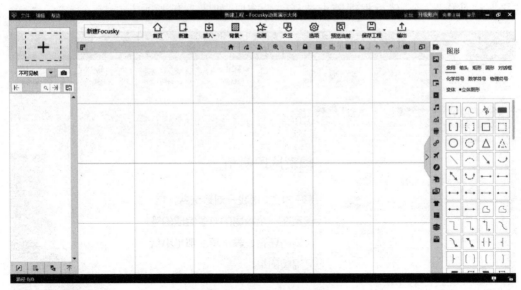

图 8-77 Focusky 界面组成图

字转语音功能,并且语速、音量、音色均可调节。

(7) 实现屏幕录制。Focusky 可直接打开并实现屏幕视频录制,不需要第三方录制软件,适用于课程讲解,操作演示等多种场景。

2. Focusky 教学演示制作案例

【案例 1】 自定义版式制作 Focusky 教学课件。

"食物中的营养物质"是人教版生物七年级下册第二章第一节的内容,介绍了食物中的六大营养物质,并详细说明了它们的种类、作用、来源等。运用 Focusky 制作本课的课件,能够更生动灵活地将更多的资源内容流畅地呈现出来。

(1) 前期准备。确定课件的主题内容后,根据教学流程设定六个子内容,分别是:糖类、脂肪、蛋白质、水、无机盐和维生素。依据课程内容与教学需要,搜集所需资源,包括图片、视频、音频等素材,并制作出相关的思维导图内容。

(2) 新建空白项目。运行 Focusky 软件,选择"新建空白项目"→"创建"命令后即可创建一个新的空白项目,并进入 Focusky 操作页面。

(3) 选择背景。进入 Focusky 的操作页面后,在工具栏中的"背景"→"背景颜色"中选择一种合适的颜色作为背景色,如图 8-78 所示。

(4) 设置路径。Focusky 中的路径类似于 PowerPoint 中的幻灯片。用户可以自由添加、编辑和调整路径的顺序,让幻灯片按照设置播放。在操作界面的左上角单击即可在 Focusky 的画布内添加需要的路径,还可以直接在左边的预览窗格删除或者拖动幻灯片移动顺序。本案例中幻灯片共 26 个,包括主题、6 个子内容、小结和结尾页,按照相应的位置放置好,如图 8-79 所示。

(5) 添加内容。单击 Focusky 操作界面左侧的幻灯片预览窗格中的幻灯片,然后在画布中添加相应内容,如图 8-80 所示。

① 添加文字:选择工具栏中的"插入"→"文本"命令,然后再单击画布,就出现了文本

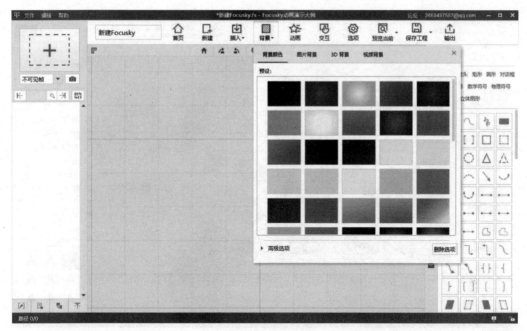

图 8-78　选择背景色

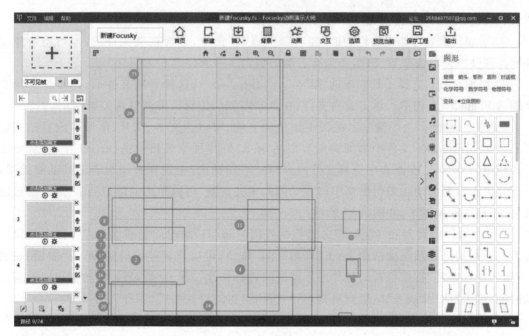

图 8-79　设置路径

框,在文本框中添加相应内容,同时在画布右侧的编辑窗口中修改文本的相关属性。

②添加图片:选择工具栏中的"插入"→"图片"命令,选择图片文件后,即可将图片插入文件。单击图片,在画布右侧的编辑区可调整相关属性。

③添加图形:选择工具栏中的"插入"→"图形"命令,可在画布右侧编辑栏内单击选择

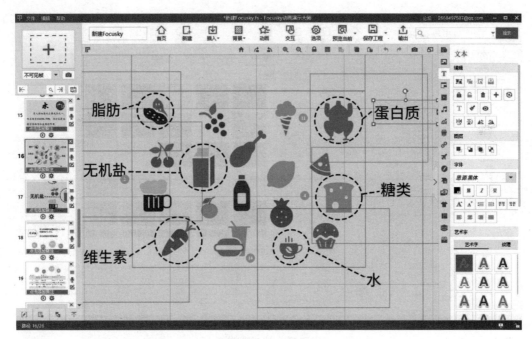

图 8-80 添加内容

图形,然后在画布内进行拖曳,完成图形的绘制。

④ 添加视频:选择工具栏中的"插入"→"视频"命令,选择视频文件后,即可将视频文件插入课件中。单击视频文件,在画布右侧的编辑区可调整其相关属性。

⑤ 添加音频:选择工具栏中的"插入"→"音乐"命令,选择音频文件后,即可将音频文件插入 Focusky 文档中。单击音频文件,在画布右侧的编辑区可调整相关属性。

(6) 添加动画。为了使演示画面更加生动有趣,可以为文本、图片、图形等内容添加动画效果。在 Focusky 文件中添加完内容以后,在幻灯片预览窗格中选择幻灯片,然后单击工具栏中的"动画",在画布中选择文件内容,在"添加动画"中选择并添加合适的动画效果,然后在画布右侧的动画编辑窗格中修改动画的相关参数,可以单击动画窗格下方的"播放动画"按钮预览动画效果,如图 8-81 所示。

(7) 设置停留时间和转场时间。恰当的停留时间和转场时间能够保证课件演示效果更加良好。在幻灯片预览窗格中,单击"停留时间"按钮,可以设置停留时间,单击"应用"或者"应用到所有路径"按钮可对幻灯片的停留时间进行修改。单击"转场设置"按钮可以设置转场时间,单击"应用"或者"应用到所有路径"按钮可对幻灯片的转场时间进行修改。

(8) 保存文件。在课件制作过程中和制作完成时都需要保存文件。单击工具栏中的"保存工程"按钮将文件保存,或者按 Ctrl+S 组合键保存。在弹出的窗格中选择文件保存位置并输入文件名。

(9) 预览。预览可以让用户在制作过程中观测课件的制作效果,所以预览的功能十分实用。在工具栏中单击"预览当前"按钮对当前幻灯片进行预览,或者单击"预览"按钮从头开始预览。在预览界面下方,单击"自动播放"按钮可进行自动播放预览,单击"上一步"或者"下一步"按钮可以手动播放预览,如图 8-82 所示。

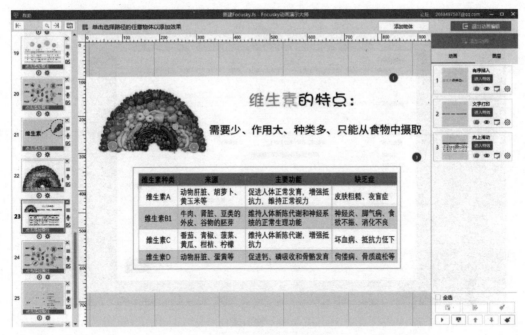

图 8-81　添加动画

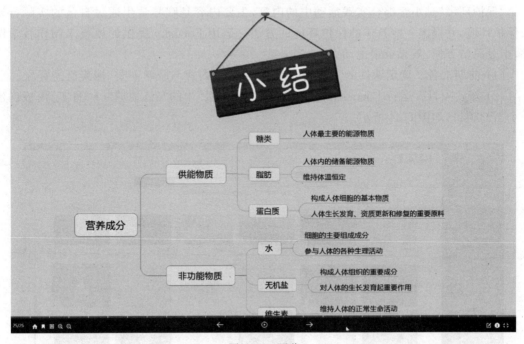

图 8-82　预览

（10）输出文件。完成制作后，可以直接将演示课件输出成视频文件。在工具栏中选择"输出"→"视频"命令，在输出窗口选择"高级选项"→"480P"选项，进行视频输出，如图 8-83 所示。

图 8-83　输出文件

【案例 2】　使用模板制作 Focusky 教学课件。

"保护环境"是小学综合实践活动中的内容,主要内容是呼吁学生通过自己的实际行动来保护环境,并提出一些具体的保护环境的方法。运用 Focusky 提供的模板来制作教学课件,十分简洁方便,效果也很生动。

(1) 前期准备。确定课件的主题内容后,依据课程内容与教学需要,搜集所需资源。

(2) 新建项目。运行 Focusky 软件,选择"教育模板"中的"3D 地球"→"写实"模板创建一个新的项目,如图 8-84 所示。

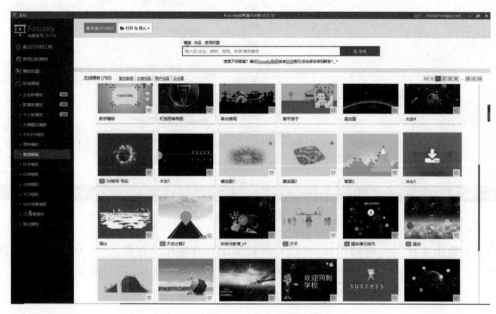

图 8-84　利用模板

(3) 设置路径。课件内容的呈现需要 10 个路径,在操作界面左侧的预览窗口中,将模板中的第 4 个和第 11 个路径删除,如图 8-85 所示。

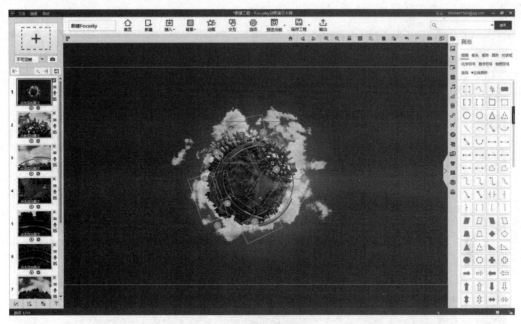

图 8-85　设置路径

(4) 添加内容。在 Focusky 操作界面左侧的预览窗格中选择路径,然后在画布中添加文字、形状、角色等相应内容,如图 8-86 所示。

图 8-86　添加内容

(5) 添加动画。添加完内容以后，需要给内容添加动画。课件中的矩形形状需要同时添加进入动画和退出动画，小标题需要添加"进入动画"→"手形推送"动画，其他文字内容添加"进入动画"→"文字打印"动画，如图 8-87 所示。

图 8-87　添加动画

(6) 保存、预览和输出文件。在课件制作过程中和制作完成时都需要保存文件。保存文件过程中注意文件保存位置和文件名。通过预览可以观测课件的制作效果。在工具栏中选择"输出"→"视频"命令，并在输出窗口选择"高级选项"→"480P"，进行视频输出。

8.3.3　交互式电子白板制作

交互式电子白板是交互式教学系统中的主要部分，在本书的第 2 章中对其做了较为详细的介绍，本小节以"金属的化学性质"为例，介绍交互式电子白板教学演示的制作过程。

"金属的化学性质"是人教版化学初三下册的内容，利用希沃白板制作本课的配套教学演示，输入和编辑所需教学内容，插入相关素材和课堂活动，让教学变得更加灵活，课堂活动更加丰富。

(1) 新建空白课件。运行希沃白板软件，选择"新建课件"命令后即可创建一个新的空白课件，并进入希沃白板操作页面。

(2) 选择背景并且命名课件。在新建希沃白板课件后，会出现选择课件背景并且命名课件的界面，也可以直接导入 PPT。

(3) 使用文本工具输入题目。单击工具栏中的"文本"按钮，然后再单击画布，出现文本框。在文本框中添加相应内容，同时在画布右侧的编辑窗口中修改文本的相关属性，如图 8-88 所示。

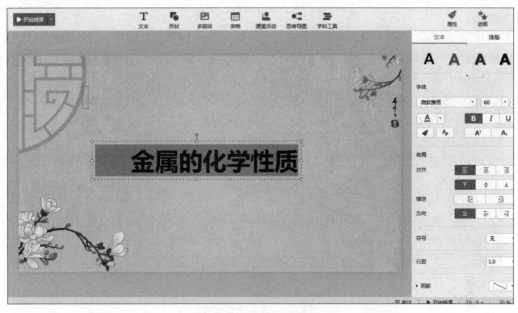

图 8-88　输入题目

(4) 使用思维导图工具制作教学目标。单击工具栏中的"思维导图"按钮，然后再单击画布，就出现了思维导图框，在思维导图框中添加相应内容，同时在画布右侧的编辑窗口中修改文本的相关属性，如图 8-89 所示。

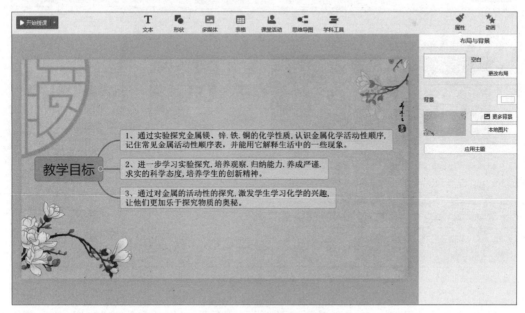

图 8-89　制作教学目标

(5) 插入课堂活动。单击工具栏中的"课堂活动"→"分组竞争"按钮，然后在出现的输入框中输入正确选项和干扰选项，选择适合的活动类型，就出现了各种风格的活动。在活动框中添加相应内容，并且设置活动的难易程度，如图 8-90 所示。

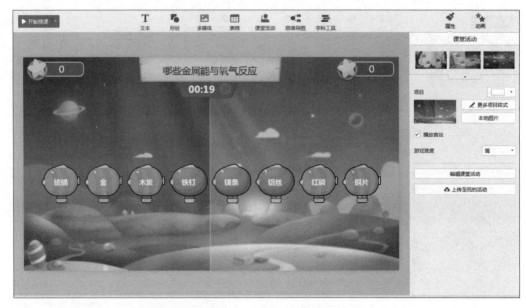

图 8-90　插入课堂活动

（6）添加视频。单击工具栏中的"多媒体"→"资料夹中的本地视频"按钮,选择视频文件将视频文件插入课件,如图 8-91 所示。

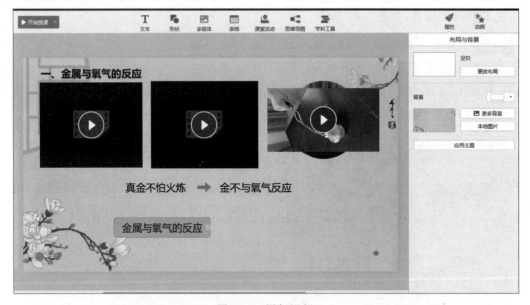

图 8-91　添加视频

（7）插入化学方程式。单击工具栏中的"学科工具"→"化学方程式"按钮,然后单击画布,出现文本框,在文本框中添加相应的化学方程式,如图 8-92 所示。

（8）添加练习。单击工具栏中的"课堂活动"→"超级分类"按钮,出现输入框,可以输入正确选项和干扰选项,并且可以输入多组练习,在实际操作中可以随机出题,如图 8-93 所示。

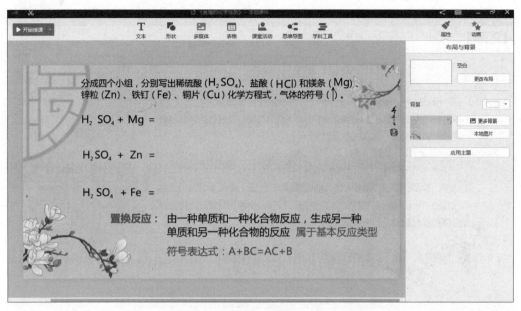

图 8-92　插入化学方程式

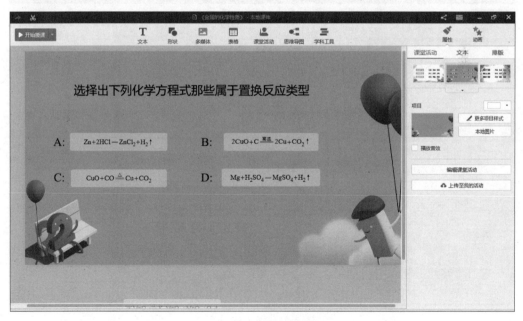

图 8-93　添加练习

（9）插入练习。单击工具栏中的"课堂活动"按钮，选择合适的活动方式，然后出现输入框，可以输入对应的选项，如图 8-94 和图 8-95 所示。

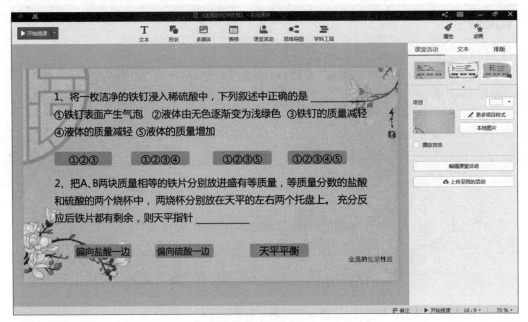

图 8-94　插入练习 1

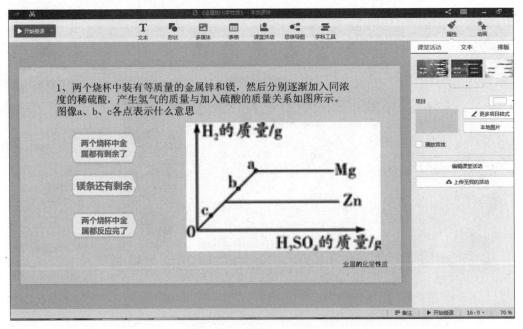

图 8-95　插入练习 2

（10）小结。使用思维导图功能进行小结，如图 8-96 所示。

（11）导出课件。单击工具栏中的"希沃白板"→"导出课件"按钮，保存课件，如图 8-97 所示。

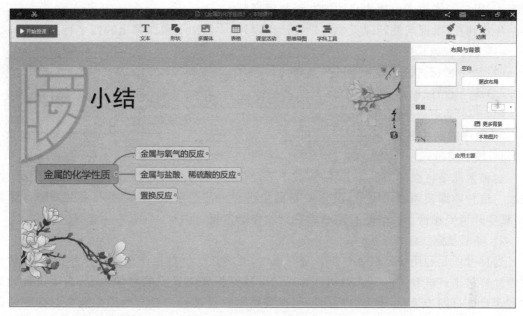

图 8-96 小结

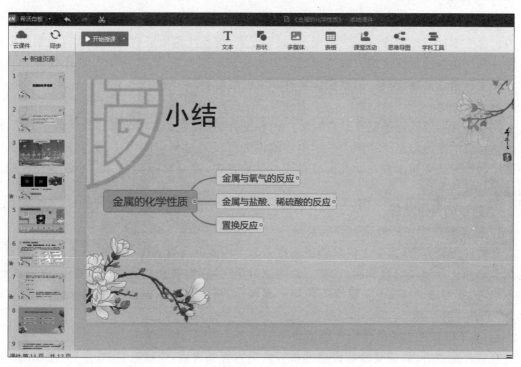

图 8-97 导出课件

8.3.4 微课的制作

1. 微课的定义和特点

微课又称为"微课程"。微课是以阐释某一知识点为目标,以短小精悍的在线视频为表现形式,以学习或教学应用为目的的在线教学视频。

焦建利在《微课与翻转课堂中的学习活动设计》中指出了微课突出的四个特点。

(1) 短:视频长度短。

(2) 小:微课选题主题小。

(3) 精:设计、制作、讲解精良。

(4) 悍:学习效果震撼,令人难忘。

2. 微课的制作形式

1) 教学实录式

这种微课是将教师的讲课、演示等教学活动拍摄下来,然后通过后期剪辑制成教学微课视频。这种微课视频制作简单,但需要有摄像机和一些教学工具,并要求主讲教师备课充分,教学环境安排恰当。它是我国微课视频制作的主流。

2) 屏幕录制式

这种微课是利用计算机软件工具进行教学,并将教学材料在计算机屏幕上展示,教师面对着计算机来讲解教学内容。利用计算机录屏软件将屏幕显示的教学内容、教师讲解的画面和声音进行同步录制,也可以后期运用视频编辑软件进行声音与画面的调整。这种微课制作方法简单、方便,几乎没有技术门槛,很容易在普通教师中推广。

3) 多媒体讲解式

这种微课是利用 Focusky、PowerPoint 等多媒体工具制作出的课件来展示教学内容,课件内包含文本、图形、图像、声音、动画、视频等元素,再直接输出或利用录屏软件录制成多媒体课件自动讲解的微课视频。解说词可以提前录制到课件中,再经过编辑后优化声音。这种微课视频画面清晰、流畅,但是制作具有一定的难度。

4) 动画讲解式

这种微课需要用动画制作软件对教学内容进行制作,主要通过动画和教学内容的结合,来传达相应的学习信息。动画中教学内容的添加可以通过相应的图片、文字进行实现。这种微课制作形式常常出现在幼儿园教育或小学教育中,需要教师具备一定的教学设计能力与相关计算机基础。

3. 微课的制作准备

1) 基于教学实录式微课制作的素材

在软件配置方面,需要主讲教师提前准备教学内容并备课;在有学生的情况下,需要学生配合自然。在硬件配置方面,需要有恰当的教学环境,如教室、实验室、演播室、微格教室、实习场地、室外操场等;还需要可以使用的黑板、白板、投影仪、触摸屏、演示设备、器械、道具、模型等。

2) 基于屏幕录制式微课制作的素材

在软件配置方面,需要教师提前准备好教学内容和讲稿,能够以自然、亲切、流畅的声音讲解内容;同时计算机上需要配有相应的录屏软件、演示软件和操作软件等。在硬件配置方面,除了需要计算机设备之外,还需要鼠标、手绘板或触摸屏等显示器;为了提高微课的制作质量,需要有良好的录制环境,如录音室、电教室等。

3) 基于多媒体讲解式微课制作的素材

在软件配置方面,需要提前准备好教学课件和讲稿;同时计算机上需配有相应的录屏软件和演示软件。在硬件配置方面,需要计算机设备,同时需要有良好的录制环境。

4)基于动画讲解式微课制作的素材

这种微课制作需要由专业动画制作人员完成,教师需要提供教学大纲、教学资料等内容。制作过程中往往需要动画制作软件、麦克风、视频编辑软件等的参与。

4. 微课的录制

1)软件介绍

常见的微课录制软件有 Camtasia Studio、Apowersoft 录屏王、FastStone Capture Version、EV 录屏、KK 录像机、屏幕录屏专家、万彩录屏大师等。下面以万彩录屏大师为例介绍录屏软件。

万彩录屏大师是一款集计算机屏幕录制与后期视频编辑于一身的录屏软件,其界面清新简洁,操作简单、易上手。可用于计算机屏幕录制、微课教学录制、网络课程录制、软件操作教程录制等众多领域。

万彩录屏大师安装完毕,启动后进入起始页,录制结束并将录制文件保存后即可进入工作界面。界面主要由菜单栏、工具栏、快捷工具栏、元素工具栏、场景编辑栏、时间轴和画布编辑区域组成,如图 8-98 所示。

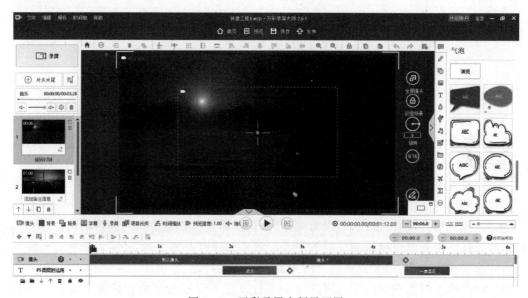

图 8-98 万彩录屏大师界面图

万彩录屏大师具有以下功能和特点。

(1)屏幕录制。界面简洁,操作简单,既可以全屏录制桌面,也可以自定义录制区域,还可以进行三分屏录制。麦克风、扬声器可以轻松设置,既可以做到音画同步,也可以仅录制屏幕活动。为了有效引导观众视线,可自由选择使用多种鼠标指针形状、指针底部图形、鼠标单击动态图形。

(2)编辑录像。在工作界面,可以在时间轴上添加图形、图片、文本、语音、动画角色、音乐等各种元素,并控制各个元素的出场顺序和播放时长,同时还可以为不同元素添加不同的进场、强调和出场动画效果。软件界面内还有场景过渡效果和镜头特效可供使用。

(3) 素材丰富。软件内置多种实用的片头片尾视频效果、动画角色、Flash 动景特效、矢量图片、圈画图标、图形库、背景图片、对话框等素材,在微课制作过程中可以丰富视频内容。

(4) 配音字幕。在时间轴上可以添加配音字幕,达到画面实时同步。还可以进行语音合成,输入文本即可生成不同的语音,包括普通话和各种方言。

(5) 动画特效。软件内置多种动画特效,包括文字动画特效、进场动画效果、强调动画效果、出场动画效果、物体移动特效等,还有独特的手绘动画效果。

(6) 视频输出。软件支持输出多种格式(.mp4、.wmv、.avi、.flv、.mov、.mkv)的不同画质视频(576P、720P HD、1080P HD)。

2) 案例演示

"自由组合定律"选自人教版高中生物必修二,需要制作的是基于屏幕录制式的微课。开始录制微课之前,需要提前准备演示内容,以及要使用到的 PowerPoint 文件和后期制作需要使用的图片、音频等文件。

(1) 录屏。启动万彩动画大师,在起始页单击"开始录制桌面"按钮,随后在桌面上出现了录制控制窗口,如图 8-99 所示。

图 8-99 录制控制窗口

单击"设置录制区域"按钮,可选择不同尺寸区域进行录制,也可以通过拖曳录制区域的边框修改录制区域。

单击"设置"按钮,可以修改鼠标指针形状、鼠标按下光圈和光圈显示设置,同时还可以进行捕获设置和热键设置。

单击"音频捕捉设置"按钮,可以对麦克风、扬声器进行设置。打开扬声器可以录制系统的声音,而打开麦克风可以录制说话的声音。如果选择打开麦克风,还可以选择打开降噪麦克风,并设置相关参数,对麦克风收集的声音进行降噪处理。

单击"摄像头设置"按钮,可以对摄像头进行设置。可以选择捕捉摄像头或只采集摄像头,可以对摄像头进行测试。

在正式录制之前,可以先试录小段视频,检测录制声音、录制摄像头画面是否合适。

设置好相关内容后,单击"开始/暂停录制"按钮或按 F8 键开始录制屏幕,录制过程中可单击该按钮或按 F9 键对录制进行暂停。

录制结束后,单击"结束录制"按钮或按 F10 键结束录制,并在弹出的对话框中修改文件名、选择文件保存位置,保存录像文件。

(2) 剪辑。保存好录制的视频文件后,软件自动打开视频编辑界面,录制的视频文件也自动放置在时间轴上。选中素材后,利用时间线右侧的分裂工具(带有剪刀形状的红色方形图标),将冗余的视频片段分开并删除。剪掉冗余部分后,在时间轴上拖曳视频片段将其重新组合,如图 8-100 所示。

图 8-100 剪辑

(3)导入图片。根据微课制作需要,可以将图片内容后期加入视频中。在元素工具栏中单击"图片"→"添加本地图片"按钮,选择图片文件将图片插入视频。选中图片后,可在画布编辑区域内调整其位置、大小等相关属性。在时间轴上将其拖动到合适位置,并修改显示长度、进场/退场动画效果,如图 8-101 所示。

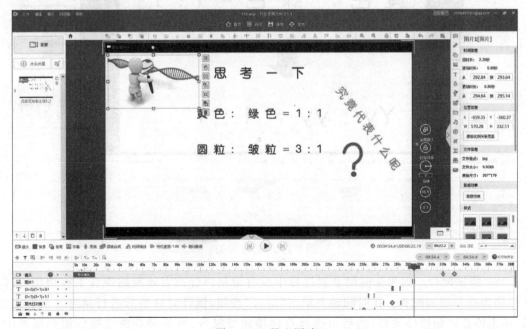

图 8-101 导入图片

(4)添加角色。为了使画面更加生动有趣,可以为视频添加角色动画效果。在元素工具栏中单击"角色"按钮,进入角色页面。在弹出的对话框中选择一个角色种类,进入该角色种类的动作效果设置界面。选择动作效果分类后,鼠标指针滑过分类选项即可预览动画效果,直接单击动画角色即可将其添加至视频中。选中所添加的动画角色后,可编辑其大小、位置等相关属性。

(5)添加聚光灯效果。为了能够更好地突出重点,可以给内容添加高亮效果。在元素编辑栏中找到"标注"按钮并单击,如单击"聚光灯"标注,即可将其添加到视频中。单击聚光灯对象,在画布编辑区域内拖曳修改其大小和位置,在元素编辑栏右侧可修改其透明度、形状、填充颜色、进场/退场时间、进场/退场动画等相关属性。

(6)添加文本。在元素编辑栏中,单击"文本"→"添加文本"按钮,然后单击画布编辑区域并添加文本内容。单击添加的文本内容,可编辑其大小、位置、颜色、字体、图层、透明度、对齐方式等相关属性。在时间轴上将其拖动到合适位置,并修改显示长度、进场/退场动画效果。

(7)添加镜头。为了放大局部内容、突出重点,可以通过添加镜头的方式将局部区域放大。单击时间轴上的"镜头"→"添加镜头"→"默认镜头"按钮,在时间轴上添加"镜头 1"。将时间线移在"镜头 1"上,然后单击"镜头 1",在画布编辑区域调整镜头大小、方向、旋转角度及位置,在时间轴上调整显示时长,如图 8-102 所示。

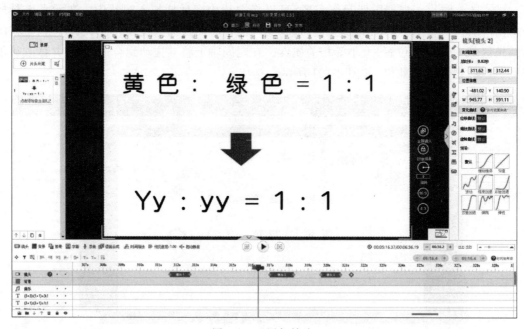

图 8-102　添加镜头

(8)添加配音。如果在前期录制过程中没有录制声音或者录制的声音不够理想,可以在后期为视频添加配音。在时间轴上单击"录音"按钮,倒计时开始后进行录音。录音完成后,单击停止按钮暂停录音,然后可选择直接播放该录音、重新录音或直接应用到场景中。单击"应用"按钮应用录音。在录音音频条上左右拖动音频条可改变音频时长。双击音频条或者右击音频条后选择"裁剪音频"命令,在出现的对话框中可拖动选择截取范围以截取该部分音频,如图 8-103 所示。

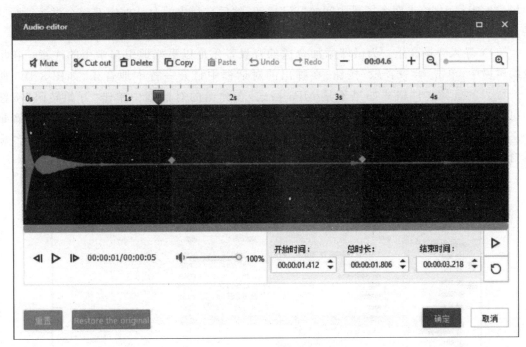

图 8-103 添加配音

(9) 添加片头、片尾。为了使最终呈现的微课内容更加丰富、完整,可以利用万彩录屏大师内置的资源库为微课添加片头和片尾。在场景编辑栏中,单击"片头片尾"→"片头"按钮,选择"片头"中的模板。在时间轴上可修改背景图片、背景颜色、文本内容等,如图 8-104 所示。

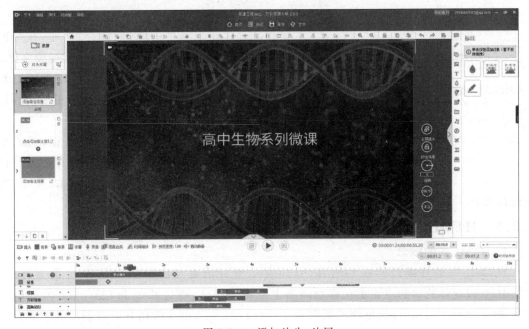

图 8-104 添加片头、片尾

（10）设置转场效果。为了使多个场景之间自然过渡，可以为其添加合适的转场效果。在场景编辑栏中，单击两个场景中间的"＋"按钮，然后在弹出的对话框中选一个过渡动画效果，设置时长，方向等，再单击"确定"按钮。

（11）导入背景音乐。为微课添加合适的背景音乐可以更好地引起学生的注意。在场景编辑栏中，单击"背景音乐"按钮，在弹出的对话框中打开一首本地音乐，如图 8-105 所示。导入的音频文件格式如果不是 MP3 格式，在弹出的对话框中单击"开始转码"按钮即可自动转化格式。导入完成后需要设置音频的相关属性。单击"音量"按钮或调节音量条来设置背景音乐音量，单击"设置"按钮可设置背景音乐的偏移时间和声音特效，单击"删除"按钮可删除背景音乐，如图 8-106 所示。

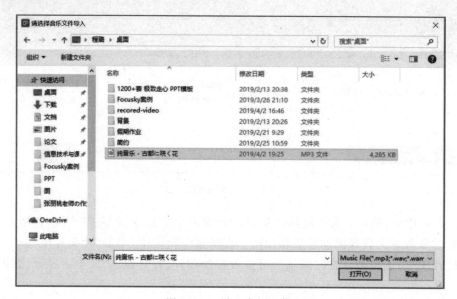

图 8-105　导入音频文件

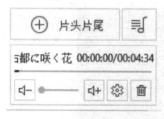

图 8-106　设置音频属性

（12）保存文件。在工具栏中单击"保存"按钮，在弹出的对话框中修改文件名、选择文件保存位置，保存视频文件。

（13）预览文件。在输出视频文件之前，可以先预览制作效果。在工具栏中单击"预览"按钮，即可在画布编辑区域内预览视频效果。

（14）输出视频。在工具栏中单击"发布"按钮，进入发布界面。选择"输出视频"后，选择一个文件夹保存视频并设置视频配置，选择适当的文件大小及格式后，单击"发布"按钮输出视频。

8.3.5　HTML 5 教学资源制作

1. HTML 5 的概念

HTML 5 是万维网的核心语言，是超文本置标语言（HTML）的第 5 次重大修改。HTML 5 被设计的目的主要是在移动设备上支持多媒体，通过基于 HTML 5 开发的网页 APP 拥有更短的启动时间，更快的联网速度。HTML 5 为网页应用开发者们提供了更多功能上的优化选择。HTML 5提供了前所未有的数据与应用接入开放接口,使外部应用可以直接与浏览器内部的数据相连,可以给站点带来更多的多媒体元素。

2. HTML 5的功能

HTML 5网页制作软件常被教师应用于教学活动,其具体特点如下。

(1) 简单易用,可视化的操作方法。虽然HTML 5包括的相关技术比较复杂,需要一定的编程基础才可以使用。但是HTML 5的网页开发工具将程序逻辑可视化,让不懂代码的人也可以快速地制作手机网页、动画、游戏。这样教师可以摆脱技术的束缚,无须接受相关的专业训练就可以制作出自己的作品。

(2) 素材丰富,在线搜索模板。HTML 5网页开发软件都已相对成熟,提供了大量的素材,可以满足教师制作各式各样的教学案例的需求。这种在线的模板不必让教师从零开始,节省了教师的制作时间和精力,教师可以在短时间内做出精美的HTML 5动画课件。

(3) 传播便捷,免费传播使用。大部分HTML 5网页开发软件制作的网页、动画、游戏都可以通过二维码或者网页链接等便捷的方式在移动端快速传播。教师可以将自己的作品免费存储在软件发行方的服务器上,不易丢失,在使用时只须将二维码或链接发给学生即可,省时省力。

3. HTML 5网页开发工具

常见的HTML 5的网页开发工具有iH5、MAKA、BaiduH5、Epub360等,下面以iH5为例介绍HTML5网页开发。

在使用iH5前需要先进行账号注册,注册成功之后才可以使用。

1) iH5界面及功能特点

在浏览器的搜索栏里输入iH5,选择有官网标志的网址进入。在个人中心的"我的工作台"里可以创建作品。iH5提供了大量的素材和模板可供使用,如图8-107所示。

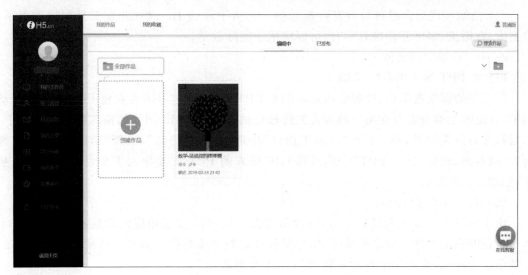

图8-107　iH5个人中心界面

iH5 提供的工具相对完整,有菜单栏、工具栏、属性栏、工作台、资源区等,界面如图 8-108 所示。

图 8-108　iH5 操作界面

iH5 具有以下功能和特点。

(1) 交作业,批改统计更方便。学生通过二维码或者网页链接的方式将作业发给老师,教师可直接在计算机或手机上进行批改。教师可以随时随地查看作业,也可以省去实体作业所占的空间。

(2) 海量模板即改即用,启发无限创意。iH5 提供了大量在线的免费模板,可以插入图片、声音、文本等内容,所提供的模板基本可以满足各种要求,教师可发挥想象力进行创作。

(3) 支持自定义函数和各种 JavaScript 库。对于有一定编程基础的教师,iH5 也可以由教师自己编写模板。教师可以作为开发人员创作属于自己的模板。

(4) 前端实现后台逻辑与自有数据通信。无须下载的 H5 设计开发工具如物理引擎、数据库、直播流、多屏互动应有尽有,可以应用于实际教学。

2) iH5 教学应用案例

(1) 将 PPT 导入为 iH5 动画

在实际的课堂教学中,教师应用最多的是 PPT 课件,通过 iH5 可以将 PPT 导入网页动画中,方便学生的查看与交流。教师首先将做好的 PPT 以 GIF 图片的格式存储到桌面上,然后打开 iH5 的网址,登录后在"我的工作台"中选择"创建作品",选择经典版工具,在"舞台"区域右击,选择"导入 PPT"。然后将 GIF 格式的 PPT 图片拖入主舞台上就导入成功了,如图 8-109 所示。

(2) iH5 用于课后检测

由于 iH5 具有交互和反馈的方式,教师可以运用 iH5 布置相应的课后检测题,用于了解学生在课堂上对知识的掌握情况,以方便教师对教学策略做出调整。运用 iH5 可以实时反馈学生的成绩,帮助学生查缺补漏,如图 8-110 所示。

(3) iH5 教学应用案例制作

iH5 可以通过简单的制作完成基本的交互,让学生通过图文和视频的方式理解知识点,

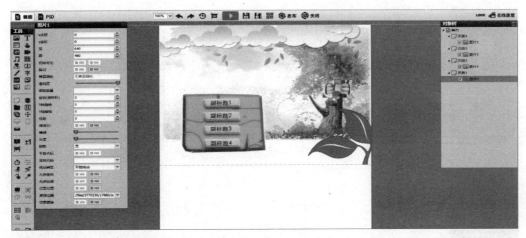

图 8-109　导入 PPT

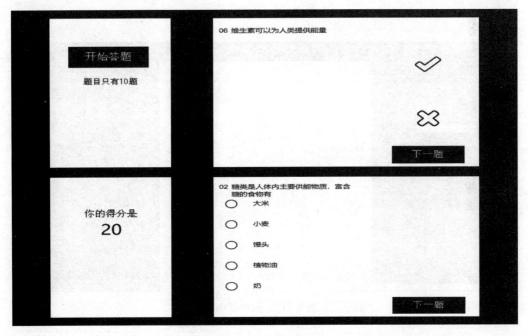

图 8-110　iH5 交互

适合教师在课堂内外的各种场合使用。下面以"文明礼仪小知识"为主题,介绍利用 iH5 制作简单交互课件的方法。

"文明礼仪小知识"课件面向儿童设计,包含三个知识点,分别是"运动之后要洗手""公共场合要让座"和"不要践踏草坪"。每个知识点对应一个页面,每个页面里有知识点的文字介绍,然后通过单击"单击播放"按钮观看相应视频。制作完成后生成二维码发布。

(1) 打开谷歌浏览器,打开 iH5 的官网,登录自己的 iH5 账号。进入"我的工作台"界面,单击"创建作品",选择"新版工具",如图 8-111 所示。

(2) 在 iH5 的工具栏中双击"页面"工具 ▦ ,分别添加 3 个页面,为之后三个小知识点的制作搭建舞台,并且每个页面都有相应的小组件,如图 8-112 所示。

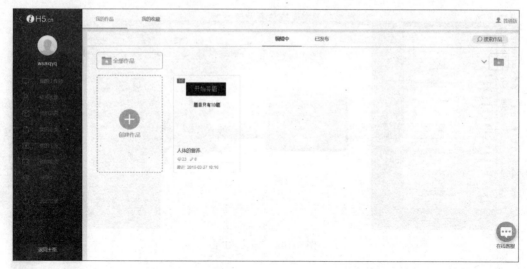

图 8-111　创建作品

图 8-112　添加页面

（3）选中"舞台"中的"页面 1"，在属性设置面板中为"页面 1"添加背景颜色，背景颜色的属性为♯E8FFE0，如图 8-113 所示。

（4）在工具栏中选择"椭圆"工具 ◯，在主舞台靠左下角的位置，按住鼠标左键拖动绘制一个大小合适的椭圆，在属性设置面板里选择合适的配色，这里选择的填充配色属性为♯141414。并且将"椭圆 1"拖入"页面 1"中，如图 8-114 所示。

（5）选择工具栏中的"文本"工具 T，在刚刚创建的椭圆上面按住鼠标左键拖动绘制一个文本框。在文本框中输入"点击播放"，在文本的属性设置面板设置字体颜色为♯FFFFFF。在"页面 1"中新加入一个文本，输入文本"文明礼仪小知识——运动之后要洗手"，文字大小为 30 磅，颜色为♯000000，将这个文本作为标题。在标题下面再添加文本，内容与标题相关即可，文字大小为 26 磅，颜色为♯000000，如图 8-115 所示。

图 8-113　添加背景颜色

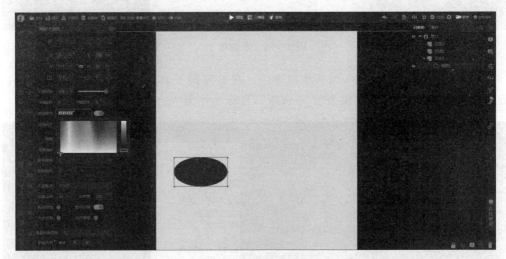

图 8-114　添加形状

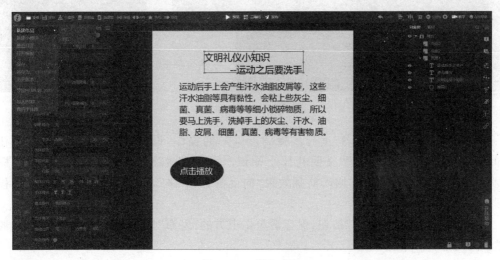

图 8-115　添加文本

（6）在工具栏中选择"视频"工具，在"点击播放"文本的右面合适的位置拖动，将出现选择视频的窗口，选择"视频 1_0"，如图 8-116 所示。

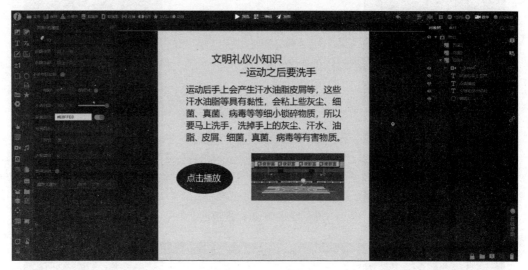

图 8-116　添加视频

（7）选中"点击播放"文本，为其添加事件。在右侧的工具栏里单击"事件"工具。触发条件选择为"点击"，目标对象为"1_0 视频"，目标动作为"播放"，如图 8-117 所示。

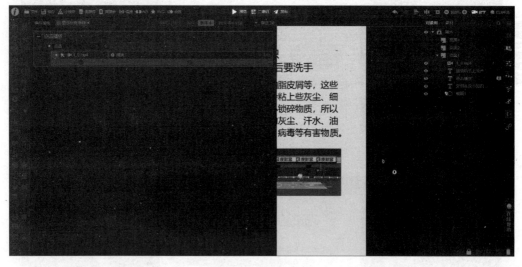

图 8-117　添加事件

（8）对"页面 2"和"页面 3"进行步骤（3）~（7）的操作，设置其主题分别为"文明礼仪小知识——公共场合要让座""文明礼仪小知识——不要践踏草坪"。在左侧属性面板里为"页面 1""页面 2""页面 3"加入前翻效果"向上滑走-平移"，后翻效果"向下滑走-平移"，如图 8-118 所示。

（9）单击左上角的"保存"按钮，保存后单击上方的"发布"按钮可以进行发布，可以通过扫描二维码进行分享。

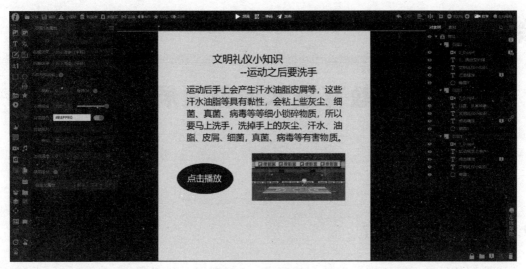

图 8-118　设置属性

思考与讨论

1. 在日常学习过程中，你经常遇到哪些素材处理需求？又是通过什么方式解决的？
2. 你有什么好的知识整理和加工方法，请分享和推荐一下。

实践任务

1. 利用概念图软件完成某一课程中某一章内容的知识整理。
2. 利用思维导图软件完成一个学期或学年计划。
3. 为一个教学选题制作 PPT 演示文稿。
4. 为一个教学选题制作 Focusky 演示。
5. 为一个教学选题制作交互式电子白板演示。
6. 制作一个专业选题的微课。
7. 制作一个专业选题的 HTML 5 教学资源。

第 9 章

教育技术的新发展

9.1 互联网+教育

互联网的发展不断地推动着教育的变革,如何把握时代机遇、主动求变、探索"互联网+教育"的科学模式是每一位教育工作者需要解决的问题。我们要转变教育理念、了解新的教学模式、掌握新的教学技术,做新时代的合格教师。

自我国 2015 年政府工作报告中首次提出制订"互联网+"行动计划以来,"互联网+"迅速成为各方面追捧的热词。同年在浙江乌镇举行的第二届世界互联网大会向世界宣告:'十三五'时期,中国将大力实施网络强国战略、国家大数据战略、'互联网+'行动计划,发展积极向上的网络文化,拓展网络经济空间,促进互联网和经济社会融合发展。""互联网+"作为一项国家战略,必将成为未来我国经济社会创新发展的重要驱动力量。

同社会许多其他行业一样,教育也受到互联网巨大的影响。"互联网+"思维对传统教育理念带来了革命性的冲击和挑战,教育如何面对和适应"互联网+",通过探索"互联网+教育"的科学模式,促进教育公共服务水平和教育质量的提升,既是深化教育领域综合改革不可回避的问题,也是摆在广大教育工作者面前的现实课题。

9.1.1 "互联网+教育"的基本特点

"互联网+教育"模式是指借助网络思维及平台,采用一系列通信技术、工具及应用将互联网同传统教育相结合,升级并改造传统教育模式的一种新的业态。

当前,网络不仅是一种基本的连接工具,从其本质来看更是一种思维方式、一种生活方式、一种哲学。其自身特点主要包括平等、开放、协同、共享及泛在等。首先,平等是指去中心化、等级化及去权威化。网络科技分布结构的特征令整个社会由以往的纵向金字塔等级模式逐渐向扁平化、网络化的横向分布模式转变,包含在互联网内的个体呈现出分工合作的趋势,与此同时,每个对象的协同精神令网络更加健全。其次,共享分为分享、免费及普惠三种形式。网络借助传感器及相关软件把资源信息、人等相互连接起来,持续地给各个节点(如个人、家庭、企业等)提供实时大数据,各个节点再将这些数据进行重组和重新利用,之后把它转化输入自动化系统。需要注意的是,免费作为一种关键的商业运作模式及培养策略,并非代表不赢利,而是将用户的费用降到最低。小到个人系统,大到整个经济社会系统,都可以在信息资源、知识等方面实现有效的共享。此外,泛在是指个体处于无处不在的网络体系中,实现人与物的信息交换。

教育同互联网的融合最早是通过远程教育、网上学校以及线上推广等手段来实现的。因市场的分散性、竞争性等特点，教育部门越来越注重网络教育的发展。近来，互联网教育呈现出迅速增长的势头，并占据着越来越大的市场份额。由于国内相关产业的发展及就业市场的竞争，加上政府政策的支持和鼓励，互联网教育模式的发展具有很大的前景。怎样借助互联网来更好地发展高等教育事业，提升学生的专业素养和技能水平，是当前亟待探讨、解决的问题。

下面借助实例进行分析。2014年，慕课网一举拿下"最具口碑影响力的在线教育机构"及"最具投资价值教育APP产品"两项大奖。对慕课网的经验做进一步分析，可以发现其具有准确的市场定位、明确的战略目标，同时借助高质量、实用性极强的课程、灵活自由的用户体验计划，获得了大量用户的认可和赞赏。目前该在线教育机构的注册用户已突破300万人，同时获得了绝大部分用户的好评。

根据互联网教育模式的特点及上述案例可以总结出：通过网络教育的模式，不仅能够减少接受教育的时间成本和人员成本，也能够减少资金成本的耗费，令学生打破时间、空间的束缚，实现在任何时间、任何地点的学习。因此，必须顺应时代的潮流，更好地将互联网技术应用到当代高等教育中。

9.1.2 "互联网+教育"的功能

互联网的普遍应用特别是大数据、云计算和移动互联等技术的发展，正深刻地改变着教育的面貌，推动教育向数字化、网络化和智能化方向发展。从教育视角认识"互联网+"，应当看到这场风潮带来的不仅是教育技术的革新，更是对学习、教学、组织模式的冲击及由此给教育理念和体制带来的深层次影响。

1. 教育资源——从封闭到开放

传统模式下，教育资源集聚在校园这个相对封闭的物理空间里，局限于课堂、图书馆、实验室等场所，仅能满足固定人群的需求。互联网以其强大的存储性能和交互性的技术优势，在短时间内迅速吸纳了海量的知识和信息，成为人类历史上前所未有的巨大"信息库"，并且这个信息库随着人们不断上传、发布新的信息而源源不断地扩容。借助互联网，教育资源可以跨越校园、地区、国家而覆盖到世界每个角落，优质教育资源的平等共享成为可能并且极为便利。风靡全球的慕课（英文简写为MOOCs，即大规模开放式在线课程）就是"互联网+教育"的产物。MOOCs中的第一个O(Open)就是指"开放"，进入慕课学习基于兴趣而非身份，只要想学都可以进来学，只须注册一个邮箱即可，并且绝大部分课程都是免费提供的。慕课在短短几年就吸引了全球数以百万计的学习者，这样快速的发展最主要得益于其开放性和免费性。

2. 教育机构——从单一到多元

传统教育以学校为主要载体。借助于"互联网+"对教育资源重新配置和整合，社会教育机构、新型教育组织依靠灵活性、免费性等优势给学校教育带来了强烈冲击，教育组织形态呈现多元化的趋势。一个例证是美国的Udacity、Coursera、edX等慕课平台通过提供在线课程，挑战传统大学在教育和科研市场中的绝对优势地位。有的慕课平台还通过与大学合作提供课程学习证书。Coursera平台上专门设有Specailization（专业）栏目，在这个栏目下只要完成一定要求的课程学习就可以获得世界顶尖大学颁发的专业证书。这必将直接冲击现行的高等教育学历制度和招生制度，促使大学的组织边界发生变化。作为创新和变革的策源地,大学非但不应忽视或拒绝这种变化,而且应当从拓展社会服务功能的角度出发,高度重视和积极适应这一变化。据了解,清华大学、上海交通大学等国内名校已经开始与国内外的慕课平台展开全面合作。

3. 学习——从被动到自主

传统模式下,人们需要按照学校的课程表安排到教室听课,而在互联网环境下,学习成为无时不可、无地不可的事情,只要连接网络就可以学习,不必再依赖于课堂和书本。这样,学习者突破了校园的局限,真正实现了时空上的自由,例如在线课程的学习就充分体现了学习的自主性。首先,学习者可以自主选择课程;其次,学习者进入课程学习后可以自主选择将学习的经验、体会放到网上与他人分享,最后学习者可以对学习过程和学习成果进行自我评价或者由其他学习者进行评价。自主学习模式的变革给教育带来了两方面的挑战:①适应"互联网+"时代"以用户为中心"的思维方式,构建以"以学习者为中心"的教育理念和模式。教育要真正把学习者作为服务对象,有效捕捉和满足他们个性化和多样的学习需求。②自主学习也给学习者带来了一些负面影响,如学习碎片化的问题,学习者对大量唾手可得的碎片化信息通常只是浮光掠影、浏览而过,缺乏深度思考;再如学习缺乏强制性的问题。互联网环境下的学习往往追求趣味化、娱乐化的体验,学习者难以有时间和耐心坐下来学习枯燥的基础知识;还比如判断甄别困难的问题,面对鱼龙混杂的海量信息,尤其是缺乏判断能力的低龄学习者,如果缺乏正确的引导,难以进行有效的知识积累和加工,促进智力发展和能力提升。这些问题都需要教育以新的理念和形式来介入和解决。

4. 教学——从灌输到互动

互联网改变了传统的以教师为中心的学习模式,教师不再是知识的唯一来源,学生对教师授课的依赖性明显减弱。因此,教师的作用要从教学的主导者变成学生学习的辅助者、服务者,教学要从单向灌输知识的"满堂灌"向更加注重互动对话的"翻转课堂"转变。所谓翻转课堂,主要是指课堂承载的功能发生改变,过去课堂主要是教师"教授知识",现在教师要求学生课前在网上完成所有相关知识点的视频学习,课堂上主要是"交流和评估",也就是答疑解惑和评估鉴定学习成果。翻转课堂的出现将倒逼学校的教学模式改革,使教师面临教学策略和技能方面的挑战。如何既调动学生的实际参与,及时检查学生的知识掌握情况并给予反馈,又不干预学生的选择,促进学生的自主学习,对教师的理念转变和素质能力都是新的考验。

9.1.3 "互联网+教育"的应用

"互联网+"对传统行业显示出强大的力量,不断促使其进行换代升级。当"互联网+"遇到教育的时候,互联网对教育变革作用也体现得很明显。传统的教育模式基本就是学生坐在教室里,教师在讲台面对一个班的学生授课。而现在的在线教育,只要有一个可以联网的移动终端,就可以在任何地点在网上选择自己喜欢的课程学习。

慕课的出现使得优质的教育资源在全球范围内得到了共享,这些资源均由各地优秀的教师录制而成,无论何时何地,都可以进行学习。慕课不同于传统的视频课程,里面的课程是由许多时间在 10 分钟左右的"微课程"构成,而且整个课程都是由一条主线贯穿其中,每个模块都有一个关卡,只有通过这个关卡才能接着下一个模块学习,这种学习模式类似于玩游戏,学生在学习的同时也能享受到"游戏通关"带来的乐趣。目前,在线教育在国内外都发展得很快。阿里巴巴和北京大学合作打造了大型网络课程平台——华文慕课,里面的课程资源都是由北京大学顶尖的教师录制而成,学生在网上可以免费学习,只要通过考核便可以得到学业证书。国外还有比较知名的可汗学院,这个学院在全球范围内拥有数百万学生,在互联网教育行业具有较大的影响力。

另外,通过云计算的应用,也可以大力促进教育资源的共享。例如,长三角地区一所院校的精品课程,通过上传至云端,便可以供全国范围内的师生使用。云计算能把分布于大量的分布式计算机的内存、存储和计算能力集中起来成为一个虚拟的资源池,并通过网络为用户提供实用计算(utility computing)服务。云计算对用户端的设备要求很低,并且它的软件作为一种在线服务来提供,这些软件多数是低廉的,不用再花费大量资金购买商业软件授权,这使得很多院校可以在不更换旧设备的情况下就可以使用到最新资源,节约了大量成本。当然,由于云计算服务提供商提供了可靠安全的数据存储,所以学校可以不必担心数据资源被窃取。由此各大IT巨头纷纷开展了云计算教育计划,例如Amazon的"云计算开放式基金"、IBM的"蓝云"计划、谷歌的"Google101"计划,还有国内杭州师范大学——微软IT学院等。

互联网教育模式的本质是在师生分离的情况下,借助于互联网信息技术开展新型的教育教学模式。这种新型教学模式是对原有教学结构的创新,实现了"以学生为中心"的教学理念,而教师则成了整个教学活动的组织者和引导者。

在大数据、云计算、移动互联等技术的基础上,再加上"免费使用"的互联网思维,互联网犹如一场海啸,席卷整个教育领域,掀起了一场改革的浪潮。"互联网+教育"模式下的人机交互、人工智能等不仅革新了教育技术,对原有的教育体制、教育观念、教学方式、人才培养也带来了深层次的影响。

中国互联网教育自2012年开始飞速发展,风靡整个教育领域,并在持续发酵中。互联网教育的本质是为有效实施教学和学习活动,师生在网络和技术的支持下,在师生分离状态下实行的一种新型教育形式。MOOC、智慧教育、翻转课堂等模式都是其中的一部分。

MOOC就是"互联网+教育"的产物,其优势在于学习者数量无上限、学习时间无要求、学习地点无限制,再加上免费性、开放性、互动性及颁发学历证书等特点,因而覆盖全球的每个角落,吸引了数百万的学习者。世界顶尖的学校、教学名师、精品课程全部聚集在MOOC中。轻点鼠标,三步实现免费学习:登录一个MOOC网站、注册、选择你喜欢的课程。与传统的在线课程不同,MOOC课程的授课时长一般为10分钟甚至更少,并在课程中穿插一些小问题,只有答对问题才能继续听课。修完课程后,会获得相应的学分,学生甚至可以获得该课程的开课学校授予的学历证书,这对学生来讲,无疑是一个很大的吸引力。MOOC为在线教育创建了新规则,变革了原有的教学结构和模式,创新了教学方式,冲击了高等教育的传统,倒逼其实现转型。

教育信息化推动"互联网+教育"的另一产物是智慧教育。它是指将现代信息技术与教育深度融合,促进教育改革与发展。智慧教育凭借网络成本低、快捷方便及数字化传播的优势来改变教育,为学习者提供特定的个性化服务。智慧教育的核心为"智能",所以智慧教育学习环境的搭建是重点。北京师范大学黄荣怀教授指出:"要以智慧学习环境重塑校园学习生态。"智慧学习环境是一种能感知学习情景、识别学习者特征、提供合适的学习资源与便利的互动工具,能自动记录学习过程和评测学习成果,能促进学习者有效学习的活动空间。智慧教育的技术特点是数字化、网络化、智能化和多媒体化,基本特征是开放、共享、交互及协作。其本质是以教育信息化促进教育现代化,以信息技术革新传统教育模式。

由此可见,在"互联网+"风潮下,教育凭借信息化及移动互联网技术的力量扶摇直上,实现教育的数字化、多媒体化、网络化和智能化,互联网促使传统教育脱去陈旧的外衣,绽放新的光彩。

9.1.4 "互联网+教育"的发展

互联网技术对全球教育信息化产生了整体的推动,国内的教育、培训行业也紧随信息化的步伐,进行教育变革。

1. 多样化教学模式

互联网教育重新解构了传统的学习模式和教育体制,制定了一套新的教与学的互动模式。与传统的教师课堂讲授方式不同,根据网络辅助教学和互联网教育的发展趋势,为满足学生的需要,会为学生提供多种学习模式,体验式学习、协作式学习及混合学习等模式并存。其中最具特色的是 4A(anytime、any-where、anybody、anyway)学习模式,互联网教育可以让学习者在任何时间、在任何地点、以任何方式、从任何人那里学习。这种模式颠覆了传统的教与学课堂的过程与规律。改变了人类几千年以来以教师为中心的授课模式。有分析人士指出:基于教育即服务的理念,互联网教育未来将会以标准算法、系统模型、数据挖掘、知识库等基础,为学生提供个性化、定制化的学习服务。线上教育线下教育相融合,学生对教师授课的依赖性会明显减弱,授课形式将会被部分技术取代。

2. 以学习者为中心的教育

互联网教育改变了传统的"以教师为中心"的授课形式,促使其转向"以学习者为中心",为学生提供全方位、个性化、持续的学习服务,而不是被动地接受课程教师面向全班学生统一进度的灌输。教学资源、教学过程、学习评价等越来越以学生为中心,教师的作用也由教学主导变成了学生学习的辅助者、服务者。以学习者为中心的教学将从课程教学过程本身,延伸到课程结业后的就业服务和终身学习需求的满足。同时,个性化学习出现。通过收集大量数据,可以全面跟踪和掌握学生特点、学习行为、学习过程,进行有针对性的教学,更准确地评价学生,提高学生的学习质量和学习效率。这才会实现真正的"因材施教",大大提升人才的培养质量和成才率。

3. 教育娱乐化

互联网教育需要解决学生的快乐学习问题。目前很多学者都在研究游戏学习法,就是让学生用玩游戏的心态在互联网上学习知识,学习不一定要严肃。如果玩网游就是一种学习,需要不断地挑战和刺激,那么学习过程还会那么枯燥吗?互联网教育为学习者提供了学习趣味化的机会。

4. 免费教育平台的搭建

互联网教育可以跨越校园、地区、国家,覆盖到世界每个角落,课程学习将是面向全球范围内的注册学生提供教学资源与教学过程相融合、有师生和生生之间交流互动的全面教学服务。所以,优质教育资源平等共享显得尤为重要,互联网教育的未来不是将传统课件搬上网络,而是打造一个汇聚更多优质课程的免费社区平台,让学生在强烈的学习氛围、强制化的学习状态、真实有效的互动中实现自我增值。

5. 移动学习携带社交网络

移动学习并不是将在线教育的计算机应用程序简单地以浏览器的方式在移动设备上展

现,而是要根据教学内容和学习对象,面向智能终端的中小屏幕和学生的碎片时间学习特性进行教学设计,学习者携带个人的学习环境和社交网络,为学习者提供传统互联网所不具备的移动互联网创新教学功能。

6. 互联网教育实现社会认证

目前,大多数人上大学、参加培训的一个重要目的就是希望得到相应的学历证书和学位证书,以此来得到社会的认可。互联网教育模式下,人们自然希望学习完某门网络课程后,也会被授予证书,也能获得相应的社会认可。MOOC等互联网教育模式使其变成了现实,未来可能更多与互联网学习内容相匹配的证书会得到社会的认可。

7. 教育的大数据应用

随着网络辅助教学的应用普及,教学过程中教师和学生的教学行为、教学过程和学习成果的大量数据被网络教学系统记录下来,通过对教育大数据的综合分析,有助于从多方面改善和提高教学质量。在未来几年,教育的大数据应用将会为课程教学和教学管理创造更多的价值。

9.2 新的理念

9.2.1 核心素养

2014年,教育部印发了《关于全面深化课程改革落实立德树人根本任务的意见》,提出"教育部将组织研究提出各学段学生发展核心素养体系,明确学生应具备的适应终身发展和社会发展需要的必备品格和关键能力"。

1. 核心素养的基本原则

在新的教育变革和挑战下,基础教育也有新的发展方向,如发展关键能力教育、核心竞争力教育、为终身发展奠基的教育。这是当前我国进一步深化基础教育课程改革,特别是进一步深化素质教育的新起点和新方向。核心素养就是关键能力、培养目标、质量标准、面向未来、面向世界的价值追求。核心素养要求教育中充分重视学生各方面发展。在教学过程中,依据学生成长需要,为学生的发展提供平台,力求在日常的教学中创设更多的社会情境,锻炼学生的问题处理能力,激发学生兴趣,保护学生的好奇心。现代教育要紧随学生步伐,为学生创设良好的发展空间。教师要不断学习前沿理念,以丰富的学识为学生提供更广阔的成长空间。

(1) 坚持科学性。紧紧围绕立德树人的根本要求,坚持以人为本,遵循学生身心发展规律与教育规律,将科学的理念和方法贯穿研究工作全过程,重视理论支撑和实证依据,确保研究过程严谨规范。

(2) 注重时代性。充分反映新时期经济社会发展对人才培养的新要求,全面体现先进的教育思想和教育理念,确保研究成果与时俱进、具有前瞻性。

(3) 强化民族性。着重强调中华优秀传统文化的传承与发展,把核心素养研究植根于中华民族的文化历史土壤,系统落实社会主义核心价值观的基本要求,突出强调社会责任和国家认同,充分体现民族特点,确保立足中国国情、具有中国特色。

2. 核心素养的基本内涵

中国学生发展核心素养以培养"全面发展的人"为核心,分为文化基础、自主发展、社会参与 3 个方面,综合表现为人文底蕴、科学精神、学会学习、健康生活、责任担当、实践创新等六大素养,具体细化为国家认同等 18 个基本要点。各素养之间相互联系、互相补充、相互促进,在不同情境中整体发挥作用。为方便实践应用,将六大素养进一步细化为 18 个基本要点,并对其主要表现进行了描述。根据这一总体框架,可针对学生年龄特点进一步提出各学段学生的具体表现要求,如图 9-1 所示。

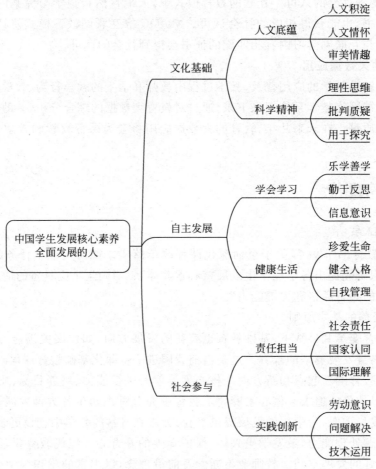

图 9-1 中国学生发展核心素养

1) 文化基础

文化是人存在的根和魂。文化基础,重在强调能习得人文、科学等各领域的知识和技能,掌握和运用人类优秀智慧成果,涵养内在精神,追求真善美的统一,发展成为有宽厚文化基础、有更高精神追求的人。

(1) 人文底蕴。主要是学生在学习、理解、运用人文领域知识和技能等方面所形成的基本能力、情感态度和价值取向,具体包括人文积淀、人文情怀和审美情趣等基本要点。

(2) 科学精神。主要是学生在学习、理解、运用科学知识和技能等方面所形成的价值标准、思维方式和行为表现,具体包括理性思维、批判质疑、勇于探究等基本要点。

2) 自主发展

自主性是人作为主体的根本属性。自主发展,重在强调能有效管理自己的学习和生活,认识和发现自我价值，发掘自身潜力，有效应对复杂多变的环境，成就出彩人生，发展成为有明确人生方向、有生活品质的人。

（1）学会学习。主要是学生在学习意识形成、学习方式方法选择、学习进程评估调控等方面的综合表现。具体包括乐学善学、勤于反思、信息意识等基本要点。

（2）健康生活。主要是学生在认识自我、发展身心、规划人生等方面的综合表现。具体包括珍爱生命、健全人格、自我管理等基本要点。

3）社会参与

社会性是人的本质属性。社会参与，重在强调能处理好自我与社会的关系，养成现代公民所必须遵守和履行的道德准则和行为规范，增强社会责任感，提升创新精神和实践能力，促进个人价值实现，推动社会发展进步，发展成为有理想信念、敢于担当的人。

（1）责任担当。主要是学生在处理与社会、国家、国际等关系方面所形成的情感态度、价值取向和行为方式。具体包括社会责任、国家认同、国际理解等基本要点。

（2）实践创新。主要是学生在日常活动、问题解决、适应挑战等方面所形成的实践能力、创新意识和行为表现。具体包括劳动意识、问题解决、技术应用等基本要点。

9.2.2 计算思维

1. 计算思维的概念

美国卡耐基·梅隆大学周以真教授定义的计算思维是运用计算机科学的基本概念去求解问题、设计系统和理解人类的行为。

计算思维包括了涵盖计算机科学之广度的一系列思维活动，通过约简、嵌入、转化和仿真等方法，把一个看来困难的问题重新阐释成一个我们知道怎样解决的问题。计算思维是一种递归思维，它并行处理。它把代码译成数据，又把数据译成代码。计算思维采用了抽象和分解来迎接庞杂的任务或者设计巨大复杂的系统。它是关注的分离（SOC 方法）。计算思维是按照预防、保护及通过冗余、容错、纠错的方式从最坏情形恢复的一种思维。它称堵塞为"死锁"，称约定为"界面"。计算思维利用启发式推理来寻求解答，即不确定情况下的规划、学习和调度。它就是搜索、搜索、再搜索，结果是一系列的网页、一个赢得游戏的策略或者一个反例。计算思维利用海量数据来加快计算，在时间和空间之间，在处理能力和存储容量之间进行权衡。

2. 计算思维的作用

虽说计算作为一门学科存在的时间不长，但人们已经认识到计算在科学界的影响力。

1）理解自然、社会等现象的新视角

在许多不同的科学领域，无论是自然科学还是社会科学，底层的基本过程都是可计算的，可以从计算思维的新视角进行分析。其中，"人类基因组计划"就是一个典型案例。用数字编码技术来解析 DNA 串结构的研究是计算思维的一个经典实例，其为分子生物学带来了一场革命。将有机化学的复杂结构抽象成 4 个字符组合而成的序列后，研究人员就可以将 DNA 看作一长串信息编码。DNA 串结构实际就是控制有机体发育过程的指令集，而编码是这一指令集的数据结构，基因突变就类似于随机计算，细胞发育和细胞间的相互作用可视为协同通信的一种形式。沿着这一思路，研究人员已经在分子生物学领域取得了长足的进展，最具代表性成绩就是"人类基因组计划"中包括的人体内全部 DNA 解码、基因测序并绘制人类基因图谱、开发基因信息分析工具等一系列任务的圆满完成。

2）解决问题的新方法

折纸又称"工艺折纸"，是一种以纸张折成各种不同形状的艺术活动。折纸发源于中国，在日本得到了很大的发展，历经若干世纪，现在的日本折纸已成为一项集艺术审美、数学和计算机科学于一身的新艺术，而且催生了名为"计算折纸"的新领域。该领域通过与折纸算法有关的理论来解答折纸过程中遇到的问题。如在折出某个物品之前事先将这一物品的外形抽象成一张图，这就用到了图论。一旦将某个物体抽象为图的形式就可以得到描述整个折叠顺序的算法，这就意味着该物品对应的折纸过程完全可以实现自动化，运用计算思维的这种抽象和自动化方法还可以做出更多更为复杂的折纸。折纸艺术家可以在完成折纸工序自动化的过程中，从折纸创新的角度向人们更为具体地介绍折纸的基本概念。在美国德保罗大学基于计算思维的教学改革中，已成功地将这种解决问题的新方法及其案例融入课程，特别是人文类课程的教学中。

3）创造知识

采用计算思维还可以创造大量的新知识。例如，亚马逊的"网上购物推荐系统"就创造了新知识。亚马逊公司成立时间并不长，但通过客户浏览网站的痕迹和购物的历史记录，该公司已经积累了大量的客户信息。传统的统计方法成为亚马逊公司手中的有力工具。借助于这些信息，公司得以及时跟踪客户的喜好和兴趣以及公司的库存产品。但是这些累积信息中可能包含一些无法基于视觉或者手动检测的数据模式，而知识的创造过程就是发现并且明确地表述那些藏而不露但意义深远的数据模式。亚马逊公司利用各种方法对这些数据进行深入挖掘并用于各项决策中，比如给某位顾客推荐某些书。亚马逊的推荐系统正是建立在这些客户留下的数据信息的基础上，比如客户的历史购物记录以及购买了同一件商品的其他客户的购物记录。就是这些规则构成了亚马逊的推荐系统，而它正是该公司商业模式的核心部分，也是 Netflix Prize 算法竞赛中列举的在线商务系统的核心。

4）提高创造力和创新力

计算思维可以极大地提高人们的创造力。比如在音乐制作领域，依靠计算机的软硬件可以产生大量的合成声音、创作音乐。从最简单到最复杂的任何声音都可以通过计算机的软件来合成。基于声音物理特性的理解以及对这种特性在计算机中存储的认识，人们可以采用计算思维了解声音的合成过程与音乐的制作过程。通过音乐合成软件的研制，人们可以很自然地将编程和作曲思维变成一种平行关系，并采用这些软件产生大量的高质量音乐作品。实际上，鉴于这个目的，人们已经开发出不少功能强大的音乐制作编程语言，如 Nyquist、JFugue、DarkWave Studio 等。

3. 计算思维的培养

培养和提升学生的信息素养是目前中小学信息技术课程的目标。学生的信息素养表现为有能力使用信息技术工具获取加工、管理、表达与交流信息，有能力对信息活动的整个过程、方法、结果进行评价。在熟悉利用现代技术条件和环境的基础上，有能力发表自己的观点，进行思想交流，开展合作，从而能解决学习以及生活中出现的实际问题。由于年龄及适应能力的差异，小学、初中、高中不同阶段的目标侧重点会有所不同。

在中小学教育实践中培养学生的计算思维，需要有依托的工具和抓手，而信息技术课程可以作为一个很好的平台。

（1）在计算机程序设计教学中渗透计算思维。通过计算机程序设计教学培养学生的计算思维,是中小学信息技术教师最容易上手的做法。对于计算思维的培养,宜选择可视化、模块化、易于学习的程序设计软件。Scratch 是一种新式的程序语言,可以让人们用非常简单的方式创造属于自己的故事、动画、游戏、音乐甚至是绘画,并且可以轻易地分享到网络上。英国、美国、韩国、新加坡等国家的研究中小学计算思维培养方面的论文中很多都提到了 Scratch 软件的使用,我国很多中小学教师也在使用 Scratch 软件实施程序设计教学。目前,移动应用开发比较流行,APP Inventor 也是很好的选择。北京景山学校和北京大学附属中学的部分教师尝试通过 APP Inventor 程序设计来培养学生的计算思维。移动应用设计也将作为一门选修课纳入高中信息技术课程体系中。当然,借助程序设计培养学生的计算思维不一定要在计算机上实现。韩国济州大学计算机教育系的学者金彬苏研究了基于纸和笔的游戏程序设计策略,程序设计只需要纸和笔,不用计算机。英国中学计算机教材《计算机科学》在内容设计上比较重视学生计算思维的培养,在程序设计部分也不需要计算机,使用的是伪代码,只要纸和笔就够了。中国人民大学附属中学也引进了一门类似选修课,称为"不插电的计算机"。

(2) 通过机器人教学渗透计算思维。波士顿有幼儿园通过 TangibleK 机器人课程对 5~6 岁的儿童开展计算思维教育;考帕特在研究中也提到了把机器人作为对 K-12 学生开展计算思维教育的工具。图形化和模块化的程序设计界面易学易懂,学生通过完成项目任务设计可以很好地提高自己分析问题和解决问题的能力。目前,很多学校都在用的乐高机器人也是很好的培养学生计算思维的教学平台。其结构可简可繁,易于学习,程序的设计也是在拼积木形式的可视化环境中进行的。通过巧妙的任务设置,可以很好地实现对学生计算思维的培养。

(3) 通过游戏软件培养学生的计算思维。英国格林尼治大学尝试通过计算机视频游戏实施教学,基于游戏学习来传授理论和应用知识。他们设计了创新的游戏教育框架来开发学生的计算思维能力,促进学生对"计算机程序设计导论"课程的学习。T-maze 电子编程工具可以让儿童在迷宫游戏中通过搭建积木来建立计算机程序,进而促进儿童计算思维的培养。微软亚洲研究院开发的游戏"我的世界"(Minecraft)也可以培养学生的计算思维。这款游戏以让每一个玩家在三维空间中自由地创造和破坏不同种类的方块为主体,玩家在游戏中可以在单人或多人模式中通过摧毁或创造方块来创造精妙绝伦的建筑物和艺术品,或者收集物品探索地图以完成游戏的主线。很多中小学生都对这款游戏感兴趣。

(4) 通过音视频创作培养学生的计算思维。音视频作品的创作需要经历完整的项目流程,通过这个流程也可以很好地培养学生的计算思维。马萨诸塞大学洛厄尔分校音乐与计算机科学系开设了一门课程——声音中的计算思维。这是一门交叉学科,是科技教育与艺术教育的融合,通过对音乐的演奏、分析与处理来培养学生的计算思维。目前,全国都有针对中学生的微电影和微视频创作大赛,中小学信息技术教师可以借助这个项目的开展有意识地培养学生的计算思维。

(5) 通过开源硬件项目设计培养学生的计算思维。未来的中小学信息技术教育,不仅需要传授理论知识、基于软件的实践和研究,还需要带领学生做开源硬件项目设计,这既紧扣创客教育这个热门话题,也是开展计算思维教育的有力手段。教师可以带领学生从头设计、制作一个项目,从规划、实施到项目发布,甚至申请风投,整个过程都包含着计算思维的元素。开源硬件设计项目也将作为一门选修课纳入国家高中信息技术课程体系中。

(6) 通过建模与仿真培养学生的计算思维。计算思维与数学学科的建模思维、物理学科的科学思维——模型构建相结合,可以提高学生解决现实生活中各类问题的能力。在计算机算法与编程的课程中,教师可以通过建模、仿真实际问题来充分激发学生兴趣并培养他们解决问题的能力。例如,对于科学模拟仿真——物理中的抛体运动,教师可以通过计算机科学中的离散采样、时间相应、图形编程等开展涉及多方面知识的综合实践。又如,关于计算思维中的递归思想,教师可以把其与数学中的分形概念紧密结合起来,并结合音乐中的赋格、艺术中的无穷上升等表现形式进行旁征博引,给学生一个跨学科的研究课题,引导他们找到分形在实际生活中的具体事例,并通过计算机算法与编程对其进行建模与仿真。

(7) 培养计算思维的其他工具和途径。培养学生计算思维的工具还有很多。按照基于项目的学习理念开展动画设计教学、三维设计与创意项目教学、3D打印项目设计等,同样可以培养学生的计算思维。中国传媒大学的王海波和张伟娜曾借助"网页设计与制作"课程进行基于计算思维的教学改革。美国宾州州立大学计算机科学与工程系学者尝试通过电子表格软件的函数教学培养非计算机专业学生的计算思维。

计算思维作为核心信息素养之一,已经列入正在修订的高中信息技术课程标准。而我国有针对性地对中小学生进行计算思维教育刚刚起步,中小学信息技术教师在计算思维教育方面面临着艰巨的任务和挑战。因此,广大信息技术教师必须行动起来,为中小学计算思维教育的开展做好准备;各省市骨干教师应该担当计算思维教育的先行者,为计算思维教育的推广做出积极的贡献。

9.2.3 泛在学习

泛在学习(U-Learning)又称无缝学习、普适学习、无处不在的学习等,顾名思义就是指无时无刻的沟通,无处不在的学习,是一种任何人可以在任何地方、任何时间获取所需的任何信息的学习方式。泛在学习是数字学习的延伸,克服了数学学习的缺陷或限制。泛在学习把学习的灵活性和开放性融入人们的日常生活,为学习者提供了数字化的学习资源以及灵活的学习方式,它使得人类学习几乎是无拘束的、自然的学习,使得每个人的终身学习成为可能,对促进终身学习的发展具有深远的意义。

泛在学习的主要特征有:泛在性、移动性、智能交互性、人性化。

(1) 泛在性。U-Learning在真正意义上实现了超越时空,并与现实时空完美融合,给学习者提供了一个充分自由的学习空间,这个空间就像空气一样无处不在。

(2) 移动性。泛在学习是一种人们可以在不同的服务空间中自由的移动,利用一些便捷轻巧的终端设备就可以轻松进行的学习活动。

(3) 智能交互性。智能性表现在通过由听觉、视觉和触觉等构成的感知界面,学习者可以同步或者异步地与专家、教师或学习伙伴进行交互。因此,专家成为一种更易接近的资源,而知识也可以得到更有效的利用。

(4) 人性化。泛在学习中,学习者可以根据自身的需要,随意选择自己感兴趣的方面,随时随地就可以开展学习活动,也可以说泛在学习是一种以学习者自我需求为核心的学习。在这种学习活动中详尽体现着以人为本的理念。

作为一种新型的学习理论体系,泛在学习的实现需要数字化技术环境、数字化学习资源、复合教学模式和灵活学习支持服务等多方面资源的支撑。从学习模式上看,泛在学习包含以下3类。

(1) 正式的课程学习。正式的课程学习是指基于学习资源和教师的正式学习,如一个专业的课程学习或者一个证书教育的课程学习。专业教育机构(教师)要进行课程设置、编制教学大纲、编制泛在学习资源、安排教学活动、进行学习测评,并不断改进整个过程;学习者则要选择学习的课程、明确学习目标、选择学习方式、参加学习活动、参加学习测评并达到测评成绩。尽管教师和学习者的教学活动是处于"准分离"状态,但二者是密不可分的。

(2) 非正式资源学习。非正式资源学习是指完全基于数字化学习资源的非正式学习。一般的学习过程是:学习者依据自我学习需求,查找合适的学习资源,利用学习资源进行学习,如果资源不能满足自己的需要,学习者会重新查找更合适的学习资源,通过学习,学习者可能会在进行思考、分析、总结后,撰写一些心得、体会,甚至编写一些新的资源,提供到资源系统中,形成生成性的共享资源。可利用的资源可以是一段文本、一张图片、一段视频、一个课件,也可能是一门完整的课程资源。学习的目标、行为、过程、效果均由自己决定,不受任何外部因素的制约。

(3) 准正式主题学习。准正式主题学习是指基于学习资源和教师的、介于正式学习和非正式学习之间的一种学习模式,如在线学习。主题学习的广义概念是指就社会生活或现象的某一方面内容的学习,如某种职业需要的知识、技能的学习,某种体育、文艺、健身爱好的学习等。由教育或者培训机构依据学习主题的共性需求,设计主题培训项目,创设泛在学习环境,编制泛在学习资源,设计学习过程,并在学习过程中提供教师的指导、辅导。学习者则是要依据自己的需要,查找并选择适合的培训项目,按照教育或者培训机构创设的环境、条件、过程,并利用编制的资源进行学习、交互。准正式主题学习的学习目标、行为、过程、资源等均会受到教育机构的制约,但是,对学习者的学习评价没有严格的、强制性的规范或者规定性。作为准正式主题学习的典型代表有新东方英语培训、北大青鸟 IT 培训等。

9.2.4 智慧教育

智慧是教育永恒的追求,智慧发展是当代教育变革的一种基本价值走向。我国学者靖国平认为,传统意义上的智慧教育是以传授给学生系统的科学知识、形成学生的技能、发展学生的智力以及培养学生能力的教育,是一种狭义的理解,具有一定的局限性。基于此,他提出了广义智慧教育的概念,对智慧教育的内涵进行了扩展。广义智慧教育是一种更为全面、丰富、多元、综合的智慧教育,它主要包含着三个既相互区分又彼此联系的方面:即理性(求知求真)智慧的教育、价值(求善求美)智慧的教育和实践(求实求行)智慧的教育。教育的根本旨趣在于促使受教育者全面地占有自己的智慧本质,成长为理性智慧、价值智慧和实践智慧的统一体。

智慧教育是技术支持下的新型教育形态,本书第 2 章对智慧教育环境有详细表述,这里只讨论其教育特征和技术特征。

1. 教育特征

从生态学的视角来看,智慧教育是技术推动下的和谐教育信息生态,其核心教育特征可以概括为:信息技术与学科教学深度融合、全球教育资源无缝整合共享、无处不在的开放按需学习、绿色高效的教育管理、基于大数据的科学分析与评价。

1) 信息技术与学科教学深度融合

信息技术与教育的"深度融合"涉及技术与管理的融合、技术与教学的融合、技术与科研的融合、技术与社会服务的融合、技术与校园生活的融合等。其中,信息技术与学科教学的深度融合应该是智慧教育的首要价值追求。课堂是教育改革的主阵地,学科教学是教育系统的核心业务。

智慧教育需要广大师生具备较强的信息技术应用能力,合理、有效、创新应用技术促进课前、课中与课后教与学活动的全程设计、实施与评价。信息技术在学科教学中的"消融",教师和学生从关注技术逐步转变到关注教学活动本身,是智慧教育成功的重要标志和核心特征。

2)全球教育资源无缝整合共享

智慧教育要培养的不是一般意义上的国家公民,而是适应21世纪发展需要、具有全球视野和创新思维的世界公民。智慧教育秉承"开放共享"理念,通过多种途径(自建、引进、购买、交换)实现全球优质教育资源的无缝整合与无障碍流通,使得世界各地的学生和社会公众可以随意获取任何适合自己的教育资源(多媒体课件、视频课程、教学软件等)。全球优质教育资源的无缝整合与共享,是突破教育资源地域限制的"大智慧",将有可能缩小世界教育鸿沟,提升欠发达国家和地区的教育质量。

3)无处不在的开放按需学习

智慧教育环境不是一个割裂的教育空间,而是通过网络将学校、家庭、社区、博物馆、图书馆、公园等各种场所连接起来的教育生态系统。学习需求无处不在、学习无时无刻不在发生,云计算、物联网、移动通信等信息技术的发展为人类的学习提供了无限的可能。

4)绿色高效的教育管理

绿色教育强调教育事业的可持续发展,既是智慧教育的指导理念也是其重要特征。信息技术的普及应用为实现教育管理的智慧化、推动绿色教育发展提供了条件。云计算技术通过整合基础设施(IAAS)、研发平台(PAAS)、应用软件(SAAS)三种计算资源,可以实现管理数据的统一采集与集中存储,实现管理业务流程的统一运行与监控,有效避免"信息孤岛",减少教育管理上人力、物力和财力的浪费。物联网通过射频识别(RFID)、二维码(QRcode)、红外感应、全球定位等技术,将各种教育装备与互联网连接起来,进行智能化识别、定位、跟踪、监控和管理,可以有效提高管理效率和质量。

5)基于大数据的科学分析与评价

智慧教育需要更具"智慧"的教育评价方式,"靠数据说话"是智慧教育评价的重要指导思想。物联网、云计算、移动通信、大数据等新一代信息技术的发展为教育评价从"经验主义"走向"数据主义"提供了技术条件,可以实现各种教育管理与教学过程数据的全面采集、存储与分析,并通过可视化技术进行直观的呈现。智慧教育环境下包括中小学学业成就评价、体质健康评价、本科教学质量评估、教育信息化与教育现代化发展评价等在内的各种教育评价与评估,将更具智慧性、科学性和可持续性。

2. 技术特征

从技术的视角来看,智慧教育是一个集约化的信息系统工程,其核心技术特征可以概括为以下几个。

1)情境感知

情境感知是智慧教育最基础的功能特征,依据情境感知数据自适应地为用户提供推送式服务。常用的情境感知技术包括GPS、RFID、QRCode以及各类传感器(如温度、湿度、二氧化碳、光照等)。情境感知的对象包括两类,分别是外在的学习环境与人的内在学习状态。

2）无缝连接

泛在网络是智慧教育开展的基础,基于泛在网络的无缝连接是智慧教育的基本特征。无缝连接具体体现在如下几个方面:系统集成、虚实融合、多终端访问、无缝切换、联接社群。

3）全向交互

教与学活动的本质是交互,智慧教育系统支持全方位的交互,包括人与人之间的交互以及人与物之间的交互。全向交互具体体现在如下几个方面:自然交互、深度互动、过程记录。

4）智能管控

教育环境、资源、管理与服务的智能管理是智慧教育的核心特征。智能管控具体体现在如下几个方面:智能控制、智能诊断、智能分析、智能调节、智能调度。

5）按需推送

智能教育要达成"人人教、人人学"的美好愿望,教育资源可以按需获取和使用,教与学可以按需开展。按需推送是智慧教育的另一重要特征,具体体现在如下几个方面:按需推送资源、按需推送活动、按需推送服务、按需推送工具、按需推送人际资源。

6）可视化

可视化是信息时代数据处理与显示的必然趋势。可视化是智慧教育观摩、巡视、监控的必备功能,也是智慧教育系统的重要特征,具体体现在如下几个方面:可视化监控、可视化呈现、可视化操作。

9.3 新的教学形式

9.3.1 MOOC

业界学者认为慕课和开放资源将成为未来教学以及创造力探究发展的关键驱动力。教育部在2015年明确指出:"继续加大优质数字教育资源开发和应用力度,探索在线开放课程应用带动机制。加强慕课建设、使用和管理",在《关于加强高等学校在线开放课程建设应用与管理的意见》中提出要采取"高校主体、政府支持、社会参与"的模式,构建有中国特色在线开放课程体系和公共服务平台。慕课先进的教育理念和强大的政策驱动成为慕课在中国快速发展的推进剂,以慕课为代表的未来新型教育探索已经进入中国教育改革的深水区,中国慕课(MOOC)的影响力已经渗透到世界教育各个角落。

MOOC模式的兴起并非偶然,它与互联网技术的进步、滞后的传统教育模式流行、高等教育成本的大幅攀升、未来职业教育的需要等因素息息相关。

所有的MOOC模式拥有一些共同特点,如课程的参与者遍布全球、同时参与课程的人数众多、课程的内容可以自由传播、实际教学不局限于单纯的视频授课,而是同时横跨博客、网站、社交网络等多种平台,此外这种类型的课程虽然没有严格的时间规定,但依然希望参与者能够按照课程的大致时间计划进行学习,以便取得最好的效果。这是其与传统的、之前曾经在国内风靡一时的大学公开课的一个重要的不同之处。

MOOC模式虽然相比传统互联网教育模式已经有所改进,但许多教育界人士依然觉得纯粹基于互联网的教育在学员、教师互动方面,在整体教学氛围方面无法达到传统大学的优势。毕竟，大学生学习的内容不只有课程本身，还有很多集体的社交体验，大学可以帮助你成长以及学会如何生活和工作。这一说法不无道理，对于许多课程（特别是商业类课程）来说，社交关系的培养是大学教育的最重要元素。就目前来说，互联网教育最适合的领域主要还是在工程、理工、语言等学科的补充性学习方面，但正如我们从社交网络的能量中看到的，未来这个问题并非不能通过在线的社交平台解决。在其他方面，MOOC模式还存在一些问题，例如，让学习者自己创造内容，可能会觉得茫然没有头绪；学习者需要自我调节学习，对那些学习主动能力比较差的学习者来讲，教学效果可能不理想，等等。

9.3.2 SPOC

SPOC(small private online course，小规模限制性在线课程)的概念是由加州大学伯克利分校的阿曼德·福克斯教授最早提出和使用的。small 和 private 是相对于 MOOC 中的 massive 和 open 而言，small 是指学生规模一般在几十人到几百人；private 是指对学生设置限制性准入条件，达到要求的申请者才能被纳入 SPOC 课程。

1. SPOC 的特点

SPOC 通过设计和利用优秀的 MOOC 资源，改变或重组学校教学流程，促进混合式教学和参与式学习，扎实提高学与教的质量。SPOC 是对 MOOC 的继承、完善与超越，能够较好地解决当前 MOOC 所面临的主要问题。

(1) SPOC 注册通常不对外开放、是限制性的(例如，仅限于参与在校课程的学生)，根据准入条件从全球范围内选取的在线学生(通常在 500 名左右)。因此，有人将 SPOC 注解为"SPOC 就是注册人数固定的 MOOC"。但入选者必须保证学习时间和学习强度，参与在线讨论，完成规定的作业和考试等。通过者将获得课程完成证书，而未申请成功的学习者可以以旁听生的身份注册学习在线课程。

(2) 只有小众的(small)成功申请者才能免费使用包括核心资源在内的全部课程资源，而未被接纳者只能作为旁听者使用部分课程资源，这就是私播课的私密性(private)。私密性能让学习者产生一种对外宣示的责任感和占据优质资源的紧迫感，激发他们产生较高的参与动机。

(3) SPOC 可能由一个或多个模块(如一部分在线课程资料)而非一门完整的课程组成；而慕课通常是一门独立(standalone)的课程。SPOC 针对每个学生的不同特点、知识掌握情况、上课学习进度、作业完成情况等各种详细的数据进行分析，针对每个学生为其制订相应的学习计划。

2. SPOC 与 MOOC 比较

和 MOOC 相比，SPOC 主要的特点包括：人数少、在校注册(收费)、除了在线视频和习题等，还可以有其他辅助的线上或线下课堂、答疑。具体来说有以下几点，如图 9-2 所示。

(1) 模式自由度。SPOC 教学内容可以是 MOOC 的超集，换句话说，教师可以开着 MOOC，同时对一小部分学生开 SPOC——要求后者选了 MOOC 的同时，通过其他的渠道如线上的在线讨论或线下的混合教学(含翻转课堂)实现 SPOC，实现"SPOC＝MOOC＋补充交流"的模式。

(2) 教育效率。SPOC 的教师需要投入比 MOOC 教师更多的时间和精力，但课程的学生人数却往往只有后者的百分之一，甚至千分之一。这样算下来的"效率"自然是比较低的。

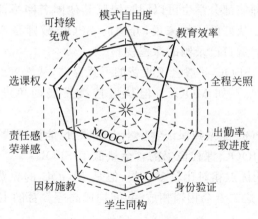

图 9-2 SPOC 与 MOOC 比较

(3) 全程关照。正因为学生人数较少,才有可能实现教师完全介入学生的学习过程,包括由教师或助教完成作业的批改、与学生之间的充分交流答疑和讨论,甚至面对面的"补课"。相对而言,在 MOOC 中,一般来说学生是基本独立自主学习的——即使有讨论区,也是少数活跃学生的舞台,而且提问后获得解答的效率还是比不上直接询问教师。

(4) 出勤率和一致进度。虽然优秀的教师不必担心出勤率,但不能否认,SPOC 中可以明确或隐含地给学生形成出勤(不管是线上课堂还是教室课堂)的压力,这对于部分相对惰性的学生是有利的。当然,过度而片面地追求出勤率往往会引起学生的反感(尤其是教师水平不太高时)。MOOC 对学生的约束就低得多——连弃课率都居高不下,自然难以要求学生对每次课都在指定时间里完成。学生有一致的进度,其实是非常有利的——即便是在课程讨论区中,也能形成集中的热点。SPOC 通过周期或非周期的线下交流,强制学生在参与线下交流的时间点上有基本一致的进度。

(5) 学生同构。MOOC 的学生差异分布明显比 SPOC 高得多——后者可以通过入学考试、分班等方式来对学生进行筛选和细分。学生来自不同的地区,具有不同的族群、宗教信仰,思维方式有些不同、观察问题注重不同的地方,这些在某些强调学生间交流的 MOOC 中是有可能产生一些火花的,甚至也能给教师一些启发。但是学生差异过大,则达成良好的授课效果就越难——因为课程无论如何是最适合于某一部分学生的(譬如学生水平差别呈正态分布时,教师一般选择中游的大多数学生为重点照顾对象,对于最优秀和最差的学生的照顾程度要小一些)。或者简单地说,针对性越强的教育,一般来说,效果可以更好——就像专用药物一般比广谱药物疗效更好一样。

(6) 因材施教。教师可以完全洞悉学生的各方面信息(前续课程成绩、以往表现、个性、优缺点等)。也正是如此,才有可能做到真正的因材施教——譬如在课堂上某些关键点,根据学生不同的基础,主动要求部分学生做一些特殊的思考。

(7) 责任感与荣誉感。班级里的少数学生的学习效果是 SPOC 的教师必须非常明确地负责的;而 MOOC 教师需要面对公众(学生、同行教师)的眼神的洗礼,所以是靠荣誉感(以及间接的潜在名利)作为提升教学质量的主要动力的。当然,如果是第一点所说的情形(开 SPOC 的教师同时经营着 MOOC),那么这两者倒是可以同时兼得。

(8) 课程选择权。学生在选择 SPOC 之后,基本就丧失了课程的选择权,必须按照教师的规定来观看课程——即使部分学生可以同时博览其他同名网络课程,但这意味着要付出更多的学习时间和精力。从好的一面来说,开明的 SPOC 教师是亲自优选过网络视频的,并不一定要让学生完全观看自己录制的课程视频。

(9) 收费与可行性。SPOC 一般会以收费的形式存在,从教育的社会责任感来讲,这样只能惠及少数人,这一点不如 MOOC;但从可持续发展的角度来讲,SPOC 会略高于 MOOC。

(10) 身份验证。SPOC 能做到保证学生本人听课,也能做到线下考试,而 MOOC 不太可能,这也直接导致了 MOOC 课程证书的含金量低于 SPOC。

综上,虽然 SPOC 的优点相对比较多一些,但是 MOOC 的免费和普及这两项太强了。在今后相当长的时间里,这二者会相辅相成,共同构成高等教育的主体。

9.3.3 移动学习

近年来,随着 Wi-Fi、蓝牙、3G、4G 甚至 5G 等无线通信技术和网络技术的迅猛发展,立体无线网络环境的成形,以及智能手机、MP4、掌上助手(PDA)、平板电脑等移动终端设备的日益普及,移动技术逐渐渗透到人们工作、学习、生活的各个领域,一个全新的移动学习的时代已经来到。

1. 移动学习的概念

移动学习是移动技术与数字化学习技术发展相结合产生的一种新型数字化学习形式。欧洲和美国一般以 M-Learning 或 M-Education 来表述,而我国一般表述为移动学习或移动教育。

移动学习是一种在移动设备帮助下,能在任何时间、任何地点发生的学习,所使用的移动设备必须能够有效地呈现学习内容并能提供教师与学习者之间的双向交流。移动学习具有学习动机的自发性、学习内容的片段性、学习地点的跨越性和学习目标的自我调节性等特点。

2. 移动学习的特点

移动学习区别于其他任何学习形式的首要特征就是其移动性。移动互联技术的广泛应用和智能终端的广泛持有,为移动学习的实现创造了得天独厚的优越条件。只要配备合适的资源,理想中的泛在学习就可以实现了。因而,移动学习的第二大特征就是泛在性,在移动学习时代谈泛在学习这个话题也才更具现实意义。但是,泛在学习(ubiquitous learning)的思想是"任何人、在任何时间、任何地点学习任何东西",这就需要移动学习的第三个特征作为有力保障,那就是无线性。移动学习设备的无线传输为移动学习的实现建立了自由便捷的通道,让学习者真正能够在任何时间、任何地点学习任何东西。泛在学习实现了,但同时问题也产生了。在任何时间、任何地点进行的学习受环境的干扰很大,如何保证学习的质量呢?那就要依靠学习内容的微型化设计。因而,学习内容的微型化便成为移动学习的第四个特征。微型学习资源的提供能够让学习者利用碎片化时间,集中短时间的注意力完成完整的小片段学习,从而使学习真正获得实效。移动学习的移动性、泛在性、无线性和微型化构成了移动学习的独特性。

任何学习方式缺少了交互都很难保证学习效果,移动学习在其交互性上比任何其他学习形式更加便捷、自由、灵活。移动学习作为一种典型的非正式学习形式,要真正成为学习者的有力支持,必须通过精心的设计与正式学习有效混合,成为正式学习过程中的一环,因而移动学习的实施也具有混合性的特征。另外,移动学习的独特性也保证了移动学习必然具有自主性和个性化等优势。

9.4 新技术

丰富的技术支撑使得教育形式更加精彩,现阶段各种新技术的发展日新月异,对教育领域产生了一些影响。本节选择与教育结合紧密的技术做简单介绍。

9.4.1 VR 技术

VR(virtual reality,虚拟现实)的概念是在 20 世纪 80 年代初提出来的,具体是指借助计算机及最新传感器技术创造的一种崭新的人机交互手段。

虚拟现实应用于教育是教育技术发展的一个飞跃。它营造了"自主学习"的环境,传统的"以教促学"的学习方式被学习者通过自身与信息环境的相互作用来得到知识、技能的新型学习方式所代替。

当前许多高校都在积极研究虚拟现实技术及其应用,并相继建起了虚拟现实与系统仿真的研究室,将科研成果迅速转化为实用技术,如北京航空航天大学在分布式飞行模拟方面的应用;浙江大学在建筑方面进行虚拟规划、虚拟设计的应用;哈尔滨工业大学在人机交互方面的应用;清华大学对临场感的研究等。

1. 优势

虚拟学习环境虚拟现实技术能够为学生提供生动、逼真的学习环境,如建造人体模型、进行虚拟太空旅行、显示化合物分子结构等,在广泛的科目领域提供无限的虚拟体验,从而加速和巩固学生学习知识的过程。亲身去经历、去感受比空洞抽象的说教更具说服力,主动地去交互与被动的灌输有本质的差别。虚拟实验利用虚拟现实技术,可以建立各种虚拟实验室,如地理、物理、化学、生物实验室等,拥有传统实验室难以比拟的优势。

(1) 节省成本。通常人们由于设备、场地、经费等硬件的限制,许多实验都无法进行。而利用虚拟现实系统,学生足不出户便可以做各种实验,获得与真实实验一样的体会。在保证教学效果的前提下,极大地节省了成本。

(2) 规避风险。真实实验或操作往往会带来各种危险,利用虚拟现实技术进行虚拟实验,学生在虚拟实验环境中,可以放心地去做各种危险的实验。例如,虚拟的飞机驾驶教学系统可免除学员操作失误而造成飞机坠毁的严重事故。

(3) 打破空间、时间的限制。利用虚拟现实技术,可以彻底打破时间与空间的限制。大到宇宙天体,小至原子粒子,学生都可以进入这些物体的内部进行观察。一些需要几十年甚至上百年才能观察的变化过程,通过虚拟现实技术,可以在很短的时间内呈现给学生。例如,生物中的孟德尔遗传定律,用果蝇做实验往往要几个月的时间,而虚拟技术在一堂课内就可以实现。

2. 虚拟实训基地

利用虚拟现实技术建立起来的虚拟实训基地,其设备与部件多是虚拟的,可以根据需要随时生成新的设备。教学内容可以不断更新,使实践训练及时跟上技术的发展。同时,虚拟现实的沉浸性和交互性,使学生能够在虚拟的学习环境中扮演一个角色,全身心地投入学习环境,这非常有利于学生的技能训练。包括军事作战技能、外科手术技能、教学技能、体育技能、汽车驾驶技能、果树栽培技能、电器维修技能等各种职业技能的训练,由于虚拟的训练系统无任何危险,学生可以不厌其烦地反复练习,直至掌握操作技能。例如,在虚拟的飞机驾驶训练系统中,学员可以反复操作控制设备,学习在各种天气情况下驾驶飞机起飞、降落,通过反复训练,达到熟练掌握驾驶技术的目的。

3. 虚拟仿真校园

教育部在一系列相关的文件中,多次涉及了虚拟校园,阐明了虚拟校园的地位和作用。虚拟校园也是虚拟现实技术在教育培训中最早的具体应用,它由浅至深有三个应用层面,分别适应学校不同程度的需求:简单地虚拟校园环境供游客浏览;功能相对完整的三维可视化虚拟校园可用于教学、教务、校园生活;以学员为中心,加入一系列人性化的功能,以虚拟现实技术作为远程教育基础平台。

4. 虚拟远程教育

虚拟现实可为高校扩大招生后设置的分校和远程教育教学点提供可移动的电子教学场所,通过交互式远程教学的课程目录和网站,以局域网工具作校园网站的链接,可对各个终端提供开放性的、远距离的持续教育,还可为社会提供新技术和高等职业培训的机会,创造更大的经济效益与社会效益。

9.4.2 AR 技术

AR(augmented reality,增强现实)是一种将真实世界信息和虚拟世界信息"无缝"集成的新技术,是把原本在现实世界的一定时间空间范围内很难体验到的实体信息(视觉信息、声音、味道、触觉等)通过计算机等科学技术,模拟仿真后再叠加,将虚拟的信息应用到真实世界,被人类感官所感知,从而达到超越现实的感官体验。真实的环境和虚拟的物体实时地叠加到了同一个画面或空间同时存在。

虽然 AR 技术并不是最新的前沿技术,但 AR 在教育领域的应用才刚开始,很贴合情景教学和建构主义教育思想。一方面,通过 AR 技术,学习者能够自主探索各种有趣的学习材料,即使在做实验犯错的情况下也不会带来任何严重的后果。另一方面,学习者通过 AR 技术进入一个和现实高度仿真的环境,可以动态地进行视觉和交互形式学习。有报告认为,AR 让学习者可以瞬间从一个场景到另一个场景,这具有重大意义。因为是虚拟和现实交融在一起,AR 技术让学习在正式和非正式之间快速切换。

纽约州立大学的教授 Harry Pence 认为,虽然像虚拟人生的这样虚拟世界在教育行业比较流行,但 AR 更可能对于教育产生更为深远的影响。他说,VR 创造了一个完全虚拟的世界,有可能让人不太舒服。AR 则相反,人们可以很舒适地进行交互,因为 AR 把虚拟和现实世界中最好的一面合成在一起。在教育领域,AR 可以应用在不同的场景,比如技能培训、游戏化学习等。

1. 实操类技能培训

AR 在实操类技能培训过程中的应用可能是最简单的了。因为 AR 头显设备发展非常迅速,已经在医疗、军事、商业等方面都获得了广泛应用。AR 教学可以提供一个非常丰富立体的学习环境,创造一个完全没有风险的操作环境。

以医学为例,AR 技术可以 3D 显示人体器官和骨骼,训练外科医生和医务工作者。VR 和 AR 都可以应用在消化外科手术。先用 CT 或 MRI 扫描病人,然后利用仿真技术和 3D 建模技术,生成虚拟的人体,看起来是全透明的,外科医生可以用真实的外科手术工具在虚拟人体上进行手术训练,并且在手术训练过程中可以实时互动跟踪。

军队很早就在使用 AR 技术进行训练。2009 年,莎诺夫公司发明了一款头显设备,可以将真实世界和计算机生成的图像人物结合在一起。士兵们可以用他们的武器和计算机生成的虚拟士兵进行对战,一切都在真实的训练环境中。虚拟士兵会对真实士兵进行实时反馈,如躲避或者反击。士兵们可以记录和重放训练过程。

2. 发现式学习

Jerome Bruner 在 1960 年因为发现式学习概念的提出而获得很高的荣誉,他将发现式学习定义为:独自去发现新知识可以让学生在解决问题的过程中快速有效地学习。在发现式学习中,AR 技术可以增强学习体验,更加真实。例如,用 AR 技术访问图书馆、博物馆、历史古迹,可以提供视频、音频、地图等多种信息。

在耶鲁大学、斯坦福大学、麻省理工学院和哈佛大学,AR 已经被用于给学生提供校园导游,提供关于校园各处的详细信息。

3. AR 图书

目前 AR 图书的概念还比较新。AR 图书外表看起来和传统图书差不多,不过当用摄像头扫描时,3D 动画元素、视频、声音就会显示出来。有些 AR 图书包含互动元素,需要使用者安装软件才能阅读内嵌在书中的一些内容。

4. AR 建模

AR 还可以用于建模,让学习者直观地看到一个特定项目在不同环境下的样子。模型可以很快生成、操作、旋转。学生们可以收到即时反馈,检查出设计中的瑕疵。

5. 游戏化学习

游戏化学习的理念最近在不断发扬光大,实践和研究已经证明,在很多学习情景下,游戏是快速有效的学习方式。游戏可以让学习者参与进来,这是其他教学方式办不到的。随着游戏化学习的研究不断深入,以更新的方式结合游戏和学习内容,游戏会在更高级的教育中流行起来。

随着科技的快速发展,AR 能够在游戏化学习方面发挥更大的潜力。AR 应用也非常容易生成,并且它是在现实世界中的直观展示。

6. AR 的教学应用

AR 无缝地融合了虚拟数字世界和现实世界,可以将学习体验从 2D 时代提升到 3D 时代,尤其是图像、地图和地球仪这类场景。AR 对于那些对 3D 概念理解有困难的学生尤其有用。此外,AR 使用过程中的存在感和实体感,可以帮助学生回想以前的亲身经历,和之前学到的知识建立更深的联系。

9.4.3 MR 技术

VR 是纯虚拟数字画面,而 AR 虚拟数字画面加上裸眼现实,MR(mixed reality,混合现实)是数字化现实加上虚拟数字画面。从概念上来说,MR 与 AR 更为接近,都是一半现实一半虚拟影像。

传统 AR 技术运用棱镜光学原理折射现实影像,视角不如 VR 视角大,清晰度也会受到影响,而 MR 技术结合了 VR 与 AR 的优势,能够更好地将 AR 技术体现出来。根据 Steve Mann 的理论,智能硬件最后都会从 AR 技术逐步向 MR 技术过渡。MR 和 AR 的区别在于 MR 通过一个摄像头让你看到裸眼都看不到的现实,AR 只管叠加虚拟环境而不管现实本身。

混合现实技术在虚拟世界、现实世界和用户之间搭起一个交互反馈的信息回路,增强了用户体验的真实感。混合现实技术将会在我们的生活中应用越来越广泛,改变人们工作、沟通、学习与娱乐的方式,人们消费媒介的方式也将会提升对世界的参与度,促进个人与世界之间的交流,这本身就是对传统生活方式的一次变革,会让人们的生活越来越精彩。

9.4.4 3D打印技术

3D打印技术是一种新兴的快速成型技术,以数字模型文件为基础,运用粉末状金属或塑料等可黏合材料,采用3D喷墨打印技术,通过分层交工与叠加成形相结合的方法,逐层打印增加材料来生成3D实体的技术。

如图9-3所示是3D打印机打印出来的物体。

图9-3　3D打印作品展

如图9-4所示是3D打印机及其数字模型和打印出来的物体。

图9-4　3D打印机及其数字模型

3D打印具有完美的成型效果、卓越的细节体现、高效的生产效率、良好的经济效益等优点。

3D打印变抽象为具体，化复杂为简单，帮助学生实现认知建构，如化学中的分子结构、生物中的器官剖面图、数学中的空间关系、地理中的地貌结构等。

近年来，很多学校摸索着创新教学模式，把3D打印系统与教学体系相整合。一方面3D打印机可以提高学生在掌握技术方面的优势，提高学生的科技素养；另一方面利用3D打印机打印出来的立体模型，能显著提高学生的设计创造能力。目前在教学中应用最普遍的是SLA和FDM两种3D打印技术。

3D打印技术运用到教育领域中的需要解决的问题是如何充分发挥新技术的特点和优势，如何通过技术在教育中的应用体现和提升其价值。

(1) 目前，大多数3D打印机价格还相对昂贵，虽然已经有一些项目积极地推进3D打印机的教育应用，但在整体上，3D打印机在学校的普及还需要一个过程。同时，我国在3D打印技术的培训与推广方面，与其他国家相比还有差距，需要进一步推动新技术的学习，这需要教育行政部门、企业和学校共同努力。

(2) 教师在3D打印的教育应用中起着重要作用。一方面，教师自身是3D打印的使用者，可以通过3D打印制作个性化的教学模型；另一方面，教师要进行3D打印课程应用的教学设计，帮助和引导学生展开学习活动。因此，这将对教师提出较高的要求，教师需要从技术和教学设计等层面进行学习和提高，做好领路人的角色。

(3) 目前，全球教育领域正在发生着革命性变化，3D打印、大规模在线学习课程等的发展将对教育产生持续的深刻影响。因此，我们需要关注并参与到最新的工业革命和教育变革中，加强创新型人才培养，这是我们未来能够在世界竞争中保持先进地位的根本保证。

将3D打印运用到教学课堂上，学生获得的主体体验更加真实、直观。他们切实地参与到教学的各个环节，既是问题的提出者，也是问题的解决者。而教师更像是他们的合作者，跟学生在探究的过程中一起成长。可以想象，这样的教育正好能培养学生的创新精神、提高学生的实践能力。看来，随着科技和经济的发展，3D打印机走进课堂必定是大势所趋。

未来，3D打印技术将继续在教育行业大展身手。学生创新思维强、接受新事物快，学校可开设集设计和3D打印于一体的"边学边做"的课程，把课堂中的许多抽象概念通过让学生动手设计一些由3D打印组件组成的小电路和小装置，变成有趣的课程，3D打印机将激发新一代学生投身科学、数学、工程和设计的热情，造就一批学生工程师。

9.4.5 人工智能

人工智能(artificial intelligence, AI)是研究、开发用于模拟、延伸和扩展人的智能的理论、方法、技术及应用系统的一门新的技术科学。

人工智能是计算机科学的一个分支，它企图了解智能的实质，并生产出一种新的能以人类智能相似的方式做出反应的智能机器，该领域的研究包括机器人、语音识别、图像识别、自然语言处理和专家系统等。人工智能从诞生以来，理论和技术日益成熟，应用领域也不断扩大，可以设想，未来人工智能带来的科技产品将会是人类智慧的"容器"。人工智能是对人的意识、思维的信息过程的模拟。人工智能不是人的智能，但能像人那样思考，也可能超过人的智能。

就目前的技术发展而言，人工智能可以自主规划、自主控制甚至自主求解以及通过视觉系统持续导航。无论是人工智能的这些专有技术还是意识和思维的训练，都与教育尤其是高等教育有着密不可分的关系。

人工智能在引发科技革命与产业革命并发的过程中，对人类的生产、生活、思维与学习方式等产生结构性重组，智能制造、个性化定制等推动工业、医疗、交通、农业、金融等各个领域产生体系化革命。教育作为智慧社会的一个子系统同样需要构建适应智慧社会发展的新体系，而智能教育是智慧教育的核心，是机器智能提供的教育服务形态。要充分发挥人工智能优势，加快发展伴随每个人一生的教育、平等面向每个人的教育、适合每个人的教育、更加开放灵活的教育。人工智能对其他行业的变革作用已经开始显现，但对教育的影响还处于萌芽期，从当前人工智能在教育中的应用现状及未来发展的趋势，可以清晰地看到人工智能对教育产生革命性影响的方向。

（1）学习环境智能化。大数据智能教育应用使用数字教育资源将学习分析技术、知识图谱、能力图谱等进行关联聚合，形成多学科交叉的立体网状知识体系，数字教育资源的多形态实现功能聚合，并依托个性化引擎向学习者提供适应性学习资源环境。感知智能在教育中的应用正在推动虚拟科技馆、虚拟博物馆、虚拟实验室等虚拟仿真学习资源环境与适应性学习资源环境进行融合，开始为学习者提供高沉浸性、临境感与系统化的学习环境。强人工智能将推动智能导学、智能伙伴、智能教师等各种智能代理角色出现，并融合到上述学习资源环境中。学习环境走向智能化，学习者与学习环境的关系将发生根本性的变化，学习者与实体机器人或智能虚拟教师、学伴的交互将成为学生进入虚拟世界的入口，它们将陪伴学习者成长的全过程。在具备深度学习能力的"数字大脑"的支持下，智能体将承担学伴、教师等多重角色。学习者在智能教师、智能学伴的协助下开展泛在学习与个性化学习，获得虚实结合的无缝学习体验，智能学习环境将全面推动教育的公平化。

（2）人智教师协同化。在虚拟学习空间与真实学习空间开展教学成为教师的基本能力，教师角色发生显著变化：在虚拟环境中组织、管理、帮助学生完成基本的知识学习和技能训练；在真实环境中借助学习者特征、行为、质量等学习分析结果，为学习者提供精准服务，指导、组织、协助学生进行深度学习、知识向能力的迁移。人工智能将推动智能学习引擎发展，能够主动对学习者的学习特征、能力水平、兴趣趋向等数据采集与精准分析，理解学习者个性需求，为学习者提供智能个性化的学习服务。智能引擎与学习者的交互表现可以是智能学伴、智能导师等，能够协助学习者完成各类复杂的工作或任务，当前的智能音箱、智能讲解机器人等是其实体化的雏形。智能教师将承担知识学习、简单技能训练等任务，而人类教师在实体学校与学生共同设计与开展探究学习、协作学习、项目学习、问题解决等学习活动，促进学生创新能力的发展。在学生学习过程中扮演学习的指导者、辅助者、设计者、调控者等多种角色，重点进行学生人际关系、情感教育、合作能力、创新能力、高级思维、伦理道德、智慧启迪等培养活动。

（3）动态学习常态化。要实现因材施教、个性化发展的教育，首先要承认学生在能力水平、兴趣爱好、个人愿望、体质体能等方面的差异，从而进行规模个性化的教育改革。大数据技术与人工智能技术的融合发展，正在推动互联网教育企业与体制内的教育机构进行在线教育服务供给。学生能够在线选择教师，以一对一或学习共同体的方式获得在线智力资源服务。同一学习共同体中的学习者年龄没有限制，他们可能来自不同的省区甚至不同的国家。智能学习系统能够分析学习者的特征,为学习者推送相应的学习资源。随着互联网企业提供丰富多样的课程服务,有条件家庭的孩子通过互联网企业将获得更多的个性化教育机会,这将倒逼国家教育体制的改革,推动学校教育向网络延伸,跨区域的虚拟班级、虚拟学校得到政府政策支持,以满足差异性与个性化学习需求,使所有学生享受人工智能推动的虚拟网络教育带来的利益。这些措施将全面推动网络学习空间中以个性化发展为核心的动态学习组织的发展,并推动实体学校采用在同年级、不同年级之间,以学生发展水平与需要为前提的动态走班制度、课程选学制度,实体学校的走班制与网络学习空间的动态学习组织进行全面的融合,最终构建系统支撑规模个性化学习需要的虚实融合的动态学习组织方式。

(4)素质评价精准化。当前以知识为核心的考试制度,是制约教育创新发展的重要因素。当没有另外一种制度代替考试制度时,考试制度正在以一种评价方式承担着社会认可的公平的人才选拔任务。随着伴随性智能数据采集方式的完善,利用大数据智能分析技术对学习者学习过程、学习行为、学习水平等进行分析,动态修正与表征,建立学习者的动机、能力、爱好、水平、态度、体能、心智水平等要素构成的学习者精准画像,具备大数据智能过程性评价的新制度将从根本上终结当前的考试制度,以学习者动态发展学业水平为基础的适应性双向匹配与选择制度将被建立。

人工智能在教育中的全面渗透与应用将推动当前教育体制的解构、重组与再造,建立机器智能与人类(教师)智慧相融合指向学习者的高级思维发展、创新能力培养,启迪学习者智慧的教育新生态。

9.4.6 其他相关技术

在实际的应用中,很多技术需要结合在一起来实现预期的效果。与之相关的还有语音技术、传感技术、大数据技术和云计算技术等。

1. 语音技术

语音技术在计算机领域中的关键技术有自动语音识别技术(ASR)和语音合成技术(TTS)。让计算机能听、能看、能说、能感觉,是未来人机交互的发展方向,其中语音成为未来最被看好的人机交互方式,语音比其他的交互方式有更多的优势。

语音技术实现了即点即读、即点即译、人机对话等功能,让设备"能听会说",使其更加智能化、人性化。

语音技术对教育有两种基本的影响:①语音技术创设戏剧化、角色化的学习情境,调动学生的学习动机;②应用语音测评技术,可以评价教学质量。

2. 传感技术

传感技术可以感知周围环境或者特殊物质,如气体、光线、温湿度、人体等,并把模拟信号转化成数字信号,发送到中央处理器处理。最终结果形成气体浓度参数、光线强度参数、范围内是否有人活动、温度湿度数据等显示出来。

传感器是指能感受规定的被测量,并按照一定的规律转换成可用输出信号的器件或装置。传感技术通过数据的实时记录和采集、创设形象的问题情境、促进教学交互和教育管理精细化。在教学中主要可以用于物理、化学、地理等学科的教学中,形成基于"黑箱"理论的一种探究学习。

3. 大数据技术

大数据是指无法在一定时间范围内用常规软件工具进行捕捉、管理和处理的数据集合,是需要新处理模式才能具有更强的决策力、洞察发现力和流程优化能力的海量、高增长率和多样化的信息资产。

大数据技术的战略意义不在于掌握庞大的数据信息，而在于对这些含有意义的数据进行专业化处理。换言之，如果把大数据比作一种产业，那么这种产业实现盈利的关键，在于提高对数据的"加工能力"，通过"加工"实现数据的"增值"。

从技术上看，大数据与云计算的关系就像一枚硬币的正反面一样密不可分。大数据必然无法用单台的计算机进行处理，必须采用分布式架构。它的特色在于对海量数据进行分布式数据挖掘，但它必须依托云计算的分布式处理、分布式数据库和云存储、虚拟化技术。

大数据对教育的最大影响就是诞生"学习分析"这一新领域。它有以下一些特点。

(1) 大数据打破了基于传统统计学的思维方式，支持教育管理决策。

(2) 针对教学的需求，基于大数据技术，制订个性化教学策略。

(3) 分析大数据触发创造力、直觉思维和进取心，都是人类进步的源泉和教育全部的目的。

(4) 大数据让人们的认识从"因果关系"变成"相关关系"。

4. 云计算技术

云计算是基于互联网相关服务的增加、使用和交互模式的技术，通常涉及通过互联网来提供动态易扩展且经常是虚拟化的资源。

云计算使计算分布在大量的分布式计算机上而非本地计算机或远程服务器中，企业数据中心的运行将与互联网更相似。这使得企业能够将资源切换到需要的应用上，根据需求访问计算机和存储系统。它意味着计算能力也可以作为一种商品进行流通，就像煤气、水电一样，取用方便，费用低廉。最大的不同在于，它是通过互联网进行传输的。

云计算技术对教育有以下影响。

(1) 促进教育理念的转变。民主、协作、共享、创新的"精神内核"符合教育本质要求，开放、互动、共享、实时性的技术加速与教育的深度融合。

(2) 为教育信息化提供新的运行模式。云计算改变了信息化硬件环境的构建模式，只须花少量的租金即可获得完善、先进的硬件设备。

(3) 支撑泛在学习和移动学习。全面支持自主学习，形成汇集智能、分布式认知和人机合一的思维体系。

思考与讨论

1. 你认为哪种新型教育模式更适合你所在地区的教学？
2. 分析如何在日常教学中融入新技术以达到更好的教学效果。
3. 智慧教育有哪些优势？你如何看待它未来的发展？

实践任务

搜索智慧教育相关的成功案例，了解智慧教育发展情况，完成一个智慧教室的设计。

参 考 文 献

[1] 南国农.中国电化教育(教育技术)史[M].北京:人民教育出版社,2013.
[2] 李龙.教学设计[M].北京:高等教育出版社,2010.
[3] 傅钢善.现代教育技术[M].北京:高等教育出版社,2015.
[4] 刘邦奇,吴晓如.智慧课堂:新理念、新模式、新实践[M].北京:北京师范大学出版社,2018.
[5] 田振清,边琦.现代教育技术应用[M].西安:陕西师范大学出版社,2012.
[6] 李燕梅.现代教育技术实用教程[M].北京:人民邮电出版社,2014.
[7] 李正超.现代教育技术[M].北京:北京师范大学出版社,2015.
[8] 刘美凤.教育技术教程[M].北京:清华大学出版社,2014.
[9] 曾陈萍,屈勇,吴军.现代教育技术实用教程.北京:北京师范大学出版社,2012.
[10] 边琦,王俊萍.多媒体技术基础[M].北京:清华大学出版社,2012.
[11] 何克抗,吴娟.信息技术与课程整合[M].2版.北京:高等教育出版社,2019.
[12] 李芒,金林,郭俊杰.教育技术学导论[M].2版.北京:北京大学出版社,2013.
[13] 谢幼如,李克东.教育技术学研究方法基础[M].2版.北京:高等教育出版社,2017.
[14] 黄映玲,徐苑.现代教育技术[M].北京:人民邮电出版社,2013.
[15] 祝智庭.现代教育技术——走进信息技术教育[M].北京:高等教育出版社,2001.
[16] 陈梅.现代教育技术[M].长春:东北师范大学出版社,2013.
[17] 李秉德.教学论[M].北京:人民教育出版社,1991.
[18] 查有梁.教育模式[M].北京:教育科学出版社,1996.
[19] 中国大百科全书总编辑委员会《教育》编辑委员会.中国大百科全书·教育[M].北京:中国大百科全书出版社,1985.
[20] 李克东,谢幼如.多媒体组合教学设计[M].北京:科学出版社,1992.
[21] 钟志贤,等.基于良构和劣构问题求解的教学设计模式[J].电化教育研究,2003(10/11).
[22] 钟志贤.信息化教学模式——理论建构与实践例说[M].北京:教育科学出版社,2005.
[23] 顾小清.主题学习设计——信息技术与课程整合的实用模式[M].北京:教育科学出版社,2005.
[24] 严寒冰.学习过程设计——信息技术与课程整合的视角[M].北京:教育科学出版社,2005.
[25] 胡小勇.问题化教学设计——信息技术促进教学变革[M].北京:教育科学出版社,2006.
[26] 陈琦,刘儒德.当代教育心理学[M].北京:北京师范大学出版社,1997.
[27] 赵建华,李克东.协作学习及其协作学习模式[J].中国电化教育,2000(10).
[28] 国际教育技术协会.面向学生的美国国家教育技术标准——课程与技术整合[M].祝智庭,刘雍潜,等,译.北京:中央广播电视大学出版社,2002.
[29] 郭文良,和学新.翻转课堂:背景、理念与特征[J].教育理论与实践,2015(11):3-6.
[30] 张金磊,王颖,张宝辉.翻转课堂教学模式研究[J].远程教育杂志,2012(4):6-11.
[31] 王红,赵蔚,等.翻转课堂教学模型的设计——基于国内外典型案例分析[J].中小学教育,2013(12):9-15.
[32] 孔繁之,王春梅,等.数字校园中教学资源库的建设与应用研究[J].中国教育信息化,2008(5):49-50.
[33] 王本陆.关于加强云课程研究的几点思考[J].课程·教材·教法,2013(12):3-7.
[34] 张灵仙.翻转教学,传统模式被颠覆[N].中国教育报,2013-12-27.
[35] 唐晓勇."翻转课堂":数字技术引发的学习变革[J].中小学教育,2013(12):16-18.

[36] 金美芳.教学过程与教学情境[J].高等师范教育研究,2001(2):42-47.
[37] 韩立福."先教后学""先学后教"和"先学后导"的教学思维探析[J].教育理论与实践,2012(35):48-50.
[38] 秦炜炜.翻转学习:课堂教学改革的新范式[J].电化教育研究,2013(8):84-90.
[39] 刘向永.翻转课堂实操指南[M].长春:东北师范大学出版社,2016.
[40] 何锡涛,沉坚.智慧教育[M].北京:清华大学出版社,2012.
[41] 祝智庭,贺斌.智慧教育:教育信息化的新境界[J].电化教育研究,2012(12).
[42] 靖国平.从狭义智慧教育到广义智慧教育[J].河北师范大学学报(教育科学版),2003(3).
[43] 杨现民.信息时代智慧教育的内涵与特征[J].中国电化教育,2014(1).
[44] 赵兴龙.核心素养视角下的智慧教育体系构建[J].现代远程教育研究,2017(5).
[45] 张清.当高等教育遇到人工智能[N].中国科学报,2019-06-12.
[46] 贺斌,曹阳.SPOC:基于MOOC的教学流程创新[J].中国电化教育,2015(3).
[47] 康叶钦.在线教育的"后MOOC时代"——SPOC解析[J].清华大学教育研究,2014(1).

附录 A

智慧课堂教学典型案例

《碳的多样性》教学设计

蚌埠二中 吴 艳

一、教材分析

《普通高中化学课程标准(2017年版)》中对主题2"物质性质及物质转化的价值"要求如下:"结合实例认识金属、非金属及其化合物的多样性,了解通过化学反应可以探索物质性质、实现物质转化,认识物质及其转化在促进社会文明、自然资源综合利用和环境保护中的重要价值"。实验及探究活动:"碳酸钠与碳酸氢钠性质的比较"。

教材第3章内容的核心是元素化合物知识,主要是应用第2章的概念和理论知识认识物质的性质,探讨物质在生产和生活中的应用,以及人类活动对生态环境的影响。以碳及其化合物的多样性为线索,探索碳单质的多样性、碳化合物的多样性、碳元素转化的多样性,核心概念是同素异形体。

二、教学目标

1. 知识与技能

(1) 通过AR技术展示金刚石、石墨、C60的结构,理解同素异形体的概念,了解导致碳单质间物理性质较大差别的原因是碳原子的排列方式不同。

(2) 通过分组实验、数字化实验,进一步认识碳酸钠和碳酸氢钠的性质。

(3) 联系实际,了解碳单质及其化合物在生活生产中的应用。

2. 过程与方法

(1) 进一步巩固研究物质性质的程序和方法。

(2) 通过传统实验、数字化实验提高科学探究能力。

(3) 通过科学探究过程提高分析问题的能力。

3. 情感、态度与价值观

(1) 激发学习化学的兴趣,形成将化学知识应用于生活生产的意识。

(2) 通过互联网,发扬交流合作、共同学习、共同进步的精神,养成严谨的学习习惯。

三、教学重难点

(1) 教学重点:同素异形体的概念,碳酸钠和碳酸氢钠的化学性质。

(2)教学难点：碳酸钠与碳酸氢钠化学性质的差异。

四、学习者特征分析

1. 蚌埠二中高一(15)班学生

蚌埠二中高一(15)班是理科实验班，学生的知识基础、知识储备、学习能力相对较强。他们在初中已经接触了二氧化碳、碳酸钙等含碳元素的物质，且基础扎实，但受初中化学知识深度和广度的限制，很难达到解释生产和生活中的现象以及解决相关化学问题的水平；他们对智慧课堂学生端的操作比较熟练，包括提问、拍照上传等操作，可以和教师充分进行互动，在此之前接触过数字化实验仪器，对实验图像分析比较熟练，所以数字化的演示实验由师生合作完成；他们热情洋溢，充满激情，对待未知事物充满好奇，有强烈的求知欲。

2. 成都西藏中学一部(1)班学生

成都西藏中学是一所省属重点中学。一部(1)班的学生是来自藏区的藏族同胞，他们的知识基础相对薄弱，解释生产和生活中的现象以及解决简单化学问题的水平相对较弱。经培训后，他们对智慧课堂学生端的操作比较熟练，包括提问、拍照上传等操作，可以和教师进行互动，但是对数字化实验的仪器和图像比较陌生，因此对数字化实验的相关内容如仪器名称、图像分析依据等要详细介绍，并引导分析图像。他们对待新事物充满好奇心和求知欲，学习热情高。

五、教学模式与策略设计

本节课教学通过互联网，实现实时交互、共同学习、共同讨论、共同进步的异地共生课堂同步教学。蚌埠二中教师为课堂的主要引导者，成都西藏中学教师为辅，相互配合完成教学任务；两个班的学生通过互联网相互交流和学习，共同完成学习任务。教学过程中采用多种教学方法和手段，如实验探究法、交流讨论法等；采用智慧课堂的教学模式，学生在课前学习微课并且完成微课练习，通过分析微课学习内容和教学任务进行课堂教学设计，并根据学生作业反馈情况和教学重难点安排教学策略，具体策略如下。

(1)课前：两个班分别学习微课视频，提交作业。

(2)课中：用AR技术了解三种碳单质的微观结构特点，理解同素异形体的概念，了解导致碳单质间物理性质较大差别的原因是碳原子的排列方式不同(蚌埠二中教师主导)；通过实验探究(分组实验、数字化演示实验)，掌握碳酸钠和碳酸氢钠的主要化学性质(西藏中学教师分析对比碳酸钠和碳酸氢钠的化学性质，两边同时进行实验，数字化实验由蚌埠二中教师完成)；设计实验方案，掌握碳酸钠和碳酸氢钠的鉴别(蚌埠二中教师主导)。

(3)课后：完成习题，体会碳酸钠与碳酸氢钠相互转化的多样性(两边同时进行)。

六、信息资源与环境设计

1. 信息资源设计

微课资源用科大讯飞智慧课堂"一键录制"功能录制，主要内容为通过自然界中的含碳物质先认识碳元素的三种单质：金刚石、石墨和C_{60}，掌握同素异形体的概念并比较三种单质物理性质上的差异；再通过常见矿石的化学成分碳酸盐来认识含碳化合物，知道无机化合物和有机化合物的概念；最后介绍两种重要的含碳化合物碳酸钠和碳酸氢钠的主要性质并总结——碳酸钠"三强"(溶液碱性较强、溶解性较大、热稳定性强);碳酸氢钠"三弱"(溶液碱性较弱、溶解性较小、热稳定性较弱)。在网络环境下,通过微课管理与应用系统推送微课资源,学生先学习微课,再在作业与动态评价工具上完成相关练习,检验学习效果。教师再通过作业与动态评价工具,根据统计的数据,及时制订和调整教学策略,达到教学策略及时化的效果。

2. 教学环境设计

本节课两个班分别在蚌埠二中报告厅和成都西藏中学多媒体教室中上课,除了多媒体课件、录播系统、互联网等外,共有7块显示大屏,成都西藏中学2块,一块显示蚌埠二中的实时课堂,一块显示教师的PPT教学课件。蚌埠二中有5块大屏,背景大屏分3格显示:一格显示成都西藏中学的实时课堂;一格显示蚌埠二中的实时课堂;一格显示蚌埠二中教师的PPT教学课件。学生前方两块大屏分别显示两个班的实时课堂,另外墙上两块大屏可以调整显示内容(包括对方的实时课堂、与应用终端同步等)。

七、教学活动过程设计

教学活动过程设计见表A-1。

表A-1 教学活动过程设计

教学内容	教师活动	学生活动	信息技术支持
作业情况反馈(蚌埠二中教师)	对课前任务完成情况进行点评、总结性分析	互相交流错误率较高的问题	利用智慧课堂信息化平台推送作业,根据作业统计情况,制定教学策略
新课导入(蚌埠二中)教师	利用AR技术展示金刚石、石墨、C_{60}的结构模型,巩固同素异形体的概念,了解碳单质的应用。提问:H_2O和H_2O_2是否互为同素异形体?	通过观看碳的三种单质的结构模型展示,知道碳原子的排列方式不同,决定了碳的各种单质有着不同的性质,学生思考并回答问题	AR技术展示碳的三种单质的结构模型;通过互联网,成都西藏中学学生回答
实验探究、交流分享、教师点评(蚌埠二中教师、成都西藏中学教师分别指导学生完成实验)	成都西藏中学教师:分析碳酸钠与碳酸氢钠结构与性质上的差异,并实验验证。 蚌埠二中学生:分组实验(微型实验)。Na_2CO_3、$NaHCO_3$溶液酸碱性的检测;Na_2CO_3、$NaHCO_3$与盐酸的反应。 成都西藏中学学生:分组实验(改进实验)。 成都西藏中学教师:点评西藏中学学生的表现并交流实验成果	观察实验现象,交流分享实验结论。 结论1:Na_2CO_3、$NaHCO_3$溶液呈碱性,且等浓度下Na_2CO_3溶液碱性更强(根据酚酞的红色深浅判断)。 结论2:碳酸氢钠与盐酸反应更剧烈	教师用拍照、录像等课堂互动工具,记录实验过程,作为交流讨论的素材

续表

教学内容	教师活动	学生活动	信息技术支持
数字化实验探究（蚌埠二中教师）	蚌埠二中教师：点评蚌埠二中学生的表现并交流实验成果。 数字化实验演示1：利用气压传感器比较Na_2CO_3、$NaHCO_3$与盐酸反应的快慢。 数字化实验演示2：利用温度传感器测量Na_2CO_3、$NaHCO_3$与盐酸反应中的热效应	观察实验现象并讨论：碳酸氢钠与盐酸反应时，锥形瓶内气压曲线斜率大，但影响锥形瓶内气压的因素除了气体的量外，还有温度，因此，再用温度传感器测量Na_2CO_3、$NaHCO_3$与盐酸反应中的热效应，得出碳酸钠与盐酸反应时放热反应。 小结得出结论：碳酸氢钠与盐酸反应更快、更剧烈；现象非常剧烈的反应，不一定都是放热反应	利用数字化实验技术：气压传感器和温度传感器探究碳酸钠、碳酸氢钠与盐酸反应的快慢
教师提问、点评（成都西藏中学教师）	提问：治疗胃酸过多通常选用碳酸钠还是碳酸氢钠？ 总结：碳酸钠和碳酸氢钠的性质	交流、思考、回答	通过互联网，蚌埠二中学生回答教师的提问
巩固提升（蚌埠二中教师）	交流研讨：如何鉴别碳酸钠和碳酸氢钠溶液？ 蚌埠二中教师课堂总结	设计、讨论、分享实验方案，蚌埠二中学生用实验验证	学生用课堂互动工具把设计方案上传

八、练习与课外学习设计

（1）课前：微课中设计了4道选择题，涉及微课中的三个主要内容。例如，第1题检验对同素异形体概念的理解；第2、3题诊断并发展学生对碳单质、含碳化合物在生产、生活中的应用；第4题检验学生对碳酸钠、碳酸氢钠性质的掌握。

（2）课中：设计了几个主观思考题，诊断并发展学生对同素异形体概念的掌握、碳酸钠和碳酸氢钠性质的认识进阶和认识思路的结构化水平。

（3）课后练习：诊断并发展学生对化学价值的认识水平。

例1：查阅资料了解C_{60}等化学前沿。

例2：查阅资料了解向碳酸钠、碳酸氢钠溶液中滴加$CaCl_2$溶液时为什么都会立即产生白色沉淀。

九、学习评价设计

（1）课前：借助智慧课堂信息化平台提前发布微课及课前练习（4道选择题）。教师根据学生预习测评的反馈情况，制订有针对性的教学策略。特别是要仔细分析异地的两个班级作业的差别，既要尊重学生的差异性，又要对学生的发展进阶有明确策略。

（2）课中：设计了几个主观思考题，诊断并发展学生对同素异形体概念的掌握、碳酸钠和碳酸氢钠性质的认识进阶和认识思路的结构化水平。例如，学生通过分享实验成果，知道碳酸钠和碳酸氢钠的碱性强弱、与酸反应的快慢等性质差异,能回答出治疗胃酸过多通常选用碳酸氢钠;知道了碳酸钠转化为碳酸是逐步加酸实现的,就能推出碳酸转化为碳酸钠的过程中可以加氢氧化钠实现。

(3) 课后:学生查阅相关资料后,在作业与动态评价工具中线上交流并讨论。

十、教学反思与评价

1. 教学反思

本节课是在全国第四届智慧课堂观摩研讨会上的展示课,运用互联网与成都西藏中学师生同步的共生课堂,采用了两地联动教学,两地师生共上一堂课,让优质的教学资源即时共享,让先进的教学理念随时互通,让不同区域教师、学生之间可以实现跨越时空限制的交流和互动。本节课作为资料图片刊登在《中国教育报》2018 年 3 月 22 日 12 版信息化板块上。

本节课从以下环节来发展化学学科核心素养。

(1) 利用 AR 技术展示石墨、金刚石、C60 的微观结构,让学生从微观的角度认识三种单质结构上的不同决定了它们在物质性质上的差异,发展宏观辨析与微观探析素养。

(2) 通过对比分析碳酸钠、碳酸氢钠性质上的不同,并通过设计一系列实验来验证、比较、探究其化学性质的差异,特别是通过设计数字化实验来比较碳酸钠、碳酸氢钠分别与盐酸反应的快慢和热效应问题,发展科学探究和创新意识素养。

本节课通过智慧课堂信息化平台,按照"先学后教、数据分析、以学定教、智慧发展"基本教学流程来落实教学目标。学生在课前微课中,自主学习碳单质及碳的化合物的多样性等基础知识;在课堂上巩固和提升同素异形体的概念及三种单质性质上存在差异的原因,通过实验探究的方式来落实含碳化合物转化的多样性的教学目标和突破碳酸钠与碳酸氢钠性质上的差异这一重难点,不仅提高了教学效率,而且可以在时间有限的课堂上最大限度地为学生提供科学探究、交流合作的机会和平台,凸显学生自主学习的主观能动性。

共生课堂是一种新型模式,如何在教学中平衡学生之间的差距以及如何最大限度地尊重学生的个性化需求,还需要我们不断探索、反思和总结。智慧共生,犹如它的名字一样充满美妙与魅力,期待学生在信息时代在共学中乐于共享,在共享中实现共生,在共生中实现智慧的共长!

2. 专家点评

本节课是运用智慧课堂信息化平台实现远程同步共生课堂开拓性实验课,意义重大而深远。整个教学过程,突出信息化的"化"字:用 AR 技术实现微观变化可视化,新媒体创设了全新的教学情境,激发学生探究动机与潜能;将数字化实验与教学完美结合,突出发展学生观察、辨析、推理等能力;教师循循善诱,以问题驱动学生思考,引导两地学生互动交流,在信息化的环境下,重构了课堂教学结构,发展了学生宏观辨识与微观探析等学科核心素养。

十一、教学创新点

本节课运用互联网与成都西藏中学师生同步共生课堂,跨越课堂时空,实时同上一节课《碳的多样性》。根据建构主义学习理论和翻转课堂的教学理论,应用智慧课堂信息化平台,灵活地将信息技术运用于课堂教学:利用 AR 技术了解碳单质结构上的差异决定了其物理性质上的差别,利用数字化实验探究碳酸钠与碳酸氢钠的主要化学性质,让学生深刻体会碳单质的多样性及碳的化合物的多样性。

附录 B

VR 课堂教学典型案例

《直流电动机的应用》教学设计

首都师范大学附属中学 张 跃

一、教材分析

"直流电动机"是北师大版义务教育初中物理教科书九年级(全一册)第 14 章第 6 节的内容。本章中的"磁现象"是初中物理教学中的重要内容,这些知识不仅与我们的生活息息相关,在生产、生活中应用广泛,且具有悠久的历史。从全章节视角分析,本章在内容上注重学生的探究实验及知识的实际应用,引入更多的与生产、生活、新科技等密切相关的内容,如磁悬浮列车、扬声器和耳机、电动机和发电机等,使学生认识到物理是有用的、有趣的。从本节视角分析,本节内容与学生前面所学的知识联系紧密;同时,电动机是工业自动化和电气化设备中最基本也是最重要的部件之一,体现了科学、技术、社会的思想,同时具有人文精神,反映时代特征。传统教学由于教学资源不足,难以深入探究直流电动机的应用,本教学基于信息技术的整合,将虚拟现实融入实际教学,将本节课分为 2 学时,第 1 学时从理论层面出发,教学内容为直流电动机的原理及能量转化过程;第 2 学时从实践层面出发,教学内容为直流电动机的应用。

二、教学目标

通过虚拟现实设备,了解实际应用的直流电动机的结构及各部件特点,感受物理学与生活的息息相关。同时,对直流电动机进行故障排查,理解直流电动机各部件的重要作用,以及在电路中的应用,学会从现象中发现、分析、解决问题,通过体验和交流,体会故障排查的一般策略。通过自制微课,了解直流电动机的发明及发展过程,感受科学家的执着精神,培养敬畏科学的情感。

三、教学重点和难点

(1) 教学重点:了解实际应用的直流电动机的结构及各部件的特点。

(3) 教学难点:直流电动机的故障排查。

四、实施过程

基于虚拟现实技术的教学设计,其教学实施流程如图 B-1 所示。

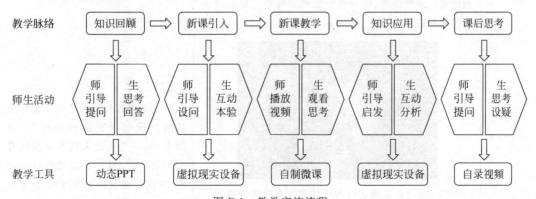

图 B-1 教学实施流程

教学过程见表 B-1。

表 B-1 教学过程

教学环节	教师活动	素养培养及学科整合
知识回顾	(1) 回顾直流电动机的工作原理及能量转化过程。 (2) 重温左手定则。 (3) 复习电刷和换向器的作用 图 B-2 直流电动机的 PPT 动态展示	将直流电动机的工作过程制作成动态 PPT(展示见图 B-3),旨在复习直流电动机的工作原理及能量转化,同时为本节课的内容学习提供理论支持。学生积极参与回顾,并在复习直流电动机原理的过程中重温左手定则,以及复习电刷和换向器的作用。利用 PPT 将直流电动机的工作过程制成动态模式,直观形象,物理过程清晰,有助于回顾与理解,最大程度地激发学生感官

续表

教学环节	教师活动	素养培养及学科整合
新课引入	利用虚拟现实设备,引导学生观察实际应用的电动机的构造及各部分特点,如图 B-3 所示。  图 B-3　虚拟现实设备中的直流电动机构造  图 B-4　学生拆解展示直流电动机的构造	教师利用虚拟现实设备展示实际应用的直流电动机的内部构造(见图 B-3),学生通过人机互动及同伴交流的形式,对直流电动机进行观察、拆解和调节转速等操作(展示见图 B-4),这克服了传统教具互动性弱、参与度低、可视性差的缺陷,让每个学生都有机会参与学习和思考,同时对直流电动机中转子和定子的结构初步建立了直观和形象的认识
新课教学(直流电动机的发明及发展历程)	利用自制微课,展示直流电动机的发明及发展历程	通过自制微课,深度挖掘教学素材,直观形象,帮助学生拓宽知识面,同时帮助学生树立正确的科学态度
知识应用(直流电动机的应用)	(1) 引导学生讨论直流的电动机的应用。 (2) 播放视频《亚马逊利用无人机送快递》,展示直流电动机的现代应用。 (3) 利用虚拟现实设备,创设两个故障情境(电动机缺部件及断路),引导学生对直流电动机及电路进行故障排查,并总结归纳出故障排查的基本策略	应用环节的引入采用视频的方式,为学生播放美国亚马逊公司利用无人机送快递的视频,展示直流电动机的现代应用,提出应用环节的主要内容——无人机(四轴飞行器)。之后,利用虚拟现实设备创设两个四轴飞行器的电路故障情境

续表

教学环节	教师活动	素养培养及学科整合
知识应用（直流电动机的应用）	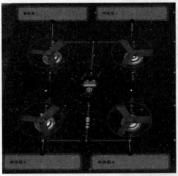 图 B-5　情境 1：电路完好，某一电动机不转  图 B-6　电动机中缺磁铁  图 B-7　情境 2：电路某段不通	情境 1：如图 B-5 所示，电路完好，发现某一电动机不转动。学生经历观察、猜想、分析、拆解、组装等环节，发现是电动机中缺少磁铁（见图 B-6）。 情境 2：如图 B-7 所示，电路某段出现断路，且有两个电动机不转。学生通过分析、探究，从断路的角度出发很快找到故障点——开关接触不良（见图 B-8），将开关组装好后，发现电动机依然不转，迅速燃起学生的进一步探究热情，通过更加深入的思考与分析，最终发现电路中的另一个故障点——电动机中的引线断裂（见图 B-9）

教学环节	教师活动	素养培养及学科整合
知识应用（直流电动机的应用）	图 B-8　开关中部件损坏，导致接触不良 图 B-9　电动机引线断裂，导致电路断路	通过层层递进的教学设计，引导学生逐步思考，通过互动、交流、分享等环节，充分调动学生积极性，以学生为主体，以学生的思维发展为主要出发点
课后思考	利用真实情境，借助"青牛创客空间"的资源录制视频、提出问题：电动机均转动，无人机依然飞不起来的原因是什么？	创设真实情境，充分调动学生感官，激发学生思考

五、教学创新点

1. 教学资源整合

为培养学生分析问题、解决问题的能力，发展学生核心素养，本教学设计将多方教学资源进行整合，不仅借助了大量资料自制微课，而且结合"青牛创客空间"的丰富资源，利用无人机实物展示及创设真实情境，同时，更是引入现代化虚拟现实设备进行教学，激发学生学习兴趣及进行深入思考。

2. 教学设计创新

传统教学中对直流电动机的教学着重于原理的讲解和能量转化的过程，对于直流电动机的应用限于教学素材的匮乏无法做到充分的讨论与研究。本教学设计立足生活应用，充分开发教学素材，凸显新课程标准中所提出的关注物理学与生活，提高学生科学探究能力的理念，具体表现如下。

（1）应用虚拟现实设备，创设情境，激发学生深度思考。利用桌面式虚拟现实设备 zSpace300，为学生展示真实的直流电动机的内部构造，学生通过人机互动的方式，经历观察、拆解、调节转速等环节，直观形象地了解实际应用的直流电动机的结构及部件特点。同时，利用虚拟现实设备，创设电动机故障情境，让学生经历观察、猜想、拆解、组装、排查等环节，提高参与感的同时，激发学生深度思考，培养科学思维。

（2）巧用自制微课，追溯历史，感受科学精神。利用 Camtasia Studio 软件自制微课，展示直流电动机的发明及发展过程，帮助学生树立正确的科学观，感受科技发展的同时体会科学家的执着精神。

附录 C

以教为主的教学课件设计典型案例

PowerPoint 演示文稿课件设计案例

基本信息

学 科	语文	学 段	七年级第一学期
选用教材	七年级上册（人教课标版）	章 节	第二单元 散文诗两首
篇 名	荷叶 母亲	作 者	冰心	授课时数	1
选用多媒体课件制作软件		PowerPoint 2010		

教学内容

父亲的朋友送给我们两缸莲花，一缸是红的，一缸是白的，都摆在院子里。

八年之久，我没有在院子里看莲花了——但故乡的园院里，却有许多；不但有并蒂的，还有三蒂的，四蒂的，都是红莲。

九年前的一个月夜，祖父和我在园里乘凉。祖父笑着和我说："我们园里最初开三蒂莲的时候，正好我们大家庭里添了你们三个姊妹。大家都欢喜，说是应了花瑞。"

半夜里听见繁杂的雨声，早起是浓阴的天，我觉得有些烦闷。从窗内往外看时，那一朵白莲已经谢了，白瓣儿小船般散飘在水里。梗上只留个小小的莲蓬，和几根淡黄色的花须。那一朵红莲，昨夜还是菡萏的，今晨却开满了，亭亭地在绿叶中间立着。

仍是不适意！——徘徊了一会子，窗外雷声作了，大雨接着就来，愈下愈大。那朵红莲，被那繁密的雨点，打得左右欹斜。在无遮蔽的天空之下，我不敢下阶去，也无法可想。

对屋里母亲唤着，我连忙走过去，坐在母亲旁边——一回头忽然看见红莲旁边的一个大荷叶，慢慢地倾侧了下来，正覆盖在红莲上面……我不宁的心绪散尽了！

雨势并不减退，红莲却不摇动了。雨点不住地打着，只能在那勇敢慈怜的荷叶上面，聚了些流转无力的水珠。

我心中深深地受了感动——母亲啊！你是荷叶，我是红莲，心中的雨点来了，除了你，谁是我在无遮拦天空下的荫蔽？

一九二二年七月二十一日

教学目标

知识与能力：把握散文诗的感情基调，有感情地朗读课文，培养诗歌的阅读能力。
过程与方法：① 朗读、品析、讨论；
　　　　　　② 合作、探究。
情感态度与价值观：体会诗歌中浓浓的母女情，体会母爱的博大无私，体会女儿对母爱的感激之情

续表

教学重点和难点		
项目	内容	解决措施
教学重点	体味诗歌思想感情，并能有感情地朗读诗歌	通过情境导入、整体感知、品读欣赏、活动学习等环节，力求引导学生弄清各个场景之间的关系，从而领会作者布局谋篇的思路；要在语言品赏中体会作者对母亲的赞美之情；教学要引导学生多读、多说
教学难点	(1) 联系生活，细致深入地体味亲情之爱，并能用自己的语言表达出来。 (2) 领会层层铺垫的写法	

课前对学生的要求
布置学生课前预习散文诗，读准文中文字，了解注释字词的释义。要求学生回忆之前所学的描写荷花和赞美母爱的文章，思索两者之间有无关联

课件脚本设计				
教学环节	页编号	设计意图	呈现内容	功能提示
准备阶段	1	以教学内容为依据，选择适合的PPT主题或自制幻灯片母版，强调个性化与教学性相结合	在课件封面页，添加课程章节、文章题目、作者，及课件制作者信息，同时可考虑插入荷花或母亲等图片	如自制幻灯片母版，可通过插入图形并设定填充颜色透明度的方法实现降低背景图片透明度的效果
导入新课	2	情境导入：导入孟郊的《游子吟》，唤起学生对于如何赞美母爱的思考	(1) 诗词：孟郊的《游子吟》——"慈母手中线，游子身上衣。临行密密缝，意恐迟迟归，谁言寸草心，报得三春晖。" (2) 音频：《游子吟》朗读音频	在PPT中插入音频，设置音频选项
导入新课	3	提问：结合上页呈现的《游子吟》，提出思考问题	(1) 问题：孟郊的这首《游子吟》可以说是赞美母爱的千古绝唱。提到母爱，你也一定有很多话要说。那么，怎样写母爱呢？是写冷暖问候，还是写病痛关爱？有没有一种新颖的写法呢？ (2) 图片：有关母爱的图片	可考虑插入一些生动有趣的剪贴画、动画等效果，丰富课件内容
导入新课	4	情境导入：呈现多幅荷花、荷叶的图片，尽量选择与文中对应的图片	图片：插入多幅荷花、荷叶的图片	设置图片样式等效果，并添加动画效果，以提升课件的艺术欣赏性
导入新课	5	提问：结合上页的荷花、荷叶图片，思考荷叶和母爱之间可否形成关联？	问题：抒发赞美母爱伟大的文章不胜枚举，如大家已学习过的《妈妈的账单》。请思考一下，荷叶和母爱之间是否有联系？	

续表

教学环节	页编号	设计意图	呈现内容	功能提示
学习新知	6	呈现学习目标：使学生在明确学习目标的前提下，有针对性地开展学习	学习目标： (1) 有感情地朗读课文，感悟诗歌的思想感情。 (2) 体会借助一种具体的形象来抒发对母亲热爱的写法。 (3) 感受作者在诗歌中所抒发的真挚情感，体会人间至爱亲情	可通过SmartArt图形显示学习目标，以达到条目化呈现效果
	7	作者简介：介绍冰心宣扬的"爱的哲学"，让学生感知文章的思想精髓	(1) 文字："冰心（1900—1999），现代散文家、小说家、诗人、儿童文学家。原名谢婉莹，福建长乐人。"等相关内容。 (2) 图片：作家冰心的图片	
	8	检查预习：检查生字词读音和词语解释	(1) 生字词画线、标注读音。 (2) 词语释义	采用动画特效，首先呈现生字词，要求学生齐读；随后出现读音；最后出现释义
	9	介绍散文诗：了解该文学体裁的特点	呈现散文诗介绍文本	
	10	通读全文：专业朗诵使学生感受散文诗的美韵	(1) 提示信息：注意体会朗读时的语调及感情的变化。 (2) 文本："我心中深深地受了感动——母亲啊！你是荷叶，我是红莲，心中的雨点来了，除了你，谁是我在无遮拦天空下的荫蔽？"（全文文字多，节选部分） (3) 音频：《荷叶 母亲》朗读音频	在PPT中插入音频，并设置音频选项
	11	分段研读：设计思考问题，引导学生研读	思考问题：课文哪些自然段是描写红莲的？分别描写怎样的红莲？找出文中描写红莲时，作者心情变化的词句	
	12	分段研读：文章借景抒情，厘清作者围绕荷叶写了哪些场景、哪些心情和红莲的哪些情态	(1) 设计表格：包含环境场景、作者心情、红莲情态。引导学生依次填写。 (2) 配图：查找并插入与文章描写的红莲的三种形态较为一致的图片	采用动画特效逐一呈现各阶段内容
	13	归纳总结：引导学生从文中找出荷叶和母亲的相似点	文本：总结性文本	

续表

教学环节	页编号	设计意图	呈现内容	功能提示
拓展知识	14	知识拓展：体会冰心视母爱为最崇高最美好的东西	文本：节选《繁星》《春水》诗集中，赞美母爱的诗句	
促进迁移	15	情感升华	添加赞美母爱的语言和图片	
课后作业	16	课后作业	搜集表达母爱歌颂母亲的诗歌、名言等	

Focusky 演示文稿课件设计案例

基本信息

学科	物理	学段	八年级第二学期
选用教材	八年级下册（人教版）	章节	第12章第2节
标题	滑轮	授课时数	1
选用多媒体课件制作软件		Focusky	

教学内容

第2节 滑轮

杠杆是一种常用的简单机械。除了杠杆之外，滑轮（pulley）也是一种简单机械，它在日常生活中的应用也很广泛。使用滑轮能给我们带来哪些好处呢？

想想议议

如图12.2-1，大人利用滑轮将重物吊到二楼，孩子想帮忙，却把自己吊了上去。

想想看，为什么会出现这样的笑话？你能解释其中的道理吗？

图12.2-1 有什么科学道理？

定滑轮和动滑轮

高高的旗杆竖立在操场上。旗手缓缓向下拉绳子，旗子就会徐徐上升。这是因为旗杆顶端有一个滑轮（图12.2-2甲），它的轴固定不动，这种滑轮叫做定滑轮。

电动起重机吊钩上有一种滑轮（图12.2-2乙），它的轴可以随被吊物体一起运动。当电动机转动并收绳子时，物体和滑轮就被提起，这种滑轮叫做动滑轮。

请你说出一些生活或工作中使用定滑轮和动滑轮的实例。下面让我们通过实验来研究定滑轮和动滑轮的特点。

图12.2-2 定滑轮和动滑轮的使用

实验

研究定滑轮和动滑轮的特点

通过滑轮拉起重物，研究下面几个问题。
1. 使用定滑轮、动滑轮是否省力（或更费力）？
2. 使用定滑轮、动滑轮是否省了距离（或需要移动更大的距离）？
3. 什么情况下使用定滑轮，什么情况下使用动滑轮？

研究时可以参考图12.2-3，分别安装定滑轮（图12.2-3甲）和动滑轮（图12.2-3乙）进行实验。

自己设计表格，用来记录实验时弹簧测力计拉力的大小和方向，以及测力计和钩码移动的距离。

分析实验数据，得出你的结论。

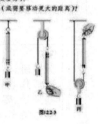

图12.2-3

续表

教学内容

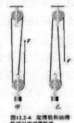
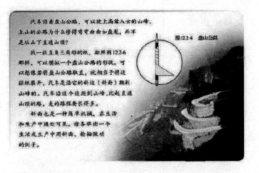

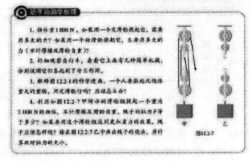

教学目标

1. 知识与技能

(1) 能识别定滑轮和动滑轮,了解定滑轮和动滑轮的特点。

(2) 能根据实际需要选择合适的滑轮解决实际问题。

(3) 会安装滑轮组,并能根据安装情况分析施加的拉力与物重的关系。

2. 过程与方法

(1) 经历探究定滑轮和动滑轮工作特点的过程,进一步掌握用观察和对比来研究问题的方法。

(2) 经历组装滑轮组的过程,学会按要求组装滑轮组的方法。

3. 情感态度与价值观

(1) 对实际中的滑轮的工作特点具有好奇心,关心生活、生产中有关滑轮的实际应用。

(2) 具有对现实生活中简单机械的应用是否合理进行评价的意识,具有利用简单机械改善劳动条件的愿望。

(3) 通过了解简单机械的应用,初步认识科学技术对人类社会发展的作用

续表

教学重点和难点

项 目	内 容	解 决 措 施
教学重点	研究定滑轮、动滑轮的特点	通过物理建模的方法从理论上将滑轮抽象为杠杆,利用杠杆平衡条件分析滑轮的工作原理,然后对已经测得的实验数据进行进一步分析和解释,进一步理解滑轮的工作特点。用杠杆的平衡条件去分析动滑轮省一半力的原因时,"支点位置"的分析是一个难点,教学中不必涉及动滑轮使用时支点随时间变化的问题。在教学过程中,以自主、协作的实验探究为主线,培养学生实验探究的能力,充分发挥学生的主体地位,让学生通过亲自动手实验、交流、讨论等方式参与到教学中
教学难点	判断滑轮组的省力情况,会根据实际要求组装简单的滑轮组	

课件脚本设计

教学环节	帧编号	设 计 意 图	呈 现 内 容	功 能 提 示
准备阶段	1	新建空白项目,以教学内容为依据,可以自制背景图片或视频动画等,强调个性化与教学性相结合	在课件封面页,添加教材版本、课程章节、标题及课件制作者信息,同时可考虑插入有关滑轮的图片或动画	如准备自制视频背景,建议首先使用 Ulead GIF Animator 5 制作 GIF 动态图片,再使用转换工具,将其转换为 FLV 或 MP4 文件
导入新课	2	情境导入:呈现提升物体的三种方式,供学习者观察与思考	(1) 图片。三种提升物体的方式的图示。 (2) 提问:三种方式的优劣	图片的显示可以使用多种动画效果
	3	情境导入:导入升旗过程中,旗杆上滑轮的工作过程	(1) 视频:导入升旗的过程视频。 (2) 图片:呈现旗杆滑轮的特写图片或结构简图。 (3) 文字:说明滑轮的工作原理	设置"播放"与"停止"按钮,并显示控制条,便于教师在讲解时随时控制视频播放
	4	情境导入:呈现日常生活中的其他使用滑轮组原理的工具与机械	(1) 图片或视频:呈现日常生活中的其他使用滑轮组原理的工具与机械,如吊车、电梯、升降机等。 (2) 提问:要求学生指出使用滑轮组的位置	对文字可添加"进入"特效下的"手写字"特效
	5	情境导入:呈现日常生活中的其他使用滑轮组原理的工具与机械	特效:聚焦帧 3 内的示例图片或视频中的滑轮组的位置	编辑路径,在帧 3 内的示例图片或视频中的滑轮组的位置,增加路径点,实现"聚焦放大"的效果

续表

教学环节	帧编号	设计意图	呈现内容	功能提示
学习新知	6	呈现学习目标：使学生在明确学习目标的前提下，有针对性地开展学习	（1）知识与技能。 （2）过程与方法。 （3）情感态度与价值观	可插入艺术图形以显示学习目标，达到条目化呈现效果
	7	教学内容讲解：以文体与图片形式，呈现教学内容	（1）文字：滑轮的分类和定义。 （2）图片：插入两种类型的滑轮简图	
	8	设置研究滑轮特点的实验：介绍实验所需器材、实验过程及实验数据的记录	（1）文字：介绍实验所需器材、实验注意事项和实验过程。 （2）图片：插入仪器图片	
	9	实验视频讲解：采用实验视频讲解实验过程，由学生读取并记录实验数据	（1）视频：插入实验视频。 （2）设计空白表格。学生在观看实验视频的过程中，读取并记录实验数据	采用动画特效，逐一呈现表格中的各项数据
	10	得出结论：通过观看上述视频并填写实验数据，由学生得出实验结论	（1）提问：设置引导性问题，由学生从"是否省力""是否省距离"两方面总结两种滑轮的特点。 （2）文本：在总结语句中，将关键词空出，由学生回答后再显示	采用动画特效，单击显示空白位置的关键词
	11	综合应用：提出引导性问题，引导学生思考，能否利用定滑轮和动滑轮的优点把它们组合起来	文本：呈现引导性问题——能否利用定滑轮和动滑轮的优点把它们组合起来，使它们既省力又方便呢？引出后续的教学内容	
	12	综合应用：呈现滑轮组的多种组合方式，进行力学分析	（1）图片：呈现滑轮组的多种组合方式的图片。 （2）文本：教师通过力学分析，给出力的大小和受力绳子数	采用动画特效，强调"吊起动滑轮的绳子的股数"
	13	得出结论：由上述综合应用，推导出滑轮组拉力的一般公式	（1）图片：复杂滑轮组的图片。 （2）文本：滑轮组拉力的一般公式	
	14	课堂小结：将本节课的知识点汇总呈现	文本：将本节课的知识点汇总呈现，关键词可以以空白的方式由学生回答后呈现	采用动画特效，单击显示空白位置的关键词

续表

教学环节	帧编号	设计意图	呈现内容	功能提示
巩固练习	15	巩固练习：呈现综合性练习题目	文本和图片：插入综合性练习题目的文本和图片，采用多种提问方式，促进学生的强化练习	在综合性练习题目的插图上，可以插入路径点，实现重点位置"聚焦放大"的效果
知识拓展	16	知识拓展：重新解读帧4中呈现的吊车、电梯、升降机等的详细工作原理	帧4的内容	在帧4上增加路径，实现返回的功能
课后作业	17	课后作业	文本：布置课后练习题	

注：以教为主的教学课件设计典型案例基础材料来自国家教育公共资源服务平台，编者结合教学设计进行课件设计的完善。

附录 D

以学为主的教学课件设计典型案例

走进青藏高原教学设计

问题(项目)的主题	走进青藏高原				
学科领域	地理	适合年级	初中一年级	所需时间	3课时
设 计 者	周凤琴	所属学校	北京师范大学现代教育技术研究所		
依 据 标 准					

1. 课程标准

……

三、中国地理　　　　　　　　　　　　　　　　　　　　　　　　(7-9'GEO'3.3)

……

(四)地理差异　　　　　　　　　　　　　　　　　　　　　　　(7-9'GEO'3.3.4)

(1) 运用地图指出北方地区、南方地区、西北地区、青藏地区四大地理单元的范围,比较它们的自然地理差异。　　　　　　　　　　　　　　　　　　　　　　　　　(7-9'GEO'3.3.4.2)

(2) 说出各地理单元自然地理环境对生产、生活的影响。　　(7-9'GEO'3.3.4.3)

(五)认识区域　　　　　　　　　　　　　　　　　　　　　　　(7-9'GEO'3.3.5)

1. 位置与分布　　　　　　　　　　　　　　　　　　　　　　(7-9'GEO'3.3.5.1)

(1) 在地形图上识别区域主要的地形类型,并用自己的语言描述区域的地形特征。

　　　　　　　　　　　　　　　　　　　　　　　　　　　(7-9'GEO'3.3.5.1.2)

(2) 运用地图和资料,描述区域人口、城市的分布特点。　　(7-9'GEO'3.3.5.1.5)

2. 联系与差异　　　　　　　　　　　　　　　　　　　　　　(7-9'GEO'3.3.5.2)

(1) 举例说出影响区域农业或工业发展的地理因素。　　　　(7-9'GEO'3.3.5.2.3)

(2) 根据有关材料,说出支柱产业对区域经济发展的带动作用。(7-9'GEO'3.3.5.2.4)

(3) 根据材料,运用分析、对比的方法,归纳区域内主要地理差异。(7-9'GEO'3.3.5.2.5)

3. 环境与发展　　　　　　　　　　　　　　　　　　　　　　(7-9'GEO'3.3.5.3)

(1) 举例说明区域环境和区域发展对生活方式和生活质量的影响。(7-9'GEO'3.3.5.3.2)

(2) 以某区域为例,说明我国西部开发的地理条件以及保护生态环境的重要性。

　　　　　　　　　　　　　　　　　　　　　　　　　　　(7-9'GEO'3.3.5.3.5)

2. 教育技术标准

SETC·S 3A

续表

概述（学习内容和学习者特征）

  本主题为北京市 21 世纪教材九年义务教育教材地理实验本第 2 册第 8 章——《中国山区的开发》中关于青藏高原的内容。

  本主题探究的内容源自教材又在教材的基础上进行了拓展，围绕"青藏高原"这个主题，从青藏高原的农牧矿业、青藏高原的交通、青藏高原的旅游业、青藏高原的居民生活四个方面分别设计了小组探究活动。

  本主题的探究学习有配套的主题网站《走进青藏高原》，主要采用 Webquest 的形式，教师事先设计好 4 个活动，学生分成 4 个小组，自主学习、协作探究，然后制作电子作品进行汇报。力求在深刻掌握课本知识的同时培养学生学习地理的兴趣，提高学生的信息素养，自主学习及与他人合作协作的能力。

  该主题探究的学习者为北京市古城四中初一某班的学生。该班是网络班，即学生人手一机，且随时都能联上互联网。大部分学生的计算机操作水平相对平行班较高，网络学习有一定的基础。学生上网学习的积极性较高。

学习目标（任务、成果）

  1. 知识与技能

  (1) 了解青藏高原的居民生活方式，藏族的风俗习惯。

  (2) 了解青藏高原的农业、牧业和矿业的现状及发展。

  (3) 了解青藏高原交通的现状及变化，理解交通（特别是青藏线）对青藏高原经济发展的重大意义。

  (4) 了解青藏高原主要的风景旅游点，知道旅游业在经济建设中所起的作用。

  (5) 了解藏族居民生活发生的巨大变化，理解变化的原因。

  (6) 学会进行有效的小组协作学习，能熟练地使用学科网站群进行交流，资源共享，并制作 PPT 或者网页来进行汇报展示。

  2. 过程与方法

  (1) 上网搜索关于青藏高原的资源，感知青藏高原的方方面面。初步学会根据收集到的资源，通过分析、比较、概括等思维过程，形成汇报的成果。

  (2) 通过小组协作探究，培养解决问题的能力、自主学习能力和协作学习能力，同时提高信息素养。

  (3) 通过最后的小组汇报，表达自己探究青藏高原某一主题的体会、看法，向全班展示最终的成果，学会与同学进行深入的交流。

  3. 情感、态度与价值观

  (1) 通过本单元的学习，真正走进青藏高原，感受青藏高原独特的文化、风俗习惯，生活方式。

  (2) 增强对环境、资源的保护意识，感受人与自然和谐相处的重要性，理解可持续发展的重要意义。

学习策略（情境、模式、方法）

  教师可以在学生自主学习之前放一首李娜的《青藏高原》，然后师生共议印象中的青藏高原。在学生有了强烈的要了解神秘的青藏高原的欲望后，教师让学生进入主题网站——走进青藏高原自主学习，同时明确提出学习的方法和任务等。

  本次自主学习主要采用小组协作、网络探究、主题汇报的方式。教师事先围绕青藏高原的主题设计 4 个活动，学生根据各自的爱好分成 4 个小组，（古城四中的实验班共 19 人，分成 4 组后，每组 5 人，其中有一组为 4 人）。然后小组协作进行探究，当然教师在这个过程中要做好指导、协调和管理工作，最后各个小组在班上进行学习成果汇报。汇报时由教师和学生根据评价量表对各小组的表现进行评价。

续表

学习资源(材料、工具)

(1) 北京市21世纪教材地理实验本第2册。
(2) 为本单元学习设计的主题网站。
(3) 本单元的学习需要多媒体网络计算机的支持。
(4) 与课文配套的挂图等。
(5) 参考网址如下。
① 中国西藏信息中心：http://www.tibetinfor.com.cn。
② 青藏高原科学数据库：http://www.wdcd.ac.cn/qzdc/index.htm。
③ 青藏高原动物数据库：http://159.226.155.129/database/animals.htm。
④ 中国西藏：http://211.99.196.218/tibet/index.htm。
⑤ 走进青藏高原：http://www.bh2000.net/tibet/qzgy1998/zgqzgy.htm。
⑥《中国西藏地理》网络杂志：http://www.tibetinfor.com.cn/dili/menu_wqhg.htm。
⑦ 西部开发：http://211.152.197.99/ban/xibu/xibukaifa(new).htm 。
⑧ 中学地理网络课堂：http://www.tj-iei.org/web/edu/dl/index.htm。
⑨ 21世纪地理教学图片资料：http://www.dilisoft.com/dilisuca/index.htm。

学习活动(过程、结构)

本主题探究共需3个课时。具体安排如下。
第一课时：
(1) 播放李娜的歌曲《青藏高原》,创设情境,导入新课。
(2) 师生共议自己印象中的青藏高原(必要时教师可以提示从哪几个大的方面来考虑,也可以在适当的时候穿插自己的感受,以开拓学生的思维。)
(3) 自学主题网站中关于青藏高原概况的内容。然后师生总结青藏高原的概况。
(4) 由概况激起学生深入了解青藏高原的兴趣。教师向学生说清楚关于第八章的教学安排,学习活动的组织,如何进行小组学习,以及具体的任务,相关的评价方式等。(前期的说明非常重要,要做到让学生都明白具体该怎么做)
(5) 分组,讨论,填表。确定小组任务、组内角色、调查资料、预期成果。(具体分工见附表一：小组任务分工表)
第二、三课时：小组汇报。(为了便于管理,教师需要和其他教师调一节课,两节课合在一起上)
(1) 教师先讲明汇报的注意事项,包括时间(汇报每组不得超过10分钟,提问与答疑每组不得超过5分钟,教师总结2分钟)。
(2) 学生分组汇报,其他同学提问,汇报组回答问题。(为公平起见,汇报的顺序可以在上课前由各组的小组长抽签决定。)
(3) 教师对每组的表现给予一个总的评价。然后用10分钟左右的时间把整个主题的内容再整理一遍,进行一个归纳总结,让学生的思路更清晰。

以活动过程为线索的学习活动安排见下表。

学习活动	课程标准	SETC·S绩效指标
自主学习青藏高原的概述	7-9'GEO'1.3.5	7～9年级 A2
分组,讨论,填任务分工表	7-9'GEO'4.1.2	
网上自主探究学习	7-9'GEO'2.2.3	7～9年级 A2、A3
利用平台进行交流与合作	7-9'GEO'2.2.4	7～9年级 A4
利用PPT在全班进行汇报	7-9'GEO'4.1.3	7～9年级 A3
利用评价量表进行评价	7-9'GEO'1.3.6 7-9'GEO'4.2	

注：* 为表中SETC·S为中国学生教育技术标准(standards of educational technology of China for students)的简称。

续表

学习建议（必要时填写）
每一小组的学习建议都在主题网站"走进青藏高原"的主题活动中具体给出，在此不再赘述。

学习评价（范例、量规）

评价是整个教学环节中非常重要的一部分，因此非常有必要设计合理有效的评价来督促、激励学生保质保量地完成任务。
  教师在第一课时的时候必须把整个单元学习所采用的评价方式讲清楚，一些量表可以在具体学习本单元的内容之前就发给学生，这样就使学生做到心里有数。
  总的方式是：过程性评价和总结性评价相结合，教师评价与同伴评价相结合，组内评价与组间评价相结合。
  个人成绩＝小组成绩＋答疑成绩＋提问成绩（要求提问与主题相关，且有一定的针对性，回答问题必须有一定的论据，且分析较深刻，每提一个或回答一个较高质量的问题得1分，可以由两个同学来专门负责，一个记提问的学生，一个记回答问题的学生），同时参照小组互评量表进行调整。
  小组汇报评价量表和组内互评量表请附后。

其他要说明的事项（表示感谢）
此教学设计得到了北京市古城四中地理教师孟宪明的大力支持，在设计的过程中也得到了北京师范大学现代教育技术研究所马宁博士、林君芬博士的点拨，在此一并表示感谢！

附表　《走进青藏高原》小组任务分工表

组别		探究题目	
组长		小组成员	
分工情况：			
组长			
成员一			
成员二			
成员三			
成员四			

进度安排：（请小组讨论后，对将要进行的探究进行一个时间上的规划）

预期成果设计：（请小组讨论后，对最终的成果的内容和形式进行一个初步的设计）

推荐资源：（请推荐在探究过程中发现的更好的资源）

续表

《走进青藏高原》小组汇报量化评分表

一级指标	二级指标	分值	第一组	第二组	第三组	第四组
作品的内容 （55分）	观点明确，设计的方案有一定的创造性	15				
	条理清晰	10				
	内容无科学性错误	10				
	内容完整	10				
	体现了"人与自然"和谐共处的观点	10				
作品的制作水平（15分）	排版合理	4				
	无链接错误	3				
	界面美观	3				
	能恰当地使用多媒体元素（如图片、音频、视频）	5				
汇报者的表现（10分）	表情自然	2				
	表达清晰	2				
	回答问题有针对性	4				
	能在规定时间内完成	2				
小组协作学习（20分）	小组成员能和谐相处	6				
	回答问题时组员间能发挥合作精神	7				
	该小组成员在研究过程中给了其他小组帮助	7				

注：此表算出的是小组成员的平均分数，个人分数还得根据小组成员互评量表和回答问题的情况来调整。

《走进青藏高原》小组成员互评表

编号	题目	成员1	成员2	成员3	成员4
1	在大部分时间里他（她）踊跃参与，表现积极。				
2	他（她）的意见总是对我很有帮助。				
3	他（她）经常鼓励/督促小组其他成员积极参与协作。				
4	他（她）能够按时完成应该做的那份工作和学习任务。				
5	我对他（她）的表现满意。				
6	他（她）对小组的贡献突出。				
7	如果还有机会我非常愿意与她（他）再分到一组。				
8	对他（她）总体上是喜欢的。				

注：请根据完成本次任务的协作情况对小组的其他成员打分，在成员对应的表格中填入其他成员的姓名，并在每道题目对应的表格中填写分值（从1分到5分）。

续表

《走进青藏高原》主题网站设计

走进青藏高原						
一级栏目	网站导航	高原概况	主题活动	评价量规	作品展示	网站链接
二级栏目	主要提供网站的导航图	高原概述	活动概述	评价概述	第一小组作品	提供相关的网站地址链接
		藏民饮食	第一小组：青藏高原的农牧矿产	《小组汇报量化评分表》	第二小组作品	
		藏族服饰	第二小组：见证青藏线	《小组成员互评表》	第三小组作品	
		藏族节庆	第三小组：西藏自助游	《学生自评问卷》	第四小组作品	
		藏族婚丧	第四小组：藏族居民生活新变化			

附录 E

翻转课堂教学设计典型案例

《乘法分配律》翻转课堂教学设计

主题	乘法分配律	学科	(小学)数学
设计者	格日勒	单位	内蒙古师范大学
总课时	2	面授课时	1
学习目标	1. 知识与技能 (1) 能够描述什么是乘法分配律。 (2) 记住乘法分配律的 2 个表达式。 (3) 理解乘法分配律的意义。 (4) 能够运用乘法分配律进行简便计算。 2. 过程与方法 (1) 通过自主完成课前学习任务,提高自主学习能力。 (2) 通过教师的引领进行探究、归纳出乘法分配律,提高探究和推理能力。 (3) 通过小组课堂讨论提高表达、交流、分析和比较能力。 3. 情感态度与价值观 (1) 通过自主完成课前学习任务,培养自主学习的意识与习惯。 (2) 通过课上课下学习交流,培养善于交流的合作精神及利用交流来解决学习问题的意识。 (3) 在参与学习活动的过程中,培养自我评价和自我反思的意识和习惯。 (4) 通过举出生活中应用乘法分配律的例子,感受数学与现实生活的紧密联系		
内容分析	乘法分配律是人教版小学数学四年级下册第三单元关于乘法运算定律的内容。本节课的教学内容是在学生已经掌握了乘法交换律、结合律的基础上学习的,是以后进行简便运算的前提和依据,对提高学生的计算能力有重要作用。同时,乘法分配律较之前学习过的运算定律更为复杂,不仅有乘法运算,还涉及加法运算,也是所有运算定律中变化最多的,理解起来比较抽象,是该单元的教学重点及难点。因此,教学过程要由具体过渡到抽象,要引导学生进行探索,体验探索规律的过程,总结归纳出乘法分配律并加以运用		

续表

学习者特征	1. 一般特征 (1) 四年级属于小学中后段,学生的认知结构中已经具有抽象概念,因此能够进行具体的逻辑推理。 (2) 具有一定的比较分析能力和归纳总结能力。 (3) 学生自控能力不强,需要教师调控;组织能力较弱,需教师加以引导并给予适当的激励。 2. 初始能力 (1) 已经掌握了乘法交换律、结合律,并能初步应用这些定律进行一些简便计算。 (2) 已经有了一些推理分析的经验。 3. 信息素养 能够通过平台获取课前学习资源
教学方法	自主学习、讲授法、小组讨论、练习法

学习资源	资源名称	资源形式	视频时长	来源
	"乘法分配律"微课	视频(微课)	6分30秒	教师自制
	"乘法分配律"习题1	测验(网络)		教师发放
	"乘法分配律"课件	PPT		教师自制
	"乘法分配律"习题2	A4纸		教师发放

活动步骤	步骤	内容及要求	媒体、资源及作用	设计意图
	课前学习	内容:观看微课视频。 要求:(在教师的引导下)探究、归纳出乘法分配律,能够理解和简述乘法分配律的定义,记住并正确应用字母表达式	微课,讲授新知	本节内容较难理解,不同程度的学生可根据自身需求反复观看,为简便运算做准备
	课前检测	完成"乘法分配律"习题1	网络平台,自我检测	学生检测自主学习效果,同时教师可据此判断学生的掌握程度
	课前交互	网络平台讨论区发言内容如下。 (1) 举出生活中应用乘法分配律的例子。 (2) 针对课前学习内容中不懂的地方提出问题。 (3) 收获或感想	网络平台,互动交流、发现问题	教师收集数据,并据此分析出学生在学习新知的过程中还存在的问题,以便在课上进行解决

续表

步骤		内容及要求	媒体、资源及作用	设计意图
活动步骤	课堂活动	课上衔接(8分钟)：根据课前互动交流和习题检测的反馈,把学生集中不懂的地方重点讲解	PPT,突出重点、辅助教学	解决课前问题
		问题导入(2分钟)：以$a(b+c)=ab+ac$为原型显示几组数据,让学生判断每组数据之间是什么关系(即是否相等)	PPT,呈现问题	引导学生观察分析、训练计算能力
		小组讨论(8分钟)：4～5人一组,整理PPT中给出的几组等式,试着发现并归纳出规律,即用语言描述这一规律,用小写字母写出其表达式。教师在讨论期间要深入学生中,及时给予指导与鼓励	PPT,适时提供整理思路	应用推理过程,学生个人对规律总结的程度不同,经过讨论可得出较为精练准确的结论
		汇报(5分钟)：在讨论期间挑选出2～3个具有代表性的小组进行汇报,将表达式如$a(b+c)=ab+ac$写到黑板上,并进行说明	黑板、粉笔,书写展示	其他学生可以自我检测是否与自己总结出来的规律一致？是否有值得学习的地方？得出$a(b+c)=ab+ac$这一表达式
		讲授新知(知识补充,3分钟)：介绍乘法分配律的定义及另一表达式：$a(b+c)=ab+ac$,并说明两个表达式之间的内在联系与区别	PPT,展示内容、突出重点	讲授新知识的同时也巩固了课前学习的知识
		巩固强化(15分钟)：先用10分钟独立完成"乘法分配律"习题2(主要包含运用乘法分配律和一部分其他运算定律的简便运算)；然后用5分钟,就不懂的问题通过小组讨论解决或者向老师求助	A4纸,课堂测验	自我检测,运用拓展,培养简便运算能力
		归纳总结(4分钟)：乘法分配律的定义及意义,两个表达式即$(a+b)c=ac+bc$和$a(b+c)=ab+ac$	PPT	回顾梳理,加强巩固
学习评价		评价项目	评价标准或要求	分值(根据需要设定)
		微课学习情况	未完整观看一遍	0分
			完整观看一遍	2分
			观看2次及以上	4分
		课前互动交流	完成度 1条内容	2分
			完成度 2条内容	4分
			完成度 3条内容	6分
			发言次数 0次	0分
			发言次数 1次	2分
			发言次数 2次及以上	4分

续表

	评价项目	评价标准或要求		分值（根据需要设定）
学习评价	"乘法分配律"习题1	正确率≥75%		1～10分
		正确率＜75%		0分
	小组讨论	踊跃程度	参与并积极发言	4分
			参与但发言较少	2分
			不参与	0分
	"乘法分配律"习题2	正确率≥75%		1～10分
		正确率＜75%		0分

自主学习任务单

主题	乘法分配律		年级/班级	四年级（下）
学习目标	1．知识与技能 （1）能够描述什么是乘法分配律。 （2）记住乘法分配律的1个表达式。 （3）理解乘法分配律的意义。 （4）能够运用乘法分配律进行简便计算。 2．过程与方法 （1）通过自主完成课前学习任务，提高自主学习能力。 （2）通过教师的引领进行探究、归纳出乘法分配律，提高探究和推理能力。 3．情感态度与价值观 （1）通过自主完成课前学习任务，培养自主学习的意识与习惯。 （2）通过举出生活中应用乘法分配律的例子，感受数学与现实生活的紧密联系			
活动步骤	步骤	学习内容/活动主题	具体要求	
	自主学习	观看"乘法分配律"微课视频，完成视频中的练习	至少完整地观看一遍视频	
	习题检测	完成"乘法分配律"习题1	不会的地方发到讨论区（与讨论第2条对应）	
	互动交流	（1）举出生活中应用或者能体现乘法分配律的例子。 （2）针对课前学习内容中不懂的地方提出问题或解答同学的问题。 （3）自主学习后的收获或感想	每人都要求发言，具体如下。 （1）至少举出一条生活中的例子。 （2）针对微课中的内容或者习题不懂的地方提问或解答同学的问题。 （3）收获或感受的字数在10个字以上	
学习资源	资源名称		学习提示	
	"乘法分配律"微课		可反复观看，体会探索、总结的过程	
	"乘法分配律"习题1		理解并能描述乘法分配律 $(a+b)c=ac+bc$	

续表

评价项目		评价标准或要求		分值(可选)
自主学习评价	微课学习情况	未完整观看一遍		0分
		完整观看一遍		2分
		观看2次及以上		4分
	课前互动交流	完成度	1条内容	2分
			2条内容	4分
			3条内容	6分
		发言次数	0次	0分
			1次	2分
			2次及以上	4分
	"乘法分配律"习题1	正确率≥75%		1~10分
		正确率<75%		0分

微课设计表

微课名称	乘法分配律	学科/学段	(小学)数学
设计者	格日勒	单位	内蒙古师范大学
学习目标	1. 知识与技能 (1) 能够描述什么是乘法分配律。 (2) 记住乘法分配律的1个表达式。 (3) 理解乘法分配律的意义。 2. 过程与方法 (1) 通过自主完成课前学习任务,提高自主学习能力。 (2) 通过教师的引领进行探究、归纳出乘法分配律,提高探究和推理能力。 3. 情感态度与价值观 通过自主完成课前学习任务,培养自主学习的意识与习惯		
内容分析	乘法分配律的定义及表达式是本节课的重点及难点,较难理解,且较为抽象,学生容易产生畏难心理,觉得学习内容枯燥无趣,对学习有所抗拒。所以需要通过创设情境,将学生带入情境,再由问题导入来激发学生的兴趣,不断引导学生思考探究,逐步从具体的实际问题推理总结到抽象的定义。经过推理归纳的过程,学生能够较为明确地描述乘法分配律、理解乘法分配律的定义及其意义		
学生特征	1. 一般特征 (1) 四年级属于小学中后段,学生的认知结构中已经具有抽象概念,因此能够进行具体的逻辑推理。 (2) 具有一定的比较分析能力和归纳总结能力。 (3) 自控能力不强,需要教师调控;组织能力较弱,需教师加以引导并给予适当的激励。 2. 初始能力 (1) 已经掌握了乘法交换律、结合律,并能初步应用这些定律进行一些简便计算。 (2) 已经有了一些推理分析的经验。 3. 信息素养 能够通过平台获取课前学习资源		
制作形式	优芽动画等		

续表

教学方法或策略	讲授法＋情境创设策略：对于数学中的概念、原理采用讲授法；由于讲授法较为枯燥，所以在微课中创设情境，利用动画角色模仿师生问答的形式，由教师提出问题不断引导学生思考、推理，激发学生学习的积极性。 练习法：采用习题练习法，一方面可起到巩固强化的作用，另一方面能检测学生对乘法分配律的掌握情况，增强对学生的约束力
预计时长	约 6 分 30 秒

环节		画面内容及呈现形式	声音	时长	设计意图
教学环节	导入	创设情境	背景音乐	6s	暗示学生开始学习，给学生一个心理准备
		创设情境（乘法分配律画面）	老师：同学们好，上节课我们一起探索了乘法的交换律，那么乘法还有其他运算律吗？我们这节课接着来探索	18s	由上节课的内容导入，表明本课内容承接上节课的内容
		创设情境（教室画面）	老师：我们先来看这样一个问题	4s	创设情境
		提出问题1（问题1：学校购买校服。每件上衣35元，每条裤子25元。买30套这样的校服，一共要多少元？）	老师：学校购买校服。每件上衣35元，每条裤子25元。买30套这样的校服，一共要多少元？	12s	问题导入

续表

环节		画面内容及呈现形式	声音	时长	设计意图
教学环节	导入	提出问题1	女生：老师，可以用 $35×30+25×30$ 来计算。 男生：还可以用 $(35+25)×30$ 来计算	12s	用人物来增加代入感，起到吸引注意力的作用
			老师：很好！两个算式的结果是什么关系呢？	6s	引导学生观察两个等式，思考等式之间的关系
			女生：得数都是1800 男生：所以是相等的	6s	学生据此检验自己的想法是否正确
		提出问题2	老师：我们再来看一个问题	2s	过渡到下一个问题
			老师：一个长方形的长是30厘米，宽是15厘米，这个长方形的周长是多少？	12s	抛出第二个问题

续表

环节		画面内容及呈现形式	声音	时长	设计意图
导入	提出问题2		女生：30×2+15×2。 男生：还可以用(30+15)×2来计算 老师：很好！两个算式的结果是什么关系呢？	12s	引导学生积极思考，与人物进行比较，看自己的想法是否与人物一致
			女生：得数都是90。 男生：也是相等的	6s	学生据此检验自己的想法是否正确
教学环节	引导推理		老师：现在我们来观察刚才得到的两个等式，是不是感觉存在某种规律？但是，对于可能存在的规律，仅凭两个等式就能说明它是存在的吗？	18s	引导学生进一步观察、探索规律
			女生：不能。 老师：那该怎么办呢？ 男生：找更多的这样的等式	6s	提供验证方法
观察推理	举例验证		老师：没错，既然我们已经知道了方法，那就请同学们再找一些这样的式子吧，验证他们的结果是否相等	12s	引导学生进一步探索
		(20+3)×5=20×5+3×5 (8+9)×7=8×7+9×7 (19+1)×5=19×5+1×5 (45+5)×6=45×6+5×6 33×4+3×4=(33+3)×4	（背景音乐）	26s	观察等式，发现规律

续表

环节		画面内容及呈现形式	声　　音	时长	设计意图
教学环节	换向思考、理解意义		老师：看来这个规律可能真的是存在的，我们举了这么多例子，两边结果都是相等的，可是，万一除了我们举到的例子外有一个不成立，那我们举这么多例子也就失败了	18s	再次提出疑问，继续引导
			老师：我们能不能换个角度看，不计算就能够判断两个式子的结果是否相等？	8s	引导学生换个角度验证
	观察推理		女生：老师，比如买校服，裤子和上衣分开买，就是$35\times30+25\times30$，也可以把上衣和裤子看成一套，就是$(35+25)\times30$，所以肯定是一样的	18s	角度1（体会乘法分配律与生活的联系）
	引导推理		男生：还有，比如$(30+15)\times2=30\times2+15\times2$，左边括号算出来是45，就表示45个2，右边是30个2加上15个2，也是45个2，所以两边的结果一定是相等的	22s	角度2（理解乘法分配律的意义）
	举例应用		老师：同学们，你们明白了吗？	4s	增加互动感、过渡

续表

环节		画面内容及呈现形式	声　音	时长	设计意图
教学环节	观察推理	（画面：教师在黑板前，板书 $(53+22)\times 4 = 53\times 4 + 22\times 4$，75个4　75个4）	男、女生（齐声）：明白了。 老师：你能用这个思路再举个例子吗？	6s	迁移
	举例应用	（画面：学生到黑板前写 $(53+22)$）	女生：我来写一个吧！	3s	举例应用
		（画面：黑板上 $(53+22)\times 4 = 53\times 4 + 22\times 4$，75个4　75个4）	女生：$(53+22)\times 4 = 53\times 4 + 22\times 4$。左边是75个4，右边是53个4加上22个4，也是75个4	20s	强化理解
讲授新知	归纳表达式	（画面：思考：像这样的式子还有两边不相等的吗？　一定相等　没有）	老师：现在我们再来思考，像这样的式子还有两边不相等的吗？	6s	验证
		（画面：思考：像这样的式子还有两边不相等的吗？　一定相等　没有）	女生：没有。 男生：两边一定相等的	5s	验证

续表

环节		画面内容及呈现形式	声　　音	时长	设计意图
教学环节	讲授新知	归纳表达式	老师：现在，请大家判断一下哪个式子最适合表达我们今天探索出来的规律	8s（学生答题时间不限）	由具体到抽象，让学生先自行概括表达式
		重点讲解	老师：同学们为什么要选C呢？ 女生：这样简单好记，而且前面的交换律和结合律都是用小写字母来表示的	12s	给出正确答案的解释
			教师：两个数的和与一个数相乘，可以先把它们分别与这个数相乘，再相加，积不变，这叫作乘法分配律，用 $(a+b)c=ac+bc$ 来表示	20s	进一步用"提示"来强化乘法分配律及其表达式
	习题巩固		老师：下面我们来做几个小游戏吧	3s	过渡
			（答题正确提示音）	答题时间不限	初步应用

续表

环节		画面内容及呈现形式	声　音	时长	设计意图
教学环节	习题巩固		（答题正确提示音）	答题时间不限	检测学生是否能够运用表达式，若做错则系统返回知识点部分，需重新观看该部分对应的知识点
	回顾梳理		老师：关于乘法的运算定律我们都学习完了，一起来回顾一下吧。之前学习了乘法的交换律和结合律，加上今天学习的分配律，我们一共学习了乘法的3种运算定律	15s	总结回顾
	片尾1		老师：同学们，这次课就到这里了，我们下次课再见	10s	结束情境
	片尾2		背景音乐	8s	制作信息

附录 F

现代教育技术名词术语中英文对照表

中文	英文	中文	英文
教育技术	educational technology	虚拟现实	virtual reality
教学系统	instructional system	数字校园	digital campus
常规媒体	conventional media	智慧教室	smart classroom
传统课堂	traditional classroom	教学策略	instructional strategy
经验之塔	cone of experience	教学媒体	instructional media
学习理论	learning theory	自主学习	self-directed learning
教学理论	instructional theory	在线学习	online learning
行为主义	behaviorism	问题解决	problem solving
认知主义	cognitivism	学习策略	learning strategy
建构主义	constructivism	学习环境	learning environment
教学设计	instructional design	合作学习	cooperative learning
程序教学	program teaching	终身学习	lifelong learning
信息素养	informational literacy	形成性评价	formative evaluation
信息资源	informational resources	总结性评价	summative evaluation
人工智能	artificial intelligence	过程性评价	process evaluation
数据挖掘	data mining	混合学习	blended learning
云计算	cloud computing	微课	micro-lecture
物联网	the internet of things	翻转课堂	flipped classroom
信息安全	information secruity	对分课堂	bisection class

慕课　MOOC,massive open online course
基于问题的学习　problem-based learning
教育信息化　educational informationization
信息技术与课程融合　intergrating information technology into curriculum